中央财政支持高等职业学校提升专业服务能力项目成果教材

报关实务

何琳纯　编著

U0951550

中国农业大学出版社
·北京·

内 容 简 介

本书以高职毕业生王清在大连东盈报关行的报关业务活动为线索，以项目为主导，以工作流程为主线，设计了与报关专业知识和专业技能相关的四种情境，突出进出口货物报关过程中职业能力的培养。在每个情境中，包括“学习目标”、“项目引入”、“知识准备”、“能力训练”四部分内容，让学生在愉快的环境中轻松地学习。

本书内容新颖、实用、可操作性强，注重报关理论与实践的统一，与最新的报关员考试大纲和海关总署最新法规相协调。

本书适合高职高专报关专业、国际贸易专业、国际物流专业、商务英语专业及其他相关专业作为课程教材或参考书，对从事报关业务的相关人员也有一定的参考价值。

图书在版编目(CIP)数据

报关实务/何琳纯编著. —北京：中国农业大学出版社，2013.8

ISBN 978-7-5655-0801-1

Ⅰ.①报… Ⅱ.①何… Ⅲ.①进出口贸易-海关手续-中国-高等职业教育-教材 Ⅳ.①F752.5

中国版本图书馆 CIP 数据核字(2013)第 191635 号

书　名　报关实务

作　者　何琳纯　编著

策划编辑　陈　阳　伍　斌　　**责任编辑**　韩元凤

封面设计　郑　川　　**责任校对**　陈　莹　王晓凤

出版发行　中国农业大学出版社

社　址　北京市海淀区圆明园西路 2 号　　**邮政编码**　100193

电　话　发行部 010-62818525，8625　　读者服务部 010-62732336

编辑部 010-62732617，2618　　出　版　部 010-62733440

网　址　http://www.cau.edu.cn/caup　　**e-mail** cbsszs@cau.edu.cn

经　销　新华书店

印　刷　涿州市星河印刷有限公司

版　次　2013 年 9 月第 1 版　2013 年 9 月第 1 次印刷

规　格　787×1 092　16 开本　21 印张　510 千字

定　价　40.00 元

前　言

当前，高等职业教育蓬勃发展，并已进入崭新的集约发展时期。高职院校在实践性教学的实践和理论探讨方面也取得了丰硕成果。《报关实务》这本教材以最新的高职实践性教学理念为指导，借鉴其他院校相关理论教材与实训教材编写的成功经验，结合作者在高职院校的教学经历编写而成。旨在通过本教材的学习使学生在较短的时间内以较快的速度掌握报关的基本技能，为上岗就业做好充分的业务方面的准备。

本教材在编写过程中贯彻三大理念：一是理论以够用为度，侧重吸取与实际结合密切的理论知识，力求精练易懂。二是以任务为导向，对每一类货物的报关都设计、安排若干个情境，通过对情境的完成来掌握报关知识和技能。三是注重理实一体化，教材的编排和设计能促使学生边学边练，而不是学习与实训分开进行，本教材希望在这方面进行一些有益的探索。

本书按照国家教育部关于“高等教育面向21世纪教学内容和课程体系改革计划”的基本要求，根据高职高专院校培养目标，结合用人单位的实际需要，在内容的设计上突出对学生职业能力的培养。

本书在编写过程中力求突出以下几个方面的特点：

(1)创新性。本书开创性地采用了新的课程体例编排方式，完全以报关工作过程的七个步骤进行编排，将相关的知识点融入到相关的步骤中，而不再是按照知识点进行编排，如此彻底改变传统的学科体系的编排模式。

课程的具体教学过程按报关的实际工作过程进行序化，即实际工作第一步是进行商品的归类，课程编排的第一步同样也讲商品的归类，从而保证了教学过程与实际报关工作过程的零距离，即按照报关工作的实际过程来序化教学过程，以保证教学过程和实际的报关工作过程一致。

目前，报关市场海关对货物的报关方式主要包括四种：一般进出口货物报关方式、保税加工货物报关方式、减免税货物报关方式以及暂准进出境货物报关方式。基于上述原因，本门课程设计了四种学习情境，分别是一般进出口货物的报关程序、保税加工货物的报关程序、减免税货物的报关程序和暂准进出境货物的报关程序，以此系统全面地反映当前报关市场的总体情况，使教师所教为社会所需，学生所学为工作所要。

(2)实用性。以情境为主导，本书设计了与报关专业知识和专业技能相关的四种情境，在每个情境中，包括“学习目标”、“项目引入”、“知识准备”、“能力训练”四部分内容，以培养学生的能力。每个知识点都有总结，起到补充讲解、画龙点睛、答疑解惑的作用。能力训练中是有针对性的练习和训练。为了起到边授课边练习的功能，本书中的习题都是按照书中知识点的顺序排列的，因此单选题、多选题和判断题都是打乱安排的，而不是按照传统的方式将不同的题型分开排列。书后附有参考答案，方便老师参考和学生自我检测。

(3)可操作性。以工作过程为主线。以一名高职毕业生王清，在大连东盈报关行的实践经历为线索，在介绍报关基本理论的基础上，进行进出口业务报关操作训练，突出专业技能和实际操作。与行业专家共同开发课程，设计实训项目。书中设计了不同类型的货物报关实训项目以及一些相关案例，实用性强，在教学过程中培养学生的动手能力，尤其突出职业能力的培养。

(4)新颖性。本书参考最新的报关员考试大纲和海关总署最新的法规。本教材不仅体例新，而且内容新，国家最新的法律、法规以及政策都充分体现在本教材当中，并提供大量的案例。

本书适合高职高专报关专业、国际贸易专业、国际物流专业、商务英语专业及其他相关专业作为课程教材或参考书，对从事报关业务的相关人员也有一定的参考价值。

在整个教材的编写过程中，从事报关业务多年、有着丰富报关经验的顺通世嘉国际贸易(北京)有限公司卢刚先生对本书的编写提供了大力支持，在此表示感谢。

由于编者水平所限，书中如有不足之处敬请使用本书的师生与读者批评指正。如读者在使用本书的过程中有其他意见或建议，恳请向编者(helinchun73@163.com)踊跃提出宝贵意见。

编　者

2013 年 7 月

目　录

基础知识单元

情境单元

基础知识单元

基础知识一　报关与海关管理

基础知识二　报关与对外贸易管制

基础知识一　报关与海关管理

◈ 学习目标

了解海关的产生与发展，报关的范围与内容；理解报关与通关的区别；掌握海关对报关单位的分类及管理，海关对报关员的记分考核及内容；理解并掌握海关的权力，学会办理报关单位和报关员的注册登记手续。

◈ 项目引入

王清是一名高职毕业生，毕业后在大连东盈报关行就职。这家公司是一家专业的报关企业，其注册证书的海关编号为2102980138。公司的注册资本为人民币150万元，公司有专职员工22人，拥有在海关注册备案的报关员7名。王清进入公司后，希望自己能够尽快熟悉业务，在事业上有所成就。

刚走上工作岗位的王清，目前拥有报关员资格证书，算不算报关员呢？海关究竟有什么权利能让报关员和报关单位"俯首称臣"？报关企业与进出口公司有什么区别？

◈ 知识准备

Ⅰ　报关概述

一、报关的含义

一般而言，报关是指进出口货物收发货人、进出境运输工具负责人、进出境物品的所有人或者他们的代理人向海关办理货物、物品或运输工具进出境手续及相关海关事务的过程。

报关是与运输工具、货物、物品的进出境密切相关的一个概念。在国际物流、国际交流和交往活动中，往往存在着运输工具、货物、物品和人员进出境的情况。国际贸易合约的履行是通过国际物流活动来完成的。《中华人民共和国海关法》(以下简称《海关法》)规定："进出境运输工具、货物、物品，必须通过设立海关的地点进境或者出境。"因此，由设立海关的地点进出境并办理规定的海关手续是运输工具、货物、物品进出境的基本规则，也是进出境运输工具负责人、进出口货物收发货人、进出境物品的所有人应履行的一项基本义务。《海关法》对海关行政管理相对人办理运输工具、货物、物品进出境等海关事务表述为"办理报关纳税手续"、"办理报关手续"、"从事报关业务"、"进行报关活动"或者直接称为"报关"。

需要说明的是，在进出境活动中，我们还经常使用"通关"这一概念。通关与报关既有联系又有区别(表 1-1)。两者都是针对运输工具、货物、物品的进出境而言的,但报关是从海关行政管理相对人的角度,仅指向海关办理进出境手续及相关手续,而通关不仅包括海关行政管理相对人向海关办理有关手续,还包括海关对进出境运输工具、货物、物品依法进行监督管理,核准其进出境的管理过程。

另外,在货物进出境过程中,有时还需要办理"报检"手续。报检也称报验,一般是指对外贸易关系人按照法律、行政法规、合同的规定或根据需要向进出口商品检验检疫机构申请办理检验、检疫、鉴定工作的手续,是进出口商品检验检疫工作的一个环节。一般而言,报检手续的办理要先于报关手续。

表 1-1 报关与通关的比较

	报关	通关
共同之处	报关与通关都是针对运输工具、货物、物品的进出境而言的	
不同之处	报关是从海关行政管理相对人的角度,仅指向海关办理进出境手续及相关手续	通关不仅包括海关行政管理相对人向海关办理有关手续,还包括海关对进出境运输工具、货物、物品依法进行监督管理,核准其进出境的管理过程

知识点讲解:

报关是指三类人(进出口货物收发货人、进出境运输工具负责人、进出境物品的所有人)在他们的所属物(货物、物品或运输工具)跨越关境的时候向海关申报并办理进出境手续及相关海关事务的过程。他们的所属物必须在国家设立海关的地点进出国门,否则就是走私。

一般进出口货物的报关有 4 个环节,即进出口申报、配合查验、缴纳税费、提取或装运货物。

知识点讲解:

出入境时为了防止疫情、疫病的传播和质量不合格产品的进出,报关之前对于法定检验商品一般要求先报检、报验,取得"入境货物通关单"或者"出境货物通关单"后方可办理报关手续。

二、报关的分类

进出口货物收发货人、进出境运输工具负责人、进出境物品的所有人或者他们的代理人等海关行政管理相对人履行报关义务时,根据其所涉及的报关对象、报关目的及报关行为性质的不同,可将报关分为以下 3 类(表 1-2)。

1. 根据报关对象的不同,可分为运输工具报关、货物报关和物品报关

由于海关对进出境运输工具、货物、物品的监管要求各不相同,履行运输工具报关、货物报关和物品报关的具体手续也各不相同。其中,进出境运输工具作为货物、人员及其携带物品的进出境载体,其报关主要是向海关直接交验随附的、符合国际商业运输惯例、能反映运输工具进出境合法性及其所承运货物、物品情况的合法证件、清单和其他运输单证,其报关手续较为简单。进出境物品由于其非贸易性质,且一般限于自用、合理数量,其报关手续也很简单。进出境货物的报关较为复杂,为此,海关根据对进出境货物的监管要求,制定了一系列报关管理规范,并要求必须由具备一定的专业知识和技能且经海关核准的专业人员代表报关单位专门办理。

表 1-2　报关的分类

分类依据	分类	注意事项
报关对象	运输工具报关	进出境运输工具作为货物、物品及其携带物品的进出境载体，其报关主要是向海关直接交验随附的、符合国际商业运输惯例、能反映运输工具进出境合法性及其所承运货物、物品情况的合法证件、清单和其他运输单证，报关手续简单
	货物报关	进出境的报关较为复杂。《海关法》对接受进出境物品所有人的委托，代为办理进出境物品报关手续的代理人没有特殊要求，但对接受进出口货物收发货人的委托，代为办理进出境货物报关手续的代理人有明确要求。我们通常所说的自理报关和代理报关主要针对进出境货物的报关而言的
	物品报关	进出境物品由于其非贸易性质，且一般限于自用、合理数量，其报关手续也很简单
报关目的	进境报关和出境报关	
报关行为性质	自理报关	自理报关：进出口货物收发货人自行办理报关业务称为自理报关。根据我国目前的规定，进出口货物收发货人必须依法向海关注册登记后方能自行办理报关业务
	代理报关（直接代理报关，间接代理报关）	代理报关：是指接受进出口货物收发货人的委托代理其办理报关业务的行为。我国海关法律把有权接受他人委托办理报关业务的企业称为报关企业。报关企业必须依法取得报关企业注册登记许可并向海关注册登记后方能从事代理报关业务

2. 根据报关目的的不同，可分为进境报关和出境报关

对于运输工具、货物、物品的进境和出境，海关分别制定了不同的管理规定，运输工具、货物、物品根据进境或出境的目的分别形成了进境报关手续和出境报关手续。

3. 根据报关行为性质的不同，可分为自理报关和代理报关

进出境运输工具、货物、物品的报关是一项专业性较强的工作，尤其是进出境货物的报关比较复杂，一些运输工具负责人、进出口货物收发货人或者物品的所有人，由于经济、时间、地点等方面的原因，不能或者不愿意自行办理报关手续，而委托代理人代为报关，从而形成了自理报关和代理报关两种报关类型。《海关法》对接受进出境物品所有人的委托，代为办理进出境物品报关手续的代理人没有特殊要求，但对于接受进出口货物收发货人的委托，代为办理进出境货物报关手续的代理人则有明确的规定。因此，我们通常所称的自理报关和代理报关主要是针对进出境货物的报关而言的。

(1)自理报关　进出口货物收发货人自行办理报关业务称为自理报关。根据我国海关目前的规定，进出口货物收发货人必须依法向海关注册登记后方能自行办理报关业务。

(2)代理报关　代理报关是指接受进出口货物收发货人的委托，代理其办理报关业务的行为。我国海关法律把有权接受他人委托办理报关业务的企业称为报关企业。报关企业必须依法取得报关企业注册登记许可并向海关注册登记后方能从事代理报关业务。

根据代理报关法律行为责任承担者的不同，代理报关又分为直接代理报关和间接代理报关。直接代理报关是指报关企业接受委托人（即进出口货物收发货人）的委托，以委托人

的名义办理报关业务的行为。间接代理报关是指报关企业接受委托人的委托,以报关企业自身的名义向海关办理报关业务的行为。在直接代理中,代理人代理行为的法律后果直接作用于被代理人;而在间接代理中,报关企业接受进出口货物收发货人的委托,以自己的名义办理报关手续时,应当承担与收发货人相同的法律责任(表 1-3)。目前,我国报关企业大多采取直接代理形式报关,经营快件业务的营运等国际货物运输代理企业适用间接代理报关。

表 1-3 报关企业的代理方式、行为属性与法律责任

代理方式	行为属性	法律责任
直接代理	委托行为代理	法律后果直接作用于被代理人(委托人),报关企业也应承担相应的责任
间接代理	视同企业自己报关	法律后果直接作用于代理人(报关企业),由报关企业承担收发货人自己报关时所应承担的法律责任。只适用于经营快件业务的国际货物运输代理企业

知识点讲解:

在填制报关单时,"进出口货物收发货人"作为"被代理人"填在"经营单位"栏目,而报关企业作为"代理人"填在最下面的"申报单位"处,接受申报的隶属海关填在"进口口岸"或"出口口岸"处。除非快件业务,否则报关企业只是提供报关服务工作,整个报关的法律行为实际上是在"进出口货物收发货人"和"隶属海关"之间发生,出现什么法律问题要由"进出口货物收发货人"来承担,除非"报关企业"未尽到"合理审查"的义务或者弄错了,一般报关企业不会承担重大的法律责任。

一定注意本知识点最后一句话,其含义是说我国一般都采用直接代理报关形式来报关,只有一种情况用"间接代理"来报关,那就是"国际货物运输代理企业"经营"快件业务"的时候。

三、报关的基本内容

(一)进出境运输工具报关的基本内容

国际贸易的交货、国际间人员的往来及其携带物品的进出境,除经其他特殊运输方式外,都要通过各种运输工具的国际运输来实现。根据我国海关法律规定,所有进出我国关境的运输工具必须经由设有海关的港口、车站、机场、国界孔道、国际邮件互换局(交换站)及其他可办理海关业务的场所申报进出境。进出境申报是运输工具报关的主要内容。根据海关监管的要求,进出境运输工具负责人或其代理人在运输工具进入或驶离我国关境时均应如实向海关申报运输工具所载旅客人数、进出口货物数量、装卸时间等基本情况。

1. 运输工具申报

根据海关监管要求的不同,不同种类的运输工具报关时所需递交的单证及所要申明的具体内容也不尽相同。总的来说,运输工具进出境报关时须向海关申明的主要内容有:运输工具进出境的时间、航次(车次)、停靠地点等;运输工具进出境时所载运货物情况,包括过境货物、转运货物、通运货物、溢短卸(装)货物的基本情况;运输工具服务人员名单及其自用物品、货币

等情况;运输工具所载旅客情况;运输工具所载邮递物品、行李物品的情况;其他需要向海关申报清楚的情况,如由于不可抗力原因,运输工具被迫在未设关地点停泊、降落或者抛掷、起卸货物、物品等情况。除此以外,运输工具报关时还需提交运输工具从事国际合法性运输必备的相关证明文件,如船舶国籍证书、吨税证书、海关监管簿、签证簿等,必要时还需出具保证书或缴纳保证金。

以上情况由进出境运输工具负责人或其代理人向海关申报后,有时还需应海关的要求配合海关检查,经海关审核确认符合海关监管要求的,可以上下旅客、装卸货物。

进出境运输工具负责人,是指进出境运输工具的所有企业、经营企业,船长、机长、汽车驾驶员、列车长,以及上述企业或者人员授权的代理人。

2.运输工具舱单申报

近年来,随着我国对外贸易规模的不断扩大和国际物流的不断发展,为适应国际海关合作大趋势的需要,促进国际贸易安全与便利,我国海关将运输工具舱单申报作为进出境运输工具报关的一个重要事项。

进出境运输工具舱单(以下简称舱单)是指反映进出境运输工具所载货物、物品及旅客信息的载体,包括原始舱单(是指舱单传输人向海关传输的反映进境运输工具装载货物、物品或者乘载旅客信息的舱单)、预配舱单(是指反映出境运输工具预计装载货物、物品或者乘载旅客信息的舱单)、装(乘)载舱单(是指反映出境运输工具实际配载货物、物品或者载有旅客信息的舱单)。进出境运输工具载有货物、物品的,舱单内容应当包括总提(运)单及其项下的分提(运)单信息。进出境运输工具负责人即舱单电子数据传输义务人应当按照海关备案的范围在规定时限向海关传输舱单电子数据。

进境运输工具载有货物、物品的,舱单传输人应当在规定时限向海关传输原始舱单主要数据,舱单传输人应当在进境货物、物品运抵目的港以前向海关传输原始舱单其他数据。海关接受原始舱单主要数据传输后,收货人、受委托的报关企业方可向海关办理货物、物品的申报手续。进境运输工具载有旅客的,舱单传输人应当在规定时限向海关传输原始舱单电子数据。

出境运输工具预计载有货物、物品的,舱单传输人应当在办理货物、物品申报手续以前向海关传输预配舱单主要数据;以集装箱运输的货物、物品,出口货物发货人应当在货物、物品装箱以前向海关传输装箱清单电子数据。海关接受预配舱单主要数据传输后,舱单传输人应当在规定时限向海关传输预配舱单其他数据。出境货物、物品运抵海关监管场所时,海关监管场所经营人应当以电子数据方式向海关提交运抵报告。运抵报告提交后,海关即可办理货物、物品的查验、放行手续。舱单传输人应当在运输工具开始装载货物、物品前向海关传输装载舱单电子数据。出境运输工具预计载有旅客的,舱单传输人应当在出境旅客开始办理登机(船、车)手续前向海关传输预配舱单电子数据。舱单传输人应当在旅客办理登机(船、车)手续后,运输工具上客以前向海关传输乘载舱单电子数据。运输工具负责人应当在货物、物品装载完毕或者旅客全部登机(船、车)后向海关提交结关申请,经海关办结手续后,出境运输工具方可离境。

已经传输的舱单电子数据需要变更的,舱单传输人可以在原始舱单和预配舱单规定的传输时限以前直接予以变更,但是货物、物品所有人已经向海关办理货物、物品申报手续的除外。

(二)进出境货物报关的基本内容

根据海关规定,进出境货物的报关业务应由依法取得报关从业资格并在海关注册的报关员办理。进出境货物的报关业务包括:按照规定填制报关单,如实申报进出口货物的商品编码、实际成交价格、原产地及相应的优惠贸易协定代码,并办理提交报关单证等与申报有关的事宜;申请办理缴纳税费和退税、补税事宜;申请办理加工贸易合同备案、变更和核销及保税监管等事宜;申请办理进出口货物减税、免税等事宜;办理进出口货物的查验、结关等事宜;办理应当由报关单位办理的其他事宜。

海关对不同性质的进出境货物规定了不同的报关程序和要求。一般来说,进出境货物报关时,报关单位及报关人员要做好以下几个方面的工作。

(1)进出口货物收发货人接到运输公司或邮递公司寄交的提货通知单,或根据合同规定备齐出口货物后,应当做好向海关办理货物报关的准备工作,或者签署委托代理协议,委托报关企业向海关报关。

(2)准备好报关单证,在海关规定的报关地点和报关时限内以书面和电子数据方式向海关申报。进出口货物报关单或海关规定的其他报关单(证)是报关单位向海关申报货物情况的法律文书,报关员必须认真、规范、如实填写,并对其所填内容的真实性和合法性负责,承担相应的法律责任。除此之外,还应准备与进出口货物直接相关的商业和货运单证,如发票、装箱单、提单等;对属于国家限制性的进出口货物,应准备国家有关法律、法规规定的许可证件,如进出口货物许可证等;还要准备好海关可能需要查阅或收取的其他资料、证件,如贸易合同、原产地证明等。报关单证准备完毕后,报关人员要把报关单上的数据以电子方式传送给海关,并在海关规定的时间、地点向海关递交书面报关单证。

(3)经海关对报关电子数据和书面报关单证进行审核后,在海关认为必须时,报关人员要配合海关进行货物的查验。

(4)属于应纳税、应缴费范围的进出口货物,报关单位应在海关规定的期限内缴纳进出口税费。

(5)进出口货物经海关放行后,报关单位可以安排提取或装运货物。

除了以上工作外,对于保税加工货物、减免税进口货物等,在进出境前还需办理备案申请等手续,进出境后还需在规定的时间、以规定的方式向海关办理核销、结案等手续。

(三)进出境物品报关的基本内容

海关监管进出境物品包括行李物品、邮递物品和其他物品,三者在报关要求上有所不同。

《海关法》规定,个人携带进出境的行李物品、邮寄进出境的物品,应当以自用合理数量为限。所谓自用合理数量,对于行李物品而言,"自用"指的是进出境旅客本人自用、馈赠亲友而非为出售或出租,"合理数量"是指海关根据进出境旅客旅行目的和居留时间所规定的正常数量;对于邮递物品,则指的是海关对进出境邮递物品规定的征、免税限制。自用合理数量原则是海关对进出境物品监管的基本原则,也是对进出境物品报关的基本要求。需要注意的是,对于通过随身携带或邮政渠道进出境的货物要按货物办理进出境报关手续。经海关登记准予暂时免税进境或者暂时免税出境的物品,应当由本人复带出境或者复带进境。享有外交特权和豁免的外国机构或者人员的公务用品或者自用物品进出境,依照有关法律、行政法规的规定办理。

1.进出境行李物品的报关

当今世界上大多数国家的海关法律都规定对旅客进出境采用“红绿通道”制度。我国海关也采用了“红绿通道”制度。

我国海关规定，进出境旅客在向海关申报时，可以在分别以红色和绿色作为标记的两种通道中进行选择。带有绿色标志的通道称“无申报通道”（又称“绿色通道”），适用于携运物品在数量和价值上均不超过免税限额，且无国家限制或禁止进出境物品的旅客；带有红色标志的通道称“申报通道”（又称“红色通道”），适用于携带应向海关申报物品的旅客。对于选择“红色通道”的旅客，必须填写“中华人民共和国海关进出境旅客行李物品申报单”（以下简称申报单）或海关规定的其他申报单证，在进出境地向海关作出书面申报。

自 2008 年 2 月 1 日起，海关在全国各对外开放口岸实行新的进出境旅客申报制度。进出境旅客没有携带应向海关申报物品的，无须填写申报单，选择“无申报通道”通关。除海关免予监管的人员以及随同成人旅行的 16 周岁以下旅客以外，进出境旅客携带应向海关申报物品的，须填写申报单，向海关书面申报，并选择“申报通道”通关。持有中华人民共和国政府主管部门给予外交、礼遇签证的进出境旅客，通关时应主动向海关出示本人有效证件，海关予以免验礼遇。

知识点讲解：

“红色通道”和“绿色通道”问题类似于生活中常见的“红灯停、绿灯行”，当一个旅客进出境时携带的物品满足以下两点要求时，可以“绿色通道”而无需申报：

(1)所携带物品的数量和价值均不超过免税限额。

(2)所携带物品不是国家限制或者禁止进出境的物品。

反之，当所携带的物品不符合以上两条中的任何一条或者两条都不符合的时候，就必须向海关申报，走“红色通道”。

2.进出境邮递物品的报关

进出境邮递物品的申报方式由其特殊的邮递运输方式决定。我国是《万国邮政公约》的签约国，根据《万国邮政公约》的规定，进出口邮包必须由寄件人填写“报税单”（小包邮件填写绿色标签），列明所寄物品的名称、价值、数量，向邮包寄达国家的海关申报。进出境邮递物品的“报税单”和绿色标签随同物品通过邮政企业或快递公司呈递给海关。

3.进出境其他物品的报关

(1)暂时免税进出境物品　个人携带进出境的暂时免税进出境物品须由物品携带者在进境或出境时向海关作出书面申报，并经海关批准登记，方可免税携带进出境，而且应由本人复带出境或进境。

(2)享有外交特权和豁免权的外国机构或者人员进出境物品　享有外交特权和豁免权的外国机构或者人员进出境物品包括外国驻中国使馆和使馆人员，以及外国驻中国领事馆、联合国及其专门机构和其他国际组织驻中国代表机构及其人员进出境的公务用品和自用物品。

Ⅱ 海关管理概述

一、我国海关的性质与任务

国家以立法的形式明确规定了中国海关的性质与任务。《海关法》规定:“中华人民共和国海关是国家的进出关境监督管理机关。海关依照本法和其他有关法律、行政法规,监管进出境的运输工具、货物、行李物品、邮递物品和其他物品,征收关税和其他税、费,查缉走私,并编制海关统计和办理其他海关业务。”

(一)海关的性质

1.海关是国家行政机关

我国的国家机关包括享有立法权的立法机关、享有司法权的司法机关和享有行政管理权的行政机关。国务院是我国最高行政机关,海关总署是国务院内设的直属机构。

2.海关是国家进出境监督管理机关

海关履行国家行政制度的监督职能,是国家宏观管理的一个重要组成部分。海关依照有关法律、行政法规并通过法律赋予的权力,制定具体的行政规章和行政措施,对特定领域的活动开展监督管理,以保证其按国家的法律规范进行。

海关实施监督管理的范围是进出关境及与之有关的活动,监督管理的对象是所有进出关境的运输工具、货物、物品。

关境是世界各国海关通用的概念,指适用于同一海关法或实行同一关税制度的领域。在一般情况下,关境的范围等于国境,但对于关税同盟的签署国来说,其成员国之间货物进出国境不征收关税,只对来自和运往非同盟国的货物在进出共同关境时征收关税,因而对于每个成员国来说,其关境大于国境,如欧盟。若在国内设立自由港、自由贸易区等特定区域,因进出这些特定区域的货物都是免税的,因而该国的关境小于国境。关境同国境一样,包括其领域内的领水、领陆和领空,是一个立体的概念。我国的关境范围是除享有单独关境地位的地区以外的中华人民共和国的全部领域,包括领水、领陆和领空。目前我国的单独关境有香港、澳门和台、澎、金、马单独关税区。在单独关境内,其各自实行单独的海关制度。因此,我国关境小于国境。

本教材所称的“进出境”除特指外均指进出我国关境。

3.海关的监督管理是国家行政执法活动

海关通过法律赋予的权力,对特定范围内的社会经济活动进行监督管理,并对违法行为依法实施行政处罚,以保证这些社会经济活动按照国家的法律规范进行。因此,海关的监督管理是保证国家有关法律、法规实施的行政执法活动。海关执法的依据是《海关法》和其他有关法律、行政法规。海关事务属于中央立法事权,立法者为全国人大及其常务委员会和国务院。海关总署也可以根据法律和国务院的法规、决定、命令,制定规章,作为执法依据的补充。省、自治区、直辖市人民代表大会和人民政府不得制定海关法律规范,地方法规、地方规章不是海关执法的依据。

(二)海关的任务

《海关法》明确规定海关有四项基本任务,即监管进出境的运输工具、货物、行李物品、邮递物品和其他物品(以下简称监管),征收关税和其他税费(以下简称征税),查缉走私(以下简称缉私)和编制海关统计(以下简称统计)。

1.监管

海关监管是指海关运用国家赋予的权力,通过一系列管理制度与管理程序,依法对进出境运输工具、货物、物品的进出境活动所实施的一种行政管理。海关监管是一项国家职能,其目的在于保证一切进出境活动符合国家政策和法律的规范,维护国家主权和利益。海关监管不是海关监督管理的简称,海关监督管理是海关全部行政执法活动的统称。

根据监管对象的不同,海关监管分为运输工具监管、货物监管和物品监管三大体系,每个体系都有一整套规范的管理程序与方法。

监管作为海关四项基本任务之一,除了通过备案、审单、查验、放行、后续管理等方式对进出境运输工具、货物、物品的进出境活动实施监管外,还要执行或监督执行国家其他对外贸易管理制度的实施,如进出口许可制度、外汇管理制度、进出口商品检验检疫制度、文物管理制度等,从而在政治、经济、文化道德、公众健康等方面维护国家利益。

2.征税

征税是海关的另一项重要任务。海关征税工作的基本法律依据是《海关法》、《中华人民共和国进出口关税条例》(以下简称《关税条例》)以及其他有关法律、行政法规。征税工作包括征收关税和进口环节海关代征税。

关税是国家中央财政收入的重要来源,是国家宏观经济调控的重要工具,也是世界贸易组织允许各缔约方保护其境内经济的一种手段。关税的征收主体是国家,《海关法》明确将征收关税的权力授予海关,由海关代表国家行使征收关税的职能。因此,未经法律授权,其他任何单位和个人均不得行使征收关税的权力。

关税的课税对象是进出口货物、进出境物品。

进口货物、物品在办理海关手续放行后,允许在国内流通,应与国内货物同等对待,缴纳应征的国内税。为了节省征税人力,简化征税手续,严密管理,进口货物、物品的国内税由海关代征,即我国海关对进口货物、物品征收关税的同时,还负责代其他机关征收若干种类的进口环节税。目前,由海关代征的进口环节税包括增值税和消费税。

3.缉私

查缉走私是海关为保证顺利完成监管和征税等任务而采取的保障措施。查缉走私是指海关依照法律赋予的权力,在海关监管场所和海关附近的沿海沿边规定地区,为发现、制止、打击、综合治理走私活动而进行的一种调查和惩处活动。

走私是指进出境活动的当事人或相关人违反《海关法》及有关法律、行政法规,逃避海关监管,偷逃应纳税款、逃避国家有关进出境的禁止性或者限制性管理,非法运输、携带、邮寄国家禁止、限制进出境或者依法应当缴纳税款的货物,物品进出境,或者未经海关许可并且未缴应纳税款、交验有关许可证件,擅自将保税货物、特定减免税货物以及其他海关监管货物、物品、进境的境外运输工具在境内销售的行为。它以逃避监管、偷逃税款、牟取暴利为目的,扰乱经济秩序,冲击民族工业,对国家危害性极大,必须予以严厉打击。

《海关法》规定:“国家实行联合缉私、统一处理、综合治理的缉私体制。海关负责组织、协调、管理查缉走私工作。”这一规定从法律上明确了海关打击走私的主导地位以及与有关部门的执法协调。海关是打击走私的主管机关，查缉走私是海关的一项重要任务。海关通过查缉走私，制止和打击一切非法进出境货物、物品的行为，维护国家进出口贸易的正常秩序，保障社会主义现代化建设的顺利进行，维护国家关税政策的有效实施，保证国家关税和其他税、费的依法征收，保证海关职能作用的发挥。为了严厉打击走私犯罪活动，根据党中央、国务院的决定，国家在海关总署设立专司打击走私犯罪的海关缉私警察队伍，负责对走私犯罪案件的侦查、拘留、执行逮捕和预审工作。

根据我国的缉私体制，除了海关以外，公安、工商、税务、烟草专卖等部门也有查缉走私的权力，但这些部门查获的走私案件，必须按照法律规定，统一处理。各有关行政部门查获的走私案件，应当给予行政处罚的，移送海关依法处理；涉嫌犯罪的，应当移送海关侦查走私犯罪公安机构或地方公安机关依据案件管辖分工和法定程序办理。

4. 统计

海关统计以实际进出口货物作为统计和分析的对象，通过搜集、整理、加工处理进出口货物报关单或经海关核准的其他申报单证，对进出口货物的品种、数(重)量、价格、国别(地区)、经营单位、境内目的地、境内货源地、贸易方式、运输方式、关别等项目分别进行统计和综合分析，全面、准确地反映对外贸易的运行态势，及时提供统计信息和咨询，实施有效的统计监督，开展国际贸易统计的交流与合作，促进对外贸易的发展。我国海关的统计制度规定，实际进出境并引起境内物质存量增加或者减少的货物，列入海关统计；进出境物品超过自用、合理数量的，列入海关统计。对于部分不列入海关统计的货物和物品，则根据我国对外贸易管理和海关管理的需要，实施单项统计。

海关统计是海关依法对进出口货物贸易的统计，是国民经济统计的组成部分，是国家制定对外经济贸易政策、进行宏观经济调控、实施海关严密高效管理的重要依据，是研究我国对外贸易经济发展和国际经济贸易关系的重要资料。

1992 年，海关总署以国际通用的《商品名称及编码协调制度》(Harmonized Commodity Description and Coding System，简称《协调制度》或 HS)为基础，编制了《中华人民共和国海关统计商品目录》(以下简称《统计商品目录》)，把税则与统计目录的归类编码统一起来，规范了进出口商品的命名和归类，使海关统计进一步向国际惯例靠拢，满足了我国对外开放和建立社会主义市场经济体制的需要。

总之，海关的四项基本任务是一个统一的有机联系的整体。监管工作通过监管进出境运输工具、货物、物品的合法进出，保证国家有关进出口政策、法律、行政法规的贯彻实施，是海关四项基本任务的基础。征税工作所需的数据、资料等是在海关监管的基础上获取的，征税与监管有着十分密切的关系。缉私工作则是监管、征税两项基本任务的延伸，对在监管、征税工作中发现的逃避监管和偷漏税款的行为，必须运用法律手段予以制止和打击。统计工作是在监管、征税工作的基础上完成的，它为国家宏观经济调控提供了准确、及时的信息，同时又对监管、征税等业务环节的工作质量起到检验把关的作用。

二、我国海关的法律体系

法律体系一般指一个国家的全部现行法律规范按不同部门、层次所组成的有机整体。海关法作为我国现行法律的一个分支，具有相对的独立性和完整性。海关法不仅综合性强、数量多、内容繁杂，而且具有分支清楚、层次明显和相互协调、联系密切的特点。各分支、各层次的海关法既相互区分又相互联系，构成了独立、完整、严密的海关法律体系。海关法律体系根据制定的主体和效力的不同分为法律、行政法规、部门规章和规范性文件 4 个基本的组成部分。

1.《海关法》

《海关法》于 1987 年 1 月 22 日由第六届全国人民代表大会常务委员会第十九次会议通过，同年 7 月 1 日起实施。为了适应形势发展的需要，2000 年 7 月 8 日第九届全国人民代表大会常务委员会第十六次会议审议通过了《关于修改〈中华人民共和国海关法〉的决定》，对《海关法》进行了较大范围的修改，修正后的《海关法》于 2001 年 1 月 1 日起实施。《海关法》是我国现行法律体系的一个重要组成部分，是管理海关事务的基本法律规范，以中华人民共和国主席令的形式颁布实施。

2.行政法规

国务院根据《中华人民共和国宪法》和法律，制定行政法规，以国务院令的形式颁布实施。目前在海关管理方面主要的行政法规有：《关税条例》、《中华人民共和国海关稽查条例》（以下简称《稽查条例》）、《中华人民共和国知识产权海关保护条例》（以下简称《知识产权海关保护条例》）、《中华人民共和国海关行政处罚实施条例》（以下简称《海关行政处罚实施条例》）、《中华人民共和国海关统计条例》（以下简称《统计条例》）、《中华人民共和国进出口货物原产地条例》（以下简称《原产地条例》）等。

3.海关规章

海关规章是海关总署根据海关行使职权、履行职责的需要，依据《中华人民共和国立法法》的规定，单独或会同有关部门制定的，是海关日常工作中引用数量最多、内容最广、操作性最强的法律依据，其效力等级低于法律和行政法规。海关行政规章以海关总署令的形式对外公布，如《中华人民共和国海关报关员资格考试及资格证书管理办法》等。

4.规范性文件

规范性文件，是指海关总署及各直属海关按照规定程序制定的对行政管理相对人权利、义务具有普遍约束力的文件。海关总署制定的规范性文件要求行政管理相对人遵守或执行的，应当以海关总署公告形式对外发布，如《海关总署关于发布〈报关员资格全国统一考试违规行为处理规则〉的公告》等。规范性文件不得设定对行政管理相对人的行政处罚。直属海关在限定范围内制定的关于本关区某一方面行政管理关系的涉及行政管理相对人权利义务的规范，应当以公告形式对外发布。

5.我国签订或缔结的海关国际公约或海关行政互助协议

海关国际公约是指世界海关组织（WCO）成员方缔结的多边协议，如《京都公约》、《伊斯坦布尔公约》，世界贸易组织（WTO）的有关公约，如《估价协议》等。

海关行政互助协议是两国之间订立的双边协议，我国已与俄罗斯等几十个国家缔结了海关行政互助协议。

三、海关的权力

《海关法》在规定了海关任务的同时，为了保证任务的完成，赋予了海关许多具体权力。海关权力，是指国家为保证海关依法履行职责，通过《海关法》和其他法律、行政法规赋予海关的对进出境运输工具、货物、物品的监督管理权能，属于公共行政职权，其行使受一定范围和条件的限制，并应当接受执法监督。

(一)海关权力的内容

根据《海关法》及有关法律、行政法规，海关的权力主要包括：

1. 检查权

海关有权检查进出境运输工具，检查有走私嫌疑的运输工具和有藏匿走私货物、物品嫌疑的场所，检查走私嫌疑人的身体。

海关对进出境运输工具的检查不受海关监管区域的限制；对走私嫌疑人身体的检查，应在海关监管区和海关附近沿海沿边规定地区内进行；对有走私嫌疑的运输工具和有藏匿走私货物、物品嫌疑的场所，在海关监管区和海关附近沿海沿边规定地区内，海关人员可直接检查，超出此范围，在调查走私案件时，须经直属海关关长或者其授权的隶属海关关长批准，才能进行检查，但不能检查公民住处。

2. 查阅、复制权

查阅进出境人员的证件，查阅、复制与进出境运输工具、货物、物品有关的合同、发票、账册、单据、记录、文件、业务函电、录音录像制品和其他的有关资料。

3. 查问权

海关有权对违反《海关法》或者其他有关法律、行政法规的嫌疑人进行查问，调查其违法行为。

4. 查验权

海关有权查验进出境货物、个人携带进出境的行李物品、邮寄进出境的物品。海关查验货物认为必要时，可以径行提取货样。

5. 查询权

海关在调查走私案件时，经直属海关关长或者其授权的隶属海关关长批准，可以查询案件涉嫌单位和涉嫌人员在金融机构、邮政企业的存款、汇款。

6. 稽查权

海关在法律规定的年限内，对企业进出境活动及与进出口货物有关的账务、记账凭证、单证资料等有权进行稽查。

7. 行政处罚权

海关有权对违法当事人予以行政处罚，包括对走私货物、物品及违法所得处以没收，对有走私行为和违反海关监管规定行为的当事人处以罚款，对有违法情事的报关企业和报关员处以暂停或取消报关资格的处罚等。

8. 佩带和使用武器权

海关为履行职责，可以依法佩带武器，海关工作人员在履行职责时可以使用武器。

1989 年 6 月，海关总署、公安部联合发布《海关工作人员使用武器和警械的规定》。根据该项规定，海关使用的武器包括轻型枪支、电警棍、手铐以及其他经批准可使用的武器和警械；使用范围为执行缉私任务时；使用对象为走私分子和走私嫌疑人；使用条件必须是在不能制服被追缉逃跑的走私团体或遭遇武装掩护走私，不能制止以暴力掠夺查扣的走私货物、物品和其他物品，以及以暴力抗拒检查、抢夺武器和警械、威胁海关工作人员生命安全非开枪不能自卫时。

9.行政强制权

海关行政强制，包括海关行政强制措施和海关行政强制执行。

(1)海关行政强制措施，是指海关在行政管理过程中，为制止违法行为、防止证据损毁、避免危害发生、控制危险扩大等情形，依法对公民的人身自由实施暂时性限制，或者对公民、法人或者其他组织的财物实施暂时性控制的行为。包括：

①限制公民人身自由

——在海关监管区和海关附近沿海沿边规定地区，对走私犯罪嫌疑人，经直属海关关长或者其授权的隶属海关关长批准，可以扣留，扣留时间不得超过24小时，在特殊情况下可以延长至48小时。

——个人违抗海关监管逃逸的，海关可以连续追至海关监管区和海关附近沿海沿边规定地区以外，将其带回。

——受海关处罚的当事人或者其法定代表人、主要负责人在出境前未缴清罚款、违法所得和依法追缴的货物、物品、走私运输工具的等值价款，又未提供担保的，海关可以通知出境管理机关阻止其出境。

②扣留财物

——对违反海关法的进出境运输工具、货物、物品以及与之有牵连的合同、发票、账册、单据、记录、文件、业务函电、录音录像制品和其他资料，可以扣留。

——在海关监管区和海关附近沿海沿边规定地区，对有走私嫌疑的运输工具、货物、物品，经直属海关关长或者其授权的隶属海关关长批准，可以扣留。

——在海关监管区和海关附近沿海沿边规定地区以外，对有证据证明有走私嫌疑的运输工具、货物、物品，可以扣留。

——有违法嫌疑的货物、物品、运输工具无法或者不便扣留，当事人或者运输工具负责人未提供等值担保的，海关可以扣留当事人等值的其他财产。

——海关不能以暂停支付方式实施税收保全措施时，可以扣留纳税义务人其价值相当于应纳税款的货物或者其他财产。

——进出口货物的纳税义务人、担保人自规定的纳税期限届满之日起超过3个月未缴纳税款的，经直属海关关长或者其授权的隶属海关关长批准，海关可以扣留其价值相当于应纳税款的货物或者其他财产。

——对涉嫌侵犯知识产权的货物，海关可以依申请扣留。

③冻结存款、汇款　进出口货物的纳税义务人在规定的纳税期限内有明显的转移、藏匿其应税货物以及其他财产迹象，不能提供纳税担保的，经直属海关关长或者其授权的隶属海关关长批准，海关可以通知纳税义务人开户银行或者其他金融机构暂停支付纳税义务人相当于应纳税款的存款。

④封存货物或者账簿、单证

——海关进行稽查时，发现被稽查人的进出口货物有违反《海关法》和其他法律、行政法规嫌疑的，经直属海关关长或其授权的隶属海关关长批准，可以封存有关进出口货物。

——海关进行稽查时，发现被稽查人有可能篡改、转移、隐匿、毁弃账簿和单证等资料的，经直属海关关长或其授权的隶属海关关长批准，在不妨碍被稽查人正常的生产经营活动的前提下，可以暂时封存其账簿、单证等有关资料。

⑤其他强制措施

——进出境运输工具违抗海关监管逃逸的，海关可以连续追至海关监管区和海关附近沿海沿边规定地区以外，将其带回。

——对于海关监管货物，海关可以加施封志。

(2)海关行政强制执行　是指在有关当事人不依法履行义务的前提下，为实现海关的有效行政管理，依法强制当事人履行法定义务的行为。包括：

①加收滞纳金

——进出口货物的纳税义务人逾期缴纳税款的，由海关征收滞纳金。

——进出口货物和海关监管货物因纳税义务人违反规定造成少征或者漏征税款的，海关可予追征并加征滞纳金。

②扣缴税款　进出口货物的纳税义务人、担保人自规定的纳税期限届满之日起超过 3 个月未缴纳税款的，经直属海关关长或者其授权的隶属海关关长批准，海关可以书面通知其开户银行或者其他金融机构从其暂停支付的存款中扣缴税款。

③抵缴、变价抵缴

——当事人逾期不履行海关的处罚决定又不申请复议或者提起诉讼的，海关可以将其保证金抵缴或者将其被扣留的货物、物品、运输工具依法变价抵缴。

——进出口货物的纳税义务人、担保人自规定的纳税期限届满之日起超过 3 个月未缴纳税款的，经直属海关关长或者其授权的隶属海关关长批准，海关可以依法变卖应税货物，或者依法变卖其价值相当于应纳税款的货物或者其他财产，以变卖所得抵缴税款。

——海关以扣留方式实施税收保全措施，进出口货物的纳税义务人在规定的期限内未缴纳税款的，经直属海关关长或者其授权的隶属海关关长批准，依法变卖所扣留货物或者其他财产，以变卖所得抵缴税款。

——进口货物的收货人自运输工具申报进境之日起超过 3 个月未向海关申报的，其进口货物由海关提取依法变卖处理。

——确属误卸或者溢卸的进境货物，原运输工具负责人或者货物的收发货人逾期未办理退运或者进口手续的，由海关提取依法变卖处理。

表 1-4 是须经直属海关关长或者其授权的隶属海关关长批准才能行使的权力汇总。

表 1-4　须经直属海关关长或者其授权的隶属海关关长批准才能行使的权力

1. 检查权 对于有走私嫌疑的运输工具和有藏匿走私货物、物品嫌疑的场所，在海关监管区和海关附近沿海沿边规定地区内，海关人员可直接检查，超出这个范围，在调查走私案件时，须经直属海关关长或者其授权的隶属海关关长批准，才能进行检查，但不能检查公民住处
2. 查询权 海关在调查走私案件时，须经直属海关关长或者其授权的隶属海关关长批准，可以查询案件涉嫌单位和涉嫌人员在金融机构、邮政企业的存款、汇款
3. 扣留权 在海关监管区和海关附近沿海沿边规定地区，对有走私嫌疑的运输工具、货物、物品和走私犯罪嫌疑人，经直属海关关长或者其授权的隶属海关关长批准，可以扣留；对走私犯罪嫌疑人，扣留时间不得超过 24 小时，在特殊情况下可以延长至 48 小时

续表 1-4

4.提取货物变卖、先行变卖权 进口货物超过3个月未向海关申报，海关可以提取依法变卖处理；进口货物收货人或其所有人声明放弃的货物，海关有权提取依法变卖处理；海关依法扣留的货物、物品，不宜长期保留的，经直属海关关长或者其授权的隶属海关关长批准，可以先行依法变卖；在规定期限内未向海关申报的、以及误卸或溢卸的不宜长期保留的货物，海关可以按照实际情况提前变卖处理
5.强制扣缴和变价抵缴关税权 进出口货物的纳税义务人、担保人超过规定期限未缴纳税款的，经直属海关关长或者其授权的隶属海关关长批准，海关可以： (1)书面通知其开户银行或者其他金融机构从其存款内扣缴税款； (2)将应税货物依法变卖，以变卖所得抵缴税款； (3)扣留并依法变卖其价值相当于应纳税款的货物或者其他财产，以变卖所得抵缴税款
6.税收保全 进出口货物纳税义务人在规定的纳税期限内有明显的转移、藏匿其应税货物以及其他财产迹象的，海关可以责令其提供担保，纳税义务人不能提供纳税担保的，经直属海关关长或者其授权的隶属海关关长批准，海关可以采取税收保全措施

知识点讲解：

本知识点考题大多集中在“需要海关关长批准”的6处。这些知识点的考核一般是重在记忆而非辨析，因此要准确记忆以这6处为核心的海关权力。

(二)海关权力行使的基本原则

海关权力作为国家行政权的一部分，一方面，海关权力运行起到了维护国家利益、维护经济秩序、实现国家权能的积极作用；另一方面，由于客观上海关权力的广泛性、自由裁量权较大等因素，以及海关执法者主观方面的原因，海关权力在行使时任何的随意性或者滥用都必然导致管理相对人的合法权益受到侵害，从而对行政法治构成威胁，所以海关权力的行使必须遵循一定的原则。一般来说，海关权力行使应遵循的基本原则如下：

1.合法原则

权力的行使要合法，这是行政法的基本原则——依法行政原则的基本要求。按照行政法理论，行政权力行使的合法性至少包括：

(1)行使行政权力的主体资格合法，即行使权力的主体必须有法律授权。例如，涉税走私犯罪案件的侦查权，只有缉私警察才能行使，海关其他人员则无此项权力。又如，《海关法》规定海关行使某些权力时应“经直属海关关长或者其授权的隶属海关长批准”，如未经批准，海关人员不能擅自行使这些权力。

(2)行使权力必须有法律规范为依据。《海关法》第二条规定了海关的执法依据是《海关法》和其他有关法律、行政法规。无法律规范授权的执法行为，属于越权行为，应属无效。

(3)行使权力的方法、手段、步骤、时限等程序应合法。

(4)一切行政违法主体(包括海关及管理相对人)都应承担相应的法律责任。

2.适当原则

行政权力的适当原则是指权力的行使应该以公平性、合理性为基础，以正义性为目标。因国家管理的需要，海关在验、放、征、减、免、罚的管理活动中拥有很大的自由裁量权，即法律仅规定一定原则和幅度，海关关员可以根据具体情况和自己的意志，自行判断和选择，采取最合适的行为方式及其内容来行使职权。因此，适当原则是海关行使行政权力的重要原则之一。为了防止自由裁量权的滥用，目前我国对海关自由裁量权进行监督的法律途径主要有行政监督（行政复议）和司法监督（行政诉讼）程序。

3.依法独立行使原则

海关实行高度集中统一的管理体制和垂直领导方式，地方海关只对海关总署负责。海关无论级别高低，都是代表国家行使管理权的国家机关，海关依法独立行使权力，各地方、各部门应当支持海关依法行使职权，不得非法干预海关的执法活动。

4.依法受到保障原则

海关权力是国家权力的一种，应受到保障，才能实现国家权能的作用。《海关法》规定：海关依法执行职务，有关单位和个人应当如实回答询问并予以配合，任何单位和个人不得阻挠；海关执行职务受到暴力抗拒时，执行有关任务的公安机关和人民武装警察部队应当予以协助。

（三）海关权力的监督

海关权力的监督即海关执法监督，是指特定的监督主体依法对海关行政机关及其执法人员的行政执法活动实施的监察、检查、督促等，以此确保海关权力在法定范围内运行。

为确保海关能够严格依法行政，保证国家法律、法规得以正确实施，同时也使当事人的合法权益得到有效保护，《海关法》专门设立“执法监督”一章，对海关行政执法实施监督。海关履行职责，必须遵守法律，依照法定职权和法定程序严格执法，并接受监督。这是海关的一项法定义务。

海关执法监督主要指中国共产党的监督、国家最高权力机关的监督、国家最高行政机关的监督、监察机关的监督、审计机关的监督、司法机关的监督、管理相对人的监督、社会监督，以及海关上下级机构之间的相互监督、机关内部不同部门之间的相互监督、工作人员之间的相互监督等。

四、海关的管理体制与机构

海关机构是国务院根据国家改革开放的形势以及经济发展战略的需要，依照海关法律而设立的。改革开放以来，随着我国对外经济贸易和科技文化交流与合作的发展，海关机构不断扩大，机构的设立从沿海沿边口岸扩大到内陆和沿江、沿边海关业务集中的地点，并形成了集中统一管理的垂直领导体制。这种领导体制为海关从全局出发，坚决贯彻执行党的路线、方针、政策和国家的法律、法规以及贯彻海关“依法行政，为国把关，服务经济，促进发展”的工作方针提供了保证。

（一）海关的管理体制

海关作为国家的进出境监督管理机关，为了履行其进出境监督管理职能，提高管理效率，维持正常的管理秩序，必须建立完善的管理体制。新中国成立以来，海关的管理体制几经变更。在1980年以前的30年间，除了在新中国成立初期，海关总署作为国务院的一个职能部门和组成部分，在海关系统实行集中统一的垂直领导体制外，其余大部分时间海关总署都是划归对外贸易部领导，各地方海关受对外贸易部和所在省、自治区、直辖市人民政府的双重领导。

1980年2月,国务院根据改革开放形势的需要作出了《国务院关于改革海关管理体制的决定》。该决定指出:“全国海关建制归中央统一管理,成立中华人民共和国海关总署作为国务院直属机构,统一管理全国海关机构和人员编制、财务及其业务。”从此,海关恢复了集中统一的垂直领导体制。

1987年1月,第六届全国人民代表大会常务委员会第十九次会议审议通过的《海关法》规定,“国务院设立海关总署,统一管理全国海关”,“海关依法独立行使职权,向海关总署负责”,确定了海关总署作为国务院直属机构的地位,进一步明确了海关机构的隶属关系,将海关集中统一的垂直领导体制以法律的形式予以确立。海关集中统一的垂直领导体制既适应了国家改革开放、社会主义现代化建设的需要,也适应了海关自身建设与发展的需要,有力地保证了海关各项监督管理职能的实施。

《海关法》以法律形式明确了海关的设关原则:“国家在对外开放的口岸和海关监管业务集中的地点设立海关。海关的隶属关系,不受行政区划的限制。”“对外开放的口岸”是指由国务院批准,允许运输工具及所载人员、货物、物品直接出入国(关)境的港口、机场、车站,以及允许运输工具、人员、货物、物品出入国(关)境的边境通道。国家规定,在对外开放的口岸必须设置海关、出入境检验检疫机构。“海关监管业务集中的地点”是指虽非国务院批准对外开放的口岸,但是海关某类或者某几类监管业务比较集中的地方,如转关运输监管、保税加工监管等。这一设关原则为海关管理从口岸向内地,进而向全关境的转化奠定了基础,同时也为海关业务制度的发展预留了空间。“海关的隶属关系,不受行政区划的限制”,表明了海关管理体制与一般性的行政管理体制的区域划分无必然联系,如果海关监督管理需要,国家可以在现有的行政区划之外考虑和安排海关的上下级关系和海关的相互关系。

(二)海关的组织机构

海关机构的设置为海关总署、直属海关和隶属海关三级。隶属海关由直属海关领导,向直属海关负责;直属海关由海关总署领导,向海关总署负责。

1. 海关总署

海关总署是国务院的直属机构,在国务院领导下统一管理全国海关机构、人员编制、经费物资和各项海关业务,是海关系统的最高领导部门。海关总署下设广东分署,在上海和天津设立特派员办事处,作为其派出机构。海关总署的基本任务是在国务院领导下,领导和组织全国海关正确贯彻实施《海关法》和国家的有关政策、行政法规,积极发挥依法行政、为国把关的职能,服务、促进和保护社会主义现代化建设。

2. 直属海关

直属海关是指直接由海关总署领导,负责管理一定区域范围内海关业务的海关。目前直属海关共有41个,除香港、澳门、台湾地区外,分布在全国31个省、自治区、直辖市。直属海关就本关区内的海关事务独立行使职权,向海关总署负责。直属海关承担着在关区内组织开展海关各项业务和关区集中审单作业,全面有效地贯彻执行海关各项政策、法律、法规、管理制度和作业规范的重要职责,在海关三级业务职能管理中发挥着承上启下的作用。

3. 隶属海关

隶属海关是指由直属海关领导,负责办理具体海关业务的海关,是海关进出境监督管理职能的基本执行单位,一般都设在口岸和海关业务集中的地点。

4.海关缉私警察机构

为了更好地适应反走私斗争新形势的要求，充分发挥海关打击走私的整体效能，根据党中央、国务院的决定，由海关总署、公安部联合组建缉私局，设在海关总署。缉私局既是海关总署的一个内设局，又是公安部的一个序列局，实行海关总署和公安部双重领导，以海关领导为主的体制。海关总署缉私局下辖广东分署缉私局、各直属海关缉私局，直属海关缉私局下辖隶属海关缉私分局。

Ⅲ 报关单位

一、报关单位的概念

报关单位是指依法在海关注册登记的进出口货物收发货人和报关企业(表 1-5)。

表 1-5 两类报关单位主营业务、经营审批及报关范围的异同

单位		主营业务	经营审批	报关或代理报关范围
进出口货物收发货人		对外贸易经营(贸易、生产)	主管部门审批对外贸易	自营进出口货物的报关纳税(也可委托报关企业报关)
报关企业	专业报关企业	报关纳税服务	直属海关审批	受各进出口货物收发货人委托，报关纳税
	代理报关企业	国际货物运输代理	对外贸易主管部门或交通主管部门审批、直属海关审批	在本企业承揽范围内受进出口货物收发货人的委托，报关纳税

《海关法》规定："进出口货物收发货人、报关企业办理报关手续，必须依法经海关注册登记。报关人员必须依法取得报关从业资格。未依法经海关注册登记的企业和未依法取得报关从业资格的人员，不得从事报关业务。"法律明确规定了对向海关办理进出口货物报关手续的进出口货物收发货人、报关企业实行注册登记管理制度。因此，依法向海关注册登记是法人、其他组织或者个人成为报关单位的法定要求。

二、报关单位的类型

《海关法》将报关单位划分为两种类型，即进出口货物收发货人和报关企业。

1.进出口货物收发货人

进出口货物收发货人是指依法直接进口或者出口货物的中华人民共和国关境内的法人、其他组织或者个人。

一般而言，进出口货物收发货人指的是依法向国务院对外贸易主管部门或者其委托的机构办理备案登记的对外贸易经营者。对于一些未取得对外贸易经营者备案登记表但按照国家有关规定需要从事非贸易性进出口活动的单位，如境外企业、新闻、经贸机构、文化团体等依法在中国境内设立的常驻代表机构，少量货样进出境的单位，国家机关、学校、科研院所等组织机构，临时接受捐赠、礼品、国际援助的单位，国际船舶代理企业等，在进出口货物时，海关也视其为进出口货物收发货人。

进出口货物收发货人经向海关注册登记后，只能为本单位进出口货物报关。

知识点讲解：

这是一个出题者高度专注的知识点，典型的考题模式就是给出很多单位，让学生判断哪些是报关单位。一般而言，报关单位总共分两类：一类是贸易中的实际收货人或实际发货人；另一类是专门为进出口货物收发货人提供报关服务的报关企业。而进出口货物收发货人至少又可以分为两类：一类是已经向贸易主管部门办理了备案登记的对外贸易经营者；另一类则是没有办理备案登记，自身也不是贸易主体，只是为了特殊的需要（是自用而非卖给别人）而从国外进口或从国内出口，因而具有临时性质，因此海关可以将这些临时接受或者发出货物的单位（学校、科研院所、国家机关、新闻机构、文化团体等）视为进出口货物收发货人，给予其为本单位进出口这笔货的报关权。

2. 报关企业

报关企业，是指按照规定经海关准予注册登记，接受进出口货物收发货人的委托，以进出口货物收发货人的名义或者以自己的名义，向海关办理代理报关业务，从事报关服务的境内企业法人。

进出口货物报关是一项专业性很强的工作。有些进出口货物收发货人由于经济、时间、地点等方面的原因不能或者不愿自行办理报关手续，便在实践中产生了委托报关的需要。报关企业正是为进出口货物收发货人提供报关服务的企业。作为报关企业，必须在经营规模、管理人员素质、报关员数量、守法状况、管理制度等几个方面符合海关规定的设立条件，并经海关注册登记行政许可，依法向海关办理注册登记。

目前，我国从事报关服务的报关企业主要有两类：一类是经营国际货物运输代理等业务，兼营进出口货物代理报关业务的国际货物运输代理公司等；另一类是主营代理报关业务的报关公司或报关行。

知识点讲解：

报关企业是报关单位的第二大类别，总体而言，这一类企业都不是贸易主体，即它们既不是买方也不是卖方，只是为买卖双方提供服务的公司。它又分为两类，一类是国际货物运输代理公司，这些公司以代理国际货物运输为主业，顺便帮助客户代理进出口货物报关；另一类是专门为进出口货物收发货人提供报关服务的专业报关公司或报关行，这些公司的存在就是为了给贸易主体提供报关服务。

三、报关单位的注册登记

根据《海关法》的规定，进出口货物，除另有规定的外，可以由进出口货物收发货人自行办理报关纳税手续，也可以由进出口货物收发货人委托海关准予注册登记的报关企业办理报关纳税手续。进出口货物收发货人、报关企业办理报关手续，必须依法经海关注册登记。因此，向海关注册登记是进出口货物收发货人、报关企业向海关报关的前提条件。

（一）报关注册登记制度的概念

报关注册登记制度是指进出口货物收发货人、报关企业依法向海关提交规定的注册登记申请材料，经注册地海关依法对申请注册登记的材料进行审核，准予其办理报关业务的管理制度。

根据《海关法》的规定，可以向海关办理报关注册登记的单位有两类：一类是进出口货物收发货人，主要包括依法向国务院对外贸易主管部门或者其委托的机构办理备案登记的对外贸易经营者等；二是报关企业，主要包括报关行、国际货物运输公司等。海关一般不接受其他企业和单位的报关注册登记申请。海关对未取得对外贸易经营者备案登记表，但依照国家有关规定需要从事非贸易性进出口活动的有关单位，允许其向进出口口岸地或者海关监管业务集中地海关办理临时注册登记手续。临时注册登记单位，海关一般不予核发注册登记证书，仅出具临时报关单位注册登记证明。临时注册登记有效期最长为7日，法律、行政法规、海关规章另有规定的除外。

考虑到两类报关单位的不同性质，海关对其规定了不同的报关注册登记条件。对于报关企业，海关要求其必须具备规定的设立条件并取得海关报关注册登记许可。对于进出口货物收发货人则实行备案制，其办理报关注册登记的手续和条件比报关企业简单。凡是依照《中华人民共和国对外贸易法》（以下简称《对外贸易法》）经向对外贸易主管部门备案登记，有权从事对外贸易经营活动的境内法人、其他组织和个人（个体工商户）均可直接向海关办理注册登记。

知识点讲解：

该知识点的核心是报关注册登记制度的概念。也就是说无论进出口货物收发货人，还是报关企业，只要经过合法的工商注册（进出口货物收发货人还必须取得外贸经营权），就可以向主管海关申请取得报关权。对于这两类报关单位，主管海关批准给予报关权时，要求条件的难易程度不一样，进出口货物收发货人相对较易于取得报关权，只需简单备案后就可以直接向海关办理注册登记；而报关企业取得报关权的门槛比较高，需要首先取得“报关注册登记许可”，达到相应的报关企业设立条件后，才能在海关办理注册登记手续。

进出口货物收发货人的报关权是属地管辖，必须在进出口货物收发货人工商注册登记地的主管海关办理报关单位注册登记手续。

（二）进出口货物收发货人注册登记

进出口货物收发货人应当按照规定到所在地海关办理报关单位注册登记手续。

进出口货物收发货人申请办理注册登记，应当提交的文件材料包括：企业法人营业执照副本复印件（个人独资、合伙企业或者个体工商户提交营业执照）；对外贸易经营者登记备案表复印件（法律、行政法规或者商务部规定不需要备案登记的除外）；企业章程复印件（非企业法人免提交）；税务登记证书副本复印件；银行开户证明复印件；组织机构代码证书副本复印件；报关单位情况登记表、报关单位管理人员情况登记表；其他与注册登记有关的文件材料。

注册地海关依法对申请注册登记材料是否齐全、是否符合法定形式进行核对。申请材料齐全、符合法定形式的申请人由注册地海关核发“中华人民共和国海关进出口货物收发货人报关注册登记证书”（以下简称收发货人登记证书）。进出口货物收发货人凭以办理报关业务。

（三）报关企业注册登记

报关服务是一项专业性、技术性很强的工作，是进出口贸易中重要的中介服务环节。报关企业作为提供报关服务的企业，要有一定的经营规模、相当数量的报关专业人员和有经验的管理人员，并具备健全的组织机构和财务管理制度，同时应对报关服务市场有一定的了解。为此，海关对报关企业规定了具体的设立条件。报关企业注册登记应依法获得报关企业注册登记许可。

1.报关企业注册登记许可

(1)报关企业设立条件　报关企业注册登记许可应当具备的条件包括：

①具备境内企业法人资格条件；

②企业注册资本不低于人民币150万元；

③健全的组织机构和财务管理制度；

④报关员人数不少于5名；

⑤投资者、报关业务负责人、报关员均无走私记录；

⑥报关业务负责人具有5年以上从事对外贸易工作经验或者报关工作经验；

⑦无因走私违法行为被海关撤销注册登记许可的记录；

⑧有符合从事报关服务所必需的固定经营场所和设施；

⑨海关监管所需要的其他条件等。

(2)报关企业注册登记许可程序

①报关企业注册登记许可申请　申请报关企业注册登记许可的申请人应当到所在地直属海关对外公布受理申请的场所向海关提出申请。

提出申请时应提交的材料包括：报关企业注册登记许可申请书；企业法人营业执照副本或者企业名称预先核准通知书复印件；企业章程；出资证明文件复印件；所聘报关从业人员的报关员资格证书复印件；从事报关服务业可行性研究报告；报关业务负责人工作简历；报关服务营业场所所有权证明、租赁证明；其他与申请注册登记许可相关的材料等。

申请人可以委托代理人提出注册登记许可申请。申请人委托代理人代为提出申请的，应当出具授权委托书。

②海关对申请的处理　对申请人提出的申请，海关应当根据下列情况分别作出处理：

——申请人不具备报关企业注册登记许可申请资格的，应当作出不予受理的决定；

——申请材料不齐全或者不符合法定形式的，应当当场或者在签收申请材料后5日内一次告知申请人需要补正的全部内容，逾期不告知的，自收到申请材料之日起即为受理；

——申请材料仅存在文字性、技术性或者装订等可以当场更正的错误的，应当允许申请人当场更正，并且由申请人对更正内容予以签章确认；

——申请材料齐全、符合法定形式，或者申请人按照海关的要求提交全部补正申请材料的，海关应当受理报关企业注册登记许可申请，并作出受理决定。

③海关对申请的审查　海关受理申请后，应当根据法定条件和程序进行全面审查，并于受理注册登记许可申请之日起20日内审查完毕，将审查意见和全部申请材料报送直属海关。直属海关应当自收到接受申请的海关报送的审查意见之日起20日内作出决定。

④行政许可的作出　申请人的申请符合法定条件的，海关应当依法作出准予注册登记许可的书面决定，并通知申请人。

申请人的申请不符合法定条件的，海关应当依法作出不准予注册登记许可的书面决定，并且告知申请人享有依法申请行政复议或者提起行政诉讼的权利。

(3)报关企业跨关区分支机构注册登记许可　报关企业如需要在注册登记许可区域外(即另一直属海关关区)从事报关服务的，应当依法设立分支机构，并且向拟注册登记地海关递交报关企业分支机构注册登记许可申请。

申请分支机构注册登记许可的报关企业应当符合的条件包括：报关企业自取得海关核发

的"中华人民共和国海关报关企业报关注册登记证书"(以下简称报关企业登记证书)之日起满2年;报关企业自申请之日起最近2年未因走私受过处罚。同时,报关企业每申请一项跨关区分支机构注册登记许可,应当增加注册资本人民币50万元。

报关企业跨关区设立的分支机构拟取得注册登记许可的,应当具备的条件包括:符合境内企业法人分支机构设立条件;报关员人数不少于3名;有符合从事报关服务所必需的固定经营场所和设施;分支机构负责人应当具有5年以上从事对外贸易工作经验或者报关工作经验;报关业务负责人、报关员均无走私行为记录。

海关比照报关企业注册登记许可程序规定作出是否准予跨关区分支机构注册登记许可的决定。

(4)报关企业及其跨关区分支机构注册登记许可期限　报关企业及其跨关区分支机构注册登记许可期限均为2年。被许可人需要延续注册登记许可有效期的,应当办理注册登记许可延续手续。

报关企业未办理注册登记许可延续手续或者海关未准予注册登记许可延续的,自丧失注册登记许可之日起,其跨关区分支机构注册登记许可自动终止。

(5)报关企业注册登记许可的变更和延续　报关企业及其分支机构注册登记许可中的企业名称及其分支机构名称、企业注册资本、法定代表人(负责人)有变更的,应以书面形式到注册地海关申请变更注册登记许可。注册地海关对被许可人提出的变更注册登记许可申请按照注册登记许可程序进行初审,并且上报直属海关决定。直属海关依法审查后,对符合法定条件、标准的,应当准予变更,并且作出准予变更决定。海关准予变更注册登记的报关企业及其分支机构凭直属海关变更决定到相关管理部门办理变更手续。

报关企业及其分支机构注册登记许可需要进行延续的,应当在有效期届满40日前向海关提出延续申请并递交海关规定的材料。海关比照注册登记许可程序在有效期届满前对报关企业的申请予以审查,对符合注册登记许可条件的,并且符合法律、行政法规、海关规章规定的延续注册登记许可应当具备的其他条件的,依法作出准予延续的决定,延续的有效期为2年。海关对不再具备注册登记许可的条件,或者不符合法律、行政法规、海关规章规定的延续注册登记许可应具备的条件的报关企业或者其分支机构,不予延长其注册登记许可。对未按照规定申请注册登记许可延续或者海关不予延长其注册登记许可的报关企业或者其分支机构,海关不再接受其办理报关业务。

(6)报关企业注册登记许可的撤销　有下列情形之一的,作出注册登记许可决定的直属海关,根据利害关系人的请求或者依据职权,可以撤销注册登记许可:

①海关工作人员滥用职权、玩忽职守作出准予注册登记许可决定的;

②超越法定职权作出准予注册登记许可决定的;

③违反法定程序作出准予注册登记许可决定的;

④对不具备申请资格或者不符合法定条件的申请准予注册登记许可的;

⑤依法可以撤销注册登记许可的其他情形。

被许可人以欺骗、贿赂等不正当手段取得注册登记许可的,应当予以撤销。

海关依照规定撤销注册登记许可,可能对公共利益造成重大损害的,不予撤销。

(7)报关企业注册登记许可的注销　有下列情形之一的,海关应当依法注销注册登记许可:

①有效期届满未延续的;

②报关企业依法终止的；

③注册登记许可依法被撤销、撤回，或者注册登记许可证件被吊销的；

④因不可抗力导致注册登记许可事项无法实施的；

⑤法律、行政法规规定的应当注销注册登记许可的其他情形。

2. 报关企业注册登记手续

报关企业申请人经直属海关注册登记许可后，应当到工商行政管理部门办理许可经营项目登记，并且自工商行政管理部门登记之日起 90 日内到企业所在地海关办理注册登记手续。逾期，海关不予注册登记。

报关企业申请办理注册登记，应当提交的文件材料包括：直属海关注册登记许可文件复印件；企业法人营业执照副本复印件（分支机构提交营业执照）；税务登记证书副本复印件；银行开户证明复印件；组织机构代码证书副本复印件；报关单位情况登记表、报关单位管理人员情况登记表；报关企业与所聘报关员签订的用工劳动合同复印件；其他与报关注册登记有关的文件材料。

注册地海关依法对申请注册登记材料是否齐全、是否符合法定形式进行核对。申请材料齐全、符合法定形式的申请人由注册地海关核发报关企业登记证书。报关企业凭此办理报关业务。

（四）报关单位注册登记证书的时效及换证管理

1. 报关单位注册登记证书的时效

根据海关规定，报关企业登记证书的有效期限为 2 年，收发货人登记证书的有效期限为 3 年。

2. 报关单位注册登记换证手续

报关企业应当在办理注册登记许可延期的同时办理换领报关企业报关登记证书手续。

进出口货物收发货人应当在收发货人登记证书有效期届满前 30 日到注册地海关办理换证手续。进出口货物收发货人办理换证手续时应当向注册地海关递交的文件材料包括：企业法人营业执照副本复印件（个人独资、合伙企业或者个体工商户提交营业执照）；对外贸易经营者登记备案表复印件（法律、行政法规或者商务部规定不需要备案登记的除外）；中华人民共和国外商投资企业批准证书，中华人民共和国台、港、澳、侨投资企业批准证书复印件（限外商投资企业提交）；报关单位情况登记表，报关员情况登记表（无报关员的免提交）、报关单位管理人员情况登记表。

材料齐全、符合法定形式的报关单位由注册地海关换发报关企业登记证书或者收发货人登记证书。

知识点讲解：

海关对于报关企业的报关资格管理比较严格，其注册登记证书的有效期是 2 年，即 2 年一延续；而进出口货物收发货人登记证书的有效期则是 3 年。报关单位在办理注册登记许可延期的同时，必须办理报关登记证书的换领手续。

（五）报关单位的变更登记及注销登记

1. 变更登记

报关企业取得变更注册登记许可后或者进出口货物收发货人单位名称、企业性质、企业住所、法定代表人(负责人)等海关注册登记内容发生变更的,应当自批准变更之日起30日内,向注册地海关提交变更后的工商营业执照或者其他批准文件及复印件,办理变更手续。

2. 注销登记

报关单位有下列情形之一的,应当以书面形式向注册地海关报告。海关在办结有关手续后,依法办理注销注册登记手续:

(1)破产、解散、自行放弃报关权或者分立成两个或者两个以上新企业的;

(2)被工商行政管理部门注销登记或吊销营业执照的;

(3)丧失独立承担责任能力的;

(4)报关企业丧失注册登记许可的;

(5)进出口货物收发货人的对外贸易经营者备案登记表或者外商投资企业批准证书失效的;

(6)其他依法应当注销注册登记的情形。

四、报关单位的报关行为规则

(一)进出口货物收发货人的报关行为规则

进出口货物收发货人在海关办理注册登记后,可以在中华人民共和国关境内的各个口岸或者海关监管业务集中的地点办理本单位的报关业务,但不能代理其他单位报关。进出口货物收发货人自行办理报关业务时,应当通过本单位所属的报关员向海关办理。

进出口货物收发货人可以委托海关准予注册登记的报关企业,由报关企业所属的报关员代为办理报关业务,但不得委托未取得注册登记许可、未在海关办理注册登记的单位或者个人办理报关业务。

进出口货物收发货人办理报关业务时,向海关递交的纸质进出口货物报关单必须加盖本单位在海关备案的报关专用章。

进出口货物收发货人应对其所属报关员的报关行为承担相应的法律责任。进出口货物收发货人所属的报关员离职,报关员未按规定办理报关员注册注销的,进出口货物收发货人应当自报关员离职之日起7日内向海关报告并将报关员证件交注册地海关予以注销;报关员未交还报关员证件的,其所在单位应当在报刊声明作废,并向注册地海关办理注销手续。

知识点讲解:

进出口货物收发货人的报关权不受地域限制,但受企业限制,也就是说,进出口货物收发货人可以在全国任何口岸办理报关,但是只能为本企业办理报关,绝不能为其他的企业代理报关,只有报关企业才有权利代办报关业务。

后面是说拥有报关权的进出口货物收发货人(法人或其他组织等),必须为所属报关员的报关行为承担责任,因为报关员的报关活动是职务行为,职务行为的法律后果由企业承担。

(二)报关企业的报关行为规则

1. 报关企业报关服务的地域范围

报关企业可以在依法取得注册登记许可的直属海关关区内各口岸或者海关监管业务集中的地点从事报关服务,但是应当在拟从事报关服务的口岸地或者海关监管业务集中的地点依法设立分支机构,并且在开展报关服务前按规定向直属海关备案。

报关企业如需要在注册登记许可区域以外从事报关服务的，应当依法设立分支机构，并且向拟注册登记地海关申请报关企业分支机构注册登记许可。报关企业分支机构经海关依法准予注册登记许可的，向海关办理注册登记后，可在所在地口岸或者海关监管业务集中的地点从事报关服务。报关企业对其分支机构的行为承担法律责任。

2.报关企业从事报关服务应当履行的义务

(1)遵守法律、行政法规、海关规章的各项规定，依法履行代理人职责，配合海关监管工作，不得违法滥用报关权。

(2)依法建立账簿和营业记录。真实、正确、完整地记录其受委托办理报关业务的所有活动，详细记录进出口时间、收发货单位、报关单号、货值、代理费等内容，完整保留委托单位提供的各种单证、票据、函电，接受海关稽查。

(3)报关企业应当与委托方签订书面的委托协议，委托协议应当载明受托报关企业名称、地址、委托事项、双方责任、期限、委托人的名称和地址等内容，由双方签章确认。

(4)报关企业接受进出口货物收发货人的委托办理报关手续时，应当承担对委托人所提供情况的真实性、完整性进行合理审查的义务。审查内容包括：证明进出口货物的实际情况的资料，如进出口货物的品名、规格、用途、产地、贸易方式等；有关进出口货物的合同、发票、运输单据、装箱单等商业单据；进出口所需的许可证件及随附单证；海关要求的加工贸易手册(纸质或电子数据)及其他进出口单证等。报关企业未对进出口货物收发货人提供情况的真实性、完整性履行合理审查义务或违反海关规定申报的，应当承担相应的法律责任。

(5)报关企业不得以任何形式出让其名义，供他人办理报关业务。

(6)对于代理报关的货物涉及走私违规情况的，应当接受或者协助海关进行调查。

3.其他规则

(1)报关企业办理报关业务时，向海关递交的纸质进出口货物报关单必须加盖本单位在海关备案的报关专用章。报关企业的报关专用章仅限在其标明的口岸地或者海关监管业务集中地使用，每一口岸地或者海关监管业务集中地报关专用章应当只有1枚。

(2)报关企业应对其所属报关员的报关行为承担相应的法律责任。报关企业所属的报关员离职，报关员未按规定办理报关员注册注销的，报关企业应当自报关员离职之日起7日内向海关报告并将报关员证件交注册地海关予以注销；报关员未交还报关员证件的，其所在单位应当在报刊上声明作废，并向注册地海关办理注销手续。

知识点讲解：

报关企业只能在依法取得注册登记许可的直属海关关区内各口岸或者海关监管业务集中的地点从事报关服务，而且要先在这些业务口岸设立分支结构，并报直属海关备案。超出规定区域，则既要设立分支机构，还要取得分支机构的报关注册登记许可，报关企业对其分支机构的行为承担法律责任。报关企业不得以任何形式出让其名义，供他人办理报关业务。报关企业应对其所属的报关员的报关行为承担相应的法律责任。

五、海关对报关单位的分类管理

为了鼓励企业守法自律，提高海关管理效能，保障进出口贸易的安全与便利，海关根据企业遵守法律、行政法规、海关规章、相关廉政规定和经营管理状况，以及海关监管、统计记录等，对在海关注册登记的进出口货物收发货人、报关企业的守法及进出口行为规范程度进行评估，划分出信用差别，按照AA、A、B、C、D 5个管理类别进行管理，并对企业的管理类别予以公开。海关按照守法便利原则，对适用不同管理类别的企业，制定相应的差别管理措施，其中AA类企业为经海关验证的信用突出企业，A类企业为信用良好企业，AA类企业和A类企业适用相应的通关便利措施；B类企业为信用一般企业，适用常规管理措施；C类企业为信用较差企业，D类企业为信用很差企业，C类企业和D类企业适用严密监管措施。

全国海关实行统一的企业分类标准、程序和管理措施。

（一）进出口货物收发货人管理类别的设定

(1)AA类进出口货物收发货人，应当同时符合下列条件：

①符合A类管理条件，已适用A类管理1年以上；

②上一年度进出口报关差错率在3%以下；

③通过海关稽查验证，符合海关管理、企业经营管理和贸易安全的要求；

④每年报送“企业经营管理状况评估报告”和会计师事务所出具的上一年度审计报告；每半年报送“进出口业务情况表”。

(2)A类进出口货物收发货人，应当同时符合下列条件：

①已适用B类管理1年以上；

②连续1年无走私罪、走私行为、违反海关监管规定的行为；

③连续1年未因进出口侵犯知识产权货物而被海关行政处罚；

④连续1年无拖欠应纳税款、应缴罚没款项情事；

⑤上一年度进出口总值50万美元以上；

⑥上一年度进出口报关差错率在5%以下；

⑦会计制度完善，业务记录真实、完整；

⑧主动配合海关管理，及时办理各项海关手续，向海关提供的单据、证件真实、齐全、有效；

⑨每年报送“企业经营管理状况评估报告”；

⑩按照规定办理“中华人民共和国海关进出口货物收发货人报关注册登记证书”的换证手续和相关变更手续；

⑪连续1年在商务、人民银行、工商、税务、质检、外汇、监察等行政管理部门和机构无不良记录。

(3)进出口货物收发货人有下列情形之一的，适用C类管理：

①有走私行为的；

②1年内有3次以上违反海关监管规定行为，且违规次数超过上一年度报关单及进出境备案清单总票数1‰的，或者1年内因违反海关监管规定被处罚款累计总额人民币100万元以上的；

③1年内有2次因进出口侵犯知识产权货物而被海关行政处罚的；

④拖欠应纳税款、应缴罚没款项人民币50万元以下的。

(4)进出口货物收发货人有下列情形之一的，适用D类管理：

①有走私罪的；

②1年内有2次以上走私行为的；

③1年内有3次以上因进出口侵犯知识产权货物而被海关行政处罚的；

④拖欠应纳税款、应缴罚没款项人民币 50 万元以上的。

(5)进出口货物收发货人未发生 C 类管理和 D 类管理所列情形并符合下列条件之一的，适用 B 类管理：

①首次注册登记的；

②首次注册登记后，管理类别未发生调整的；

③AA 类企业不符合原管理类别适用条件，并且不符合 A 类管理类别适用条件的；

④A 类企业不符合原管理类别适用条件的。

(6)在海关登记的加工企业，按照进出口货物收发货人实施分类管理。

(二)报关企业管理类别的设定

(1)AA 类报关企业，应当同时符合下列条件：

①符合 A 类管理条件，已适用 A 类管理 1 年以上；

②上一年度代理申报的进出口货物报关单及进出境备案清单总量在 2 万票(中西部 5 000 票)以上；

③上一年度代理申报的进出口报关差错率在 3%以下；

④通过海关稽查验证，符合海关管理、企业经营管理和贸易安全的要求；

⑤每年报送“企业经营管理状况评估报告”和会计师事务所出具的上一年度审计报告；每半年报送“报关代理业务情况表”。

(2)A 类报关企业，应当同时符合下列条件：

①已适用 B 类管理 1 年以上；

②企业以及所属执业报关员连续 1 年无走私罪、走私行为、违反海关监管规定的行为；

③连续 1 年代理报关的货物未因侵犯知识产权而被海关没收，或者虽被没收但对该货物的知识产权状况履行了合理审查义务；

④连续 1 年无拖欠应纳税款、应缴罚没款项情事；

⑤上一年度代理申报的进出口货物报关单及进出境备案清单等总量在 3 000 票以上；

⑥上一年度代理申报的进出口报关差错率在 5%以下；

⑦依法建立账簿和营业记录，真实、正确、完整地记录受委托办理报关业务的所有活动；

⑧每年报送“企业经营管理状况评估报告”；

⑨按照规定办理注册登记许可延续及“中华人民共和国海关报关企业报关注册登记证书”的换证手续和相关变更手续；

⑩连续 1 年在商务、人民银行、工商、税务、质检、外汇、监察等行政管理部门和机构无不良记录。

(3)报关企业有下列情形之一的，适用 C 类管理：

①有走私行为的；

②1 年内有 3 次以上违反海关监管规定的行为，或者 1 年内因违反海关监管规定被处罚款累计总额人民币 50 万元以上的；

③1 年内代理报关的货物因侵犯知识产权而被海关没收达 2 次且未尽合理审查义务的；

④上一年度代理申报的进出口报关差错率在 10%以上的；

⑤拖欠应纳税款、应缴罚没款项人民币 50 万元以下的；

⑥代理报关的货物涉嫌走私、违反海关监管规定拒不接受或者拒不协助海关进行调查的；

⑦被海关暂停从事报关业务的。

(4)报关企业有下列情形之一的,适用D类管理:

①有走私罪的;

②1年内有2次以上走私行为的;

③1年内代理报关的货物因侵犯知识产权而被海关没收达4次以上的;

④拖欠应纳税款、应缴罚没款项人民币50万元以上的。

(5)报关企业未发生C类管理和D类管理所列情形,并符合下列条件之一的,适用B类管理:

①首次注册登记的;

②首次注册登记后,管理类别未发生调整的;

③AA类企业不符合原管理类别适用条件,并且不符合A类管理类别适用条件的;

④A类企业不符合原管理类别适用条件的。

(三)报关单位分类管理措施的实施

(1)AA类或者A类企业涉嫌走私被立案侦查或者调查的,海关暂停其与管理类别相应的管理措施;暂停期内,按照B类企业的管理措施实施管理。

(2)企业仅名称或者海关注册编码发生变化的,其管理类别可以继续适用,但是有下列情形之一的,按照下列方式调整:

①企业发生存续分立,分立后的存续企业承继分立前企业的主要权利义务或者债权债务关系的,其管理类别适用分立前企业的管理类别,其余的分立企业视为首次注册企业;

②企业发生解散分立,分立企业视为首次注册企业;

③企业发生吸收合并,合并企业管理类别适用合并后存续企业的管理类别;

④企业发生新设合并,合并企业视为首次注册企业。

(3)报关企业代理进出口货物收发货人开展报关业务,海关按照报关企业和进出口货物收发货人各自适用的管理类别分别实施相应的管理措施。

因企业的管理类别不同导致与应当实施的管理措施相抵触的,海关按照下列方式实施:

①报关企业或者进出口货物收发货人为C类或者D类的,按照较低的管理类别实施相应的管理措施;

②报关企业和进出口货物收发货人均为B类及以上管理类别的,按照报关企业的管理类别实施相应的管理措施。

(4)加工贸易经营企业与承接委托加工的生产企业管理类别不一致的,海关对该加工贸易业务按照较低的管理类别实施相应的管理措施。

六、报关单位的海关法律责任

报关单位在办理报关业务时,应遵守国家有关法律、行政法规和海关的各项规定,并对所申报货物、物品的品名、规格、价格、数量等的真实性、合法性负责,承担相应的法律责任。

报关单位的海关法律责任,是指报关单位违反海关法律规范所应承担的法律后果,并由海关及有关司法机关对其违法行为依法予以追究,实施法律制裁。《海关法》、《海关行政处罚实施条例》和有关海关行政规章等都对报关单位的法律责任进行了规定。《中华人民共和国刑法》(以下简称《刑法》)关于走私犯罪的规定,《中华人民共和国行政处罚法》(以下简称《行政处罚法》)关于行政处罚的原则、程序、时效、管辖、执行等规定，也都适用于对报关单位海关法律责任的追究。

(一)报关单位海关法律责任的原则性规定

(1)报关单位违反《海关法》及有关法律、行政法规，逃避海关监管，偷逃应纳税款，逃避国家有关进出境的禁止性或者限制性管理，非法运输、携带、邮寄国家禁止、限制进出口或者依法应当缴纳税款的货物、物品进出境，或者未经海关许可并且未缴纳应纳税款、交验有关许可证件，擅自将保税货物、特定减免税货物以及其他海关监管货物、物品、进境的境外运输工具在境内销售，构成犯罪的，将被依法追究刑事责任。

(2)报关单位违反《海关法》及有关法律、行政法规，逃避海关监管，偷逃应纳税款，逃避国家有关进出境的禁止性或者限制性管理，非法运输、携带、邮寄国家禁止、限制进出口或者依法应当缴纳税款的货物、物品进出境，或者未经海关许可并且未缴纳应纳税款、交验有关许可证件，擅自将保税货物、特定减免税货物以及其他海关监管货物、物品、进境的境外运输工具在境内销售，尚不构成犯罪的，由海关没收走私货物、物品及违法所得，可以并处罚款；对专门或者多次用于掩护走私的货物、物品，专门或者多次用于走私的运输工具，海关将予以没收；对藏匿走私货物、物品的特制设备，海关将责令拆毁或者没收。

(3)报关单位有违反《海关法》及有关法律、行政法规、海关规章或海关规定程序、手续，尚未构成走私的行为，海关按《海关行政处罚实施条例》的有关规定处理。

(二)报关单位违反海关监管规定的行为及其处罚

(1)违反国家进出口管理规定，进出口国家禁止进出口的货物的，责令退运，处 100 万元以下罚款。

(2)违反国家进出口管理规定，进出口国家限制进出口的货物的，进出口货物的收发货人向海关申报时不能提交许可证件的，进出口货物不予放行，处货物价值 30%以下罚款。

(3)违反国家进出口管理规定，进出口属于自动进出口许可管理的货物，进出口货物的收发货人向海关申报时不能提交自动许可证明的，进出口货物不予放行。

(4)报关单位在办理报关业务的过程中，进出口货物的品名、税则号列、数量、规格、价格、贸易方式、原产地、起运地、运抵地、最终目的地或者其他应当申报的项目未申报或者申报不实的，分别依照下列规定予以处罚，有违法所得的，没收违法所得：

①影响海关统计准确性的，予以警告或者处 1 000 元以上 1 万元以下罚款；

②影响海关监管秩序的，予以警告或者处 1 000 元以上 3 万元以下罚款；

③影响国家许可证件管理的，处货物价值 5%以上 30%以下罚款；

④影响国家税款征收的，处漏缴税款 30%以上 2 倍以下罚款；

⑤影响国家外汇、出口退税管理的，处申报价格 10%以上 50%以下罚款。

在代理报关业务中，因进出口货物收发货人未按照规定向报关企业提供所委托报关事项的真实情况，致使发生上述情形的，有关法律责任由委托人承担；因报关企业对委托人所提供情况的真实性未进行合理审查，或者因工作疏忽致使发生上述情形的，可以对报关企业处货物价值 10%以下罚款，暂停其 6 个月以内从事报关业务，情节严重的，撤销其报关注册登记。

(5)报关单位有下列行为之一的，处货物价值 5%以上 30%以下罚款，有违法所得的，没收违法所得：

①未经海关许可，擅自将海关监管货物开拆、提取、交付、发运、调换、改装、抵押、质押、留置、转让、更换标记、移作他用或者进行其他处置的；

②未经海关许可，在海关监管区以外存放海关监管货物的；

③经营海关监管货物的运输、储存、加工、装配、寄售、展示等业务，有关货物灭失、数量短少，或者记录不真实，不能提供正当理由的；

④经营保税货物的运输、储存、加工、装配、寄售、展示等业务，不依照规定办理收存、交付、结转、核销等手续，或者中止、延长、变更、转让有关合同不依照规定向海关办理手续的；

⑤未如实向海关申报加工贸易制成品单位耗料量的；

⑥未按照规定期限将过境、转运、通运货物运输出境，擅自留在境内的；

⑦未按照规定期限将暂时进出口货物复运出境或者复运进境，擅自留在境内或者境外的；

⑧有违反海关规定的其他行为，致使海关不能或者中断对进出口货物实施监管的。

上述规定中所涉货物属于国家限制进出口需要提交许可证件的，当事人在规定期限内不能提交许可证件的，另处货物价值30%以下罚款；漏缴税款的，可以另处缴税款1倍以下罚款。

(6)报关单位有下列行为之一的，予以警告，可以处3万元以下罚款：

①擅自开启或者损毁海关封志的；

②遗失海关制发的监管单证、手册等凭证，妨碍海关监管的。

(7)伪造、变造、买卖海关单证的，处5万元以上50万元以下罚款，有违法所得的，没收违法所得；构成犯罪的，依法追究刑事责任。

(8)进出口侵犯知识产权的货物的，没收侵权货物，并处货物价值30%以下罚款；构成犯罪的，依法追究刑事责任。

需要向海关申报知识产权状况，而未按规定向海关如实申报的，或者未提交合法适用有关知识产权的证明文件的，可以处5万元以下罚款。

(9)报关企业有下列情形之一的，责令改正，给予警告，可以暂停其6个月以内从事报关业务：

①拖欠税款或者不履行纳税义务的；

②报关企业出让其名义供他人办理进出口货物报关纳税事宜的；

③损坏或者丢失海关监管货物，不能提供正当理由的；

④有需要暂停其从事报关业务的其他违法行为的。

(10)报关企业有下列情形之一的，海关可以撤销其注册登记：

①报关企业构成走私犯罪或者1年内有2次以上走私行为的；

②所属报关员1年内3人次以上被海关暂停执业的；

③被海关暂停从事报关业务，恢复从事报关业务后1年内再次发生拖欠税款或者不履行纳税义务、出让企业名义供他人办理进出口货物报关纳税事宜、损坏或者丢失海关监管货物且不能提供正当理由等情形的；

④有需要撤销其注册登记的其他违法行为的。

(11)报关企业非法代理他人报关或者超出海关准予的从业范围进行报关活动的，责令改正，处5万元以下罚款，暂停其6个月以内从事报关业务；情节严重的，撤销其报关注册登记。

(12)进出口货物收发货人、报关企业向海关工作人员行贿的，撤销其报关注册登记，并处

10 万元以下罚款；构成犯罪的，依法追究刑事责任，并不得重新注册登记为报关企业。

(13)提供虚假资料骗取海关注册登记的，撤销其注册登记，并处 30 万元以下罚款。

(14)海关对于未经海关注册登记从事报关业务的，予以取缔，没收违法所得，可以并处 10 万元以下罚款。

(15)报关单位有下列情形之一的，海关予以警告，责令其改正，并可以处人民币 1 000 元以上 5 000 元以下罚款：

①报关企业取得变更注册登记许可后或者进出口货物收发货人单位名称、企业性质、企业住所、法定代表人(负责人)等海关注册登记的内容发生变更，未按照规定向海关办理变更手续的；

②未向海关备案，擅自变更或者启用报关专用章的；

③所属报关员离职，未按照规定向海关报告并办理相关手续的。

此外，根据《海关法》的规定，海关准予从事有关业务的企业，违反《海关法》有关规定的，由海关责令改正，可以给予警告、暂停其从事有关业务，直至撤销注册登记，因此与报关活动相关的其他法人在从事与报关相关的活动中，违反《海关法》及有关法律、行政法规的，也要承担相应的行政、刑事法律责任。

对于法人或者其他组织有违反《海关法》及有关法律、行政法规的行为，除处罚该法人或者组织外，对其主管人员和直接责任人员予以警告，可以处 5 万元以下罚款，有违法所得的，没收违法所得。

Ⅳ　报　关　员

由于进出口货物的报关手续比较复杂，办理人员需要熟悉法律、税务、外贸、商品等知识，精通有关法律、法规、规章和掌握办理海关手续的技能，为此，我国海关规定进出口货物的报关业务应由经海关批准的专业人员代表进出口货物收发货人或者报关企业向海关办理。这些专业人员就是报关员。

一、报关员的概念

报关员是指依法取得报关员从业资格，并在海关注册，向海关办理进出口货物报关业务的人员。

向海关办理进出口货物报关业务的报关员与会计师、审计师一样，是向社会提供专业化智力服务的人员。报关员是联系报关单位与海关之间的桥梁，在进出口货物的通关工作中起着重要作用。报关员业务水平的高低和报关质量的好坏不仅影响进出口货物的通关速度和海关的工作效率，也直接影响报关单位的经济效益。特别是对于报关企业而言，报关员的业务水平直接关系到企业的声誉，影响到企业的生存与发展。

根据海关规定，只有向海关注册登记的进出口货物收发货人和报关企业才可以向海关报关，报关员必须受雇于一个依法向海关注册登记的进出口货物收发货人或者报关企业，并代表该企业向海关办理报关业务。因此，报关员不是自由职业者。我国有关法律规定禁止报关员非法接受他人委托从事报关业务。

二、报关员资格

随着我国对外贸易的飞速发展，企业对报关员的需求日益增长，报关作为向社会提供专门化服务的职业已引起社会的关注。报关职业要求报关员必须具备一定的学识水平、专业知识和业务能力。为此，我国《海关法》第十一条规定，未依法取得报关从业资格的人员，不得从事报关业务，明确了报关员资格许可制度。

我国报关员资格许可是通过报关员资格全国统一考试和颁发报关员资格证书的形式进行的。海关通过对符合报名条件的人员进行全面、系统的业务知识水平和能力的考试，来检验其是否符合报关职业的基本要求，并通过行政许可的方式对其中符合条件者颁发报关员资格证书。

(一)报关员资格考试

报关员资格全国统一考试由海关总署组织。海关总署负责确定考试原则，制定考试大纲、规则，统一命题；指导、监督各地海关具体实施考试，处理考试工作中的重大问题；组织阅卷，公布考试成绩；管理各海关审核报关员资格申请、颁发报关员资格证书事宜。直属海关在海关总署指导下具体实施考试；认定、处理考试违规行为；受理、审查报关员资格申请，颁发报关员资格证书。直属海关可以委托隶属海关受理、审核报关员资格申请，并办理颁发证书等事宜。直属海关应当将受委托的隶属海关和委托的内容予以公告。报关员资格全国统一考试每年举行一次。海关总署在统一考试 3 个月前对外公告考试事宜。特殊情况下，经海关总署决定，可以进行调整。考试实行公平、公开、公正、诚信的原则，采取全国统一报名、统一命题、统一考试、统一评分标准和统一阅卷核分的方式进行。考试主要测试学生从事报关业务必备的基础知识和技能，考试内容包括报关专业知识、报关专业技能、报关相关知识以及与报关业务相关的法律、行政法规及海关总署规章。

我国海关规定，报关员资格考试的报名条件是：具有中华人民共和国国籍；年满 18 周岁，具有完全民事行为能力；具有大学专科及以上学历。

香港、澳门特别行政区居民中的中国公民和台湾居民，可以凭有效身份证件报名参加考试。

有下列情形之一的，不得报名参加考试，已经办理报名手续的，报名无效：

(1)因故意犯罪，受过刑事处罚的，以及正在被执行刑罚或者依法被剥夺、限制人身自由的；

(2)因在报关活动中发生走私或严重违反海关规定的行为，被海关依法取消报关从业资格的；

(3)在考试中发生作弊行为，被海关取消考试成绩，或者有其他违规行为，被海关以作弊论处，不满 3 年的。

(二)报关员资格的取得

海关总署核定并公布报关员资格考试合格分数线。直属海关及受委托的隶属海关根据合格分数线，公布成绩合格、可以申请报关员资格的学生名单。根据海关公布的名单可以申请报关员资格的学生，应当自考试合格分数线公布之日起 6 个月内向原报名海关申请报关员资格。海关依法对申请人授予报关员资格的申请进行受理、审查和作出决定。除当场作出决定的以外，海关应当自受理申请之日起20个工作日内作出是否授予报关员资格的决定。决定不授予报关员资格的，应当向申请人制发"中华人民共和国海关不予授予报关员资格决定书"。海关决定授予报关员资格的，应当自作出决定之日起10个工作日内颁发报关员资格证书。颁发报关员资格证书的，海关可以不再制发受理决定书和准予报关员资格决定书。

学生在报名、考试等过程中有作弊行为，并取得报关员资格的，海关应当宣布其考试成绩无效，并撤销其报关员资格。

报关员资格证书是从事报关工作的资格证明，由海关总署统一制作，取得报关员资格证书者可以按规定向海关申请报关员注册。

报关员资格证书损毁、遗失或者个人信息发生变更的，可以向原发证海关申请补发或者换发。

三、报关员注册

报关员注册是指报关单位所在地直属海关或受其委托的隶属海关，对通过报关员资格考试、依法取得报关员资格证书的人员提出的注册申请，依法作出准予报关员注册的决定，并颁发报关员证的行为。

报关员注册是法律设定的海关行政许可事项之一。《中华人民共和国海关报关员执业管理办法》(以下简称《执业管理办法》)，专章明确规定了报关员注册制度的实体性和程序性要求。

(一)注册条件

(1)申请报关员注册，须同时具备以下3个基本条件：

①申请人必须具有中华人民共和国国籍；

②申请人必须通过报关员资格全国统一考试，取得报关员资格证书；

③申请人必须与所在报关单位建立劳动合同关系或者聘用合同关系。

除应具备上述基本条件之外，对于首次申请报关员注册的申请人，还应当经过在一个报关单位连续3个月的报关业务实习。对于报关员注册有效期届满后连续2年未注册，再次申请报关员注册的申请人，还应当经过海关报关业务岗位考核合格。

(2)申请人有下列情形之一的，海关不予报关员注册：

①不具有完全民事行为能力的；

②因故意犯罪受到刑事处罚的；

③被海关取消报关从业资格的。

(3)申请人有下列情形之一的，海关暂缓报关员注册：

①被海关暂停执业期间注销报关员注册的；

②被海关暂停执业期间注册有效期届满的；

③记分达到《中华人民共和国海关对报关员记分考核管理办法》(以下简称《记分考核管理办法》)规定分值，未参加海关组织的报关业务岗位考核或者考核不合格，注销报关员注册的；

④记分达到《记分考核管理办法》规定分值，未参加海关组织的报关业务岗位考核或者考核不合格，注册有效期届满的。

(二)注册程序

申请报关员注册的，申请人本人应当到海关提出申请。本人不能到海关提出申请的，可以委托所在报关单位提出申请。申请人委托报关单位代为提出申请的，应当出具授权委托书。

1.注册受理机关

申请人应当到报关单位所在地直属海关提出报关员注册申请。报关单位为报关企业跨关区分支机构的，应当到报关企业跨关区分支机构所在地直属海关提出报关员注册申请。直属海关可以委托隶属海关实施报关员注册。

2.申请注册应提交的材料

申请报关员注册，应当向海关提交下列文件、材料：

(1)报关员注册申请书；

(2)申请人所在报关单位的报关企业登记证书或者收发货人登记证书复印件；

(3)报关员资格证书复印件；

(4)与所在报关单位签订的合法有效的劳动合同复印件(报关单位为非企业性质的，可以提交聘用合同复印件或者人事证明)；

(5)身份证件复印件；

(6)所在报关单位为其缴纳社会保险证明复印件，但法律、行政法规另有规定的，依照其规定。

首次申请报关员注册的，还应当提交报关单位出具的报关业务实习证明材料。海关对首次申请报关员注册人员的实习实行备案制度，该类人员的实习单位与首次申请注册的单位应当为同一报关单位。

台湾居民和香港、澳门居民中的中国公民提出申请的，还应当提交“台港澳人员就业证”复印件。

3.注册决定的作出及报关员证的颁发

申请人的申请符合法定条件的，海关应当依法作出准予报关员注册的决定，并应当自作出决定之日起10日内向申请人颁发报关员证。可以当场作出决定并颁发报关员证的，海关不再制发受理决定书和准予报关员注册决定书。

申请人的申请不符合法定条件的，海关应当依法作出不予报关员注册的书面决定。

4.注册的有效期

报关员注册有效期为2年。报关员需要延续报关员注册有效期的，应当办理报关员注册延续手续。报关员未办理注册延续手续或者海关未准予报关员注册延续的，自有效期届满之日起，其报关员注册自动终止。

(三)注册的变更、延续

1.注册变更

报关员注册变更是指报关员姓名、身份证件号码等身份资料和所在报关单位名称、海关编码发生变更的情形。报关员应当在变更事实发生之日起的20日内，持报关员资格证书、报关员证和变更证明文件等材料的原件及复印件到注册地海关书面申请变更报关员注册。

对报关员提出的变更报关员注册申请，注册地海关应当按照报关员注册程序进行审核，对符合法定条件的，应当作出准予变更决定，并于作出准予变更决定后的10日内办结变更手续，换发报关员证。可以当场作出变更决定并换发报关员证的，海关不再制发受理决定书、准予变更报关员注册决定书。

应当注意的是，这里所称的报关注册变更不包括报关员更换报关单位的情形。

2.注册延续

报关员办理报关员注册延续手续的，应当在注册有效期届满30日前向海关提出。逾期提出报关员注册延续申请的，海关不予受理。报关员在有效期届满后仍然需要从事报关业务的，应当重新向海关申请办理报关员注册手续。

报关员注册延续应提交的文件、材料有：

(1)报关员注册延续申请书；

(2)报关员证复印件；

(3)申请人所在报关单位的报关企业登记证书或者收发货人登记证书复印件；

(4)报关员资格证书复印件；

(5)与所在报关单位签订的合法有效的劳动合同复印件(报关单位为非企业性质的，可以提交聘用合同复印件或者人事证明)；

(6)身份证件复印件；

(7)所在报关单位为其缴纳社会保险证明复印件，但法律、行政法规另有规定的，依照其规定。

台湾居民、香港和澳门居民中的中国公民办理报关员注册延续手续的，还应当提交“台港澳人员就业证”复印件。

海关比照报关员注册程序在有效期届满前对报关员的延续申请予以审查，对符合报关员注册条件的，依法作出准予延续2年有效期的决定。海关应当在报关员注册有效期届满前作出是否准予延续的决定；逾期未作出决定的，视为准予延续，依法为其办理报关员注册延续手续。

海关可以当场作出决定并换领报关员证的，不再制发受理决定书、准予延续报关员注册决定书。

海关对不再具备报关员注册条件的，应当依法作出不予延续的决定，说明理由，并告知申请人享有依法申请行政复议或者提起行政诉讼的权利。

报关员在被海关暂停执业期间有效期届满，需要延续有效期的，应当在有效期届满30日前到海关申请暂缓办理报关员注册延续，并在暂停执业期满后30日内提出延续报关员注册的申请。

(四)注册的注销

对于报关员不再从事报关业务、报关员辞职、报关单位解除与报关员的劳动合同关系(报关单位为非企业性质的，解除聘用合同关系或者人事关系)或者报关单位申请注销海关注册登记的情形，报关员应当到注册地海关申请报关员注册的注销。报关员未按照规定申请注销的，所在报关单位应向注册地海关办理报关员注册注销手续。

申请注销报关员注册的，应当提交注销报关员注册申请书、报关员证和报关员资格证书。不能提交报关员证的，应当提交在报刊刊登的作废声明。所在报关单位按规定办理报关员注册注销手续，不能提交报关员证和报关员资格证书的，应当提交报刊声明和说明材料。

对于报关员注册有效期届满未延续，报关员死亡或者丧失民事行为能力，报关员注册依法被撤销、撤回，报关员被海关依法取消从业资格，报关员所在报关单位被海关注销注册登记的情形，海关应当依法办理报关员注册的注销手续。

(五)其他规定

(1)报关员更换报关单位的,应当注销原报关员注册,重新申请报关员注册。

(2)报关员遗失报关员证的,应当及时向注册地海关书面说明情况,并在报刊声明作废。海关应当自收到情况说明和报刊声明证明之日起20日内予以补发。

(3)海关对申请人提出报关员注册申请的受理、审查、决定、撤销、注销等活动,《执业管理办法》没有规定的,应当依据《中华人民共和国行政许可法》(以下简称《行政许可法》)、《中华人民共和国海关实施(中华人民共和国行政许可法)办法》(以下简称《海关实施〈行政许可法〉办法》)规定的程序进行。

四、报关员执业

取得报关员资格证书的人员,应当经海关注册并颁发报关员证后执业。报关员证是报关员执业的凭证。除法律、行政法规另有规定的外,报关单位的报关业务应当由报关员办理。

(一)报关员执业范围

报关员应当在一个报关单位执业。

报关企业及其跨关区分支机构的报关员,应当在所在报关企业或者跨关区分支机构的报关服务的口岸地或者海关监管业务集中的地点执业。进出口货物收发货人的报关员,可以在中华人民共和国关境内的各口岸地或者海关监管业务集中的地点执业。

报关员应当在所在报关单位授权范围内执业。首次申请报关员注册人员在报关单位实习期间,不得以报关员的名义办理报关业务。报关员应当按照报关单位的要求和委托人的委托依法办理下列业务:

(1)按照规定如实申报进出口货物的商品编码、商品名称、规格型号、实际成交价格、原产地及相应优惠贸易协定代码等报关单有关项目,并办理填制报关单、提交报关单证等与申报有关的事宜;

(2)申请办理缴纳税费和退税、补税事宜;

(3)申请办理加工贸易合同备案(变更)、深加工结转、外发加工、内销、放弃核准、余料结转、核销及保税监管等事宜;

(4)申请办理进出口货物减税、免税等事宜;

(5)协助海关办理进出口货物的查验、结关等事宜;

(6)应当由报关员办理的其他报关事宜。

(二)报关员的权利和义务

1.报关员拥有的权利

(1)以所在报关单位名义执业,办理报关业务;

(2)向海关查询其办理的报关义务情况;

(3)拒绝海关工作人员的不合法要求;

(4)对海关对其作出的处理决定享有陈述、申辩、申诉的权利;

(5)依法申请行政复议或者提起行政诉讼;

(6)合法权益因海关违法行为受到损害的,依法要求赔偿;

(7)参加执业培训。

2.报关员应当履行的义务

(1)熟悉所申报货物的基本情况，对申报内容和有关材料的真实性、完整性进行合理审查；

(2)提供齐全、正确、有效的单证、清楚、完整填制海关单证，并按照规定办理报关业务及相关手续；

(3)海关查验进出口货物时，配合海关查验；

(4)配合海关稽查和对涉嫌走私违规案件的查处；

(5)按照规定参加直属海关或者直属海关授权组织举办的报关业务岗位考核；

(6)持报关员证办理报关业务，海关核对时，应当出示；

(7)妥善保管海关核发的报关员证和相关文件；

(8)协助落实海关对报关单位管理的具体措施。

(三)报关员执业禁止行为

报关员执业不得有以下行为：

(1)故意制造海关与报关单位、委托人之间的矛盾和纠纷；

(2)假借海关名义，以明示或者暗示的方式向委托人索要委托合同约定以外的酬金或者其他财物、虚假报销；

(3)同时在 2 个或者 2 个以上报关单位执业；

(4)私自接受委托办理报关业务，或者私自收取委托人酬金及其他财物；

(5)将报关员证转借或者转让他人，允许他人持本人报关员证执业；

(6)涂改报关员证；

(7)其他利用执业之便谋取不正当利益的行为。

(四)报关员的海关记分考核管理

为了维护报关秩序，提高报关质量，规范报关员的报关行为，保证通关效率，海关对报关员实行记分考核管理。根据海关规定，对记分达到规定分值的报关员，海关中止其报关员证效力，不再接受其办理报关手续。报关员应当参加注册地海关的报关业务岗位考核，经岗位考核合格之后，方可重新上岗。

1.记分考核管理的对象和范围

报关员记分考核管理对象是取得报关从业资格，并按照规定程序在海关注册，持有报关员证件的报关员，即在职报关员。

海关对出现报关单填制不规范、报关行为不规范，以及违反海关监管规定或者有走私行为未被海关暂停执业、撤销报关从业资格的报关员予以记分、考核。

2.记分考核管理的性质

海关对报关员的记分考核管理从性质上讲是一种教育和管理措施，而不是行政处罚。海关对记分达到一定分值的报关员实行岗位考核管理，目的是督促其增强遵纪守法意识，提高自身业务水平。海关通过对报关员记分计满至考核合格前，中止其报关员证效力、不再接受其办理报关手续的方式，来督促报关员履行义务。

报关员因为向海关工作人员行贿或有违反海关监管规定、走私行为等其他违法行为，由海关处以暂停执业、取消报关从业资格处罚的，不适用于《记分考核管理办法》，而应按照《海关行政处罚实施条例》等规定处理。

3. 记分考核的管理部门

海关企业管理部门负责对报关员记分考核的职能指导、日常监督管理以及相关协调工作。

海关通关业务现场及相关业务职能部门负责具体执行记分工作。海关人员在记分时，应当将记分原因和记分分值以电子或者纸质告知单的形式告知报关员。

记分的行政行为以各级海关名义作出。

4. 记分考核管理量化标准

海关对报关员的记分考核，依据其报关单填制不规范、报关行为不规范的程度和行为性质，一次记分的分值分别为 1 分、2 分、5 分、10 分、20 分、30 分（表 1-6）。

记分周期从每年 1 月 1 日起至 12 月 31 日止，报关员在海关注册登记之日起至当年 12 月 31 日不足 1 年的，按一个记分周期计算。一个记分周期期满后，记分分值累加未达到 30 分的，该周期内的记分分值予以消除，不转入下一个记分周期。但报关员在一个记分周期内办理变更注册登记报关单位或者注销手续的，已记分分值在该记分周期内不予消除。

表 1-6 报关员记分处理的原因、条件及海关的处理方式

分值	海关处理方式	记分原因、条件
记 1 分	海关退回责令更正	电子数据报关单的有关项目填写不规范
	经海关同意修改	报关员原因造成申报差错，报关单位向海关要求修改； 在海关签印放行前，未对国家贸易管制政策的实施、税费征收及海关统计指标造成危害的
	直接记分	未按照规定在纸质报关单及随附单证上加盖报关专用章及其他印章或者使用印章不规范
	直接记分	未按照规定在纸质报关单及随附单证上签名盖章或由其他人代表签名盖章
记 2 分	经海关同意撤销	报关员填制报关单不规范，报关单位申请撤销； 在海关签印放行前，未对国家贸易管制政策的实施、税费征收及海关统计指标造成危害的
	海关退回报关单	报关员不顾海关要求，拒不解释、说明、补充材料或者拒不提供货物样品等有关内容
记 5 分	海关撤销报关单	报关员自接到海关“现场交单”或者“放行交单”通知之日起 10 日内，没有正当理由，未按照规定持打印出的纸质报关单，备齐规定的随附单证，到货物所在地海关递交书面单证并办理相关海关手续
	海关签印放行后同意修改或撤销报关单	海关签印放行后，因为发现报关员填制报关单不规范，报关单位向海关申请修改或者撤销报关单（因出口更换舱单除外）； 不属于走私、偷逃税等违法违规性质
	直接记分	海关签印放行后，海关发现因为报关员填制报关单不规范； 报关单币值或者价格填报与实际不符，且两者差额在 100 万元人民币以下；数量与实际不符，且有四位数以下差值； 经海关确认不属伪报，但影响海关统计的

续表 1-6

分值	海关处理方式	记分原因、条件
记 10 分	直接记分	出借本人报关单证、借用他人报关员证件或者涂改报关员证件
	直接记分	在海关签印放行后，海关发现因为报关员填制报关单不规范； 报关单币值或者价格填报与实际不符，且两者差额在 100 万元人民币以上；数量与实际不符，且有四位数以上差值； 经海关确认不属伪报
记 20 分	直接记分	因为违反海关监管规定行为被海关予以行政处罚，但未被暂停执业、取消报关从业资格的
记 30 分	直接记分	因为走私行为被海关予以行政处罚，但未被暂停执业、取消报关从业资格的

5. 记分考核管理的救济途径

考虑到记分考核管理作为一项与报关员的利益密切相关的行政行为，《记分考核管理办法》除了根据《中华人民共和国行政复议法》(以下简称《行政复议法》)、《中华人民共和国行政诉讼法》的规定，对具体行政行为允许其提请行政复议或行政诉讼外，结合记分的实际情况，规定了报关员可向记分执行海关提出书面申辩的救济途径，以降低救济成本。《记分考核管理办法》规定：报关员对记分的行政行为有异议的，应当自收到电子或纸质告知单之日起 7 日内向作出该记分行政行为的海关部门提出书面申辩；海关应当在接到申辩申请 7 日内作出答复，对记分错误的应当及时予以更正。

6. 岗位考核

根据海关规定，记分达到 30 分的报关员，海关中止其报关员证效力，不再接受其办理报关手续。报关员应当参加注册登记地海关的报关业务岗位考核，经岗位考核合格之后，方可重新上岗。

岗位考核由报关员注册地直属海关或者直属海关委托的单位负责组织。岗位考核内容为海关法律、行政法规、报关单填制规范及相关业务知识和技能。

报关员经岗位考核合格的，可以向注册登记地海关申请将原记分分值予以消除。岗位考核不合格的，应当继续参加下一次考核。

报关员记分已达 30 分，拒不参加考核的，直属海关可以将报关员的姓名及所在单位等情况对外公告。

五、报关员的海关法律责任

报关员在报关活动中，违反《海关法》和相关法律、行政法规的，由海关或其他部门给予相应的处理和行政处罚，构成犯罪的，依法移送司法机关追究其刑事责任。

报关员构成走私犯罪，或者 1 年内有 2 次以上走私行为的，海关可以取消其报关从业资格。

报关员违反海关监管规定的行为及其处罚如下：

(1)报关员因工作疏忽或在代理报关业务中因对委托人所提供情况的真实性未进行合理审查，致使发生进出口货物的品名、税则号列、数量、规格、价格、贸易方式、原产地、起运地、运抵地、最终目的地或者其他应当申报的项目未申报或者申报不实的，海关可以暂停其 6 个月以内报关执业;情节严重的,取消其报关从业资格。

(2)报关员被海关暂停报关执业,恢复从事有关业务后1年内再次被暂停报关执业的,海关可以取消其报关从业资格。

(3)报关员非法代理他人报关或者超出海关准予的从业范围进行报关活动的,责令改正,处5万元以下罚款,暂停其6个月以内报关执业;情节严重的,取消其报关从业资格。

(4)报关员向海关工作人员行贿的,取消其报关从业资格,并处10万元以下罚款;构成犯罪的,依法追究刑事责任,并不得重新取得报关从业资格。

(5)海关对于未取得报关从业资格从事报关业务的,予以取缔,没收违法所得,可以并处10万元以下罚款。

(6)提供虚假资料骗取报关从业资格的,取消其报关从业资格,并处30万元以下罚款。

(7)报关员有下列情形之一的。海关予以警告,责令其改正,并可以处2 000元以下罚款:

①有报关员执业禁止行为的;

②报关员海关注册内容发生变更,未按照规定向海关办理变更手续的。

◈ 能力训练

一、基本知识练习

1.(单)按照法律规定,下列不列入报关范围的是( )。

A 进出境运输工具　　B 进出境货物

C 进出境物品　　D 进出境旅客

2.(判)进出口货物的报关是指进出口货物收发货人或其代理人在货物进出口时,采用电子数据报关单和纸质报关单形式向海关申报的行为。( )

3.(多)有关代理报关业务中的法律责任问题,以下表述正确的是( )。

A 进出口货物收发货人未按照规定向报关企业提供所委托报关事项的真实情况,应承担相应的法律责任

B 报关企业对委托人所提供情况的真实性未进行合理审查,应承担相应的法律责任

C 以直接代理方式报关的,报关企业因违反规定造成海关少征税款,应承担纳税的连带责任

D 以间接方式报关的,报关企业不承担纳税责任

4.(判)间接代理报关制适用于经营快件业务的国际货物运输代理企业。( )

5.(判)我国报关企业目前大都采取直接代理形式代理报关,即接受委托人(进出口货物收发货人)的委托,以报关企业自身的名义向海关办理进出口报关手续。( )

6.(多)进出口货物收发货人进口货物可采用的报关方式是( )。

A 自理报关

B 委托报关行以委托人的名义代理报关

C 委托已在海关办理报关注册的货代公司以委托人的名义代理报关

D 委托报关公司以报关公司的名义代理报关

7.(判)进出境运输工具负责人应当按照海关备案的范围在规定时限向海关传输舱单电子数据。( )

8.(判)进境运输工具载有货物、物品的,运输工具负责人应当在规定时限向海关传输原始舱单主要数据,并在进境货物、物品运抵目的港以前向海关传输原始舱单其他数据。(　)

9.(多)根据进出境旅客行李物品“双通道制”的通关规定,下列表述中正确的通道选择是(　)

A 旅客携带按规定应征税物品进境应选择“申报”通道

B 不明白海关规定或不知如何选择通道的旅客可选择“无申报”通道

C 旅客携带须登记复带出(进)境物品,可选择“无申报”通道

D 旅客携带物品超出规定免税限量的,应选择“申报”通道

10.(单)我国是《万国邮政公约》的签约国之一,根据这一公约的规定,进出境邮递物品的“报税单”和“绿色标签”应随同物品通过哪个企业或当事人呈递给海关?(　)

A 专业报关企业　　B 代理报关企业

C 邮政企业　　D 收发货人

11.(判)查缉走私是海关依照法律赋予的权利,在海关监管场所和海关附近的沿海沿边规定地区,为发现、制止、打击综合治理走私活动而进行的一种调查和惩处活动。(　)

12.(单)工商行政管理部门查获的应当给予行政处罚的香烟走私案件,应移送(　)依法处理。

A 海关　　B 税务部门

C 上一级工商行政管理部门　　D 烟草专卖部门

13.(单)根据我国缉私体制,不具有查缉走私权力的单位是(　)。

A 海关　　B 公安部门

C 税务部门　　D 检察部门

14.(判)海关对进出境运输工具的检查不受海关监管区域的限制。(　)

15.(单)在(　)情况下海关行使检查权须经直属海关关长或其授权的隶属海关关长批准。

A 海关监管区和海关附近沿海沿边规定地区以外,检查进出境运输工具

B 在海关监管区和海关附近沿海沿边规定地区,检查嫌疑人的身体

C 在海关监管区和海关附近沿海沿边规定地区以外,检查走私嫌疑人的身体

D 在海关监管区和海关附近沿海沿边规定地区,检查有藏匿走私货物、物品嫌疑的场所

16.(单)海关对有走私嫌疑的运输工具和有藏匿走私货物、物品嫌疑的场所行使检查权时(　)。

A 不能超出海关监管区和海关附近沿海沿边规定地区的范围

B 不受地域限制,但不能检查公民住处

C 在海关监管区和海关附近沿海规定地区,海关人员可直接检查;超出这个范围,只有在调查走私案件时,才能直接检查,但不能检查公民住处

D 在海关监管区和海关附近沿海规定地区,海关人员可直接检查;超出这个范围,只有在调查走私案件时,经指数海关关长或其授权的隶属海关关长批准才能进行检查,但不能检查公民住处

17.(判)海关调查人员在调查走私案件时,可以径行查询案件涉嫌单位和涉嫌人员在金融机构、邮政企业的存款、汇款。(　)

18.(单)取得报关单位资格的法定要求是(　)。

A 是对外贸易经营者　　B 是境内法人或其他组织

C 经海关注册登记　　D 有一定数量的报关员

19.(多)在海关注册登记的某进出口公司自行进口货物,可以(　)办理报关手续。

A 由企业自身的报关员　　B 委托其他进出口公司

C 委托国际货运代理公司　　D 委托报关行

20.(单)下列企业、单位中不属报关单位的是(　)。

A 经海关批准在海关临时注册登记的境内某大学

B 在海关注册登记的经营进出境快件业务的某快递公司

C 在海关注册登记的某外商投资企业

D 在海关注册登记的经营转关运输货物境内运输业务的某承运人

21.(判)报关单位必须在取得对外贸易经营权并依法在海关注册登记后,才能办理报关手续。(　)

22.(判)报关企业和进出口货物发货人须经海关注册登记许可后方可向海关办理报关单位注册登记手续。(　)

23.(判)报关企业注册登记许可条件之一是企业的注册资本不低于150万元人民币,报关企业跨关区分支机构的注册资本不低于50万元人民币。(　)

24.(多)下列关于报关企业跨关区分支机构的表述,正确的是(　)。

A 报关企业跨关区分支机构注册登记许可期限为3年

B 经海关批准后,报关企业跨关区分支机构可以延续注册登记许可

C 报关企业跨关区分支机构的报关员人数不少于5名

D 报关企业跨关区分支机构负责人应当具有5年以上报关工作或者外贸工作经验

25.(单)西安某具有对外贸易经营权的进出口企业,常年在西安、上海、深圳口岸进出口货物,该企业(　)。

A 在西安向海关申请办理报关注册登记手续

B 在上海向海关申请办理报关注册登记手续

C 在深圳向海关申请办理报关注册登记手续

D 在西安向海关申请办理报关注册登记手续,并分别在上海、深圳向海关办理分支机构注册登记手续

26.(多)根据海关规定,无须办理报关注册登记许可,可直接向海关办理报关注册登记的单位有(　)。

A 兼营进出口货物代理报关业务的国际货物运输公司

B 有权从事对外贸易经营活动的境内个体工商业者

C 有权从事对外贸易经营活动的境内商贸组织

D 需从事非贸易性进出口活动的台湾企业驻沪办事处

27.(单)报关企业报关注册登记证书和进出口收发货人报关注册登记证书的有效期(　)。

A 均为2年　　B 均为3年

C 报关企业为3年,进出口货物收发货人为2年

D 报关企业为2年,进出口货物收发货人为3年

28.(判)报关企业在依法取得注册登记许可的直属海关关区内各口岸从事报关业务,应当在拟从事报关服务的口岸地依法设立分支机构,并且向拟注册地海关申请报关企业分支机构注册登记许可。( )

29.(单)下列关于进出口货物收发货人和报关企业报关行为规则的表述,错误的是( )。

A 两者办理报关业务时,向海关递交的纸质进出口货物报关单必须加盖本单位在海关备案的报关专用章

B 两者均应对其所属报关员的报关行为承担相应的法律责任

C 两者均可以代理其他单位办理报关业务

D 两者均可以在其注册登记地直属海关关区内各口岸或者海关业务集中的地点办理报关业务

30.(单)下列关于进出口货物收发货人和报关企业报关行为规则的表述,正确的是( )。

A 进出口货物收发货人在海关办理注册登记后,可以在中华人民共和国境内各口岸或者海关监管业务集中的地点代理其他单位报关

B 进出口货物收发货人依法取得注册登记许可后,可以在直属海关关区各口岸或者海关监管业务集中的地点办理本单位的报关业务

C 报关企业如需要在注册登记许可区域以外从事报关服务的,应当按规定向注册地直属海关备案

D 报关企业如需要在注册登记许可区域内从事报关服务的,应当依法在关区各口岸设立分支机构,并且在开展报关服务前,按规定向注册地直属海关备案

31.(判)报关企业、进出口收发货人应对其所属的报关员的报关行为承担相应的法律责任。( )

32.(多)报关企业违反海关监管规定,海关予以警告,责令其改正,并可以处人民币 1 000 元以上 5 000 元以下罚款的情形有( )。

A 未按照规定向海关办理企业名称变更手续的

B 用报关专用章未向海关备案的

C 属报关员离职之日起 7 日内未向海关报告,并办理注销手续的

D 属报关员 1 年内 3 人次以上被海关暂停执业的

33.(判)报关企业、进出口收发货人应对其所属的报关员的报关行为承担相应的法律责任。( )

34.(判)符合报名条件、参加报关员资格全国统一考试并取得《报关员资格证书》者即成为报关员。( )

35.(判)海关规定,除进出口货物的申报外,申请办理加工贸易合同备案、变更和核销等报关业务也应由依法取得报关员从业资格,并在海关注册登记的报关员办理。( )

36.(多)下列属于报关员报关执业禁止行为的,包括( )。

A 故意制造海关与报关单位、委托人之间的矛盾和纠纷

B 同时在两个或两个以上报关单位执业

C 将报关员证转借或者转让他人,允许他人持本人报关员证执业

D 涂改报关员证

37.(单)下列关于报关单位和报关员关系的理解错误的是( )。

A 取得《报关员资格证书》的人员必须受聘于某个报关单位,且由其所在报关单位为其向海关办理注册登记后才能成为报关员

B 报关单位的进出口报关事宜应由报关员代表本单位向海关办理

C 报关员基于所在企业授权的报关行为,其法律责任应由报关员承担

D 对脱离报关员工作岗位和被企业解聘的报关员,报关单位应及时收回其报关员证件,交海关办理注销手续,因未办理注销手续而发生的经济法律责任由报关单位负责

38.(单)( ),海关不予报关员注册。

A 未按时办理报关员注册延续手续的

B 被海关取消报关从业资格的

C 被海关暂停执业期间注册有效期届满的

D 报关员注册有效期届满后连续 2 年未注册的

39.(多)报关员王某于 2007 年 10 月注册有效期届满后一直未从事报关工作。因工作关系,王某于 2009 年 10 月需要继续从事报关工作,下列关于王某注册的表述,正确的是( )。

A 王某的注册有效期已届满,其报关员注册自动终止

B 王某可以向海关办理报关注册延续手续

C 王某应当重新向海关申请办理报关员注册手续

D 王某应当重新参加报关员资格考试,取得报关员资格证书

40.(多)下列属于首次申请报关员注册所应具备的条件是( )。

A 必须通过报关员资格全国统一考试,取得报关员资格证书

B 必须与所在单位建立劳动合同关系或者聘用合同关系

C 应当经过海关报关业务岗位考核合格

D 应当经过在一个报关单位连续 3 个月的报关业务实习

41.(判)报关员于某所在报关公司因更换法定代表人,由公司向海关办理了报关企业注册登记许可的变更和注册登记变更手续,于某个人不需要向海关办理注册变更。( )

42.(判)报关员姓名、身份证件号码、所在报关单位名称和海关编码发生变更,以及报关员更换报关单位的,应当向海关申请办理报关员注册变更手续。( )

43.(单)下列情形不属于注册变更范围的是( )。

A 报关员更名

B 报关员所在“顺通报关行”更名为“海洋报关公司”

C 报关员所在单位海关编码的第 5 位“9”变更为“2”

D 报关员自“顺通报关行”辞职,应聘到某合资企业继续从事报关工作

44.(单)报关员于某 2009 年 11 月 30 日在海关注册,根据报关员计分考核管理规定标准,其计分周期为 11 月 30 日至( )为一个计分周期。

A 2009 年 12 月 31 日　　B 2010 年 11 月 29 日

C 2010 年 11 月 30 日　　D 2010 年 12 月 31 日

45.(判)出口货物在海关放行后更换舱单,海关同意报关单位修改报关单的,对报关员一

次记 5 分。(　)

46.(单)按照海关对报关员积分考核管理的有关规定,一次记 10 分的情形是(　)。

A 在海关签印放行前,因报关单填制不规范,被海关退单的

B 未按规定在随附单上加盖报关专用章的

C 电子数据报关单的有关项目填写不规范,海关退回责令更正的

D 出借本人报关员证件的

47.(判)报关员对记分执行海关的记分行政行为有异议的,可向记分执行海关提请行政复议。(　)

48.(多)某公司从日本以快件方式进口传真机使用的传感器一批;另,供货方免费提供传真机使用说明书 200 份。报关员在办理该批货物进口报关手续时因报关行为不规范,被海关记 5 分。

报关员报关行为不规范而被海关记 5 分的情形有(　)。

A 报关员自接到海关现场交单或者放行交单通知之日起 10 日内,未向货物所在地海关递交书面单证,导致海关撤销报关单的

B 在海关签印放行前,因报关员填制报关单不规范,报关单位向海关申请撤销申报单证及其内容,经海关同意且未对贸易管制,税收和海关统计造成危害的

C 在海关签印放行后,因报关员填制报关单不规范,报关单位向海关申请修改或撤销报关单,经海关同意且不属于走私、偷逃税等违法违规性质的

D 在海关签印放行后,海关发现因报关员填制报关单不规范,报关单数量与实际不符,且有 4 位数以下差值,经海关确认不属伪报,但影响海关统计的

49.(多)报关员应当履行的义务有(　)。

A 妥善保管报关员证　　B 配合海关查验

C 参加海关举办的报关业务岗位考核　　D 配合海关对走私违规案件的查处

50.(单)李某于 2009 年 3 月取得报关员资格证书,在甲、乙两家报关公司经过累计 3 个月的报关业务实习后被丙公司聘用,并使用丙公司某报关员的报关员证代表丙公司办理报关业务。对这种情况,海关应(　)。

A 对李某一次记 10 分　　B 取消李某的报关从业资格

C 暂停李某的报关执业　　D 取缔李某的报关活动,没收其违法所得

51.(多)报关员 1 年内累计有 2 次以上走私行为的,海关(　)。

A 暂停其 6 个月报关执业　　B 可以取消其报关从业资格

C 不再准予其报关员注册　　D 撤销其所在单位的注册登记

52.(单)李某在某报关公司担任会计,2007 年参加了报关员资格全国统一考试,但未通过。因公司业务需要,李某于今年 8 月份开始借用本单位张某的报关员证向海关报关。根据海关现行规定,下列表述正确的是(　)。

A 海关对张某一次记 5 分

B 海关对张某予以警告,责令其改正,并可以处 1 000 元以下罚款

C 海关取缔李某的非法报关活动,没收违法所得,可以并处 10 万元以下罚款

D 李某不得再报名参加报关员资格考试

二、实训练习

辽宁省大地有限责任公司(简称大地公司)是新成立的企业,从事缝纫线的生产,并有志于开拓国外市场。日本与东北地理位置相邻,故日本市场成为大地公司的目标市场。大地公司至今尚未获得报关权,但已经取得了来自日本方面的订单,10月份大地公司就要从中国大连出口缝纫线到日本名古屋,该如何办理相关的出口手续呢?大地公司向东盈报关行进行咨询,王清随同公司经理办理此事。

请问:大地公司应完成哪些任务?每项任务具体应如何操作?

基础知识二　报关与对外贸易管制

◈ 学习目标

了解外贸管制的含义、目的和实现途径；掌握我国外贸管制制度的主要内容；理解我国外贸管制的主要措施；理解并掌握我国外贸管制主要措施的报关规范；掌握进出口许可证管理的海关规范。

◈ 项目引入

王清在网上看到这样一篇报道：购买大米出口配额被骗55万元。案情大致如下：

大米出口配额可以转让，义乌做大米生意的章先生信以为真，结果被骗走55万元。昨天，骗走章先生钱的两名骗子被义乌警方移交检察机关起诉。

据了解，这起以转让国家大米出口配额为名的合同诈骗案是一种新型合同诈骗案，在江苏省尚属首例，在全国也极为少见。

提醒：大米、煤炭的出口配额由商务部统一归口管理，出口配额的买卖、转让均属于违法行为。企业和市民需提高警惕，遇有此类情况要及时向相关主管部门核实，不要轻易签订合同和支付定金，一旦发现被骗要及时报案。

王清看到这个案例后，就想了解国家对进出口贸易实施管制的目的是什么？具体有哪些管制措施呢？

◈ 知识准备

为了维护对外贸易秩序，促进对外经济贸易和科技文化交往，保障社会主义现代化建设，我国颁布了一系列对外贸易管制的法律、行政法规、部门规章，确立了对外贸易经营者登记管理、出入境检验检疫、外汇管理等制度，制定了有关进出口禁止、限制、自动许可、反倾销、反补贴、进出口收付汇核销等措施。

对外贸易管制是政府的一种强制性行政管理行为。它所涉及的法律、行政法规、部门规章，是强制性的法律文件，不得随意改变。因此，对外贸易经营者或其代理人在报关活动中必须严格遵守这些法律、行政法规、部门规章，并按照相应的管理要求办理进出口手续，以维护国家利益不受侵害。

Ⅰ　对外贸易管制概述

对外贸易管制是指一国政府为了国家的宏观经济利益、国内外政策需要以及履行所缔结或加入国际条约的义务，确立实行各种管制制度、设立相应管制机构和规范对外贸易活动的总称。

一个国家对外贸易管制制度涉及工业、农业、商业、军事、技术、卫生、环保、税务、资源保护、质量监督、外汇管理以及金融、保险、信息服务等诸多领域。对外贸易管制通常有3种分类形式(表1-7)：一是按管理目的分为进口贸易管制和出口贸易管制；二是按管制手段分为关税措施和非关税措施；三是按管制对象分为货物进出口贸易管制、技术进出口贸易管制和国际服务贸易管制。本章重点介绍我国对外贸易管制中有关货物和技术的管制制度、措施以及在执行这些贸易管制措施过程中所涉及报关规范的相关内容。

表1-7　对外贸易管制的3种分类形式

依据	分类
管制目的	进口贸易管制、出口贸易管制
管制手段	关税措施、非关税措施
管制对象	货物进出口贸易管制、技术进出口贸易管制、国际服务贸易管制

一、对外贸易管制的目的及特点

对外贸易管制是各国政府为保护和促进国内生产与发展、适时限制进出口而采取鼓励或限制措施，或为政治目的对进出口采取禁止或限制的措施。对外贸易管制已为各国不可或缺的一项重要政府职能，也是一个国家对外经济和外交政策的具体体现。尽管各国所实行的对外贸易管制措施在形式和内容上有许多差异，但管制的目的往往是相同的，主要表现为以下几个方面。

1.保护本国经济利益，发展本国经济

发展中国家实行对外贸易管制主要是为了保护本国的民族工业，建立与巩固本国的经济体系；通过对外贸易管制的各项措施，防止外国产品冲击本国市场而影响本国独立的经济结构的建立；同时，也是为了维护本国的国际收支平衡，使有限的外汇能有效地发挥最大的作用。发达国家实行对外贸易管制主要是为了确保本国在世界经济的优势地位，避免国际贸易活动对本国经济产生不良影响，特别是要保持本国某些产品或技术的国际垄断地位，保证本国各项经济发展目标的实现。因此，各国的对外贸易管制措施都是与其经济利益相联系的。各国的贸易管制措施是各国经济政策的重要体现。

2.推行本国的外交政策

不论是发达国家还是发展中国家，往往出于政治或安全上的考虑，甚至不惜牺牲本国经济利益，在不同时期，对不同国家或不同商品实行不同的对外贸易管制措施，以达到其政治上的目的或安全上的目标。因此，贸易管制往往成为一国推行其外交政策的有效手段。

3.行使国家职能

一个主权国家，对其自然资源和经济行为享有排他的永久主权，国家对外贸易管制制度和措施的强制性是为保护本国环境和自然资源、保障国民人身安全、调控本国经济而行使国家管理职能的一个重要保证。

从对外贸易管制的目的看，贸易管制政策是一国对外政策的体现，这是对外贸易管制的一个显著特点。正是为了实现上述目的，各国都要根据其不同时期的不同经济利益或安全和政治形势需要，随时调整对外贸易管制政策，因此，不同国家或同一国家的不同时期的贸易管制政策是各不相同的。这种因时间、形势而变化的特性是贸易管制的又一大特点。各国对外贸易管制的另一特点是以对进口的管制为重点，虽然贸易管制有效地保护了本国国内市场和本国的经济利益，但在一定程度上也阻碍了世界经济交流，抑制了国际贸易的发展。因此，如何充分发挥贸易管制的有利因素，尽量减少其带来的不利因素，变被动保护为主动、积极的保护，是衡量一个国家管理对外贸易水平的标志。

二、对外贸易管制与海关监管

对外贸易管制是一种国家管制，任何从事对外贸易的活动者都必须无条件地遵守。国家对外贸易管制的目标是以对外贸易管制法律、法规为保障，依靠有效的政府行政管理手段来最终实现的。

（一）海关监管是实现贸易管制的重要手段

海关执行国家贸易管制政策是通过对进出口货物的监管来实现的。我国《对外贸易法》将对外贸易划分为货物进出口、技术进出口和国际服务贸易，而这些贸易，尤其是货物进出口贸易以及以货物为表现形式的技术进出口贸易，都是最终要通过进出境行为来实现的。海关作为进出关境监督管理机关，依据《海关法》所赋予的权力，代表国家在口岸行使进出境监督管理职能，这种特殊的管理职能决定了海关监管是实现贸易管制目标的有效行政管理手段。

对外贸易管制作为一项综合制度，是需要建立在国家各行政管理部门之间合理分工的基础上，通过各尽其责的通力合作来实现的。我国《海关法》规定："中华人民共和国海关是国家的进出关境监督管理机关。海关依照本法和其他有关法律、行政法规，监管进出境的运输工具、货物、行李物品、邮递物品和其他物品，征收关税和其他税、费，查缉走私，并编制海关统计和办理其他海关业务。"国家贸易管制是通过国家商务主管部门及其他政府职能主管部门依据国家贸易管制政策发放各类许可证件或者下发相关文件，最终由海关依据许可证件和相关文件对实际进出口货物的合法性实施监督管理来实现的。缺少海关监管这一环节，任何对外贸易管制政策都不可能充分发挥其效力。

《海关法》第四十条规定："国家对进出境货物、物品有禁止性或者限制性规定的，海关依据法律、行政法规、国务院的规定或者国务院有关部门依据法律、行政法规的授权作出的规定实施监管。"该条款不仅赋予了海关对进出口货物依法实施监督管理的权力，还明确了国家对外贸易管制政策所涉及的法律法规是海关对进出口货物监管工作的法律依据。根据我国行政管理职责的分工，与对外贸易管制相关的法律、行政法规、部门规章分别由全国人大、国务院及其所属各部、委（局）负责制定、颁发，海关则是贸易管制政策在货物进出口环节的具体执行机关。因此，海关对进出口货物实施监管或制定有关监管程序时，必须以国家贸易管制政策所涉及的法律、法规为依据，充分重视这些法律、法规与海关实际工作之间的必然联系，以准确贯彻和执行政策作为海关开展各项管理工作的前提和原则，制定合法、高效的海关监督管理程序，充分运用《海关法》赋予的权力，确保国家各项贸易管制目标的实现。

由于国家进出口贸易管制政策是通过国家商务主管部门及其他政府职能主管部门依据国家贸易管制政策发放各类许可证件或者下发相关文件，最终由海关依据许可证件、相关文件及其他单证（报关单、提单、发票、合同等）对实际进出口货物的合法性实施监督管理来实现的，因此，执行贸易管制的海关管理活动也就离不开“单”（包括报关单在内的各类报关单据及其电子数据）、“证”（各类许可证件、相关文件及其电子数据）、“货”（实际进出口货物）这三大要素。“单”、“证”、“货”相符，是海关确认货物合法进出口的必要条件，也就是说，对进出口受国家贸易管制的货物，只有在确认达到“单单相符”、“单货相符”、“单证相符”、“证货相符”的情况下，海关才可放行。

（二）报关是海关确认进出口货物合法性的先决条件

海关通过审核“单”、“证”、“货”这三要素来确认货物进出口的合法性，而这三要素中的“单”和“证”正是通过报关环节中的申报手续向海关递交的。从法律意义上来说，申报意味着向海关报告进出口货物的情况，申请按其申报的内容放行进出口货物。《海关法》第二十四条规定：“进口货物的收货人、出口货物的发货人应当向海关如实申报，交验进出口许可证件和有关单证。国家限制进出口的货物，没有进出口许可证件的，不予放行。”该条款是关于收发货人办理进出口货物海关手续时在申报环节的法律义务的规定，也是与前文所阐述的有关“‘单’、‘证’、‘货’相符，是海关确认货物合法进出口的必要条件”的法律依据。因此，报关不仅是进出口货物收发货人或其代理人必须履行的手续，也是海关确认进出口货物合法性的先决条件。

三、我国对外贸易管制的基本框架和法律体系

1949 年 9 月，中国人民政治协商会议上通过的、起临时宪法作用的《中国人民政治协商会议共同纲领》规定，“我国实行对外贸易管制，并采取保护贸易的政策”。实行对外贸易管制是由我国社会制度和经济发展需要所决定的，几十年的实践证明，实行对外贸易管制对我国的经济建设和对外贸易发展起到极其重要的作用。

（一）基本框架

我国对外贸易管制制度是一种综合管理制度，主要由海关监管制度、关税制度、对外贸易经营者管理制度、进出口许可制度、出入境检验检疫制度、进出口货物收付汇管理制度以及贸易救济制度等构成。为保障贸易管制各项制度的实施，我国已基本建立并逐步健全了以《对外贸易法》为核心的对外贸易管制的法律体系，并依照这些法律、行政法规、部门规章和我国履行国际公约的有关规定，自主实行对外贸易管制。本章将着重阐述进出口许可制度、对外贸易经营者管理制度、出入境检验检疫制度、进出口货物收付汇管理制度、对外贸易救济措施等。

（二）法律体系

由于我国对外贸易管制是一种国家管制，因此其所涉及的法律渊源只限于宪法、法律、行政法规、部门规章以及相关的国际条约，不包括地方性法规、规章及各民族自治区政府的地方条例和单行条例。

1. 法律

我国现行的与对外贸易管制有关的法律主要有《中华人民共和国对外贸易法》、《中华人民共和国海关法》、《中华人民共和国进出口商品检验法》、《中华人民共和国进出境动植物检疫法》、《中华人民共和国固体废物污染环境防治法》、《中华人民共和国国境卫生检疫法》、《中华人民共和国野生动物保护法》、《中华人民共和国药品管理法》、《中华人民共和国文物保护法》、《中华人民共和国食品卫生法》等。

2.行政法规

我国现行的与对外贸易管制有关的行政法规主要有《中华人民共和国货物进出口条例》、《中华人民共和国技术进出口管理条例》、《中华人民共和国进出口关税条例》、《中华人民共和国知识产权海关保护条例》、《中华人民共和国野生植物保护条例》、《中华人民共和国外汇管理条例》、《中华人民共和国反补贴条例》(以下简称《反补贴条例》)、《中华人民共和国反倾销条例》(以下简称《反倾销条例》)、《中华人民共和国保障措施条例》(以下简称《保障措施条例》)等。

3.部门规章

我国现行的与对外贸易管制有关的部门规章很多,例如《货物进口许可证管理办法》、《货物出口许可证管理办法》、《货物自动进口许可管理办法》、《出口收汇核销管理办法》、《进口药品管理办法》、《放射性药品管理办法》、《两用物项和技术进出口许可证管理办法》等。

4.国际条约、协定

各国在通过国内立法实施本国进出口贸易管制的各项措施的同时,必然要与其他国家协调立场,确定相互之间在国际贸易活动中的权利与义务关系,以实现其外交政策和对外贸易政策所确立的目标,因此,国际贸易条约与协定便成为各国之间确立国际贸易关系立场的重要法律形式。

我国目前所缔结或者参加的各类国际条约、协定,虽然不属于我国国内法的范畴,但就其效力而言可视为我国的法律渊源之一。主要有:加入世界贸易组织所签订的有关双边或多边的各类贸易协定、《关于简化和协调海关业务制度的国际公约》(亦称《京都公约》)、《濒危野生动植物种国际贸易公约》(亦称《华盛顿公约》)、《关于消耗臭氧层物质的蒙特利尔议定书》、《关于麻醉品和精神药物的国际公约》、《关于化学品国际贸易资料交换的伦敦准则》、《关于在国际贸易中对某些危险化学品和农药采用事先知情同意程序的鹿特丹公约》、《控制危险废物越境转移及其处置的巴塞尔公约》、《建立世界知识产权组织公约》等。

知识点讲解:

对外贸易管制仅受到通令全国执行的国家级法律(全国人大及其常委会制定)、行政法规(国务院制定)、部门规章(相关部级主管机关制定)、国际条约(国家签署承诺遵守)的约束。凡是省级及直辖市及其以下的行政部门所制定的法规、规章、条例都不是我国贸易管制的依据。

Ⅱ　我国货物、技术进出口许可管理制度

进出口许可是国家对进出口的一种行政管理制度,既包括准许进出口的有关证件的审批和管理制度本身的程序,也包括以国家各类许可为条件的其他行政管理手续,这种行政管理制度称为进出口许可管理制度。进出口许可管理制度作为一项非关税措施,是世界各国管理进出口贸易的一种常见手段,在国际贸易中长期存在,并广泛运用。

货物、技术进出口许可管理制度是我国进出口许可管理制度的主体,是国家对外贸易管制中极其重要的管理制度。其管理范围包括禁止进出口的货物和技术、限制进出口的货物和技术、自由进出口的技术以及自由进出口中部分实行自动许可管理的货物。

国家对部分进出口货物、技术实行限制或者禁止管理的目的主要有以下几点：

(1)为维护国家安全、社会公共利益或者公共道德，需要限制或者禁止进口或者出口的；

(2)为保护人的健康或者安全，保护动物、植物的生命或者健康，保护环境需要限制或者禁止进口或者出口的；

(3)为实施与黄金或者白银进出口有关的措施，需要限制或者禁止进口或者出口的；

(4)国内供应短缺或者为有效保护可能用竭的自然资源，需要限制或者禁止出口的；

(5)输往国家或者地区的市场容量有限，需要限制出口的；

(6)出口经营秩序出现严重混乱，需要限制出口的；

(7)为建立或者加快建立国内特定产业，需要限制进口的；

(8)对任何形式的农业、牧业、渔业产品有必要限制进口的；

(9)为保障国家国际金融地位和国际收支平衡，需要限制进口的；

(10)依照法律、行政法规的规定，其他需要限制或者禁止进口或者出口的；

(11)根据我国缔结或者参加的国际条约、协定的规定，其他需要限制或者禁止进口或者出口的。

一、禁止进出口管理

为维护国家安全和社会公共利益，保护人民的生命健康，履行我国所缔结或者参加的国际条约和协定，国务院商务主管部门会同国务院有关部门，依照《对外贸易法》等有关法律法规，制定、调整并公布禁止进出口货物、技术目录。海关依据国家相关法律法规对禁止进出口商品实施监督管理。

(一)禁止进口管理

对列入国家公布的禁止进口目录以及国家法律法规明令禁止或停止进口的货物、技术，任何对外贸易经营者不得经营进口。

1.禁止进口货物管理

我国政府明令禁止进口的货物包括：列入由国务院商务主管部门或由其会同国务院有关部门制定的禁止进口货物目录的商品、国家有关法律法规明令禁止进口的商品以及其他各种原因停止进口的商品。

(1)列入禁止进口货物目录的商品　目前，我国公布的禁止进口货物目录包括：

①《禁止进口货物目录(第一批)》是为了保护我国的自然生态环境和生态资源，从我国国情出发，履行我国所缔结或者参加的与保护世界自然生态环境相关的一系列国际条约和协定而发布的。如国家禁止进口属破坏臭氧层物质的四氯化碳，禁止进口属世界濒危物种管理范畴的犀牛角、麝香、虎骨等。

②《禁止进口货物目录(第二批)》均为旧机电产品类，是国家对涉及生产安全(压力容器类)、人身安全(电器、医疗设备类)和环境保护(汽车、工程及车船机械类)的旧机电产品所实施的禁止进口管理。

③由原《禁止进口货物目录》第三、四、五批合并修订而成的《禁止进口固体废物目录》，所涉及的是对环境有污染的固体废物类，包括废动植物产品，矿渣、矿灰及残渣，废药物，杂项化学品废物，废橡胶和皮革，废特种纸，废织物原料及制品，废玻璃，金属和金属化合物废物，废电池，废弃机电产品和设备及其未经分炼处理的零部件、拆散件、破碎件和砸碎件等。

④《禁止进口货物目录(第六批)》是为了保护人的健康,维护环境安全,淘汰落后产品,履行《关于在国际贸易中对某些危险化学品和农药采用事先知情同意程序的鹿特丹公约》和《关于持久性有机污染物的斯德哥尔摩公约》而颁布的,如长纤维青石棉、二噁英等。

(2)国家有关法律法规明令禁止进口的商品

①来自动植物疫情流行的国家和地区的有关动植物及其产品和其他检疫物;

②动植物病源(包括菌种、毒种等)及其他有害生物、动物尸体、土壤;

③带有违反“一个中国”原则内容的货物及其包装;

④以氯氟羟物质为制冷剂、发泡剂的家用电器产品和以氯氟羟物质为制冷工质的家用电器用压缩机;

⑤滴滴涕、氯丹等;

⑥莱克多巴胺和盐酸莱克多巴胺;

(3)其他各种原因停止进口的商品

①以 CFC-12 为制冷工质的汽车及以 CFC-12 为制冷工质的汽车空调压缩机(含汽车空调器);

②旧服装;

③Ⅷ因子制剂等血液制品;

④氯酸钾、硝酸铵。

2.禁止进口技术管理

根据《对外贸易法》、《技术进出口管理条例》以及《中华人民共和国禁止进口限制进口技术管理办法》(以下简称《禁止进口限制进口技术管理办法》)的有关规定,国务院商务主管部门会同国务院有关部门,制定、调整并公布禁止进口的技术目录。属于禁止进口的技术,不得进口。

目前,《中国禁止进口限制进口技术目录》所列明的禁止进口的技术涉及钢铁冶金、有色金属冶金、化工、石油炼制、石油化工、消防、电工、轻工、印刷、医药、建筑材料生产等技术领域。

(二)禁止出口管理

对列入国家公布的禁止出口目录以及国家法律法规明令禁止出口的货物、技术,任何对外贸易经营者不得经营出口。

1.禁止出口货物管理

我国政府明令禁止出口的货物主要有列入禁止出口货物目录的商品和国家有关法律法规明令禁止出口的商品。

(1)列入禁止出口货物目录的商品　目前,我国公布的禁止出口货物目录共有5批:

①《禁止出口货物目录(第一批)》是为了保护我国自然生态环境和生态资源,从我国国情出发,履行我国所缔结或者参加的与保护世界自然生态环境相关的一系列国际条约和协定而发布的。如国家禁止出口属破坏臭氧层物质的四氯化碳,禁止出口属世界濒危物种管理范畴的犀牛角、虎骨、麝香,禁止出口有防风固沙作用的发菜和麻黄草等植物。

②《禁止出口货物目录(第二批)》主要是为了保护我国匮乏的森林资源,防止乱砍滥伐而发布的,如禁止出口木炭。

③《禁止出口货物目录(第三批)》是为了保护人的健康,维护环境安全,淘汰落后产品,履行《关于在国际贸易中对某些危险化学品和农药采用事先知情同意程序的鹿特丹公约》和《关于持久性有机污染物的斯德哥尔摩公约》而颁布的,如长纤维青石棉、二噁英等。

④《禁止出口货物目录(第四批)》主要包括硅砂、石英砂及其他天然砂。

⑤《禁止出口货物目录(第五批)》包括无论是否经化学处理过的森林凋落物以及泥炭(草炭)。

(2)国家有关法律、法规明令禁止出口的商品

①未定名的或者新发现并有重要价值的野生植物;

②原料血浆;

③商业性出口的野生红豆杉及其部分产品;

④劳改产品;

⑤以氯氟羟物质为制冷剂、发泡剂的家用电器产品和以氯氟羟物质为制冷工质的家用电器用压缩机;

⑥滴滴涕、氯丹等;

⑦莱克多巴胺和盐酸莱克多巴胺。

2.禁止出口技术管理

根据《对外贸易法》、《技术进出口管理条例》以及《中华人民共和国禁止出口限制出口技术管理办法》(以下简称《禁止出口限制出口技术管理办法》)的有关规定,国务院商务主管部门会同国务院有关部门遵照下列原则制定、调整并公布禁止出口的技术目录。属于禁止出口的技术,不得出口。

中国禁止出口技术参考原则:

(1)为维护国家安全、社会公共利益或者公共道德,需要禁止出口的;

(2)为保护人的健康或者安全,保护动物、植物的生命或者健康,保护环境,需要禁止出口的;

(3)依据法律、行政法规的规定,其他需要禁止出口的;

(4)根据我国缔结或者参加的国际条约、协定的规定,其他需要禁止出口的。

目前,列入《中国禁止出口限制出口技术目录》禁止出口部分的技术涉及渔、牧、有色金属矿采选、农副食品加工、饮料制造、造纸、化学制品制造、医药制造、非金属矿物制品业、有色金属冶炼、交通运输设备制造、农用机械制造、计算机及其他电子设备制造、工艺品制造、电信信息传输等几十个行业领域,包括:畜牧品种的繁育、微生物肥料、中国特有的物种资源、蚕类品种繁育和蚕茧采集加工利用、水产品种的繁育、绿色植物生长调节剂制造、采矿工程、肉类加工、饮料生产、造纸、焰火爆竹生产、化学合成及半合成咖啡因生产、核黄素生产工艺、中药材资源及生产、中药饮片炮制、化学合成及半合成药物生产、非晶无机非金属材料生产、低维无机非金属材料生产、有色金属冶金、稀土的提炼加工和利用、航天器测控、航空器设计与制造、集成电路制造、机器人制造、地图制图、书画墨及八室印泥制造、中国传统建筑、计算机网络、空间数据传输、卫星应用、大地测量、中医医疗等几十项技术。

二、限制进出口管理

为维护国家安全和社会公共利益,保护人民的生命健康,履行我国所缔结或者参加的国际条约和协定,国务院商务主管部门会同国务院有关部门,依照《对外贸易法》的规定,制定、调整并公布各类限制进出口货物、技术目录。海关依据国家相关法律、法规对限制进出口目录货物、技术实施监督管理。

（一）限制进口管理

国家实行限制进口管理的货物、技术，必须依照国家有关规定，经国务院商务主管部门或者经国务院商务主管部门会同国务院有关部门许可，方可进口。

1.限制进口货物管理

目前，我国限制进口货物管理按照其限制方式划分为许可证件管理和关税配额管理。

（1）许可证件管理　许可证件管理系指在一定时期内根据国内政治、工业、农业、商业、军事、技术、卫生、环保、资源保护等领域的需要，以及为履行我国所加入或缔结的有关国际条约的规定，以经国家各主管部门签发许可证件的方式来实现各类限制进口的措施。

许可证件管理主要包括进口许可证、两用物项和技术进口许可证、濒危物种进口、限制类可利用固体废物进口、药品进口、音像制品进口、有毒化学品进口、黄金及其制品进口等管理。

国务院商务主管部门或者国务院有关部门在各自的职责范围内，根据国家有关法律、行政法规的规定签发上述各项管理所涉及的各类许可证件，申请人凭相关许可证件办理海关手续。

（2）关税配额管理　关税配额管理系指一定时期内（一般是1年），国家对部分商品的进口制定关税配额税率并规定该商品进口数量总额，在限额内，经国家批准后允许按照关税配额税率征税进口，如超出限额则按照配额外税率征税进口的措施。一般情况下，关税配额税率优惠幅度很大，如小麦关税配额税率与最惠国税率相差达65倍。国家通过这种行政管理手段对一些重要商品，以关税这个成本杠杆来实现限制进口的目的，因此关税配额管理是一种相对数量的限制。

知识点讲解：

该知识点要求掌握许可证件管理和关税配额管理。许可证件管理是指贸易经营者要想进出口某些特定的限制类商品，必须事先取得这类产品的归口主管部门签发的许可证件（这种主管权限是按照国家机关的行政职能划分的），海关则凭相关许可证验放。而关税配额管理是用降低进口关税的方式保证进口，但如果一定时期内的进口量超过了国家许可的配额进口量，则超过的部分进口关税恢复为正常关税水平。所以这种管理方式只是用关税的高低来调整进口，并不是绝对数量的进口限制。

2.限制进口技术管理

限制进口技术实行目录管理。根据《对外贸易法》、《技术进出口管理条例》以及《禁止进口限制进口术管理办法》的有关规定，国务院商务主管部门会同国务院有关部门，制定、调整并公布限制进口的技术目录。属于目录范围内的限制进口的技术，实行许可证管理，未经国家许可，不得进口。

进口属于限制进口的技术，应当向国务院商务主管部门提出技术进口申请。国务院商务主管部门收到技术进口申请后，应当会同国务院有关部门对申请进行审查。技术进口申请经批准的，由国务院商务主管部门发给“中华人民共和国技术进口许可意向书”，进口经营者取得技术进口许可意向书后，可以对外签订技术进口合同。进口经营者签订技术进口合同后，应当向国务院商务主管部门申请技术进口许可证。经审核符合发证条件的，由国务院商务主管部门颁发“中华人民共和国技术进口许可证”，企业持证向海关办理进口通关手续。

目前，列入《中国禁止进口限制进口技术目录》中属限制进口的技术包括生物技术、化工技术、石油炼制技术、石油化工技术、生物化工技术和造币技术等。

经营限制进口技术的经营者在向海关办理申报进口手续时，必须主动递交技术进口许可证，否则将承担由此而造成的一切法律责任。

(二)限制出口管理

国家实行限制出口管理的货物、技术，必须依照国家有关规定，经国务院商务主管部门或者经国务院商务主管部门会同国务院有关部门许可，方可出口。

1.限制出口货物管理

对于限制出口货物管理，《货物进出口管理条例》规定，国家规定有数量限制的出口货物，实行配额管理；其他限制出口货物，实行许可证件管理；实行配额管理的限制出口货物，由国务院商务主管部门和国务有关经济管理部门按照国务院规定的职责划分进行管理。

目前，我国货物限制出口按照其限制方式划分为出口配额限制、出口非配额限制。

(1)出口配额限制　出口配额限制系指在一定时期内为建立公平竞争机制、增强我国商品在国际市场的竞争力、保障最大限度的收汇及保护我国产品的国际市场利益，国家对部分商品的出口数量直接加以限制的措施。我国出口配额限制有两种管理形式，即出口配额许可证管理和出口配额招标管理。

①出口配额许可证管理　出口配额许可证管理是国家对部分商品的出口，在一定时期内(一般是1年)规定数量总额，经国家批准获得配额的允许出口，否则不准出口的配额管理措施。出口配额许可证管理是国家通过行政管理手段对一些重要商品以规定绝对数量的方式来实现限制出口的目的。

出口配额许可证管理是通过直接分配的方式，由国务院商务主管部门或者国务院有关部门在各自的职责范围内根据申请者需求并结合其进出口实绩、能力等条件，按照效益、公正、公开和公平竞争的原则进行分配。国家各配额主管部门对经申请有资格获得配额的申请者发放各类配额证明。

申请者取得配额证明后，凭配额证明到国务院商务主管部门及其授权发证机关申领出口许可证。

②出口配额招标管理　配额招标管理是国家对部分商品的出口，在一定时期内(一般是1年)规定数量总额，采取招标分配的原则，经招标获得配额的允许出口，否则不准出口的配额管理措施。出口配额招标管理是国家通过行政管理手段对一些重要商品以规定绝对数量的方式来实现限制出口的目的。

国家各配额主管部门对中标者发放各类配额证明。中标者取得配额证明后，凭配额证明到国务院商务主管部门或其授权发证机关申领出口许可证。

(2)出口非配额限制　出口非配额限制系指在一定时期内根据国内政治、军事、技术、卫生、环保、资源保护等领域的需要，以及为履行我国所加入或缔结的有关国际条约的规定，以经国家各主管部门签发许可证件的方式来实现的各类限制出口措施。目前，我国非配额限制管理主要包括出口许可证、濒危物种出口、两用物项出口、黄金及其制品出口等许可管理。

2.限制出口技术管理

根据《对外贸易法》、《技术进出口管理条例》、《中华人民共和国生物两用品及相关设备和技术出口管制条例》、《中华人民共和国核两用品及相关技术出口管制条例》、《中华人民共和国导弹及相关物项和技术出口管制条例》、《中华人民共和国核出口管制条例》以及《禁止出口限制出口技术管理办法》等有关规定，限制出口技术实行目录管理，国务院商务主管部门会同国务院有关部门遵照下列原则制定、调整并公布限制出口的技术目录。属于目录范围内的限制出口的技术，实行许可证管理，未经国家许可，不得出口。

中国限制出口技术参考原则：

(1)为维护国家安全、社会公共利益或者公共道德，需要限制出口的；

(2)为保护人的健康或者安全，保护动物、植物的生命或者健康，保护环境，需要限制出口的；

(3)依据法律、行政法规的规定，其他需要限制出口的；

(4)根据我国缔结或者参加的国际条约、协定的规定，其他需要限制出口的。

目前，我国限制出口的技术目录主要有《两用物项和技术进出口许可证管理目录》和《中国禁止出口限制出口技术目录》等，涉及农、林、牧、渔、农副食品加工制造、饮料制造、纺织、造纸、化学原料制造、医药制造、橡胶制品业、金属冶炼及压延、非金属矿物制品业、金属制品业、通用及专用设备制造、电气机械及器材制造等几十个行业领域的上百项技术。出口属于上述限制出口的技术，应当向国务院商务主管部门提出技术出口申请，经国务院商务主管部门审核批准后取得技术出口许可证件，企业持证向海关办理出口通关手续。

经营限制出口技术的经营者在向海关办理申报出口手续时必须主动递交相关技术出口许可证件，否则将承担由此而造成的一切法律责任。

三、自由进出口管理

除上述国家禁止、限制进出口货物、技术外的其他货物、技术，均属于自由进出口范围。自由进出口货物、技术的进出口不受限制，但基于监测进出口情况的需要，国家对部分属于自由进口的货物实行自动进口许可管理，对自由进出口的技术实行技术进出口合同登记管理。

(一)货物自动进口许可管理

自动进口许可管理是在任何情况下对进口申请一律予以批准的进口许可制度。这种进口许可实际上是一种在自由进口货物进口前对其进行自动登记的许可制度，通常用于国家对这类货物的统计和监督，是我国进出口许可管理制度中的重要组成部分，也是目前各国普遍使用的一种进口管理制度。

目前，我国自动进口许可管理包括自动进口许可证管理和自动许可类可利用固体废物管理两大类。进口属于自动进口许可管理的货物，进口经营者应当在办理海关报关手续前，向国务院相关主管部门提交自动进口许可申请，凭相关部门发放的自动进口许可的批准证件，向海关办理报关手续。

(二)技术进出口合同登记管理

进出口属于自由进出口的技术，应当向国务院商务主管部门或者其委托的机构办理合同备案登记。国务院商务主管部门应当自收到规定的文件之日起3个工作日内，对技术进出口合同进行登记，颁发技术进出口合同登记证，申请人凭技术进出口合同登记证，办理外汇、银行、税务、海关等相关手续。

知识点讲解：

学生需理解，这种自动进口许可管理和前面限制类商品进出口中的进口许可管理是有本质区别的，这里的自动进口许可管理实际上是一种变相的进口登记，而且没有为其设置任何门槛，只要申请，就一定能获得。

Ⅲ 其他贸易管制制度

一、对外贸易经营者管理制度

对外贸易经营者，是指依法办理工商登记或者其他执业手续，依照《对外贸易法》和其他有关法律、行政法规、部门规章的规定从事对外贸易经营活动的法人、其他组织或者个人。

为了鼓励对外经济贸易的发展，发挥各方面的积极性，保障对外贸易经营者的对外经营自主权，国家制定了一系列法律、行政法规、部门规章，对对外贸易经营活动中涉及的相应内容进行规范，对外贸易经营者在进出口经营活动中必须遵守相应的法律、行政法规、部门规章。这些法律、行政法规、部门规章构成了我国的对外贸易经营者管理制度。对外贸易经营者管理制度是我国对外贸易管理制度之一。

目前，我国对对外贸易经营者的管理，实行备案登记制。也就是法人、其他组织或者个人在从事对外贸易经营活动前，必须按照国家的有关规定，依法定程序在国务院商务主管部门备案登记，取得对外贸易经营资格后，方可在国家允许的范围内从事对外贸易经营活动。国务院商务主管部门可以对部分进出口商品实施国营贸易管理。

从事货物进出口或者技术进出口的对外贸易经营者，应当向国务院商务主管部门或者其委托的机构办理备案登记，但法律、行政法规和国务院商务主管部门规定不需要备案登记的除外。备案登记的具体实施办法由国务院商务主管部门规定。对外贸易经营者未按照规定办理备案登记的，海关不予办理进出口货物的报关验放手续。

为对关系国计民生的重要进出口商品实行有效的宏观管理，国家可以对部分货物的进出口实行国营贸易管理。实行国营贸易管理的货物的进出口业务只能由经授权的企业经营，但国家允许部分数量的国营贸易管理的货物的进出口业务由非授权企业经营的除外。实行国营贸易管理的货物和经授权经营企业的目录，由国务院商务主管部门会同国务院其他有关部门确定、调整并公布。未经批准擅自进出口实行国营贸易管理的货物，海关不予放行。

目前，我国实行国营贸易管理的商品主要包括：玉米、大米、煤炭、原油、成品油、棉花、锑及锑制品、钨及钨制品、白银等。

知识点讲解：

我国现阶段外贸经营权的取得非常简单，只要向贸易主管部门备案登记即可。贸易经营者可以是办理了工商登记或者其他执业手续的法人、其他组织或者个人。

二、出入境检验检疫制度

出入境检验检疫制度是指由国家出入境检验检疫部门依据我国有关法律和行政法规以及我国政府所缔结或者参加的国际条约、协定，对出入境的货物、物品及其包装物，交通运输工具，运输设备和出入境人员实施检验检疫监督管理的法律依据和行政手段的总和。其国家主管部门是国家质量监督检验检疫总局。

出入境检验检疫制度是我国贸易管制制度的重要组成部分，其目的是为了维护国家声誉和对外贸易有关当事人的合法权益，保证国内生产的正常开展、促进对外贸易的健康发展，保护我国的公共安全和人民生命财产安全等，是国家主权的具体体现。

(一)出入境检验检疫职责范围

(1)我国出入境检验检疫制度实行目录管理，即国家质量监督检验检疫总局根据对外贸易需要，公布并调整《出入境检验检疫机构实施检验检疫的进出境商品目录》(又称《法检目录》)。《法检目录》所列的商品称为法定检验商品，即国家规定实施强制性检验的进出境商品。

(2)对于法定检验以外的进出境商品是否需要检验，由对外贸易当事人决定。对外贸易合同约定或者进出口商品的收发货人申请检验检疫时，检验检疫机构可以接受委托，实施检验检疫并制发证书。此外，检验检疫机构对法检以外的进出口商品，可以以抽查的方式予以监督管理。

(3)对关系国计民生、价值较高、技术复杂或涉及环境及卫生、疫情标准的重要进出口商品，收货人应当在对外贸易合同中约定，在出口国装运前进行预检验、监造或监装，以及保留到货后最终检验和索赔的条款。

(二)出入境检验检疫制度的组成

我国出入境检验检疫制度内容包括进出口商品检验制度、进出境动植物检疫制度以及国境卫生监督制度。

1.进出口商品检验制度

进出口商品检验制度是根据《中华人民共和国进出口商品检验法》及其实施条例的规定，国家质检总局及口岸出入境检验检疫机构对进出口商品所进行的品质、质量检验和监督管理的制度。

我国实行进出口商品检验制度的目的是为了保证进出口商品的质量，维护对外贸易有关各方的合法权益，促进对外经济贸易关系的顺利发展。商品检验机构实施进出口商品检验的内容包括商品的质量、规格、数量、重量、包装，以及是否符合安全、卫生的要求。我国商品检验的种类分为 4 种，即法定检验、合同检验、公证鉴定和委托检验。对法律、行政法规、部门规章规定有强制性标准或者其他必须执行的检验标准的进出口商品，依照法律、行政法规、部门规章规定的检验标准检验；对法律、行政法规、部门规章未规定有强制性标准或者其他必须执行的检验标准的，依照对外贸易合同约定的检验标准检验。

2.进出境动植物检疫制度

进出境动植物检疫制度是根据《中华人民共和国进出境动植物检疫法》及其实施条例的规定，国家质检总局及口岸出入境检验检疫机构对进出境动植物、动植物产品的生产、加工、存放过程实行动植物检疫的进出境监督管理制度。

我国实行进出境检验检疫制度的目的是为了防止动物传染病，寄生虫病，植物危险性病、虫、杂草以及其他有害生物传入、传出国境，保护农、林、牧、渔业生产和人体健康，促进对外经济贸易的发展。

口岸出入境检验检疫机构实施动植物检疫监督管理的方式有：实行注册登记、疫情调查、检测和防疫指导等。其内容主要包括：进境检疫、出境检疫、过境检疫、进出境携带和邮寄物检疫以及出入境运输工具检疫等。

3.国境卫生监督制度

国境卫生监督制度是指出入境检验检疫机构根据《中华人民共和国国境卫生检疫法》及其

实施细则，以及其他的卫生法律、法规和卫生标准，在进出口口岸对出入境的交通工具、货物、运输容器以及口岸辖区的公共场所、环境、生活设施、生产设备所进行的卫生检查、鉴定、评价和采样检验的制度。

我国实行国境卫生监督制度是为了防止传染病由国外传入或者由国内传出，实施国境卫生检疫，保护人体健康。其监督职能主要包括进出境检疫、国境传染病检测、进出境卫生监督等。

知识点讲解：

对于这个知识点，学生只需大致了解即可，国家有专门的"报检员考试"，所以有关报检的问题在报关员资格考试中并不重要。这里必须要明白的是我国出入境检验检疫制度的体系，该制度由三部分构成：对于进出口商品质量的检验制度，对于进出境动植物疫情疫病的检疫制度，对于进出境人员的卫生监督制度。此外，还要清楚进出国境的商品分为"法检商品"和"非法检商品"，只要列入《法检目录》的法检商品，进出国境时必须接受检验检疫部门的检验，取得相关检验证明，才可以办理报关，而"非法检商品"进出国境时并非一定要检验。

三、进出口货物收付汇管理制度

对外贸易经营者在对外贸易经营活动中，应当依照国家有关规定结汇、用汇。这里所提的国家有关规定就是我国的外汇管理制度，即国家外汇管理局、中国人民银行及国务院其他有关部门，依据国务院《中华人民共和国外汇管理条例》及其他有关规定，对包括经常项目外汇业务、资本项目外汇业务、金融机构外汇业务、人民币汇率的生成机制和外汇市场等领域实施的监督管理。进出口货物收付汇管理是我国实施外汇管理的主要手段，也是我国外汇管理制度的重要组成部分。

1. 出口货物收汇管理

我国对出口收汇管理采取的是外汇核销形式。为完善企业货物贸易出口收结汇管理，加强出口交易与收结汇的真实性及一致性的核查，根据《中华人民共和国外汇管理条例》，国家外汇管理局先后颁布了《出口收汇核销管理办法》和《出口收汇核销管理办法实施细则》，并会同商务部、海关总署联合制定了《出口收结汇联网核查办法》，明确通过出口收结汇联网核查系统进行出口电子数据联网核查的方式。具体内容是：核查系统依据海关提供的企业出口货物报关单有关数据和外汇管理局提供的企业出口预收货款数据，结合企业贸易类别及行业特点等，产生企业与出口对应的可收汇额；企业出口收汇，应当先进入银行直接以该企业名义开立的出口收汇待核查账户，对需要结汇或者划出的外汇应当如实填写"出口收汇说明"，连同中国电子口岸操作员 IC 卡，一并提交银行办理；银行应当凭企业及自身操作员 IC 卡登录核查系统，对企业出口收汇进行联网核查后在企业相应出口可收汇额内办理结汇或划出资金手续，同时在核查系统中核减其对应出口可收汇额。

2. 进口货物付汇管理

进口货物付汇管理采取外汇核销形式。国家为了防止汇出外汇而实际不进口商品的逃汇行为的发生，通过海关对进口货物的实际监管来监督进口付汇情况。其具体程序为：进口企业在进口付汇前需向付汇银行申请国家外汇管理局统一制发的"贸易进口付汇核销单"，凭以办理付汇。货物进口后，进口单位或其代理人凭海关出具的进口货物报关单付汇证明联及其相关电子数据等向国家外汇管理局指定银行办理核销付汇。

四、对外贸易救济措施

我国于 2001 年年底正式成为世界贸易组织成员国，世界贸易组织允许成员方在进口产品倾销、补贴和过激增长等给其国内产业造成损害的情况下，使用反倾销、反补贴和保障措施手段来保护国内产业不受损害。

反补贴、反倾销和保障措施都属于贸易救济措施。反补贴和反倾销措施针对的是价格歧视这种不公平贸易行为，保障措施针对的则是进口产品激增的情况。

为充分利用世界贸易组织规则，维护国内市场上的国内外商品的自由贸易和公平竞争秩序，我国依据世界贸易组织《反倾销协议》、《补贴与反补贴措施协议》、《保障措施协议》以及我国《对外贸易法》的有关规定，制定颁布了《反补贴条例》、《反倾销条例》以及《保障措施条例》。

（一）反倾销措施

反倾销措施包括临时反倾销措施和最终反倾销措施。

1. 临时反倾销措施

临时反倾销措施是指进口方主管机构经过调查，初步认定被指控产品存在倾销，并对国内同类产业造成损害，据此可以依据世界贸易组织所规定的程序进行调查，在全部调查结束之前，采取临时性的反倾销措施，以防止在调查期间国内产业继续受到损害。

临时反倾销措施有两种形式：一是征收临时反倾销税；二是要求提供保证金、保函或者其他形式的担保。

征收临时反倾销税，由商务部提出建议，国务院关税税则委员会根据其建议作出决定，商务部予以公告；要求提供保证金、保函或者其他形式的担保，由商务部作出决定并予以公告。海关自公告规定实施之日起执行。

临时反倾销措施实施的期限，自临时反倾销措施决定公告规定实施之日起，不超过 4 个月；在特殊情形下，可以延长至 9 个月。

2. 最终反倾销措施

对终裁决定确定倾销成立并由此对国内产业造成损害的，可以征收反倾销税。征收反倾销税应当符合公共利益。

征收反倾销税，由商务部提出建议，国务院关税税则委员会根据其建议作出决定，商务部予以公告。海关自公告规定实施之日起执行。

（二）反补贴措施

反补贴与反倾销的措施相同，也分为临时反补贴措施和最终反补贴措施。

1. 临时反补贴措施

初裁决定确定补贴成立并由此对国内产业造成损害的，可以采取临时反补贴措施。临时反补贴措施采取以保证金或者保函作为担保的征收临时反补贴税的形式。

采取临时反补贴措施，由商务部提出建议，国务院关税税则委员会根据其建议作出决定，商务部予以公告。海关自公告规定实施之日起执行。

临时反补贴措施实施的期限，自临时反补贴措施决定公告规定实施之日起，不超过 4 个月。

2. 最终反补贴措施

在为完成磋商的努力没有取得效果的情况下，终裁决定确定补贴成立并由此对国内产业造成损害的，可以征收反补贴税。征收反补贴税应当符合公共利益。

征收反补贴税，由商务部提出建议，国务院关税税则委员会根据其建议作出决定，商务部予以公告。海关自公告规定实施之日起执行。

(三)保障措施

保障措施分为临时保障措施和最终保障措施。

1. 临时保障措施

临时保障措施是指在有明确证据表明进口产品数量增加，将对国内产业造成难以补救的损害的紧急情况下，进口国与成员国之间可不经磋商而作出初裁决定，并采取临时性保障措施。临时保障措施的实施期限，自临时保障措施决定公告规定实施之日起，不得超过 200 天，并且此期限计入保障措施总期限。

临时保障措施采取提高关税的形式，如果事后调查不能证实进口激增对国内有关产业已经造成损害的，已征收的临时关税应当予以退还。

2. 最终保障措施

最终保障措施可以采取提高关税、数量限制等形式。但保障措施应当限于防止、补救严重损害并便利调整国内产业所必要的范围内。

保障措施的实施期限一般不超过 4 年，在此基础上如果继续采取保障措施则必须同时满足 4 个条件，即对于防止或者补救严重损害仍有必要；有证据表明相关国内产业正在进行调整；已经履行有关对外通知、磋商的义务；延长后的措施不严于延长前的措施。保障措施全部实施期限(包括临时保障措施期限)不得超过 10 年。

表 1-8 是三大救济措施的对比。

表 1-8　三大救济措施的对比

	反倾销措施	反补贴措施	保障措施
适用对象	出口商的个人行为造成低于正常价格的低价；对国内同类产业造成损害	出口国的政府补贴造成低于正常价格的低价；对国内同类产业造成损害	进口产品数量增加，对国内产业造成难以补救的损害
临时阶段	征收临时反倾销税，要求提供保证金、保函或者其他形式担保(此期间不超过 4 个月，可延至 9 个月)	征收反补贴税，要求提供保证金、保函或者其他形式的担保(此期间不超过 4 个月，不能延长)	采取提高关税的形式(此期间不超过 200 天)
最终阶段	征收反倾销税	征收反补贴税	采取提高关税、数量限制和关税配额等形式(全部实施期限不超过 10 年)

知识点讲解：

对于该知识点，关键是要掌握反倾销、反补贴和保障措施的概念，理解它们的本质区别。要明白这三个措施虽然都是保护国内受损害的产业，但是反倾销和反补贴措施针对的是价格歧视这种不公平贸易行为，而保障措施针对的是进口产品激增的情况，这种情况是在公平贸易行为下发生的。此外，还要记住这三个措施的实施时间。

Ⅳ 我国贸易管制主要管理措施

对外贸易管制作为一项综合制度，所涉及的管理规定繁多。了解我国贸易管制各项措施所涉及的具体规定，是报关从业人员应当具备的专业知识。

一、进出口许可证管理

进出口许可证管理是指由商务部或者由商务部会同国务院其他有关部门，依法制定并调整进出口许可证管理目录，以签发进出口许可证的方式对进出口许可证管理目录中的商品实行的行政许可管理。

进出口许可证管理属于国家限制进出口管理范畴，分为进口许可证管理和出口许可证管理。商务部是全国进出口许可证的归口管理部门，负责制定进出口许可证管理办法及规章制度，监督、检查进出口许可证管理办法的执行情况，处罚违规行为。商务部会同海关总署制定、调整和发布年度进口许可证管理货物目录及出口许可证管理货物目录。

商务部统一管理、指导全国各发证机构的进出口许可证签发工作，商务部配额许可证事务局（以下简称许可证局）、商务部驻各地特派员办事处（以下简称特派办）和商务部授权的地方主管部门发证机构（以下简称地方发证机构，包括各省、自治区、直辖市、计划单列市，以及商务部授权的其他省会城市商务厅（局）、外经贸委（厅、局））为进出口许可证的发证机构，负责在授权范围内签发"中华人民共和国进口许可证"（以下简称进口许可证）或"中华人民共和国出口许可证"（以下简称出口许可证）。

进出口许可证是国家管理货物进出口的凭证，不得买卖、转让、涂改、伪造或变造。凡属于进出口许可证管理的货物，除国家另有规定外，对外贸易经营者应当在进口或出口前按规定向指定的发证机构申领进出口许可证，持有关进出口许可证向海关办理申报和验放手续。

知识点讲解：

该知识点主要涉及进出口许可证管理的一些概念性问题。首先，进出口许可证管理属于国家限制进出口管理范畴；其次，由商务部负责确定进出口许可证管理目录，并由商务部统一管理、指导进出口许可证的签发工作。

（一）管理范围

进出口许可证是我国进出口许可证管理制度中具有法律效力，用来证明对外贸易经营者经营列入国家进出口许可证管理目录商品合法进出口的证明文件，是海关验放该类货物的重要依据。

（1）2012 年实施进口许可证管理的货物有重点旧机电产品和消耗臭氧层物质（表 1-9）。

①重点旧机电产品包括：旧化工设备、旧金属冶炼设备、旧工程机械、旧起重运输设备、旧造纸设备、旧电力电气设备、旧食品加工及包装设备、旧农业机械、旧印刷机械、旧纺织机械、旧船舶、旧硒鼓 12 大类（84 个 10 位商品编码）。

②消耗臭氧层物质包括：三氯氟甲烷（CFC-11）、二氯二氟甲烷（CFC-12）等商品（48 个 10 位商品编号）。

许可证局负责签发重点旧机电产品的进口许可证；地方发证机构负责签发消耗臭氧层物质的进口许可证；在京中央企业的进口许可证由许可证局签发。

表 1-9　2012 年实行进口许可证管理的货物目录

类别	商品	签发机构
重点旧机电产品	旧化工设备类、旧金属冶炼设备类、旧工程机械类、旧起重运输设备类、旧造纸设备类、旧电力电气设备类、旧食品加工及包装设备、旧农业机械类、旧印刷机械类、旧纺织机械类、旧船舶类、旧硒鼓 12 大类(84 个 10 位商品编码)	商务部配额许可证事务局
消耗臭氧层物质	三氯氟甲烷(CFC-11)、二氯二氟甲烷(CFC-12)等商品(48 个 10 位商品编号)	各地外经贸委(厅、局)、商务厅(局)
	在京中央企业的进口许可证,由配额许可证事务局签发	
	消耗臭氧层物质的进口许可证实行"一批一证"制	
	消耗臭氧层物质的货样广告品须凭出口许可证出口	

(本表内容要牢记,历来是考试的重点)

(2)2012 年实行出口许可证管理的商品有 49 种货物,共 680 个 10 位商品编号,分别实行出口配额许可证、出口配额招标和出口许可证管理。

①实行出口配额许可证管理的商品是:小麦、玉米、大米、小麦粉、玉米粉、大米粉、棉花、锯材、活牛(对港澳)、活猪(对港澳)、活鸡(对港澳)、煤炭、焦炭、原油、成品油、稀土、锑及锑制品、钨及钨制品、锌矿砂、锡及锡制品、白银、铟及铟制品、钼、磷矿石。

②实行出口配额招标的商品是:蔺草及蔺草制品、碳化硅、滑石块(粉)、镁砂、矾土、甘草及甘草制品。

③实行出口许可证管理的商品是:活牛(对港澳以外市场)、活猪(对港澳以外市场)、活鸡(对港澳以外市场)、冰鲜牛肉、冻牛肉、冰鲜猪肉、冻猪肉、冰鲜鸡肉、冻鸡肉、消耗臭氧层物质、石蜡、锌及锌基合金,部分金属及制品、铂金(以加工贸易方式出口)、汽车(包括成套散件)及其底盘、摩托车(含全地形车)及其发动机和车架、天然砂(含标准砂)、钼制品、柠檬酸、维生素 C、青霉素工业盐、硫酸二钠。

其中,对港澳出口的活牛、活猪、活鸡实行全球许可证下的国别(地区)配额许可证管理,对港、澳、台出口天然砂实行出口许可证管理,对标准砂实行全球出口许可证管理。

玉米、小麦、棉花、煤炭、原油、成品油 6 类商品的出口许可证,由许可证局签发;大米、玉米粉、小麦粉、大米粉、锯材、活牛、活猪、活鸡、焦炭、稀土、锑及锑制品、钨及钨制品、锌矿砂、锡及锡制品、白银、铟及铟制品、钼、磷矿石、蔺草及蔺草制品、碳化硅、滑石块(粉)、镁砂、矾土、甘草及甘草制品、铂金(以加工贸易方式出口)、天然砂(含标准砂)26 类商品的出口许可证,由各地特派办签发;冰鲜牛肉、冻牛肉、冰鲜猪肉、冻猪肉、冰鲜鸡肉、冻鸡肉、消耗臭氧层物质、石蜡、锌及锌基合金、部分金属及制品、汽车(包括成套散件)及其底盘、摩托车(含全地形车)及其发动机和车架、钼制品、柠檬酸、青霉素工业盐、维生素 C、硫酸二钠 11 类商品的出口许可证,由各地方发证机构签发。

在京中央企业的出口许可证由许可证局签发。

(二)办理程序

1. 出口许可证及消耗臭氧层物质进口许可证的申领

在组织进出口该类应证商品前,经营者应事先向主管部门申领进(出)口许可证,可通过网上和书面两种形式申领。申请进(出)口许可证时须提交加盖经营者公章的相对应的进(出)口许可证申请表、主管机关签发的进(出)口批准文件、进(出)口合同正本复印件(进(出)口商与收(发)货人不一致的,应当提交托代理协议正本复印件)、商务部规定的其他应当提交的材料。网上申请的,领取进(出)口许可证时提交上述材料;书面申请的,申请时提交。如果为年度内初次申请进(出)口许可证的,还应提交"企业法人登记营业执照"、加盖对外贸易经营者备案登记专用章的"对外贸易经营者备案登记表"或"中华人民共和国进出口企业资格证书";经营者为外商投资企业的,还应当提交"外商投资企业批准证书"。

发证机构自收到符合规定的申请之日起 3 个工作日内发放进(出)口许可证。特殊情况下,进口许可证最多不超过 10 个工作日。发证机构凭加盖经营者公章的申请表取证联和领证人员本人身份证明材料发放进(出)口许可证。

2. 重点旧机电产品进口许可证的申领

在组织进口列入《重点旧机电产品进口目录》的旧机电产品前,经营者应事先向许可证局申领进口许可证,可通过网上和书面两种形式申领。进口许可证应由旧机电产品进口的最终用户提出申请,并且申请企业应具备从事重点旧机电产品用于翻新(含再制造)的资质。申请时进口单位应当向许可证局提交申请进口的重点旧机电产品用途说明,机电产品进口申请表,营业执照复印件,申请进口的重点旧机电产品的制造年限证明材料,申请进口单位提供设备状况说明,其他相关法律、行政法规规定需要提供的文件。从事翻新业务进口重点旧机电产品的单位,国家规定有资质要求的,还须提供资质证明文件;旧船舶的申请进口单位,还需提供海事局出具的"旧船舶进口技术评定书"或渔业船舶检验局出具的"旧渔业船舶进口技术评定书"。

申请进口单位申请材料齐全后,许可证局应正式受理,并向申请进口单位出具受理通知单。许可证局如认为申请材料不符合要求的,应在收到申请材料后的 5 个工作日内一次性告知申请进口单位,要求申请进口单位说明有关情况、补充相关文件或对相关填报内容进行调整。许可证局应在正式受理后 20 日内决定是否批准进口申请;如需征求相关部门或行业协会意见的,商务部应在正式受理后 35 日内决定是否批准进口申请。

对于经营边境小额贸易企业,凡出口配额招标的货物、消耗臭氧层物质、汽车及其底盘、摩托车及其发动机和车架,应与其他贸易方式相同,按照上述程序向商务部授权的发证机构办理出口许可证;出口列入《边境小额贸易出口许可证管理货物目录》商品的,应事先获得商务部下达的边境小额贸易出口配额,凭以向商务部授权的边境省、自治区商务主管部门申领出口许可证。边境小额贸易企业出口除上述货物以外的其余列入《出口许可证管理货物目录》的货物,一律免领出口许可证。

(三)报关规范

(1)进口许可证的有效期为 1 年,当年有效。特殊情况需要跨年度使用时,有效期最长不得超过次年 3 月 31 日,逾期自行失效。

(2)出口许可证的有效期最长不得超过 6 个月,且有效期截止时间不得超过当年 12 月 31 日。商务部可视具体情况,调整某些货物出口许可证的有效期。出口许可证应当在有效期内使用,逾期自行失效。

(3)进出口许可证一经签发,不得擅自更改证面内容。如需更改,经营者应当在许可证有效期内提出更改申请,并将许可证交回原发证机构,由原发证机构重新换发许可证。

(4)进出口许可证实行“一证一关”(指进出口许可证只能在一个海关报关,下同)管理。一般情况下,进出口许可证为“一批一证”(指进出口许可证在有效期内一次报关使用,下同)。如要实行“非一批一证”(指进出口许可证在有效期内可多次报关使用,下同),应当同时在进出口许可证备注栏内打印“非一批一证”字样,但最多不超过12次,由海关在许可证背面“海关验放签注栏”内逐批签注核减进出口数量。

(5)对实行“一批一证”进出口许可证管理的大宗、散装货物,以出口为例,其溢装数量在货物总量3%以内的原油、成品油予以免证,其他货物溢装数量在货物总量5%以内的予以免证;对实行“非一批一证”制的大宗、散装货物,在每批货物出口时,按其实际出口数量进行许可证证面数量核扣,在最后一批货物出口时,应按该许可证实际剩余数量溢装上限,即5%(原油、成品油在溢装上限3%)以内计算免证数额。

(6)外商投资企业出口货物、加工贸易方式出口货物、补偿贸易项下出口货物(包括大米、玉米、小麦、活牛、活猪、活鸡、牛肉、猪肉、鸡肉、原油、成品油、煤炭、汽车及其底盘、摩托车及其发动机和车架)实行“非一批一证”管理。

(7)消耗臭氧层物质的货样广告品须凭出口许可证出口。

(8)企业以一般贸易、加工贸易、边境贸易和捐赠贸易方式出口汽车产品须申领出口许可证;企业以工程承包方式出口汽车产品应申领出口许可证,但不受出口资质管理限制。

(9)我国政府在对外援助项下提供的目录产品不纳入配额和许可证管理。

(10)国家对部分出口货物实行指定出口报关口岸管理。出口此类货物,均须到指定的口岸报关出口:

①锑及锑制品,包括锑砂、氧化锑、锑(包括锑合金)及锑制品,指定黄埔海关、北海海关、天津海关为出口报关口岸。

②镁砂项下产品“按重量计含氧化镁70%以上的混合物”的出口许可证由各特派办签发,不再指定报关口岸;镁砂项下其他产品的出口许可证由大连特派办签发,指定大连(大窑湾、营口、鲅鱼圈、丹东、大东港)、青岛(莱州)、天津(新港)、长春(图们)、满洲里为出口报关口岸。

③甘草指定天津海关、上海海关、大连海关为出口报关口岸;甘草制品指定天津海关、上海海关为出口报关口岸。

④稀土的报关口岸限定为天津海关、上海海关、青岛海关、黄埔海关、呼和浩特海关、南昌海关、宁波海关、南京海关和厦门海关。

⑤以陆运方式出口的对港澳地区活牛、活猪、活鸡出口许可证由广州特派办、深圳特派办签发。

⑥以进口原木加工锯材复出口方式出口的锯材,黑龙江省指定大连、绥芬河为出口报关口岸;内蒙古自治区指定满洲里、二连浩特、大连、天津、青岛为出口报关口岸;新疆维吾尔自治区指定阿拉山口、天津、上海为出口报关口岸;福建省指定福州、厦门、莆田和漳州为出口报关口岸。

⑦广州特派办、海南特派办负责签发本省企业对台港澳地区天然砂出口许可证,福州特派办负责签发本省企业对台天然砂出口许可证,报关口岸限定于企业所在省的海关;福州特派办

负责签发标准砂出口许可证。

知识点讲解：

对于进出口许可证管理的报关规范，要牢记进口许可证和出口许可证的有效期、截止日等内容。对于3%、5%的理解，要结合关于自动进口许可证下的类似问题的表述。简单地说，大宗货物，申请一份进出口许可证，分批次进出口时，溢装数量，也即可以突破的进出口许可证所限数量只能是最后一批进出口货物的5%（原油、成品油是3%），而不能是许可证所列进出口商品的全部数量的5%（或3%）。

二、两用物项和技术进出口许可证管理

为维护国家安全和社会公共利益，履行我国在缔结或者参加的国际条约、协定中所承担的义务，国家限制两用物项和技术进出口，对两用物项和技术实行进出口许可证管理。商务部是全国两用物项和技术进出口许可证的归口管理部门，负责制定两用物项和技术进出口许可证管理办法及规章制度，监督、检查两用物项和技术进出口许可证管理办法的执行情况，处罚违规行为。

（一）管理范围

两用物项和技术是指《中华人民共和国核出口管制条例》、《中华人民共和国核两用品及相关技术出口管制条例》、《中华人民共和国导弹及相关物项和技术出口管制条例》、《中华人民共和国生物两用品及相关设备和技术出口管制条例》、《中华人民共和国监控化学品管理条例》、《中华人民共和国易制毒化学品管理条例》、《中华人民共和国放射性同位素与射线装置安全和防护条例》及《有关化学品及相关设备和技术出口管制办法》所规定的相关物项及技术。

为便于对上述物项和技术的进出口实施管制，商务部和海关总署依据上述法规联合颁布了《两用物项和技术进出口许可证管理办法》，并发布了《两用物项和技术进出口许可证管理目录》，规定对列入该目录的物项及技术的进出口统一实行两用物项和技术进出口许可证管理。商务部指导全国各发证机构的两用物项和技术进出口许可证发证工作。商务部配额许可证事务局和受商务部委托的省级商务主管部门为两用物项和技术进出口许可证发证机构。两用物项和技术进出口前，进出口经营者应当向发证机关申领“中华人民共和国两用物项和技术进口许可证”（以下简称两用物项和技术进口许可证）或“中华人民共和国两用物项和技术出口许可证”（以下简称两用物项和技术出口许可证），凭以向海关办理进出口通关手续。

2012年两用物项和技术进口许可证管理目录，分为《两用物项和技术进口许可证管理目录》和《两用物项和技术出口许可证管理目录》两个部分。其中，2012年目录中列名的实施两用物项和技术进口许可证管理的商品包括：监控化学品管理条例名录所列物项（65种）、易制毒化学品（42种）、放射性同位素（8种）共3类；列名的实施两用物项和技术出口许可证管理的商品包括：核出口管制清单所列物项和技术（153种）、核两用品及相关技术出口管制清单所列物项和技术（170种）、生物两用品及相关设备和技术出口管制清单所列物项和技术（144种）、监控化学品管理条例名录所列物项（65种）、有关化学品及相关设备和技术出口管制清单所列物项和技术（37种）、导弹及相关物项和技术出口管制清单所列物项和技术（185种）、易制毒化学品（59种）、计算机（6种）等共8类。

如果出口经营者拟出口的物项和技术存在被用于大规模杀伤性武器及其运载工具风险

的，无论该物项和技术是否列入管理目录，都应当办理两用物项和技术出口许可证。出口经营者在出口过程中，如发现拟出口的物项和技术存在被用于大规模杀伤性武器及其运载工具风险的，应及时向国务院相关行政主管部门报告，并积极配合采取措施中止合同的执行。

(二)办理程序

(1)进出口属于两用物项和技术进出口许可证管理的货物，进出口经营者在进出口前获相关行政主管部门批准文件后，凭批准文件到所在地发证机构申领两用物项和技术进出口许可证(在京的中央管理企业向许可证局申领)，其中：

①核、核两用品、生物两用品、有关化学品、导弹相关物项、易制毒化学品和计算机的批准文件为商务主管部门签发的两用物项和技术进口或者出口批复单。其中，核材料的出口凭国防科工局(原国防科工委)的批准文件办理相关手续，外商投资企业进出口易制毒化学品凭“商务部外商投资企业易制毒化学品进口批复单”或“商务部外商投资企业易制毒化学品出口批复单”申领两用物项和技术进口或出口许可证。

②监控化学品进出口的批准文件为国家履行禁止化学武器公约工作领导小组办公室签发的监控化学品进口或者出口核准单。监控化学品进出口经营者向许可证局申领两用物项和技术进口或出口许可证。

③进口放射性同位素须按《放射性同位素与射线装置安全和防护条例》和《两用物项和技术进口许可证管理办法》有关规定，报环境保护部审批后，在商务部配额许可证事务局申领两用物项和技术进口许可证。

(2)两用物项和技术进出口许可证实行网上申领。申领两用物项和技术进出口许可证时除上述批准文件外还应提交：进出口经营者公函(介绍信)原件、进出口经营者领证人员的有效身份证明以及网上报送的两用物项和技术进出口许可证申领表。如因异地申领等特殊情况，需要委托他人申领两用物项和技术进出口许可证的，被委托人应提供进出口经营者出具的委托公函(其中应注明委托理由和被委托人身份)原件和被委托人的有效身份证明。

(3)发证机构收到相关行政主管部门批准文件(含电子文本、数据)和相关材料并经核对无误后，应在3个工作日内签发两用物项和技术进口或者出口许可证。

(三)报关规范

(1)对以任何方式进口或出口，以及过境、转运、通运列入《两用物项和技术进出口许可证管理目录》的商品，两用物项和技术的进出口经营者应当主动向海关出具有效的两用物项和技术进出口许可证，进出口经营者未向海关出具两用物项和技术进出口许可证而产生的相关法律责任由其自行承担。

(2)海关有权对进出口经营者进出口的货物是否属于两用物项和技术提出质疑，进出口经营者应按规定向相关行政主管部门申请进口或者出口许可，或者向商务主管部门申请办理不属于管制范围的相关证明。省级商务主管部门受理其申请，提出处理意见后报商务部审定。对进出口经营者未能出具两用物项和技术进口或者出口许可证或者商务部相关证明的，海关不予办理有关手续。

(3)目录列名的物项和技术，不论该物项和技术是否在管理目录中列明海关商品编号，均应依法办理两用物项和技术进出口许可证。

(4)两用物项和技术进口许可证实行“非一批一证”制和“一证一关”制，并在其备注栏内打印“非一批一证”字样；两用物项和技术出口许可证实行“一批一证”制和“一证一关”制。

(5)两用物项和技术进出口许可证有效期一般不超过1年。跨年度使用时，在有效期内只能使用到次年3月31日，逾期发证机构将根据原许可证有效期换发许可证。

(6)两用物项和技术进出口许可证仅限于申领许可证的进出口经营者使用，不得买卖、转让、涂改、伪造或变造；两用物项和技术进出口许可证应在批准的有效期内使用，逾期自动失效，海关不予验放。

(7)两用物项和技术进出口许可证一经签发，任何单位和个人不得更改证面内容，如需对证面内容进行更改，进出口经营者应当在许可证有效期内向相关行政主管部门重新申请进出口许可，并凭原许可证和新的批准文件向发证机构申领两用物项和技术进出口许可证。

(8)两用物项和技术进口许可证证面的进口商、收货人应分别与海关进口货物报关单的经营单位、收货单位相一致；两用物项和技术出口许可证证面的出口商、发货人应分别与海关出口货物报关单的经营单位、发货单位相一致。

知识点讲解：

针对该知识点，重点要记住两用物项和技术进出口许可证的发证机构。此外要重视“报关规范”中的所有内容，尤其是两用物项和技术的进口许可证和出口许可证的有效期及具体使用状况。

三、密码产品和含有密码技术的设备进口许可证管理

密码技术属于国家秘密。为了加强商用密码管理，保护信息安全，保护公民和组织的合法权益，维护国家的安全和利益，国家对密码产品和含有密码技术的设备实行限制进口管理。

国家密码管理局是密码产品和含有密码技术设备进口的国家主管部门，会同海关总署依法制定、调整并公布《密码产品和含有密码技术的设备进口管理目录》，以签发“密码产品和含有密码技术设备进口许可证”(以下简称密码进口许可证)的形式，对该类产品实施进口限制管理。

(一)管理范围

管理列入《密码产品和含有密码技术的设备进口管理目录(第一批)》，以及虽暂未列入目录但含有密码技术的进口商品。

列入第一批管理目录的商品包括加密传真机、加密电话机、加密路由器、非光通信加密以太网络交换机、密码机(包括电话密码机、传真密码机等)、密码卡等商品。

(二)报关规范

密码进口许可证是我国进出口许可管理制度中具有法律效力，用来证明对外贸易经营者经营列入我国密码产品和含有密码技术的设备管理范围的商品合法进口的证明文件，是海关验放货物的重要依据。对外贸易经营者进口列入《密码产品和含有密码技术的设备进口管理目录(第一批)》的商品，以及含有密码技术但暂未列入管理目录的商品，在组织进口前应事先向国家密码管理局申领密码进口许可证，凭以向海关办理通关手续。

(1)免予提交密码进口许可证的情形有以下几种：

①加工贸易项下为复出口而进口的；

②由海关监管，暂时进口后复出口的；

③从境外进入保税区、出口加工区及其他海关特殊监管区域和保税监管场所的，或在海关特殊监管区域、保税监管场所之间进出的。

(2)从海关特殊监管区域、保税监管场所进入境内区外，需交验密码进口许可证。

(3)进口单位知道或者应当知道其所进口的商品含有密码技术，但暂未列入目录的，也应当申领密码进口许可证。进口时，应主动向海关提交密码进口许可证。

(4)在进口环节发现应提交而未提交密码进口许可证的，海关按有关规定进行处理。

知识点讲解：

对于该知识点，其重点是主管机关、管理范围和免予提交密码进口许可证的情形等。

四、自动进口许可证管理

商务部根据监测货物进口情况的需要，对部分自由进口货物实行自动许可管理。许可证局、各地特派办、地方发证机构及地方机电产品进出口机构负责自动进口许可货物管理和自动进口许可证的签发工作。目前涉及的管理目录是商务部公布的《自动进口许可管理货物目录》，对应的许可证件为“中华人民共和国自动进口许可证”(以下简称自动进口许可证)。

(一)管理范围

1.自动进口许可证管理的商品范围

2012年实施自动进口许可证管理的商品包括非机电产品、机电产品(包括旧机电产品)两大类，分为3个管理目录。

(1)目录一(非机电产品)　牛肉、猪肉及副产品、羊肉、肉鸡、鲜奶、奶粉、乳清、大豆、油菜子、植物油、玉米酒精、豆粕、烟草、二醋酸纤维丝束、铜精矿、煤、废纸、废钢、废铝、铜、铁矿石、铝土矿、原油、成品油、天然气、氧化铝、化肥、钢材，共28类。

(2)目录二(机电产品)

①由商务部发证的机电产品涉及光盘生产设备、烟草机械、移动通信产品、卫星广播电视设备及关键部件、汽车产品、飞机、船舶、游戏机8类商品。

②地方、部门机电产品进出口办公室发证的机电产品涉及锅炉、汽轮机、发动机(非第八十七章车辆用)及关键部件、水轮机及其他动力装置、化工装置、食品机械、工程机械、造纸及印刷机械、纺织机械、金属冶炼及加工设备、金属加工机床、电气设备、铁路机车、汽车产品、飞机、船舶、医疗设备17类商品。

(3)目录三(旧机电产品)　目前只涉及旧胶印机一类。由商务部签发自动进口许可证。

2.免交自动进口许可证的情形

进口列入《自动进口许可管理货物目录》的商品，在办理报关手续时须向海关提交自动进口许可证，但下列情形免交：

(1)加工贸易项下进口并复出口的(原油、成品油除外)；

(2)外商投资企业作为投资进口或者投资额内生产自用的(旧机电产品除外)；

(3)货样广告品、实验品进口，每批次价值不超过5 000元人民币的；

(4)暂时进口的海关监管货物；

(5)进入保税区、出口加工区等海关特殊监管区域及进入保税仓库、保税物流中心的属自动进口许可证管理的货物；

(6)加工贸易项下进口的不作价设备监管期满后留在原企业使用的;

(7)国家法律法规规定其他免领自动进口许可证的。

知识点讲解:

对于这个知识点,核心内容是记住免交自动进口许可证的情形。综合前文可知,自动进口许可管理是针对自由进出口商品而言的,实际上是为了海关统计等事务的需要而采取的一种变相的统计手段,因此不设门槛,原则上只要进口货物收货人提出申请,管理当局就一定会给予许可证。但就该许可证件而言,也有一些免交自动进口许可证的情形。

(二)办理程序

进口属于自动进口许可证管理的货物,收货人(包括进口商和进口用户)在办理海关报关手续前,应向所在地或相应的发证机构提交自动进口许可证申请,并取得自动进口许可证。其中属于法律法规规定应当招标采购的,收货人还应当依法招标。收货人申请自动进口许可证,应当提交其从事货物进出口的资格证书、备案登记文件或者外商投资企业批准证书(以上证书、文件仅限公历年度内初次申领者提交),自动进口许可证申请表,货物进口合同(属于委托代理进口的,应当提交委托代理进口协议正本)。对进口货物用途或者最终用户法律法规有特定规定的,应当提交进口货物用途或者最终用户符合国家规定的证明材料、针对不同商品在管理目录中列明的应当提交的材料,以及商务部规定的其他应当提交的材料。同时收货人应当对所提交材料的真实性负责,并保证其有关经营活动符合国家法律规定。

收货人可以直接向发证机构书面申请自动进口许可证,也可以通过网上申请。其中书面申请的,收货人可以到发证机构领取或者从相关网站下载自动进口许可证申请表(可复印)等有关材料,按要求如实填写,并采用送递、邮寄或者其他适当方式,与其他相关材料一并递交发证机构。采取网上申请的,收货人应当先到发证机构申领用于企业身份认证的电子钥匙。申请时,登录相关网站,进入相关申领系统,按要求如实在线填写自动进口许可证申请表等资料,同时向发证机构提交有关材料。

申请内容正确且形式完备的,发证机构收到后应当予以签发自动进口许可证,最多不超过10个工作日。对于收货人已申领的自动进口许可证,如未使用,应当在有效期内交回原发证机构,并说明原因,发证机构对收货人交回的自动进口许可证予以撤销。自动进口许可证如有遗失,收货人应当立即向原发证机构以及自动进口许可证证面注明的进口口岸地海关书面报告挂失。原发证机构收到挂失报告后,经核实无不良后果的,予以重新补发。对于自动进口许可证自签发之日起1个月后未领证的,发证机构可予以收回并撤销。

(三)报关规范

(1)自动进口许可证有效期为6个月,但仅限公历年度内有效。

(2)自动进口许可证项下货物原则上实行"一批一证"管理,对部分货物也可实行"非一批一证"管理。对实行"非一批一证"管理的,在有效期内可以分批次累计报关使用,但累计使用不得超过6次。每次报关时,海关在自动进口许可证原件"海关验放签注"栏内批注后,留存复印件,最后一次使用后,海关留存正本。同一进口合同项下,收货人可以申请并领取多份自动进口许可证。

(3)对实行"一批一证"的自动进口许可证管理的大宗、散装货物,其溢装数量在货物总量3%以内的原油、成品油、化肥、钢材4种大宗散装货物予以免证,其他货物溢装数量在货物总量 5%以内的予以免证;对"非一批一证"的大宗散装货物,每批货物进口时,按其实际进口数量核扣自动进口许可证额度数量,最后一批货物进口时,应按该自动进口许可证实际剩余数量的允许溢装上限,即 5%(原油、成品油、化肥、钢材在溢装上限 3%)以内计算免证数额。

知识点讲解:

学生须牢记其中提到的证件有效期、"非一批一证"自动进口许可证的使用次数等,所列举的大宗商品也是考核的重点。

五、固体废物进口管理

为了防治固体废物污染环境,保障人体健康,促进社会主义现代化建设的发展,根据《中华人民共和国固体废物污染环境防治法》、《控制危险废物越境转移及其处置的巴塞尔公约》及《固体废物进口管理办法》等法律法规,我国对可以弥补境内资源短缺,且根据国家经济、技术条件能够以无害化方式利用的可用做原料的固体废物,按照其加工利用过程的污染排放强度,实行限制进口和自动许可进口分类管理;对危险废物,以热能回收为目的的固体废物,不能用做原料或者不能以无害化方式利用的固体废物,我国境内产生量或者堆存量大且尚未得到充分利用的固体废物,经入境检验检疫不符合进口可用做原料的固体废物环境保护控制标准或者相关技术规范等强制性要求的或尚无适用国家环境保护控制标准或者相关技术规范等强制性要求的固体废物,以及指示交货(TO ORDER)方式承运入境的固体废物,实施禁止进口管理。

(一)管理范围

固体废物是指《中华人民共和国固体废物污染环境防治法》管理范围内的废物,即在生产建设、日常生活和其他活动中产生的污染环境的废弃物质,包括工业固体废物(指在工业、交通等生产活动中产生的固体废物)、城市生活垃圾(指在城市日常生活中或者为城市日常生活提供服务的活动中产生的固体废物以及法律、行政法规规定视为城市生活垃圾的固体废物)、危险废物(指列入国家危险废物名录或者根据国家规定的危险废物鉴别标准和鉴别方法认定的具有危险特性的废物)以及液态废物和置于容器中的气态废物。

目前,我国对进口废物实施分类目录管理,分别实施限制进口、自动许可进口和禁止进口三类管理。环境保护部对全国固体废物进口环境管理工作实施统一监督管理,商务部、国家发改委、海关总署和国家质量监督检验检疫总局在各自的职责范围内负责固体废物进口相关管理工作,定期公布调整相关管理目录。对列入《限制进口类可用做原料的废物目录》的固体废物实施限制进口管理;对列入《自动许可进口类可用做原料的废物目录》的固体废物实施自动进口管理;对列入《禁止进口固体废物目录》且未列入《限制进口类可用做原料的废物目录》及《自动许可进口类可用做原料的废物目录》或虽列入《限制进口类可用做原料的废物目录》及《自动许可进口类可用做原料的废物目录》但经入境检验检疫不符合进口可用做原料的固体废物环境保护控制标准或者相关技术规范等强制性要求的固体废物实施禁止进口管理。

(二)办理程序

国家对进口可用做原料的固体废物的国内收货人以及国外供货商实行注册登记制度。向中国出口可用做原料的固体废物的国外供货商,应当取得国务院质量监督检验检疫部门颁发的注册登记证书。固体废物利用单位在组织进口列入限制进口目录和自动许可进口目录的固体废物前，应当直接向环境保护部提出固体废物进口申请，由环境保护部审查批准，取得环境保护部签发的"中华人民共和国限制进口类可用做原料的固体废物进口许可证"或"中华人民共和国自动许可进口类可用做原料的固体废物进口许可证"（以下统称为废物进口许可证）后才可组织进口。

进口固体废物境外起运前，应当由国务院质量监督检验检疫部门指定的装运前检验机构实施装运前检验，检验合格的，出具装运前检验证书；进口的固体废物运抵固体废物进口相关许可证列明的口岸后，国内收货人应当持固体废物进口相关许可证报检验检疫联、装运前检验证书以及其他必要单证，向口岸出入境检验检疫机构报检。出入境检验枪疫机构经检验检疫，对符合国家环境保护控制标准或者相关技术规范等强制性要求的，出具入境货物通关单，并备注"经初步检验检疫，未发现不符合国家环境保护控制标准要求的物质"；对不符合国家环境保护控制标准或者相关技术规范等强制性要求的，出具检验检疫处理通知书，并及时通知口岸海关和口岸所在地省、自治区、直辖市环境保护行政主管部门。海关凭有效废物进口许可证及入境货物通关单办理通关手续。

（三）报关规范

固体废物进口许可证是我国进出口许可管理制度中具有法律效力，用来证明对外贸易经营者经营列入《限制进口类可用做原料的废物目录》及《自动进口许可管理类可用做原料的废物目录》的废物合法进口的证明文件，是海关验放货物的重要依据。不论以何种方式进口列入上述管理范围的固体废物，包括由境外进入保税区、出口加工区、保税物流园区、保税港区等海关特殊监管区域和保税物流中心、保税仓库等海关保税监管场所的，均须事先申领废物进口许可证。

（1）向海关申报进口列入《限制进口类可用做原料的废物目录》和《自动进口许可管理类可用做原料的废物目录》的废物，报关单位应主动向海关提交有效的废物进口许可证、口岸检验检疫机构出具的入境货物通关单及其他有关单据。

（2）废物进口许可证当年有效，因故在有效期内未使用完的，利用企业应当在有效期届满30日前向发证机关提出延期申请。发证机关扣除已使用的数量后，重新签发固体废物进口相关许可证，并在备注栏中注明"延期使用"和原证证号，且只能延期一次，延期最长不超过60日。

（3）固体废物进口相关许可证实行"一证一关"管理。一般情况下固体废物进口相关许可证为"非一批一证"制，如要实行"一批一证"，应当同时在固体废物进口相关许可证备注栏内打印"一批一证"字样。

（4）对废金属、废塑料、废纸进口实施分类装运管理。进口时不得与其他非重点固体废物及不属于固体废物的货物混合装运于同一集装箱内；因特殊原因无法分装的，进口企业应在境外起运地装运前向口岸直属海关提出申请，报经海关总署批准后，须在具备监管条件的口岸现场或园区按类别进行分拣，并按分拣后的状态，按规范申报的要求逐项申报。对未按上述规定进口的废物，如无走私或违反海关监管规定嫌疑，进口企业可申请办理直接退运。

（5）海关怀疑进口货物的收货人申报的进口货物为固体废物的，可以要求收货人送口岸检验检疫部门进行固体废物属性检验，必要时，海关可以直接送口岸检验检疫部门进行固体废物属性检验，并按照检验结果处理。口岸检验检疫部门应当出具检验结果，并注明是否属于固体废物。海关或者收货人对口岸所在地检验检疫部门的检验结论有异议的，国务院环境保护行政主管部门会同海关总署、国务院质量监督检验检疫部门指定专门鉴别机构对进口的货物、物品是否属于固体废物和固体废物类别进行鉴别。

(6)固体废物从海关特殊监管区域和场所进口到境内区外或者在海关特殊监管区域和场所之间进出的,无需办理固体废物进口相关许可证。

(7)海关特殊监管区域和场所内单位不得以转口货物为名存放进口固体废物。

知识点讲解:

重点记忆主管机构和报关规范。废物进口由新成立的国家环境保护部主管。与其他受到进出口管理的商品一样,国家环境保护部会同其他国家主管部门制定了允许进口的废物目录,也就是《限制进口类可用做原料的废物目录》及《自动进口许可管理类可用做原料的废物目录》。目录之内的,在申领"废物进口许可证"之后便可以进口,而没有列入上述两个目录的所有废物一律不能进口。此外,学生需注意,国家之所以允许进口废物,是因为这些废物还可以用做原料,可以满足国内某些产业对于原料的需求。那些纯粹不能再使用的废物是坚决不允许进口的。

六、进口关税配额管理

关税配额管理属限制进口,实行关税配额证管理。对外贸易经营者经国家批准取得关税配额证后允许按照关税配额税率征税进口,如超出限额则按照配额外税率征税进口。

2012 年我国实施进口关税配额管理的农产品有小麦、玉米、稻谷和大米、食糖、羊毛及毛条、棉花;实施进口关税配额管理的工业品有尿素、磷酸氢二铵、复合肥 3 种农用肥料。

(一)实施关税配额管理的农产品

(1)农产品进口关税配额为全球关税配额,其国家主管部门为商务部及国家发展改革委,企业通过一般贸易、加工贸易、易货贸易、边境小额贸易、援助、捐赠等贸易方式进口上述农产品均列入关税配额管理范围。海关凭商务部、国家发展改革委各自授权机构向最终用户发放的,并加盖"商务部农产品进口关税配额证专用章"或"国家发展和改革委员会农产品进口关税配额证专用章"的"农产品进口关税配额证"办理验放手续。其中,以加工贸易方式进口上述农产品,海关凭企业提交的在"贸易方式"栏目中注明"加工贸易"的进口关税配额证办理通关验放手续。由境外进入保税仓库、保税区、出口加工区的上述农产品,无须提交"农产品进口关税配额证",海关按现行规定验放并实施监管。从保税仓库、保税区、出口加工区出库或出区进口的关税配额农产品,企业持进口关税配额证向海关办理进口手续。

(2)"农产品进口关税配额证"实行"一证多批"制,即最终用户需分多批进口的,有效期内,凭"农产品进口关税配额证"可多次办理通关手续,直至海关核注栏填满为止。

(3)农产品进口关税配额的申请期为每年 10 月 15～30 日(凭合同先来先领分配方式除外)。商务部、国家发展改革委分别于申请期前 1 个月在《国际商报》、《中国经济导报》以及商务部和国家发展改革委网站上公布每种农产品下一年度进口关税配额总量、关税配额申请条件及国务院关税税则委员会确定的关税配额农产品税则号列和适用税率。其中食糖、羊毛、毛条由商务部公布并由商务部授权机构负责受理本地区内申请;小麦、玉米、大米、棉花由国家发展改革委公布并由国家发展改革委授权机构负责受理本地区内的申请。

(4)农产品进口关税配额的分配是根据申请者的申请数量和以往进口实绩、生产能力、其他相关商业标准或根据先来先领的方式进行分配。分配的最小数量将以每种农产品商业上可行的装运量确定。每年 1 月 1 日前，商务部、国家发展改革委通过各自授权机构向最终用户发放“农产品进口关税配额证”，并加盖“商务部农产品进口关税配额证专用章”或“国家发展和改革委员会农产品进口关税配额证专用章”。

(二)实施关税配额管理的工业品

(1)化肥进口关税配额为全球配额，商务部负责全国化肥关税配额管理工作。商务部的化肥进口关税配额管理机构负责管辖范围内化肥进口关税配额的发证、统计、咨询和其他授权工作。关税配额内化肥进口时，海关凭进口单位提交的“化肥进口关税配额证明”，按配额内税率征税，并验放货物。

(2)商务部负责在化肥进口关税配额总量内，根据国民经济综合平衡及资源合理配置的要求，对化肥进口关税配额进行分配。凡在中华人民共和国工商行政管理部门登记注册的企业(以下简称申请单位)，在其经营范围内均可向所在地区的授权机构申请化肥进口关税配额。商务部于每年的 9 月 15 日至 10 月 14 日公布下一年度的关税配额数量。申请单位应当在每年的 10 月 15 日至 10 月 30 日向商务部提出化肥关税配额的申请。商务部根据各地区生产和市场需求，并参考申请单位以往的进口实绩(申请单位的生产能力、经营规模、销售状况)、以往分配的配额是否得到充分使用、新的进口经营者的申请情况、申请配额的数量情况等因素，于每年 12 月 31 日前将化肥关税配额分配到进口用户。

知识点讲解：

对进口产品的关税配额管理是一种相对数量管理，也就是国家主管部门将需要进口的数量划分成配额采用一定的方式分配给相关的进口企业，在配额数量之内进口的产品采用关税配额税率计征进口关税(低税率)，当进口数量超过配额数量时，对超过部分就采用配额外税率计征进口关税(正常税率，比关税配额税率高)。

2010 年我国实行进口关税配额管理的商品有两大类：一类是农产品，具体有小麦、稻谷、大米、玉米、棉花、食糖、羊毛及毛条；另一类是工业品，主要是化肥。

七、野生动植物种进出口管理

野生动植物是人类的宝贵自然财富。挽救珍稀濒危动植物种，保护、发展和合理利用野生动植物资源，对维护自然生态平衡，开展科学研究，发展经济、文化、教育、医药、卫生等事业有着极其重要的意义。为此，我国颁布了《中华人民共和国森林法》、《中华人民共和国野生动物保护法》以及《中华人民共和国野生植物保护条例》等相关法律法规，并发布了我国物种自主保护目录，同时，我国也是《濒危野生动植物种国际贸易公约》的成员国。因此，我国进出口管理的濒危物种包括《濒危野生动植物种国际贸易公约》成员国(地区)应履行保护义务的物种，以及为保护我国珍稀物种而自主保护的物种。

野生动植物种进出口管理是指国家濒危物种进出口管理办公室会同国家其他部门，依法制定或调整《进出口野生动植物种商品目录》并以签发“濒危野生动植物种国际贸易公约允许进出口证明书”(以下简称公约证明)、“中华人民共和国濒危物种进出口管理办公室野生动植物允许进出口证明书”(以下简称非公约证明)或“非《进出口野生动植物种商品目录》物种证明”(以下简称物种证明)的形式，对该目录列明的依法受保护的珍贵、濒危野生动植物及其产品实施的进出口限制管理。

凡进出口列入《进出口野生动植物种商品目录》的野生动植物或其产品，必须严格按照有关法律、行政法规的程序进行申报和审批，并在进出口报关前取得国家濒危物种进出口管理办公室或其授权的办事处签发的公约证明、非公约证明或物种证明后，向海关办理进出口手续。

(一)非公约证明管理范围及报关规范

非公约证明是我国进出口许可管理制度中具有法律效力，用来证明对外贸易经营者经营列入《进出口野生动植物种商品目录》中属于我国自主规定管理的野生动植物及其产品合法进出口的证明文件，是海关验放该类货物的重要依据。

1.管理范围

对列入《进出口野生动植物种商品目录》中属于我国自主规定管理的野生动植物及其产品，不论以何种方式进出口，均须事先申领非公约证明。

2.报关规范

(1)向海关申报进出口列入《进出口野生动植物种商品目录》中属于我国自主规定管理的野生动植物及其产品，报关单位应主动向海关提交有效的非公约证明及其他有关单据。

(2)非公约证明实行"一批一证"制度。

(二)公约证明管理范围及报关规范

公约证明是我国进出口许可管理制度中具有法律效力，用来证明对外贸易经营者经营列入《进出口野生动植物种商品目录》中属于《濒危野生动植物种国际贸易公约》成员国(地区)应履行保护义务的物种合法进出口的证明文件，是海关验放该类货物的重要依据。

1.管理范围

对列入《进出口野生动植物种商品目录》中属于《濒危野生动植物种国际贸易公约》成员国(地区)应履行保护义务的物种，不论以何种方式进出口，均须事先申领公约证明。

2.报关规范

(1)向海关申报进出口列入《进出口野生动植物种商品目录》中属于《濒危野生动植物种国际贸易公约》成员国(地区)应履行保护义务的物种，报关单位应主动向海关提交有效的公约证明及其他有关单据。

(2)公约证明实行"一批一证"制度。

(三)物种证明适用范围及报关规范

由于受濒危物种进出口管理的动植物种很多，认定工作的专业性很强，为使濒危物种进出口监管工作做到既准确又严密，海关总署和国家濒危物种进出口管理办公室共同商定启用物种证明，由国家濒危物种进出口管理办公室指定机构进行认定并出具物种证明，报关单位凭以办理报关手续。

1.适用范围

对于进出口列入《进出口野生动植物种商品目录》中适用公约证明、非公约证明管理的《濒危野生动植物种国际贸易公约》附录及国家重点保护野生动植物以外的其他列入商品目录的野生动植物及相关货物或物品和含野生动植物成分的纺织品，均须事先申领物种证明。

2.报关规范

(1)物种证明由国家濒危物种管理办公室统一按确定的格式制作，不得转让或倒卖。证面不得涂改、伪造。

(2)物种证明分为“一次使用”和“多次使用”两种。

①一次使用的物种证明有效期自签发之日起不得超过 6 个月。

②多次使用的物种证明只适用于同一物种、同一货物类型、在同一报关口岸多次进出口的野生动植物。多次使用的物种证明有效期截至发证当年 12 月 31 日。持证者须于 1 月 31 日之前将上一年度使用多次物种证明进出口有关野生动植物标本的情况汇总上报发证机关。

(3)进出口企业必须按照物种证明规定的口岸、方式、时限、物种、数量和货物类型等进出口野生动植物。对于超越物种证明中任何一项许可范围的申报行为,海关均不予受理。

(4)海关对经营者进出口列入《进出口野生动植物种商品目录》的商品以及含野生动植物成分的纺织品是否为濒危野生动植物种提出质疑的,经营者应按海关的要求,向国家濒危物种管理办公室或其办事处申领物种证明;属于公约证明或非公约证明管理范围的,应申领公约证明或非公约证明。经营者未能出具证明书或物种证明的,海关不予办理有关手续。

(5)对进出境货物或物品包装或说明中标注含有商品目录所列野生动植物成分的,经营者应主动、如实向海关申报,海关按实际含有该野生动植物的商品进行监管。

知识点讲解:

该知识点内容比较繁杂,学生首先要理清层次。

对于野生动植物中的珍稀濒危物种,世界各国政府均有保护的义务。我国政府在濒危野生动植物保护方面是通过三个证明文件来管理的,即公约证明、非公约证明和物种证明,其中列入《进出口野生动植物种商品目录》中的野生动植物,是有条件允许进出口的。这里有三种情况,第一种是进出口的野生动植物及其产品属于《进出口野生动植物种商品目录》规定的,同时又是《濒危野生动植物种国际贸易公约》内包括了的,那么进出口必须取得公约证明,海关凭公约证明放行;第二种是进出口的野生动植物及其产品属于《进出口野生动植物种商品目录》规定的,但是是我国政府根据我国的具体情况自主规定需要重点保护的动植物种,与《濒危野生动植物种国际贸易公约》无关,那么这类野生动植物及其产品的进出口必须先取得非公约证明,海关凭非公约证明放行;第三种是进出口列入《进出口野生动植物种商品目录》,但是是公约证明和非公约证明所管理的范畴之外的野生动植物及其产品,这类野生动植物及其产品进出口时必须要先经国家濒危物种进出口管理办公室指定的专业机构进行物种认定,排除是濒危物种的可能,并出具物种证明,海关凭物种证明放行。

八、进出口药品管理

进出口药品管理是指为加强对药品的监督管理,保证药品质量,保障人体用药安全,维护人民身体健康和用药合法权益,国家食品药品监督管理局依照《中华人民共和国药品管理法》、有关国际公约以及国家其他法规,对进出口药品实施监督管理的行政行为。

进出口药品管理是我国进出口许可管理制度的重要组成部分,属于国家限制进出口管理范畴,实行分类和目录管理。进出口药品从管理角度可分为进出口麻醉药品、进出口精神药品、进出口兴奋剂,以及进口一般药品。国家食品药品监督管理局会同国务院商务主管部门对上述药品依法制定并调整管理目录,以签发许可证件的形式对其进出口加以管制。

目前,我国公布的药品进出口管理目录有:《进口药品目录》、《生物制品目录》、《精神药品管制品种目录》、《麻醉药品管制品种目录》、《兴奋剂目录》等。

药品必须经由国务院批准的允许药品进口的口岸进口。目前，允许进口药品的口岸有北京、天津、上海、大连、青岛、成都、武汉、重庆、厦门、南京、杭州、宁波、福州、广州、深圳、珠海、海口、西安、南宁 19 个城市所在地直属海关所辖关区口岸。

(一)精神药品进出口管理范围及报关规范

精神药品进出口准许证是我国进出口精神药品管理批件，国家食品药品监督管理局依据《中华人民共和国药品管理法》和国务院《精神药品管理办法》，以及有关国际条约，对进出口直接作用于中枢神经系统，使之兴奋或抑制，连续使用能产生依赖性的药品，制定和调整《精神药品管制品种目录》，并以签发“精神药品进口准许证”或“精神药品出口准许证”的形式对《精神药品管制品种目录》商品实行进出口限制管理。

精神药品进出口准许证是我国进出口许可管理制度中具有法律效力，用来证明对外贸易经营者经营列入《精神药品管制品种目录》管理药品合法进出口的证明文件，是海关验放该类货物的重要依据。

《精神药品管制品种目录》所列药品进出口时，货物所有人或其合法代理人在办理进出口报关手续前，均须取得国家食品药品监督管理局核发的精神药品进出口准许证，凭以向海关办理报关手续。

1. 管理范围

(1)进出口列入《精神药品管制品种目录》的药品，包含精神药品标准品及对照品，如咖啡因、去氧麻黄碱、复方甘草片等。

(2)对于列入《精神药品管制品种目录》的药品可能存在的盐、酯、醚，虽未列入该目录，但仍属于精神药品管制范围。

(3)任何单位以任何贸易方式进出口列入上述范围的药品，不论用于何种用途，均须事先申领精神药品进出口准许证。

2. 报关规范

(1)向海关申报进出口精神药品管理范围内的药品，报关单位应主动向海关提交有效的精神药品进出口准许证及其他有关单据。

(2)精神药品的进出口准许证仅限在该证注明的口岸海关使用，并实行“一批一证”制度，证面内容不得自行更改，如需更改，应到国家食品药品监督管理局办理换证手续。

(二)麻醉药品进出口管理范围及报关规范

麻醉药品进出口准许证是我国进出口麻醉药品管理批件，国家药品监督管理部门依据《中华人民共和国药品管理法》和国务院《麻醉药品管理办法》，以及有关国际条约，对进出口连续使用后易使身体产生依赖性、能成瘾癖的药品，制定和调整《麻醉药品管制品种目录》，并以签发“麻醉药品进口准许证”或“麻醉药品出口准许证”的形式对该目录商品实行进出口限制管理。

麻醉药品进出口准许证是我国进出口许可管理制度中具有法律效力，用来证明对外贸易经营者经营列入《麻醉药品管制品种目录》管理药品合法进出口的证明文件，是海关验放该类货物的重要依据。

《麻醉药品管制品种目录》所列药品进出口时，货物所有人或其合法代理人在办理进出口报关手续前，均须取得国家食品药品监督管理局核发的麻醉药品进出口准许证，凭以向海关办理报关手续。

1. 管理范围

(1)进出口列入《麻醉药品管制品种目录》的麻醉药品，包括鸦片、可卡因、大麻、吗啡、海洛因以及合成麻醉药类和其他易成瘾癖的药品、药用原植物及其制剂。

(2)对于列入《麻醉药品管制品种目录》的麻醉药品可能存在的盐、酯、醚，虽未列入该目录，但仍属于麻醉药品管制范围。

(3)任何单位以任何贸易方式进出口列入上述范围的药品，不论用于何种用途，均须事先申领麻醉药品进出口准许证。

2. 报关规范

(1)向海关申报进出口麻醉药品管理范围内的药品，报关单位应主动向海关提交有效的麻醉药品进出口准许证及其他有关单据。

(2)麻醉药品的进出口准许证仅限在该证注明的口岸海关使用，并实行"一批一证"制度，证面内容不得自行更改，如需更改，应到国家食品药品监督管理局办理换证手续。

(三)兴奋剂进出口管理范围及报关规范

为了防止在体育运动中使用兴奋剂，保护体育运动参加者的身心健康，维护体育竞赛的公平竞争，根据《中华人民共和国体育法》和其他有关法律，我国制定颁布了《反兴奋剂条例》。依据该条例及有关法律法规的规定，国家体育总局会同商务部、卫生部、海关总署、国家食品药品监督管理局制定颁布了《兴奋剂目录》。

1. 管理范围

列入《兴奋剂目录》的药品，包括：蛋白同化制剂品种、肽类激素品种、麻醉药品品种、刺激剂(含精神药品)品种、药品类易制毒化学品品种、医疗用毒性药品品种、其他品种共7类。

2. 报关规范

(1)进出口列入《兴奋剂目录》的精神药品、麻醉药品、易制毒化学品、医疗用毒性药品，应按照现行规定向海关办理通关验放手续。对《兴奋剂目录》中的"其他品种"，海关暂不按照兴奋剂实行管理。

(2)根据《蛋白同化制剂、肽类激素进出口管理办法(暂行)》的相关规定，国家对进出口蛋白同化制剂和肽类激素分别实行进口准许证和出口准许证管理：

①进出口蛋白同化制剂、肽类激素，进出口单位应当事先向国家食品药品监督管理局申领进口准许证或出口准许证。

②进出口单位在办理报关手续时，应多提交一联报关单，并向海关申请签退该联报关单。海关凭药品进口准许证或出口准许证验放货物后，在该联报关单上加盖"验讫章"后退进出口单位，进出口单位应当在海关验放后1个月内，将进口准许证或出口准许证的第一联、海关签章的报关单退回发证机关。

③进口准许证有效期1年。出口准许证有效期不超过3个月(有效期时限不跨年度)。取得药品进出口准许证后未进行相关进出口贸易的，进出口单位应当于准许证有效期满后1个月内将原准许证退回发证机关。

④进口准许证、出口准许证实行"一证一关"制度，证面内容不得更改。因故延期进出口的，可以持原进出口准许证办理一次延期换证手续。

⑤个人因医疗需要携带或邮寄进出境自用合理数量范围内的蛋白同化制剂和肽类激素药品，凭医疗机构处方予以验放。无法出具处方，或超出处方剂量的，均不准进出境。

⑥以加工贸易方式进出口蛋白同化制剂、肽类激素的，海关凭药品进口准许证、出口准许证办理验放手续并实施监管。

⑦从境内区外进入保税区、出口加工区及其他海关特殊监管区域和保税监管场所的蛋白同化制剂、肽类激素，应当办理药品出口准许证；从保税区、出口加工区及其他海关特殊监管区域、保税监管场所进入境内区外的蛋白同化制剂、肽类激素，应当办理药品进口准许证。

保税区、出口加工区及其他海关特殊监管区域、保税监管场所与境外进出及海关特殊监管区域、保税监管场所之间进出的蛋白同化制剂、肽类激素，免予办理药品进口准许证、出口准许证，由海关实施监管。

（四）一般药品进口管理范围及报关规范

进口药品通关单是我国进出口许可管理制度中具有法律效力，用来证明对外贸易经营者经营列入管理目录的商品合法进口的证明文件，是海关验放的重要依据。

1.管理范围

(1)进口列入《进口药品目录》的药品，指用于预防、治疗、诊断人的疾病，有目的地调节人的生理机能并规定有适应症、用法和用量的物质，包括中药材、中药饮品、中成药、化学原料药及其制剂、抗生素、生化药品、血清疫苗、血液制品等。

(2)进口列入《生物制品目录》的商品，包括疫苗类、血液制品类及血源筛查用诊断试剂等。

(3)首次在我国境内销售的药品。

(4)进口暂未列入《进口药品目录》的原料药的单位，必须遵守《进口药品管理办法》中的各项有关规定，主动到各口岸药品检验所报验。

2.报关规范

(1)向海关申报进口列入管理目录中的药品，报关单位应主动向海关提交有效的进口药品通关单及其他有关单据。

(2)进口药品通关单仅限在该单注明的口岸海关使用，并实行“一批一证”制度，证面内容不得更改。

(3)任何单位以任何贸易方式进口列入管理目录的药品，不论用于何种用途，均须事先申领进口药品通关单。

目前，一般药品出口暂无特殊的管理要求。

九、美术品进出口管理

为加强对美术品进出口经营活动、商业性美术品展览活动的管理，促进中外文化交流，丰富人民群众文化生活，国家对美术品进出口实施监督管理。文化部负责对美术品进出口经营活动的审批管理，海关负责对美术品进出境环节进行监管。

美术品进出口管理是我国进出口许可管理制度的重要组成部分，属于国家限制进出口管理范畴。文化部委托美术品进出口口岸所在地省、自治区、直辖市文化行政部门负责本辖区美术品的进出口审批。文化部对各省、自治区、直辖市文化行政部门的审批行为进行监督、指导，并依法承担审批行为的法律责任。美术品进出口单位应当在美术品进出口前，向美术品进出口口岸所在地省、自治区、直辖市文化行政部门申领进出口批件，凭以向海关办理通关手续。

(一)管理范围

(1)纳入我国进出口管理的美术品是指艺术创作者以线条、色彩或者其他方式,经艺术创作者以原创方式创作的具有审美意义的造型艺术作品,包括绘画、书法、雕塑、摄影等作品,以及艺术创作者许可并签名的,数量在200件以内的复制品。

(2)批量临摹的作品、工业化批量生产的美术品、手工艺品、工艺美术产品、木雕、石雕、根雕、文物等均不纳入美术品进行管理。

(3)我国禁止进出境含有下列内容的美术品:违反宪法确定的基本原则的;危害国家统一、主权和领土完整的;泄漏国家秘密、危害国家安全或者损害国家荣誉和利益的;煽动民族仇恨、民族歧视,破坏民族团结,或者侵害民族风俗习惯的;宣扬或者传播邪教迷信的;扰乱社会秩序,破坏社会稳定的;宣扬或者传播淫秽、色情、赌博、暴力、恐怖或者教唆犯罪的;侮辱或者诽谤他人、侵害他人合法权益的;蓄意篡改历史、严重歪曲历史的;危害社会公德或者有损民族优秀文化传统的;我国法律、行政法规和国家规定禁止的其他内容的。

(二)办理程序

我国对美术品进出口实行专营,经营美术品进出口的企业必须是在商务部门备案登记,取得进出口资质的企业。美术品进出口单位应当在美术品进出口前,向美术品进出口口岸所在地省、自治区、直辖市文化行政部门提出申请,并报送以下材料:

(1)美术品进出口单位的企业法人营业执照、对外贸易经营者备案登记表;

(2)进出口美术品的来源、目的地、用途;

(3)艺术创作者名单、美术品图录和介绍;

(4)审批部门要求提供的其他材料。

文化行政部门应当自受理申请之日起15日内作出决定。批准的,发给批准文件,批准文件中应附美术品详细清单。申请单位持批准文件到海关办理手续。不批准的,文化行政部门书面通知申请人并说明理由。

(三)报关规范

(1)向海关申报进出口管理范围内的美术品,报关单位应主动向海关提交有效的进出口批准文件及其他有关单据。

(2)美术品进出口单位向海关递交的批准文件不得擅自更改。如有更改,应当及时将变更事项向审批部门申报,经审批部门批准确认后,方可变更。

(3)文化行政部门的批准文件,不得伪造、涂改、出租、出借、出售或者以其他任何形式转让。

(4)同一批已经批准进口或出口的美术品复出口或复进口,进出口单位可持原批准文件正本到原进口或出口口岸海关办理相关手续,文化行政部门不再重复审批。上述复出口或复进口的美术品如与原批准内容不符,进出口单位则应当到文化行政部门重新办理审批手续。

十、音像制品进口管理

为了加强对音像制品进口的管理,促进国际文化交流,丰富人民群众的文化生活,我国颁布了《音像制品管理条例》、《音像制品进口管理办法》及其他有关规定,对音像制品实行许可管理制度。新闻出版总署负责全国音像制品进口的监督管理和内容审查等工作，县级以上地方人民政府新闻出版行政部门负责本行政区域内的进口音像制品的监督管理工作，各级海关在其职责范围内负责音像制品进口的监督管理工作。

新闻出版总署设立音像制品内容审查委员会，负责审查进口音像制品的内容。委员会下设办公室，负责进口音像制品内容审查的日常工作。音像制品应在进口前报新闻出版总署进行内容审查，审查批准取得“进口音像制品批准单”后方可进口。

国家对设立音像制品成品进口单位实行许可制度，音像制品成品进口业务由新闻出版总署批准的音像制品成品进口单位经营；未经批准，任何单位或者个人不得从事音像制品成品进口业务。

(一)管理范围

(1)进口音像制品，是指从外国进口音像制品成品和进口用于出版(包括利用信息网络出版)及其他用途的音像制品。包括录有内容的录音带、录像带、唱片、激光唱盘、激光视盘等。2012 年列入我国首批音像制品进口管理目录的商品有：重放声音或图像信息的磁带、已录制的其他磁带、其他磁性媒体、仅用于重放声音信息的已录制光学媒体、其他录制光学媒体、已录制唱片及其他媒体共涉及 7 个海关 10 位商品编号。

(2)音像制品用于广播电视播放的，适用广播电视法律、行政法规。

(3)国家禁止进口有下列内容的音像制品：

①反对宪法确定的基本原则的；

②危害国家统一、主权和领土完整的；

③泄漏国家秘密、危害国家安全或者损害国家荣誉和利益的；

④煽动民族仇恨、民族歧视，破坏民族团结，或者侵害民族风俗、习惯的；

⑤宣扬邪教、迷信的；

⑥扰乱社会秩序，破坏社会稳定的；

⑦宣扬淫秽、赌博、暴力或者教唆犯罪的；

⑧侮辱或者诽谤他人，侵害他人合法权益的；

⑨危害社会公德或者民族优秀文化传统的；

⑩有法律、行政法规和国家规定禁止的其他内容的。

(二)办理程序

(1)进口音像制品实行许可管理制度，应在进口前报新闻出版总署进行内容审查。其中音像制品成品进口经营单位应向新闻出版总署提出申请并报送以下材料：进口录音或录像制品报审表，进口协议草案或订单，节目样片，中外文歌词，以及内容审查所需的其他材料。

进口用于出版的音像制品，应向新闻出版总署提出申请并报送以下材料：进口录音或录像制品报审表，版权贸易协议中外文文本草案、原始版权证明书、版权授权书和国家版权局的登记文件，节目样片，中外文曲目、歌词或对白，以及内容审查所需的其他材料。

进口用于展览、展示的音像制品，由展览、展示活动主办单位提出申请，并将音像制品目录和样片报新闻出版总署进行内容审查。海关按暂时进口货物管理。

(2)进口单位不得擅自更改报送新闻出版总署进行内容审查样片原有的名称和内容。

(3)新闻出版总署自受理进口音像制品申请之日起 30 日内作出批准或者不批准的决定。

批准的，发给“进口音像制品批准单”；不批准的，应当说明理由。

(4)图书馆、音像资料馆、科研机构、学校等单位进口供研究、教学参考的音像制品成品，应当委托新闻出版总署批准的音像制品成品进口经营单位办理进口审批手续。

(三)报关规范

(1)向海关申报进口音像制品，报关单位应主动向海关提交有效的“进口音像制品批准单”及其他有关单据。

(2)“进口音像制品批准单”内容不得更改，如需修改，应重新办理。“进口音像制品批准单”一次报关使用有效，不得累计使用。其中，属于音像制品成品的，批准单当年有效；属于用于出版的音像制品的，批准单有效期限为1年。

(3)在经批准进口出版的音像制品版权授权期限内，音像制品进口经营单位不得进口该音像制品成品。

(4)随机器设备同时进口以及进口后随机器设备复出口的记录操作系统、设备说明、专用软件等内容的音像制品，无须申领“进口音像制品批准单”，海关凭进口单位提供的合同、发票等有效单证验放。

十一、出入境检验检疫管理

对列入《法检目录》及其他法律法规规定需要检验检疫的货物进出口时，货物所有人或其合法代理人，在办理进出口通关手续前，必须向口岸检验检疫机构报检。海关凭口岸出入境检验检疫机构签发的“中华人民共和国检验检疫入境货物通关单”(以下简称入境货物通关单)或“中华人民共和国检验检疫出境货物通关单”(以下简称出境货物通关单)验放。

自2008年1月1日起，国家实行出入境货物通关单电子数据联网，出入境检验检疫机构对法检商品签发通关单，实时将通关单电子数据传输至海关，企业持通关单向海关办理法检商品验放手续，办结海关手续后将通关单使用情况反馈检验检疫部门。

(一)入境货物通关单

入境货物通关单是我国出入境检验检疫管理制度中，对进口列入《法检目录》及其他法律法规规定需要检验检疫的货物在办理进口报关手续前，口岸检验检疫机构依照有关规定接受报检后签发的单据，同时也是进口报关的专用单据，是海关验放该类货物的重要依据之一。入境货物通关单实行“一批一证”制度，证面内容不得更改。

入境货物通关单主要适用于下列情况：

(1)列入《法检目录》的商品；

(2)外商投资财产价值鉴定(受国家委托，为防止外商瞒骗对华投资额而对其以实物投资形式进口的投资设备的价值进行的鉴定)；

(3)进口可用做原料的废物；

(4)进口旧机电产品；

(5)进口货物发生短少、残损或其他质量问题需对外索赔时，其赔付的进境货物；

(6)进口捐赠的医疗器械；

(7)其他未列入《法检目录》，但国家有关法律、行政法规明确由出入境检验检疫机构负责检验检疫的入境货物或特殊物品等。

(二)出境货物通关单

出境货物通关单是我国出入境检验检疫管理制度中，对出口列入《法检目录》及其他法律法规规定需要检验检疫的货物在办理出口报关手续前，口岸检验检疫机构依照有关规定接受报检后签发的单据，同时也是出口报关的专用单据，是海关验放该类货物的重要依据之一。出境货物通关单实行“一批一证”制度，证面内容不得更改。

出境货物通关单适用于下列情况：

(1)列入《法检目录》的货物；

(2)出口纺织品标识；

(3)对外经济技术援助物资及人道主义紧急救灾援助物资；

(4)其他未列入《法检目录》，但国家有关法律、行政法规明确由出入境检验检疫机构负责检验检疫的出境货物。

知识点讲解：

该知识点重点是把握入境货物通关单和出境货物通关单适用的情况。同时，学生要理解这项出入境检验检疫管理针对的是被列入《法检目录》的商品或者其他法律法规规定需要检验检疫的商品，要想把这些商品运入或运出国境，就必须履行这道手续，向口岸检验检疫机构报检。口岸检验检疫机构检验合格后，出具“入境货物通关单”或“出境货物通关单”，海关凭通关单放行。

十二、其他货物进出口管理

(一)黄金及其制品进出口管理

黄金及其制品进出口管理是指中国人民银行、商务部依据《中华人民共和国金银管理条例》等有关规定，对进出口黄金及其制品实施监督管理的行政行为。

黄金及其制品进出口管理属于我国进出口许可管理制度中限制进出口管理范畴，中国人民银行为黄金及其制品进出口的管理机关。进出口列入《黄金及其制品进出口管理商品目录》的货物，海关凭中国人民银行或其授权的中国人民银行分支机构签发的“黄金及其制品进出口准许证”办理验放手续。保税区、出口加工区及其他海关特殊监管区域和保税监管场所与境外之间进出，海关特殊监管区域、保税监管场所之间进出的黄金及其产品，免予办理“黄金及其制品进出口准许证”，由海关实施监管。保税区、出口加工区及其他海关特殊监管区域和保税监管场所与境内区外之间进出黄金及其产品，应办理“黄金及其制品进出口准许证”。

“黄金及其制品进出口准许证”是我国进出口许可管理制度中具有法律效力，用来证明对外贸易经营者经营黄金及其制品合法进出口的证明文件，是海关验放该类货物的重要依据。

列入中国人民银行、海关总署联合发布的《黄金及其产品进出口管理目录》的黄金及其制品，主要包括：氰化金、氰化金钾(含金 40%)、其他金化合物、非货币用金粉、非货币用未锻造金、非货币用半制成金、货币用未锻造金(包括镀铂的金)、金的废碎料、镶嵌钻石的黄金制首饰及其零件、镶嵌濒危物种制品的金首饰及零件、其他黄金制首饰及其零件、金制工业用制品、实验室用制品等。

(二)有毒化学品管理

“有毒化学品”是指进入环境后通过环境蓄积、生物累积、生物转化或化学反应等方式损害健康和环境，或者通过接触对人体具有严重危害和具有潜在危险的化学品。

为了保护人体健康和生态环境，加强有毒化学品进出口的环境管理，国家根据《关于化学品国际贸易资料交换的伦敦准则》，发布了《中国禁止或严格限制的有毒化学品名录》，对进出口有毒化学品进行监督管理。

环境保护部在审批有毒化学品进出口申请时，对符合规定准予进出口的，签发有毒化学品环境管理放行通知单。

有毒化学品环境管理放行通知单是我国进出口许可管理制度中具有法律效力，用来证明对外贸易经营者经营列入《中国禁止或严格限制的有毒化学品名录》的化学品合法进出口的证明文件，是海关验放该类货物的重要依据。

(三)农药进出口管理

"农药进出口登记管理放行通知单"是国家农业主管部门依据《中华人民共和国农药管理条例》，对进出口用于预防、消灭或者控制危害农业、林业的病、虫、草和其他有害生物，有目的地调节植物、昆虫生长的化学合成或者来源于生物、其他天然物质的一种物质或者几种物质的混合物及其制剂实施管理的进出口许可证件，其国家主管部门是农业部。

我国对进出口农药实行目录管理，由农业部会同海关总署依据《中华人民共和国农药管理条例》和《在国际贸易中对某些危险化学品和农药采用事先知情同意程序的鹿特丹公约》，制定《中华人民共和国进出口农药登记证明管理名录》(以下简称《农药名录》)。进出口列入上述目录的农药，应事先向农业部农药检定所申领"农药进出口登记管理放行通知单"，凭以向海关办理进出口报关手续。

"农药进出口登记管理放行通知单"是我国进出口许可管理制度中具有法律效力，用来证明对外贸易经营者经营《农药名录》所列农药合法进出口的证明文件，海关验放该类货物的重要依据。

"农药进出口登记管理放行通知单"实行"一批一证"管理，进出口一批农药产品，办理一份通知单，对应一份海关进出口货物报关单。通知单一式两联，第一联由进出口单位交海关办理通关手续，由海关留存与报关单一并归档，第二联由农业部留存。

"农药进出口记管理放行通知单"经签发，任何单位或个人不得修改证明内容；如需变更证明内容，应在有效期内将原证交回农业部农药检定所，并申请重新办理进出口农药登记证明。

(四)兽药进口管理

兽药进口管理是指国家农业主管部门(即农业部)依据《进口兽药管理办法》，对进出口兽药实施的监督管理。受管理的兽药是指用于预防、治疗、诊断畜禽等动物疾病，有目的地调节其生理机能并规定作用、用途、用法、用量的物质。

进口兽药实行目录管理，《进口兽药管理目录》由农业部会同海关总署制定、调整并公布。企业进口列入《进口兽药管理目录》的兽药，应向进口口岸所在地省级人民政府兽医行政管理部门申请办理"进口兽药通关单"，凭此向海关办理报关手续。"进口兽药通关单"实行"一单一关"制，在 30 日有效期内只能一次性使用。

兽药进口单位进口暂未列入《进口兽药管理目录》的兽药时，应如实申报，主动向海关出具"进口兽药通关单"；对进口同时列入《进口药品目录》的兽药，海关免予验核"进口药品通关单"；对进口的兽药，因企业申报不实或伪报用途所产生的后果，企业应承担相应的法律责任。

(五)水产品捕捞进口管理

我国已加入养护大西洋金枪鱼国际委员会、印度洋金枪鱼委员会和南极海洋生物资源养护委员会。为遏止非法捕鱼活动和有效养护有关渔业资源，上述政府间渔业管理组织已对部分水产品实施合法捕捞证明制度。根据合法捕捞证明制度的规定，国际组织成员进口部分水产品时有义务验核船旗国政府主管机构签署的合法捕捞证明，没有合法捕捞证明的水产品被视为非法捕捞产品，各成员国不得进口。

为有效履行我国政府相关义务，树立我国负责任渔业国际形象，农业部会同海关总署对部分水产品捕捞进口实施进口限制管理，并调整公布了《实施合法捕捞证明的水产品清单》。对进口列入《实施合法捕捞证明的水产品清单》的水产品(包括进境样品、暂时进口、加工贸易进口以及进入海关特殊监管区域和海关保税监管场所等)，有关单位应向农业部申请"合法捕捞产品通关证明"。进境时，有关单位应主动、如实向海关申报，并持"合法捕捞产品通关证明"向海关办理相关手续。

申请"合法捕捞产品通关证"时应提交由船旗国政府主管机构签发的合法捕捞证明原件。如在船旗国以外的国家或地区加工的该目录所列产品进入我国，申请单位应提交由船旗国政府主管机构签发的合法捕捞产品副本和加工国或者地区授权机构签发的再出口证明原件。

◈ 能力训练

一、基本知识练习

1.(判)对外贸易管制是政府一种强制性行政管理行为。我国对外贸管制按管制对象可分为货物进出口贸易管制、技术进出口贸易管制和国际服务贸易管制。(　)

2.(判)我国目前所签订生效的各类国际条约，虽然不属于我国国内法的范畴，但就其效力而言可视为我国的法律渊源之一。(　)

3.(多)我国对外贸易管制的法律渊源包括(　)。

A 由国家最高权力机关制定并由国家主席颁布实施的规范性文件

B 由国家最高行政机关制定并由国务院总理颁布实施的规范性文件

C 由我国民族自治区政府制定的地方条例和单行条例

D 我国加入或缔结的相关国际条约

4.(多)国家禁止进口(　)。

A 犀牛角　　B 天然砂　　C 木炭　　D 旧服装

5.(单)某报关企业接到客户关于以一般贸易方式进口旧汽车有关政策的咨询，下列答复正确的是(　)。

A 申领进口许可证和入境货物通关单　　B 申领自动进口许可证和入境货物通关单

C 只需申领入境货物通关单　　D 禁止进口

6.(多)目前，列入我国《禁止出口货物目录》的商品有(　)。

A 麝香　　B 麻黄草　　C 木炭　　D 硅砂

7.（多）根据《中华人民共和国对外贸易法》的规定，国家基于下列哪些原因，可以限制或者禁止有关货物、技术的进口？（　）

A 为维护国家安全、社会公共利益或者公共道德，需要限制或者禁止进口的

B 为保护人的健康或者安全，保护动物、植物的生命或者健康，保护环境，需要限制或者禁止进口的

C 为实施与黄金或者白银进出口有关的措施，需要限制或者禁止进口的

D 为建立或者加快建立国内特定产业，需要限制进口的

8.（判）目前，我国限制进口货物管理按照其限制方式划分为许可证件管理和关税配额管理。其中关税配额管理是指在一定时期内，国家对部分商品的进口制定关税配额税率并规定该商品进口数量总额，在限额内，经国家批准后允许按照关税配额税率征税进口，如超出限额则以国家主管部门签发许可证件方式来实现限制进口。（　）

9.（判）关税配额管理是指以国家各主管部门签发许可证件的方式来实现各类限制进口的措施。（　）

10.（多）货物、技术进出口许可管理制度是我国进出口许可制度的主体，其管理范围包括（　）。

A 禁止进出口的货物和技术　　B 限制进出口的货物和技术

C 自由进出口的技术　　D 自由进口中部分实行自动许可管理的货物

11.（判）自动进口许可管理是在任何情况下对进口申请一律予以批准的进口许可制度。（　）

12.（判）对外贸易经营者只能在国家允许的范围内为本企业从事对外贸易经营活动，不可以接受他人的委托，在经营范围内代为办理对外贸易业务。（　）

13.（单）我国目前对对外贸易经营者的管理实行（　）。

A 自由进出制　　B 登记和核准制　　C 审批制　　D 备案登记制

14.（单）WTO 规则允许成员方使用贸易救济手段来保护国内产业不受损害，其中（　）既可以采取提高关税的形式也可以采取数量限制的形式。

A 反倾销　　B 反补贴　　C 保障措施　　D 关税配额

15.（单）保障措施是对外贸易救济措施的一种方式，其实施期限最长不得超过（　）。

A 200 天　　B 4 个月　　C 4 年　　D 10 年

16.（多）下列有权签发进出口许可证的机构是（　）。

A 商务部配额许可证事务局

B 商务部驻各地特派员办事处

C 省、自治区、直辖市的商务主管部门

D 计划单列市和经商务部授权的其他省会城市的商务主管部门

17.（判）进口属于进口许可证管理的货物，收货人在货物进境后，办理海关报关手续前，应向相应的发证机构提交进口许可证申请，并取得进口许可证。（　）

18.（多）2010 年的实施“中华人民共和国进口许可证”管理的货物种类包括（　）。

A 配额机电产品　　B 重点旧机电产品

C 消耗臭氧层物质　　D 监控化学品

19.(多)我国对部分旧机电产品的进口实行严格控制,分别实施(　)管理。

A 进口许可证　　B 自动进口许可证

C 废物进口许可证　　D 禁止进口

20.(单)2008年实行进口许可证管理的货物有消耗臭氧层物质和重点旧机电产品,其中重点旧机电产品的发证机构为(　)。

A 计划单列市,以及商务部授权的其他省会城市的商务主管部门

B 各省、自治区、直辖市的商务主管部门

C 商务部驻各地特派员办事处

D 商务部配额许可证事务局

21.(单)进口许可证的有效期是(　),当年有效。特殊情况需要跨年度使用时,有效期最长不得超过次年(　),逾期自行失效。

A 1年;3月31日　　B 6个月;1月31日

C 1年;1月31日　　D 6个月;3月31日

22.(判)出口许可证的有效期不得超过6个月,需要跨年度使用的,其有效期的截止日期不得超过次年2月底。(　)

23.(单)实行"非一批一证"管理的出口许可证,其使用次数最多不超过(　)。

A 3次　　B 6次　　C 5次　　D 12次

24.(多)下列对两用物项和技术进出口许可证管理表述正确的是(　)。

A 两用物项和技术进出口前,进出口经营者应当向发证机关申领两用物项和技术进出口许可证,凭以向海关办理进出口报关手续

B 两用物项和技术进口许可证实行"非一批一证"制和"一证一关"制

C 两用物项和技术出口许可证实行"一批一证"制和"一证一关"制

D 两用物项和技术进出口许可证有效期一般不超过1年,跨年度使用时,在有效期内只能使用到次年3月31日

25.(多)我国对部分旧机电产品的进口实行严格控制,分别实施(　)管理。

A 进口许可证　　B 自动进口许可证

C 废物进口许可证　　D 禁止进口

26.(单)下列列入自动进口许可管理货物目录的货物,可免自动进口许可证的是(　)。

A 参加F1上海站比赛进口后须复出口的赛车

B 加工贸易项下进口并复出口的成品油

C 外商投资企业作为投资进口的旧机电产品

D 每批次价值超过5 000元人民币的进口货样广告品

27.(单)发证机关根据企业申请于2009年9月30日向企业签发了自动进口许可证,该证截止(　)有效。

A 2010年3月31日　　B 2009年12月31日

C 2010年6月30日　　D 2010年9月30日

28.(多)对下列实行自动进口许可管理的大宗、散装货物,溢装数量在货物总量3%以内的,免予另行申领自动进口许可证的是(　)。

A 原油　　B 成品油　　C 化肥　　D 钢材

29.(单)某企业持一份数量为200吨的化肥自动进口许可证("非一批一证"),以海运散装形式分两批进口化肥200吨,在第一批实际进口数量100吨的情况下,该企业可凭该份自动进口许可证最多可进口( )化肥。

A 210吨　　B 205吨　　C 203吨　　D 206吨

30.(多)实行( )管理的货物,从境外入保税区予以免证。

A 自动进口许可证　　B 废物进口许可证

C 两用物项许可证　　D 密码进口许可证

31.(判)我国固体废物管理范围中不包括液态废物。( )

32.(多)下列废物中,属于我国《固体废物污染环境防治法》管理范围的有( )。

A 城市生活垃圾　　B 工业固体废物

C 液态废物　　D 置于容器中的气态废物

33.(判)列入《自动进口许可管理类可用作原料的废物目录》的废物,不论以何种方式进口,均应申领废物进口许可证。( )

34.(单)湖南湘水铜业有限公司以CIF黄埔USD 2 000/吨的条款从美国进口委内瑞拉(享受最惠国待遇)产的10吨黄铜废料,货物由黄埔关区老港口进口,该公司持有关单证到海关申请转关至长沙海关办理进口纳税验放手续,( )。

A 不同意转关,货物在老港办理进口报关验放手续

B 同意转关,货物在长沙海关办理进口报关验放手续

C 同意转关,货物由老港海关初验后加封运至长沙海关办理复核放行手续

D 同意转关,货物由老港海关员押运至长沙海关办理报关验放手续

35.(多)在下列进出口商品中,( )系《麻醉药品管制品种目录》所列麻醉物品,货物所有人应当凭麻醉药品进出口准许证向海关办理报关手续。

A 咖啡因　　B 去氧麻黄碱　　C 鸦片　　D 可卡因

36.(多)某外商独资经营企业使用其投资总额内资金向海关申报进口"立式加工中心"。该货物列入《法检目录》和《自动进口许可管理货物目录》。

下列对于"立式加工中心"实施进口贸易管制的表述,正确的是( )。

A 进口报关时应提交"自动进口许可证"

B 进口报关时应提交"入境货物通关单"

C 该企业应在报关前办理监管证件的申领手续

D 应提交的监管证件实行"一批一证"制

37.(多)入境货物通关单适用于( )。

A 列入《法检目录》的商品　　B 进口可用做原料的废物

C 进口旧机电产品　　D 进口捐赠的医疗器械

38.(多)某省纺织品集团公司从A国进口粗梳羊毛(税则号列51051000,适用非优惠原产地规则)一批,该批粗梳羊毛系以B国原产的未梳含脂剪羊毛(税则号列51011100,适用优惠原产地规则)加工而成,粗梳羊毛系法定检验检疫及进口关税配额管理商品。

进口粗梳羊毛向海关申报时,应提交的监管证件是( )。

A 优惠贸易协定项下的进口原产地证明书

B 关税配额证明

C 入境货物通关单

D 自动进口许可证

二、实训练习

2010 年 9 月，大连东盈报关行收到辽宁省粮食进出口公司出口 500 吨玉米（商品编码 10059000）的报关委托，预计出口时间为 2010 年年底。

任务一：公司经理要求王清查证一下，玉米是否属于许可管理范围内的货物，如果是，要求辽宁省粮食进出口公司提供相关的许可证件。

任务二：出口许可证的管理方式和有效期。

任务三：向发证机构申请上述许可证时，应提供哪些材料？

请问每项任务具体应如何操作？

情境单元

海关监管货物报关程序概述

一、海关监管货物

(一)含义

海关监管货物是指自进境起到办结海关手续止的进口货物,自向海关申报起到出境止的出口货物,以及自进境起到出境止的过境、转运、通运货物等应当接受海关监管的货物,包括:一般进出口货物,保税货物,特定减免税货物,暂准进出境货物,过境、转运、通运货物,以及其他尚未办结海关手续的进出境货物。

这是海关对进出境货物实施监督管理在法律意义上的时间、范围的限制规定。

(二)分类

根据货物进出境目的的不同,海关监管货物可以分成六大类:

(1)一般进出口货物　包括一般进口货物和一般出口货物。一般进口货物是指办结海关手续进入国内生产、消费领域流通的进口货物;一般出口货物是指办结海关手续离境到境外生产、消费领域流通的出口货物。

(2)保税货物　是指经海关批准未办理纳税手续进境,在境内储存、加工、装配后复运出境的货物。保税货物又分为保税加工货物和保税物流货物两大类。

(3)特定减免税货物　是指经海关依法准予免税进口的用于特定地区、特定企业,有特定用途的货物。

(4)暂准进出境货物　包括暂准进境货物和暂准出境货物。暂准进境货物是指经海关批准凭担保进境,在境内使用后原状复运出境的货物;暂准出境货物是指经海关批准凭担保出境,在境外使用后原状复运进境的货物。

(5)过境、转运、通运货物　是指由境外起运,通过中国境内继续运往境外的货物。

(6)其他进出境货物　是指上述货物以外尚未办结海关手续的其他进出境货物。

海关按照对各种监管货物的不同要求,分别建立了相应的海关监管制度。

二、报关程序

(一)含义

报关程序是指进出口货物收发货人、运输工具负责人、物品所有人或其代理人按照海关的规定,办理货物、物品、运输工具进出境及相关海关事务的手续和步骤。本章所指的报关程序主要限于进出境货物的报关程序。

货物进出境应当经过审单、查验、征税、放行 4 个海关作业环节。与之相适应,进出口货物收发货人或其代理人应当按程序办理相对应的进出口申报、配合查验、缴纳税费、提取或装运货物等手续,货物才能进出境。但是,这些程序还不能满足海关对所有进出境货物的实际监管要求。比如加工贸易原材料进口,海关要求事先备案,因此不能在"申报"和"审单"这一环节完成上述工作,必须有一个前期办理手续的阶段;如果上述进口原材料加工成成品出口,在"放行"和"装运货物"离境的环节也不能完成所有的海关手续,必须有一个后期办理核销结案的阶段。因此,从海关对进出境货物进行监管的全过程来看,报关程序按时间先后可以分为 3 个阶段:前期阶段、进出口阶段、后续阶段(表 2-1)。

表 2-1　不同类别的进出境货物对应不同的报关阶段

<table>
<tr><th>货物的类别</th><th>前期阶段</th><th>进出口阶段</th><th>后续阶段</th></tr>
<tr><td>一般进出口货物</td><td></td><td rowspan="4">①进出口申报(海关决定是否受理申报);
②配合查验(海关决定是否查验,并决定查验形式和查验方法);
③缴纳税费(海关决定征、减、缓、免税费);
④提取或装运货物(海关签印放行)</td><td></td></tr>
<tr><td>保税加工进出口货物</td><td>加工贸易备案和申领登记手册(银行保证金台账开设和海关核发登记手册)</td><td>保税货物核销申请(海关办理核销结案)</td></tr>
<tr><td>特定减免税货物</td><td>特定减免税备案登记和申领减免税证明(海关核发特定征免税证明)</td><td>解除海关监管申请(海关办理解除监管手续)</td></tr>
<tr><td>暂准进出境货物</td><td>展览品备案申请</td><td>暂准进出境货物销案申请(海关办理销案手续)</td></tr>
</table>

(二)基本程序

1. 前期阶段

前期阶段是指进出口货物收发货人或其代理人根据海关对进出境货物的监管要求,在货物进出口之前,向海关办理备案手续的过程,主要包括:

(1)保税加工货物进口之前,进口货物收货人或其代理人办理加工贸易备案手续,申请建立加工贸易电子化手册或电子账册。

(2)特定减免税货物进口之前,进口货物收货人或其代理人办理货物的减免税备案和审批手续,申领减免税证明。

(3)暂准进出境货物进出口之前,进出口货物收发货人或其代理人办理货物暂准进出境备案申请手续。

(4)其他进出境货物中的加工贸易不作价设备进口之前,进口货物收货人或其代理人办理加工贸易不作价设备的备案手续;出料加工货物出口之前,出口货物发货人或其代理人办理出料加工的备案手续。

2. 进出口阶段

进出口阶段是指进出口货物收发货人或其代理人根据海关对进出境货物的监管要求,在货物进出境时,向海关办理进出口申报、配合查验、缴纳税费、提取或装运货物手续的过程。

在进出口阶段中,进出口货物收发货人或其代理人需要完成以下 4 个环节的工作:

(1)进出口申报　进出口申报是指进出口货物的收发货人或其代理人在海关规定的期限内,按照海关规定的形式,向海关报告进出口货物的情况,提请海关按其申报的内容放行进出口货物的工作环节。

(2)配合查验　配合查验是指申报进出口的货物经海关决定查验时,进出口货物的收发货人或其代理人到达查验现场，配合海关查验货物，按照海关要求搬移货物，开拆包装，以及重新封装货物的工作环节。

(3)缴纳税费　缴纳税费是指进出口货物的收发货人或其代理人接到海关发出的税费缴纳通知书后，向海关指定的银行办理税费款项的缴纳手续，通过银行将有关税费款项缴入海关专门账户的工作环节。

(4)提取或装运货物　提取货物即提取进口货物，是指进口货物的收货人或其代理人，在办理了进口申报、配合查验、缴纳税费等手续，海关决定放行后，凭海关加盖放行章的进口提货凭证或海关通过计算机发送的放行通知书，提取进口货物的工作环节。

装运货物即装运出口货物，是指出口货物的发货人或其代理人，在办理了出口申报、配合查验、缴纳税费等手续，海关决定放行后，凭海关加盖放行章的出口装货凭证或凭海关通过计算机发送的放行通知书，通知港区、机场、车站及其他有关单位装运出口货物的工作环节。

3.后续阶段

后续阶段是指进出口货物收发货人或其代理人根据海关对进出境货物的监管要求，在货物进出境储存、加工、装配、使用、维修后，在规定的期限内，按照规定的要求，向海关办理上述进出口货物核销、销案、申请解除监管等手续的过程，主要包括：

(1)保税加工货物，进口货物收货人或其代理人在规定期限内办理申请核销的手续。

(2)特定减免税货物，进口货物收货人或其代理人在海关监管期满，或者在海关监管期内经海关批准出售、转让、退运、放弃并办妥有关手续后，向海关申请办理解除海关监管的手续。

(3)暂准进境货物，收货人或其代理人在暂准进境规定期限内，或者在经海关批准延长暂准进境期限到期前，办理复运出境手续或正式进口手续，然后申请办理销案手续；暂准出境货物，发货人或其代理人在暂准出境规定期限内，或者在经海关批准延长暂准出境期限到期前，办理复运进境手续或正式出口手续，然后申请办理销案手续。

(4)其他进出境货物中的加工贸易不作价设备、出料加工货物、修理货物、部分租赁货物等，进出口货物收发货人或其代理人在规定的期限内办理销案手续。

三、电子报关及电子通关系统

(一)电子报关

电子报关是指进出口货物收发货人或其代理人通过计算机系统，按照《中华人民共和国海关进出口货物报关单填制规范》(以下简称《报关单填制规范》)的有关要求，向海关传送报关单电子数据，并备齐随附单证的申报方式。

《海关法》规定：“办理进出口货物的海关申报手续，应当采用纸质报关单和电子数据报关单的形式。”这一规定确定了电子报关的法律地位，使电子数据报关单和纸质报关单具有同等的法律效力。

在一般情况下，进出口货物收发货人或其代理人应当采用纸质报关单形式和电子数据报关单形式向海关申报，即进出口货物收发货人或其代理人先向海关计算机系统发送电子数据报关单，接收到海关计算机系统返回的表示接受申报的信息后，凭以打印向海关提交的纸质报关单，并准备必需的随附单证。

特殊情况下经海关同意，允许先采用纸质报关单形式申报，电子数据事后补报。在向未使用海关信息化管理系统作业的海关申报时，可以采用纸质报关单申报形式。在特定条件下，进出口货物收发货人或其代理人可以单独使用电子数据报关单向海关申报,保存纸质报关单证。

(二)电子通关系统

我国海关已经在进出境货物通关作业中全面使用计算机进行信息化管理,成功地开发运用了多个电子通关系统。

1. 海关 H883/EDI 通关系统

H883/EDI 通关系统是中国海关报关自动化系统的简称,是我国海关利用计算机对进出口货物进行全面信息化管理,实现监管、征税、统计三大海关业务一体化管理的综合性信息利用项目。

2. 海关 H2000 通关系统

H2000 通关系统是对 H883/EDI 通关系统的全面更新换代项目。

H2000 通关系统在集中式数据库的基础上建立了全国统一的海关信息作业平台,不但提高了海关管理的整体效能,而且使进出口企业真正享受到简化报关手续的便利。进出口企业可以在其办公场所办理加工贸易登记备案、特定减免税证明申领、进出境报关等各种海关手续。

3. 中国电子口岸系统

中国电子口岸系统又称口岸电子执法系统,简称电子口岸,是利用现代计算机信息技术,将与进出口贸易管理有关的政府机关分别管理的进出口业务信息电子底账数据集中存放在公共数据中心,为管理部门提供跨部门、跨行业联网数据核查,为企业提供网上办理各种进出口业务的国家信息系统。

电子口岸系统和 H2000 通关系统连接起来,构成了覆盖全国的进出口贸易服务和管理的信息网络系统。进出口企业在其办公室就可以上网向海关及其他有关国家管理机关办理与进出口贸易有关的各种手续,与进出口贸易有关的海关及其他有关国家管理机关也能在网上对进出口贸易进行有效管理。

情境一　一般进出口货物的报关程序

◈ 学习目标

掌握海关监管货物的含义及分类，进出口货物报关的基本程序；了解我国电子报关和电子口岸的发展及应用；掌握一般进出口货物的概念，理解一般进出口货物的监管特征，能够为一般进出口货物报关进行流程设计。

◈ 项目引入

王清在大连东盈报关行经常同经理一起接单、录单、跑海关进行货物进出口申报。在申报的过程中，王清了解到在进出口货物报关中，不同类型的货物海关的监管制度不同，一般进出口货物只是其中的一种。那么，什么是一般进出口货物？一般进出口货物与一般贸易货物一样吗？一般进出口货物的报关程序如何？

◈ 知识准备

Ⅰ　一般进出口货物概述

一、含义

一般进出口货物是一般进口货物和一般出口货物的合称，是指在进口环节缴纳了应征的进口税费并办结了所有必要的海关进口手续，海关放行后不再进行监管，直接进入生产和消费领域流通的进口货物和在出口环节缴纳了应征的出口税费并办结了所有必要的海关出口手续，海关放行后离境的出口货物。

一般进出口货物并不完全等同于一般贸易货物。一般贸易是国际贸易中的一种交易方式。在我国的对外贸易中，一般贸易是指中国境内有进出口经营权的企业单边进口或单边出口的贸易。按一般贸易交易方式进出口的货物即为一般贸易货物。一般进出口货物，是指按照海关一般进出口监管制度监管的进出口货物。一般贸易货物在进口时可以按一般进出口监管制度办理海关手续，这时它就是一般进出口货物；符合条件的，可以享受特定减免税优惠，按特定减免税监管制度办理海关手续，这时它就是特定减免税货物；经海关批准保税的，也可以按保税监管制度办理海关手续，这时它就是保税货物。

知识点讲解：

该知识点的核心在于一般进出口货物的概念，其特征也是对于概念的分条解释。所谓一般进出口货物，是区别于特殊进出口货物而言的，要理解其概念，只需紧紧抓住三个特征，即在进出境时交清了进出口关税、进出境时提交了应该提供的进出口许可证件、进出境时办结了所有海关手续。只要符合以上三个特征的实际进出口货物，就是一般进出口货物。一般进出口货物是相对于保税货物、特定减免税货物、暂准进出境货物和过境、转运、通运货物等而言的。

二、特征

一般进出口货物有以下特征：

1.进出境时缴纳进出口税费

一般进出口货物的收发货人应当按照《海关法》和其他有关法律、行政法规的规定，在货物进出境时向海关缴纳应当缴纳的税费。

2.进出口时提交相关的许可证件

货物进出口时受国家法律、行政法规管制并需要申领进出口许可证件的，进出口货物收发货人或其代理人应当向海关提交相关的进出口许可证件。

3.进口货物海关放行即办结海关手续，出口货物海关放行后离境即办结海关手续

海关征收了全额的税费，审核了相关的进出口许可证件，并对货物进行实际查验（或作出不予查验的决定）以后，按规定签章放行。这时，进出口货物收发货人或其代理人才能办理提取进口货物进入国内市场或者装运出口货物离境的手续。

对一般进口货物来说，海关放行就意味着海关手续已经全部办结，海关不再监管，可以直接进入生产和消费领域流通。对一般出口货物来说，海关放行后离境才意味着海关手续全部办结。

三、范围

海关监管货物按货物进境、出境后是否复运出境、复运进境，可以分为两大类：一类是进境、出境后不再复运出境、复运进境的货物，我们称为实际进出口的货物；另一类是进境、出境后还将复运出境、复运进境的货物，我们称为非实际进出口的货物。

实际进出口的货物，除特定减免税货物外，都属于一般进出口货物的范围，主要有以下货物：

(1)一般贸易进口货物。

(2)一般贸易出口货物。

(3)转为实际进口的保税货物、暂准进境货物，转为实际出口的暂准出境货物。

(4)易货贸易、补偿贸易进出口货物。

(5)不批准保税的寄售代销贸易货物。

(6)承包工程项目实际进出口货物。

(7)外国驻华商业机构进出口陈列用的样品。

(8)外国旅游者小批量订货出口的商品。

(9)随展览品进境的小卖品。

(10)免费提供的进口货物,如:

①外商在经济贸易活动中赠送的进口货物;

②外商在经济贸易活动中免费提供的试车材料等;

③我国在境外的企业、机构向国内单位赠送的进口货物。

Ⅱ　一般进出口货物的报关程序

一般进出口货物报关程序没有前期阶段和后续阶段,只有进出口阶段,由4个环节构成,即进出口申报、配合查验、缴纳税费、提取或装运货物。

本书将其中的进出口申报环节划分为4个组成部分,分别是进出口商品归类、报关随附单证的准备、进出口货物报关单制作、递单申报。所以本书将一般进出口货物的报关程序按照真实的工作流程共分成7个模块:进出口商品归类、报关随附单证的准备、进出口货物报关单制作、递单申报、配合查验、缴纳税费、提取或装运货物。下面将对这7个模块逐一阐述。

典型报关工作过程		教学过程	
↓		↓	
步骤一	商品归类	模块一	商品归类
步骤二	准备报关随附单证	模块二	随附单证准备
步骤三	填报进出口报关单	模块三	报关单制作
步骤四	向海关递单申报	模块四	递单申报
步骤五	接受海关查验	模块五	海关查验
步骤六	缴纳税费	模块六	缴纳税费
步骤七	提取或装运货物	模块七	提取或装运货物

按照报关工作的实际过程来序化教学过程,以保证教学过程和实际的报关工作过程一致。

所有的进出境货物报关程序都有进出口阶段,因此一般进出口货物的报关程序除缴纳税费环节外也适用于其他所有进出境货物的报关。

模块1　进出口商品归类

海关进出口商品归类是指在《商品名称及编码协调制度公约》(以下简称《协调制度公约》)商品分类目录体系下,以《中华人民共和国进出口税则》(以下简称《进出口税则》)为基础,按照《进出口税则商品及品目注释》(以下简称《商品及品目注释》)、《中华人民共和国进出口税则本国子目注释》(以下简称《本国子目注释》)以及海关总署发布的关于商品归类的行政裁定、商品归类决定的要求,确定进出口货物商品编码的活动。

海关进出口商品归类是海关监管、海关征税及海关统计的基础,正确申报商品的归类是进出口收发货人或其代理人应尽的法律义务,归类的正确与否与报关人的切身利益也密切相关,直接影响到进出口货物的通关效率。因此,进出口商品归类是报关员必须掌握的基本技能之一。

一、《商品名称及编码协调制度》简介

(一)《协调制度》的产生

海关进出口商品归类是建立在商品分类目录基础上的。早期的国际贸易商品分类目录只是因为对进出本国的商品征收关税而产生的,其结构较为简单。后来随着社会化大生产的发展,进出口商品品种与数量的增加,除了税收的需要,人们还要了解进出口贸易情况,即还要进行贸易统计,因此,海关合作理事会(1995 年更名为世界海关组织)与联合国统计委员会分别编制了两个独立的商品分类目录,即《海关合作理事会商品分类目录》(简称 CCCN)和《国际贸易标准分类目录》(简称 SITC)。

由于商品分类目录的不同,一种商品有时在一次国际贸易过程中要使用不同的编码,给国际贸易带来极大的不便。因此,海关合作理事会于 1983 年 6 月通过了《协调制度公约》及其附件《商品名称及编码协调制度》(Harmonized Commodity Description and Coding System,简称《协调制度》或 HS)。《协调制度》既满足了海关税则和贸易统计需要,又包容了运输及制造业等要求,因此,该目录自 1988 年 1 月 1 日起正式生效后,即被广泛应用于海关税则、国际贸易统计、原产地规则、国际贸易谈判、贸易管制等多种领域。截至 2010 年 3 月,已有 204 个国家、地区和国际组织采用《协调制度》分类目录。

随着新产品的不断出现和国际贸易结构的变化,《协调制度》一般每隔若干年就要修订一次。自 1988 年生效以来,《协调制度》共进行了 5 次修订,形成了 1988 年、1992 年、1996 年、2002 年、2007 年和 2012 年共 6 个版本。

为了帮助人们正确理解《协调制度》,海关合作理事会在制定《协调制度》的同时还制定了《商品名称及编码协调制度注释》(简称《协调制度注释》)。《协调制度注释》是对《协调制度》的官方解释,同时与《协调制度》的各个版本同步修订。我国通过法律程序批准在我国实行的《协调制度注释》称为《商品及品目注释》。

(二)《协调制度》的基本结构

《协调制度》将国际贸易涉及的各种商品按照生产类别、自然属性和不同功能用途等分为 21 类 97 章,每一章由若干品目构成,品目项下又细分出若干一级子目和二级子目。为了避免各品目和子目所列商品发生交叉归类,在类、章下加有类注、章注和子目注释。为了保证《协调制度》解释的统一性,设立了归类总规则,作为整个《协调制度》商品归类的总原则。

《协调制度》是一部系统的国际贸易商品分类目录,所列商品名称的分类和编排是有一定规律的。

从类来看,它基本上按社会生产的分工分类,如农业在第一、二类,化学工业在第六类,纺织工业在第十一类,冶金工业在第十五类,机电制造业在第十六类等。

从章来看,基本上按商品的自然属性或功能、用途来划分。第一章至第八十三章(第六十四章至第六十六章除外)基本上是按商品的自然属性来分章,如第一章至第五章是活动物和动物产品,第六章至第十四章是活植物和植物产品,第二十五章至第二十七章是矿产品。又如第十一类包括了动、植物和化学纤维的纺织原料及其产品,其中,第五十章和第五十一章是蚕丝、羊毛及其他动物毛,第五十二章和第五十三章是棉花、麻及其他植物纺织纤维,第五十四章和第五十五章为化学纤维。商品之所以按自然属性分类是因为其种类成分或原料比较容易区

分，同时也因为商品价值的高低往往取决于构成商品本身的原材料。另外，第六十四章至第六十六章和第八十四章至第九十七章则是按货物的用途或功能来分章的，其中，第六十四章是鞋，第六十五章是帽，第八十四章是机械设备，第八十五章是电气设备，第八十七章是车辆，第八十八章是航空航天器，第八十九章是船舶等。这样分类的原因一是因为这些物品往往由多种材料构成，难以将这些物品作为某一种材料制成的物品来分类；二是因为商品的价值主要体现在生产该物品的社会必要劳动时间上，如一台机器，其价值一般主要看生产这台机器所耗费的社会必要劳动时间，而不是看机器用了多少金属等。

从品目的排列看，一般也是原材料先于成品，加工程度低的产品先于加工程度高的产品，列名具体的品种先于列名一般的品种。如在第三十九章内，品目 3901～3914 是初级形状的塑料，品目 3916～3921 是塑料半制品，品目 3922～3926 是塑料制成品。

二、我国海关进出口商品分类目录简介

(一)我国海关进出口商品分类目录的产生

我国海关自 1992 年 1 月 1 日起开始采用《协调制度》，进出口商品归类工作成为我国海关最早实现与国际接轨的执法项目之一。

根据海关征税和海关统计工作的需要，我国在《协调制度》的基础上增设本国子目(三级子目和四级子目)，形成了我国海关进出口商品分类目录，然后分别编制出《进出口税则》和《中华人民共和国海关统计商品目录》(以下简称《统计商品目录》)。

为了明确增设的本国子目的商品含义和范围，我国又制定了《本国子目注释》，作为归类时确定三级子目和四级子目的依据。

根据《协调制度公约》对缔约国权利义务的规定，我国《进出口税则》和《统计商品目录》与《协调制度》的各个版本同步修订。自 2012 年 1 月 1 日起，我国采用 2012 年版《协调制度》，并据此编制了 2012 年版《进出口税则》和《统计商品目录》。

(二)我国海关进出口商品分类目录的基本结构

《进出口税则》中的商品号列称为税则号列，为征税需要，每项税则号列后列出了该商品的税率；《统计商品目录》中的商品号列称为商品编号，为统计需要，每项商品编号后列出了该商品的计量单位，并增加了第二十二类“特殊交易品及未分类商品”，内分第九十八章、第九十九章。

《协调制度》中的编码只有 6 位数，而我国进出口税则中的编码为 8 位数，其中第 7 位、第 8 位是我国根据实际情况加入的“本国子目”。

编码的编排是有一定规律的，以 0301.9210“鳗鱼苗”为例说明如下：

编码：	0 3	0 1	9	2	1	0
位数：	1 2	3 4	5	6	7	8
含义：	章号	顺序号	一级子目	二级子目	三级子目	四级子目

从以上可以看出：第 5 位编码代表一级子目，第 6 位编码代表二级子目，第 7 位、第 8 位依此类推。需要指出的是，若第 5～8 位上出现数字“9”，则通常情况下代表未具体列名的商品，即在“9”的前面一般留有空序号以便用于修订时增添新商品。如上述编码 0301.9210 中第 5 位的“9”代表除观赏鱼以外的其他活鱼，其中 1～9 之间的空序号可以用于将来增添新的其他

需要具体列名的活鱼。

三、进出口货物商品归类的海关管理

为了规范进出口货物的商品归类，保证商品归类结果的准确性和统一性，根据《海关法》、《关税条例》，海关总署以第158号总署令发布了《中华人民共和国海关进出口货物商品归类管理规定》。

(一)归类的依据

进出口货物的商品归类应当遵循客观、准确、统一的原则。

具体来说，对进出口货物进行商品归类的依据是：

(1)《进出口税则》；

(2)《商品及品目注释》；

(3)《本国子目注释》；

(4)海关总署发布的关于商品归类的行政裁定；

(5)海关总署发布的商品归类决定。

(二)归类的修改

收发货人或者其代理人申报的商品编码需要修改的，应当按照《中华人民共和国海关进出口货物报关单修改和撤销管理办法》等规定向海关提出申请。

海关经审核认为收发货人或者其代理人申报的商品编码不正确的，可以根据《中华人民共和国海关进出口货物征税管理办法》(以下简称《征管办法》)的有关规定，按照商品归类的有关规则和规定予以重新确定，并且根据《中华人民共和国海关进出口货物报关单修改和撤销管理办法》等有关规定通知收发货人或者其代理人对报关单进行修改。

(三)我国进出口商品预归类制度

商品归类是一项技术性很强的工作。由于商品归类工作技术性强，并涉及化验等诸多环节，需要一定的时间才能得出结论，因此完全依靠在通关环节进行商品归类已不能完全适应需要。为加速货物通关，提高归类的准确性，便于报关人办理海关手续，我国海关对进出口商品实行约束性预归类制度。

商品预归类是指一般贸易货物在实际进出口前，申请人以海关规定的书面形式向海关提出申请，并提供商品归类所需要的资料，必要时提供样品，海关依法做出具有法律效力的商品归类决定的行为。

预归类申请人应是在海关注册的进出口货物的经营单位或其代理人。直属海关或海关总署做出预归类的决定必须以书面形式通知申请人。直属海关做出预归类决定在本关区范围内有效，海关总署做出的预归类决定在全国范围内有效。一份预归类申请书只应包含一项商品。申请人不得就同一种商品向两个或两个以上海关提出预归类申请。

四、《协调制度》归类总规则

(一)规则一

1. 条文内容

类、章及分章的标题，仅为查找方便而设；具有法律效力的归类，应按品目条文和有关类注或章注确定，如品目、类注或章注无其他规定，按以下规则确定。

2. 条文解释

(1)尽管HS系统地将商品按类、章(部分章内还设有分章)分类，每类、章、分章标有标题，并使这些标题尽可能地概括该类、章、分章所包含的商品。但是由于各类、章、分章所包含的商品种类繁多，类、章、分章的标题不可能将其一一列出而全部包括进去，例如第八十六章的标题是"铁道及电车道机车、车辆及其零件；铁道及电车道轨道固定装置及其零件、附件；各种机械(包括电动机械)交通信号设备"，但实际上，除了上述商品外，该章还包括章的标题所没有列出的"集装箱"。

反之，由于类、章、分章的标题只是一个大概，无法规定具体内容，即同一类的商品在不同条件下可能有不同的分类，而这种情况在标题上是无法得到体现的，所以类、章、分章的标题所列出的商品也有可能不归入该类、章、分章。例如第一章的标题是"活动物"，但实际上，马、牛、羊等活动物归入该章，而活的鱼、甲壳动物、软体动物及其他水生无脊椎动物却是归入第三章。

另外，标题之间还会产生交叉，例如"塑料鞋"既属于第三十九章标题"塑料及其制品"所列的商品，又属于第六十四章标题"鞋靴、护腿和类似品及其零件"，所列的商品，仅根据这两章的标题无法确定"塑料鞋"应归入第三十九章还是第六十四章。

综上所述，类、章、分章标题只为方便查找，本身不是归类的依据。

(2)归类的法律依据应该是品目条文和类注、章注。例如"针织女式胸衣"，如果直接看标题，似乎符合第六十一章的标题"针织或钩编的服装及衣着附件"而可以归入第六十一章，但由于标题不是归类依据，所以应根据品目条文和类注、章注来确定。按第六十一章章注二(一)、第六十二章章注一和6212品目条文的规定，该商品应归入品目6212。

(3)如果按品目条文、类注或章注还无法确定归类，则按下面的其他规则(规则二、三、四、五)确定品目的归类。

(二)规则二

1. 条文内容

(一)品目所列货品，应视为包括该项货品的不完整品或未制成品，只要在进口或出口时该项不完整品或未制成品具有完整品或制成品的基本特征；还应视为包括该货品的完整品或制成品(或按本款可作为完整品或制成品归类的货品)在进口或出口时的未组装件或拆散件。

(二)品目中所列材料或物质，应视为包括该种材料或物质与其他材料或物质混合或组合的物品。品目所列某种材料或物质构成的货品，应视为包括全部或部分由该种材料或物质构成的货品。由一种以上材料或物质构成的货品，应按规则三归类。

2. 条文解释

(1)规则二(一)将所有列出某一些物品的品目范围扩大为不仅包括完整的物品，而且还包括该物品的不完整品或未制成品，只要报验时它们具有完整品或制成品的基本特征。

不完整品指货品缺少某些部分、不完整；未制成品指货品尚未完全制成，需进一步加工才成为制成品。

但是，"基本特征"的判断有时是很困难的，例如缺少了多少零部件的冰箱仍具有冰箱的基本特征，仍可以按冰箱归类？由于商品的繁杂，寄希望于通过制定几条一刀切的规则来确定货品的基本特征是行不通的，所以对于具体的某种不完整品或未制成品，需要综合结构、性能、价值、作用等方面的因素进行具体分析才能确定。但作为一般原则可以这样判断：

对于不完整品而言，主要是看其关键部件是否存在，以冰箱为例，如果压缩机、蒸发器、冷凝器、箱体这些关键部件存在，则可以判断为具有冰箱的基本特征。

对于未制成品而言，主要看其是否具有制成品的特征，例如齿轮的毛坯，须经进一步完善方可作为制成品或制成零件使用，但已具有制成品或制成零件的大概形状或轮廓，则可以判断为具有齿轮的基本特征。

(2)规则二(一)的第二部分规定，完整品或制成品的未组装件或拆散件应归入已组装物品的同一品目。例如，品目 8517 不仅包括已组装好的电话机，还应包括电话机的未组装件或拆散件。

未组装件或拆散件指货品尚未组装或已拆散。货品以未组装或拆散形式报验，通常是由于包装、装卸或运输上的需要，或是为了便于包装、装卸或运输。

本款规则也适用于以未组装或拆散形式报验的不完整品或未制成品，只要按照本规则第一部分的规定，它们可作为完整品或制成品看待。例如，缺少某些非关键零件(如螺丝、螺帽、垫圈等)的电话机的散件，同样应按电话机归入品目 8517。

鉴于第一类至第六类各品目的商品范围，规则二(一)的规定一般不适用于这六类所包括的货品。

(3)规则二(二)是针对混合及组合的材料或物质，以及由两种或多种材料或物质构成的货品而设的，目的在于将任何列出某种材料或物质的品目扩大为包括该种材料或物质与其他材料或物质的混合品或组合品，同时还将任何列出某种材料或物质构成的货品的品目扩大为包括部分由该种材料或物质构成的货品。它所适用的是列出某种材料或物质的品目。

例如，品目 4503 是“天然软木制品”，该品目属于“某种材料或物质构成的货品”，根据本规则，如果是“涂蜡的热水瓶软木塞子”(已加入了其他材料或物质)，则仍应归入品目 4503。

但是，本款规则绝不意味着将品目范围扩大到不按照规则一的规定，将不符合品目条文的货品也包括进来，即由于添加了另外一种材料或物质，使货品丧失了原品目所列货品特征的情况。例如，稻谷中加入了杀鼠剂，已经成为了一种用于杀灭老鼠的毒饵，就不能再按品目 1006 的“稻谷”归类。

(4)只有在规则一无法解决时，方能运用规则二。例如，品目 1503 的品目条文规定为“液体猪油，未经混合”，而混合了其他油的液体猪油，不能运用规则二(二)归入品目 1503。

(三)规则三

1. 条文内容

当货品按规则二(二)或由于其他原因看起来可归入两个或两个以上品目时，应按以下规则归类：

(一)列名比较具体的品目，优先于列名一般的品目。但是如果两个或两个以上品目都仅述及混合或组合货品所含的某部分材料或物质，或零售的成套货品中的某些货品，即使其中某个品目对该货品描述得更为全面、详细，这些货品在有关品目的列名应视为同样具体。

(二)混合物，不同材料构成或不同部件组成的组合物以及零售的成套货品，如果不能按照规则三(一)归类时，在本款可适用的条件下，应按构成货品基本特征的材料或部件归类。

(三)货品不能按照规则三(一)或(二)归类时，应按号列顺序归入其可归入的最末一个品目。

2.条文解释

(1)对于根据规则二(二)或其他原因看起来可归入两个或两个以上品目的货品,本规则规定了三条归类办法。这三条办法应按照其在本规则的先后次序加以运用。据此,只有在不能按照规则三(一)归类时,才能运用规则三(二);不能按照规则三(一)和(二)两款归类时,才能运用规则三(三)。因此,它们优先权的次序为:①具体列名;②基本特征;③从后归类。

(2)只有在品目条文和类注、章注无其他规定的条件下,才能运用本规则。例如,第九十七章章注四(二)规定,根据品目条文既可归入品目 9701～9705 中的一个品目,又可归入品目 9706 的货品,应归入品目 9706 以前的有关品目,即货品应按第九十七章章注四(二)的规定而不能根据本规则进行归类。

(3)规则三(一)是本规则的第一条归类办法,它规定列名比较具体的品目应优先于列名比较一般的品目。一般说来:

①列出品名比列出类名更为具体。例如,电动剃须刀应归入品目 8510“电动剃须刀、电动毛发推剪及电动脱毛器”,而不应归入品目 8509“家用电动器具”。

②如果某一品目所列名称更为明确地述及某一货品,则该品目要比所列名称不那么明确述及该货品的其他品目更为具体。例如,确定为用于小汽车的簇绒地毯,不应作为小汽车附件归入品目 8708“机动车辆的零件、附件”,而应归入品目 5703“簇绒地毯及纺织材料的其他簇绒铺地制品,不论是否制成的”,因为品目 5703 所列地毯更为具体。

(4)如果两个或两个以上品目都仅述及混合或组合货品所含的某部分材料或物质,或零售成套货品中的某些货品,即使其中某个品目比其他品目对该货品描述得更为全面、详细,这些货品在有关品目的列名应视为同样具体。在这种情况下,货品应按规则三(二)或(三)的规定进行归类。

(5)规则三(二)是指不能按规则三(一)归类的混合物、组合物以及零售的成套货品的归类。它们应按构成货品基本特征的材料或部件归类。

但是,不同的货品,确定其基本特征的因素会有所不同。例如,可根据其所含材料或部件的性质、体积、数量、重量或价值来确定货品的基本特征,也可根据所含材料对货品用途的作用来确定货品的基本特征。例如,由快熟面条、调味包、塑料小叉构成的碗面,由于其中的快熟面条构成了这个零售成套货品的基本特征,所以应按面食归入品目 1902。

还要注意,本款规则所称“零售的成套货品”,是指同时符合以下三个条件的货品:

①由至少两种看起来可归入不同品目的不同物品构成的,例如,六把乳酪叉不能作为本款规则所称的成套货品;

②为了迎合某项需求或开展某项专门活动而将几件产品或物品包装在一起的;

③其包装形式适于直接销售给用户而货物无须重新包装的,例如,装于盒、箱内或固定于板上。

例如,成套理发工具,由一个电动理发推子、一把梳子、一把剪子、一把刷子及一条毛巾,装于一个皮匣子内组成,符合上述的三个条件,所以属于“零售的成套货品”。

不符合以上三个条件时,不能看成是规则三(二)中的零售成套货品。例如“包装在一起的手表与打火机”,由于不符合以上第二个条件,所以只能分开归类。

(6)货品如果不能按照规则三(一)或(二)归类时,应按号列顺序归入其可归入的最后一个品目。

例如，“等量的大麦与燕麦的混合麦”，由于其中大麦与燕麦含量相等，“基本特征”无法确定，所以应“从后归类”，即按品目 1003 与品目 1004 中的后一个品目 1004 归类。

(四)规则四

1. 条文内容

根据上述规则无法归类的货品，应归入与其最相类似的货品的品目。

2. 条文解释

由于时代的发展，科技的进步，可能会出现一些《协调制度》在分类时无法预见的情况，这时按以上规则一至规则三仍无法归类的货品，只能用最相类似的货品的品目来替代，即将报验货品与类似货品加以比较以确定其与哪种货品最相类似。然后将所报验的货品归入与其最相类似的货品的同一品目。这里的“最相类似”指名称、特征、功能、用途、结构等因素，需要综合考虑才能确定。

(五)规则五

1. 条文内容

除上述规则外，本规则适用于下列货品的归类：

(一)制成特殊形状仅适用于盛装某个或某套物品并适合长期使用的照相机套、乐器盒、枪套、绘图仪器盒、项链盒及类似容器，如果与所装物品同时进口或出口，并通常与所装物品一同出售的，应与所装物品一并归类。但本款不适用于本身构成整个货品基本特征的容器。

(二)除规则五(一)规定的以外，与所装货品同时进口或出口的包装材料或包装容器，如果通常是用来包装这类货品的，应与所装货品一并归类。但明显可重复使用的包装材料和包装容器可不受本款限制。

2. 条文解释

(1)规则五(一)仅适用于同时符合以下各条规定的容器：

①制成特定形状或形式，专门盛装某一物品或某套物品的，即专门按所要盛装的物品进行设计的，有些容器还制成所装物品的特殊形状；

②适合长期使用的，即容器的使用期限与所盛装的物品相比是相称的，在物品不使用期间(例如，运输或储藏期间)，这些容器还起保护物品的作用；

③与所装物品一同报验的(单独报验的容器应归入其所应归入的品目)；

④通常与所装物品一同出售的；

⑤本身并不构成整个货品基本特征的。

例如，与所装电动剃须刀一同报验的电动剃须刀的皮套，由于符合以上条件，因此应与电动剃须刀一并归入品目 8510。

但是，本款规则不适用于本身构成整个货品基本特征的容器，例如，装有茶叶的银质茶叶罐。

(2)规则五(二)仅适用于同时符合以下各条规定的包装材料及包装容器：

①规则五(一)以外的；

②通常用于包装有关货品的；

③与所装物品一同报验的(单独报验的包装材料及包装容器应归入其所应归入的品目)；

④不属于明显可重复使用的。

例如，装有电视机的瓦楞纸箱，由于符合以上条件，因此应与电视机一并归入品目 8528。

但是，如果是明显可重复使用的包装材料和包装容器，则本款规定不适用。例如，“煤气罐装有液化煤气”，由于具有明显可重复使用的特性，所以不能与液化煤气一并归类，而应与液化煤气分开归类。

(六)规则六

1. 条文内容

货品在某一品目项下各子目的法定归类，应按子目条文或有关的子目注释以及以上各条规则来确定，但子目的比较只能在同一数级上进行。除条文另有规定的以外，有关的类注、章注也适用于本规则。

2. 条文解释

本规则是关于子目应当如何确定的一条原则，子目归类首先按子目条文和子目注释确定；如果按子目条文和子目注释还无法确定归类，则上述各规则的原则同样适用于子目的确定；除条文另有规定的以外，有关的类注、章注也适用于子目的确定。

在具体确定子目时，还应当注意以下两点：

(1)确定子目时，一定要按先确定一级子目，再二级子目，然后三级子目，最后四级子目的顺序进行。

(2)确定子目时，应遵循“同级比较”的原则，即一级子目与一级子目比较，二级子目与二级子目比较，依此类推。

例如，“中华绒螯蟹种苗”在归入品目 0306 项下子目时，应按以下步骤进行：

①先确定一级子目，即将两个一级子目“冻的”与“未冻的”进行比较后归入“未冻的”；

②再确定二级子目，即将二级子目“大螯虾及小龙虾”、“龙虾”、“小虾及对虾”、“蟹”、“挪威海螯虾”、“冷水小虾及对虾”、“其他小虾及对虾”、“其他”进行比较后归入“蟹”；

③然后确定三级子目，即将两个三级子目“种苗”与“其他”进行比较后归入“种苗”。

所以，中华绒螯蟹种苗应归入子目 0306.2410。

五、商品归类的一般方法

进出口商品归类尽管复杂，但任何事情总是有一定的方法可循。一般情况下，归类应该按照以下步骤：

(一)确定品目(四位数)

商品特性分析——初判大概位置——查品目条文——查类注、章注一运用规则二、三——确定品目。具体如下：

第一步：根据有关资料分析商品特性(如组成、结构、加工、用途等)；

第二步：根据 HS 的分类规律初步分析该商品可能涉及的类、章和品目(可能有几个)；

第三步：查找涉及的几个有关品目的品目条文；

第四步：查看所涉及的品目所在章和类的注释，检查一下相关章注和类注是否有特别的规定；

第五步：仍然有几个品目可归而不能确定时，运用规则二、三(主要是规则三)。

通过以上几个步骤，一般即可确定该商品的品目归类。

例如，对于商品“食用调和油（含大豆油60%、花生油20%、菜籽油15%、棕榈油5%）”的归类，运用以上方法，按照以下步骤进行：

（1）该商品为植物油，由几种不同植物材料的油脂混合而成，属于混合的植物食用油；

（2）该商品可以考虑第十五章“动、植物油、脂及其分解产品；精制的食用油脂”；

（3）在第十五章查找合适的品目，该商品符合品目1517“本章各种动、植物油、脂及其分离品混合制成的食用油、脂或制品”（注意不能误认为该商品符合品目1507“豆油及其分离品”，因为该商品是混合油而不是单独的豆油）；

（4）查第十五章章注，没有发现对该商品的归类有其他规定，故确定该商品应归入品目1517。

再如，对于商品“纯金烟斗”的归类，运用以上方法，按照以下步骤进行：

（1）该商品的材料为纯金，用途为烟斗。

（2）金为贵金属，“纯金烟斗”属于贵金属制品，可以考虑第七十一章“贵金属及其制品”，而如果按“烟斗”的用途考虑，则可以考虑第九十六章“杂项制品”。

（3）分别在第七十一章和第九十六章查找有关的品目，品目7114的条文为“贵金属或包贵金属制的金银器及其零件”，品目9614的条文为“烟斗（包括烟斗头）和烟嘴及其零件”，显然，仅仅根据品目条文无法确定该商品应该归入品目7114还是9614。

（4）查阅第七十一章和第九十六章的有关注释，其中第七十一章章注三（十四）规定，第七十一章不包括“根据第九十六章章注四应归入该章的物品”，第九十六章章注四为“除品目9601～9606或9615的货品以外，本章的物品还包括全部或部分用贵金属、包贵金属、天然或养殖珍珠、宝石或半宝石（天然、合成或再造）制成的物品”。根据这两个注释可知，品目9614的烟斗可以用贵金属制成，因此本例商品应按功能和用途归入品目9614，而不能按材料归入品目7114。

（二）确定子目（八位数）

品目确定之后就是子目的确定，由于品目需要在很大的范围之内确定，并且还要仔细查找和对比很多有关的章注、类注，而相比较而言，子目只需要在品目项下确定，其范围要小得多，所以很多情况下子目的确定是很容易的。

例如，前面例题中的“食用调和油”在品目1517项下确定子目时，由于只有两个一级子目1517.1000“人造黄油，但液态的除外”和1517.9000“其他”，显然，该商品应该归入一级子目1517.9000；然后再归入三级子目1517.9090“其他”。

但是有时子目的确定也是有一定难度的，尤其是子目比较多的时候，所以掌握正确的方法仍然是关键。具体方法是：

查一级子目条文——查子目注释——查二级子目条文——……——确定子目。

例如，对于商品“猪肉制的婴儿均化食品，罐头装，重量250克”的归类，运用以上方法，按照以下步骤进行：

（1）该商品应该归入品目1602项下。在确定其子目时，查一级子目条文，发现该商品同时符合两个一级子目1602.1000“均化食品”和1602.4000“猪的”的规定。

（2）查第十六章子目注释一“子目1602.1000的‘均化食品’，是指用肉、食用杂碎或动物血经精细均化制成供婴幼儿食用或营养用的零售包装食品（每件净重不超过250克）。归类时该子目优先于品目1602的其他子目”，该商品符合该子目注释的规定，并且根据该规定，子目

1602.1000 优先于子目 1602.4000，所以该商品应该归入子目 1602.1000。

再如，对于商品“针织印花棉制床单”的归类，很多人往往会犯盲目“跳级”的错误：

品目 6302 项下的子目列名如下：

6302	床上、餐桌、盥洗及厨房用的织物制品：
	·针织或钩编的床上用织物制品：
6302.1010	…棉制
6302.1090	…其他纺织材料制
	·其他印花的床上用织物制品：
	··棉制：
6302.2110	…床单
6302.2190	…其他

……

很多人在归品目 6302 项下的子目时，容易直接按“棉制床单”的列名归入子目 6302.2110，其错误的根源在于看到“床单”的列名就迫不及待地“跳级”归类，而没有按照“子目的比较只能在同一数级上进行”这一规则，先确定一级子目，再二级子目，然后三级子目，最后四级子目的步骤进行。如果按照正确的步骤，先确定一级子目，由于该床单是针织的，所以应归入品目 6302 项下的第一个一级子目“针织或钩编的床上用织物制品”，然后再确定三级子目（这里没有二级子目），由于该床单是棉制的，所以应归入三级子目 6302.1010。

模块 2　报关随附单证的准备

准备申报的单证是整个报关工作能否顺利进行的关键一步。申报单证可以分为报关单和随附单证两大类，其中随附单证包括基本单证和特殊单证。

报关单是由报关员按照海关规定格式填制的申报单，是指进出口货物报关单或者带有进出口货物报关单性质的单证，比如特殊监管区域进出境备案清单、进出口货物集中申报清单、ATA 单证册、过境货物报关单、快件报关单，等等。一般来说，任何货物的申报，都必须有报关单。

基本单证是指进出口货物的货运单据和商业单据，主要有进口提货单据、出口装货单据、商业发票、装箱单等。一般来说，任何货物的申报，都必须有基本单证。

特殊单证主要有进出口许可证件、加工贸易电子化手册和电子账册、特定减免税证明、作为有些货物进出境证明的原进出口货物报关单证、出口收汇核销单、原产地证明书、贸易合同等。某些货物的申报，必须有特殊单证，比如租赁贸易货物进口申报，必须有租赁合同，而别的货物进口申报则不一定需要贸易合同，所以贸易合同对于租赁贸易货物申报来说是一种特殊单证。

进出口货物收发货人或其代理人应向报关员提供基本单证、特殊单证，报关员审核这些单证后据以填制报关单。

准备申报单证的原则是：基本单证、特殊单证必须齐全、有效、合法，填制报关单必须真实、准确、完整，报关单与随附单证数据必须一致。

模块3 进出口货物报关单制作

进出口货物报关单是报关员代表报关单位向海关办理货物进出境手续的主要单证。本章主要介绍纸质进出口货物报关单各栏目填制的基本要求及应注意的事项。

一、进出口货物报关单概述

(一)含义

进出口货物报关单是指进出口货物的收发货人或其代理人,按照海关规定的格式对进出口货物的实际情况作出的书面申明,以此要求海关对其货物按适用的海关制度办理报关手续的法律文书。

(二)类别

按货物的进出口状态、表现形式、使用性质的不同,进出口货物报关单分为以下几种类型:

1.按进出口流向分类

(1)进口货物报关单;

(2)出口货物报关单。

2.按表现形式分类

(1)纸质报关单;

(2)电子数据报关单。

3.按使用性质分类

(1)进料加工进(出)口货物报关单;

(2)来料加工及补偿贸易进(出)口货物报关单;

(3)一般贸易及其他贸易进(出)口货物报关单。

(三)进出口货物报关单各联的用途

纸质进口货物报关单一式四联,分别是:海关作业联、企业留存联、海关核销联、进口付汇证明联;纸质出口货物报关单一式五联,分别是:海关作业联、企业留存联、海关核销联、出口收汇证明联、出口退税证明联。

1.进出口货物报关单海关作业联

进出口货物报关单海关作业联是报关员配合海关查验、缴纳税费、提取或装运货物的重要单据,也是海关查验货物、征收税费、编制海关统计以及处理其他海关事务的重要凭证。

2.进口货物报关单付汇证明联、出口货物报关单收汇证明联

进口货物报关单付汇证明联和出口货物报关单收汇证明联,是海关对已实际进出境的货物所签发的证明文件,是银行和国家外汇管理部门办理售汇、付汇和收汇及核销手续的重要依据之一。

对需办理进口付汇核销或出口收汇核销的货物,进出口货物的收发货人或其代理人应当在海关放行货物或结关以后,向海关申领进口货物报关单进口付汇证明联或出口货物报关单出口收汇证明联,凭以向银行或国家外汇管理部门办理付汇、收汇核销手续。

3.进出口货物报关单加工贸易核销联

进出口货物报关单海关核销联是指接受申报的海关对已实际申报进口或出口的货物所签发的证明文件，是海关办理加工贸易合同核销、结案手续的重要凭证。该联在报关时与海关作业联一并提供。加工贸易的货物进出口后，申报人凭以向主管海关办理加工贸易合同核销手续。

4.出口货物报关单出口退税证明联

出口货物报关单出口退税证明联是海关对已实际申报出口并已装运离境的货物所签发的证明文件，是国家税务部门办理出口货物退税手续的重要凭证之一。

对可办理出口退税的货物，出口货物发货人或其代理人应当在载运货物的运输工具实际离境、海关办理结关手续后，向海关申领出口货物报关单出口退税证明联，有关出口货物发货人凭以向国家税务管理部门申请办理出口货物退税手续。对不属于退税范围的货物，海关均不予签发该联。

(四)进出口货物报关单的法律效力

《海关法》规定："进口货物的收货人、出口货物的发货人应当向海关如实申报，交验进出口许可证件和有关单证。"

进出口货物报关单及其他进出境报关单(证)在对外经济贸易活动中具有十分重要的法律效力，是货物的收发货人向海关报告其进出口货物实际情况及适用海关业务制度、申请海关审查并放行货物的必备法律文书。它既是海关对进出口货物进行监管、征税、统计以及开展稽查、调查的重要依据，又是出口退税和外汇管理的重要凭证，也是海关处理进出口货物走私、违规案件及税务、外汇管理部门查处骗税、逃套汇犯罪活动的重要书证。因此，申报人对所填报的进出口货物报关单的真实性和准确性应承担法律责任。

(五)海关对进出口货物报关单填制的一般要求

第一，进出口货物的收发货人或其代理人应按照《中华人民共和国海关进出口货物申报管理规定》、《中华人民共和国海关报关单填制规范》、《统计商品目录》、《规范申报目录》等有关规定要求向海关申报，并对申报内容的真实性、准确性、完整性和规范性承担相应的法律责任。

第二，报关单的填报应做到"两个相符"：一是单证相符，即所填报关单各栏目的内容必须与合同、发票、装箱单、提单及批文等随附单据相符；二是单货相符，即所填报关单各栏目的内容必须与实际进出口货物的情况相符，不得伪报、瞒报、虚报。

第三，不同运输工具、不同航次、不同提运单、不同贸易方式、不同备案号、不同征免性质的货物，均应分单填报。

同一份报关单上的商品不能同时享受协定税率和减免税。

一份原产地证书，只能用于同一批次进口货物。含有原产地证书管理商品的一份报关单，只能对应一份原产地证书；同一批次货物中，实行原产地证书联网管理的，如涉及多份原产地证书或含非原产地证书商品，亦应分单填报。

第四，一份报关单所申报的货物，须分项填报的情况主要有：商品编号不同的，商品名称不同的，计量单位不同的，原产国(地区)/最终目的国(地区)不同的，币制不同的，征免不同的。

二、进出口货物报关单表头栏目的填报

进出口货物报关单上方的预录入编号是指预录入单位录入报关单的编号，用于申报单位

与海关之间引用其申报后尚未接受申报的报关单。预录入编号由接受申报的海关决定编号规则，由计算机自动打印。

进出口货物报关单上方的海关编号是指海关接受申报时给予报关单的18位顺序编号。一份报关单对应一个海关编号。海关编号由各直属海关在接受申报时确定，并标示在报关单的每一联上。一般来说，海关编号就是预录入编号，由计算机自动打印，不需填写。

进口报关单和出口报关单分别编号，确保在同一公历年度内，能按进口和出口唯一标志本关区的每一份报关单。报关单海关编号由18位数组成，其中前4位为接受申报海关的编号(关区代码表中相应关区代码)，第5～8位为海关接受申报的公历年份，第9位为进出口标志("1"为进口，"0"为出口；集中申报清单"I"为进口，"E"为出口)，第10～18位为报关单顺序编号。例如：

5302　2011　0　027514049

罗湖海关　年份　出口　报关单顺序编号

进出口货物报关单表头部分包括30个栏目。

(一)进(出)口口岸

报关单中的"进(出)口口岸"特指根据货物实际进出境的口岸海关，本栏目应填报海关规定的"关区代码表"中相应口岸海关的名称及代码。

"关区代码表"由三部分组成，包括关区代码、关区名称和关区简称。关区代码由4位数字组成，前两位为直属海关关别代码，后两位为隶属海关或海关监管场所的代码；关区名称指直属海关、隶属海关或海关监管场所的中文名称；关区简称指关区(海关)的中文简称，一般为4个汉字。例如，货物由天津新港口岸进境，"进口口岸"栏不能填报为"天津关区"+"0200"，亦不应填报为"天津海关"+"0201"，而应填报为"新港海关"+"0202"。

1.特殊填报要求

进口转关运输货物应填报货物进境地海关名称及代码，出口转关运输货物应填报货物出境地海关名称及代码。按转关运输方式监管的跨关区深加工结转货物，出口报关单填报转出地海关名称及代码，进口报关单填报转入地海关名称及代码。

在不同海关特殊监管区域或保税监管场所之间调拨、辖让的货物，填报对方特殊监管区域或保税监管场所所在的海关名称及代码。

无实际进出境的货物，填报接受申报的海关名称及代码。

无法确定进出口口岸的货物，填报接受货物申报的海关名称及代码。

2.限定口岸要求

国家对汽车整车、船舶和港机维修备件器材等商品限定口岸进口；对红松子(仁)、松茸等商品限定口岸出口；对实行许可证件管理的货物，按证件核准口岸限定进出口。相关商品应严格按照规定的口岸办理进出口申报手续。

加工贸易进出境货物，应填报主管海关备案时所限定或指定货物进出的口岸海关名称及其代码。限定或指定口岸与货物实际进出境口岸不符的，应向合同备案主管海关办理变更手续后填报。

(二)备案号

备案号是指进出口货物收发货人办理报关手续时应递交的海关备案审批文件的编号，如加工贸易手册编号、加工贸易电子账册编号、征免税证明编号、实行优惠贸易协定项下原产地证书联网管理的原产地证书编号、适用ITA税率的商品用途认定证明编号等。

备案号的字头为备案或审批文件的标记，如表2-2所列。

表2-2　备案号的字头为备案或审批文件的标记

首位代码	备案审批文件	首位代码	备案审批文件
B	加工贸易手册(来料加工)	K	保税仓库备案式电子账册
C	加工贸易手册(进料加工)	Y	原产地证书
D	加工贸易不作价进口设备	Z	征免税证明
E	加工贸易电子账册	RB	减免税货物补税通知书
H	出口加工区电子账册	RT	减免税进口货物同意退运证明
J	保税仓库记账式电子账册	RZ	减免税进口货物结转联系函

填报要求：

(1)一份报关单只允许填报一个备案号。无备案审批文件的报关单，本栏目免予填报。

(2)备案号的首位标记应与报关单“贸易方式”、“征免性质”、“征免”、“用途”及“项号”等栏目内容相对应。

报关单“贸易方式”栏为表2-3中的监管方式时，“备案号”栏应填报与其相应的编号，不得为空。

表2-3　监管方式的名称与代码

代码	监管方式名称	代码	监管方式名称	代码	监管方式名称
0200	料件放弃	0214	来料加工	0245	来料料件内销
0255	来料深加工	0258	来料余料结转	0265	来料料件复出
0300	来料料件退换	0314	加工专用油	0320	不作价设备
0345	来料成品减免	0400	成品放弃	0446	加工设备内销
0456	加工设备结转	0466	加工设备退运	0500	减免设备结转
0513	补偿贸易	1200	保税间货物	0615	进料对口
0644	进料料件内销	0654	进料深加工	0657	进料余料结转
0664	进料料件复出	0700	进料料件退换	0744	进料成品减免
0815	低值辅料	0844	进料边角料内销	0845	来料边角料内销
0864	进料边角料复出	0865	来料边角料复出	2025	合资合作设备
2225	外资设备物品	4400	来料成品退换	4600	进料成品退换
5014	区内来料加工	5015	区内进料加工货物	5100	成品进出区
0420	加工贸易设备				

报关单“征免性质”栏为表2-4中的征免性质时，“备案号”栏应填相应的编号，不得为空。

表 2-4 征免性质简称与代码

代码	征免性质简称	代码	征免性质简称	代码	征免性质简称
201	无偿援助	307	保税区	401	科教用品
406	重大项目	412	基础设施	413	残疾人
417	远洋渔业	422	集成电路	499	ITA产品
501	加工设备	502	来料加工	503	进料加工
506	边境小额	601	中外合资	602	中外合作
603	外资企业	606	海洋石油	608	陆上石油
609	贷款项目	611	贷款中标	789	鼓励项目
801	救灾捐赠	802	扶贫慈善	898	国批减免
998	内部暂定	999	例外减免		

(3)加工贸易项下除少量低值辅料按规定不使用加工贸易手册及后续退补税监管方式办理内销征税外的货物，本栏应填写加工贸易手册或账册编号，不得为空。

加工贸易成品凭征免税证明转为减免税进口货物的，进口报关单填报征免税证明编号，出口报关单填报加工贸易手册编号，并在进口报关单"标记唛码及备注"栏填报加工贸易手册编号，在出口报关单的"标记唛码及备注"栏填报征免税证明编号。

加工贸易设备之间结转，转入和转出企业分别填制进、出口报关单，在本栏目填加工贸易手册编号。

(4)进出口减免税审批货物填报征免税证明编号，不得为空。

正在办理减免税申请，而货物已进境，经海关核准凭担保先予以放行的，报关单"备案号"栏可免予填报，同时应在"标记唛码及备注"栏的"备注"项中注明"后补征免税证明"。事后根据所申请的减免税实际结果，删除或更正原报关单的相关栏目。

减免税货物退运出口，填报"减免税进口货物同意退运证明"的编号。贸易方式栏目填报"退运货物"(4561)。

减免税货物补税进口，填报《减免税货物补税通知书》的编号。贸易方式栏目填报"后续补税"(9700)。

减免税货物结转进口(转入)，填报征免税证明的编号。贸易方式栏目按现行规范填报，关联备案号栏目填报本次减免税货物结转所申请的《减免税进口货物结转联系函》的编号。相应的结转出口(转出)报关单备案号栏目填报《减免税进口货物结转联系函》的编号。贸易方式栏目填报"减免设备结转"(0500)，关联备案号填报与该出口(转出)报关单相对应的进口(转入)报关单备案号栏目所填写的征免税证明编号，关联报关单号填报对应的进口(转入)报关单号。

(5)进口实行原产地证书联网管理的香港 CEPA、澳门 CEPA 项下进口货物，本栏填报"Y"+"11 位原产地证书编号"，如"Y3M03AOOOO01"；未实行原产地证书联网管理的优惠贸易协定项下进口货物，不在本栏填报原产地证书编号。

(6)进出特殊区域的保税货物，在"备案号"栏应填报标记代码为"H"的电子账册的备案号。进出特殊区域的企业自用设备、基建物资、自用合理数量的办公用品，在"备案号"栏应填报标记代码为“H”、编号第 6 位为“D”的电子账册备案号。

(三)进口日期/出口日期

进口日期是指运载所申报进口货物的运输工具申报进境的日期。

出口日期是指运载所申报出口货物的运输工具办结出境手续的日期。

填报要求：

(1)日期均为 8 位数字，顺序为年(4 位)、月(2 位)、日(2 位)。例如，2011 年 8 月 10 日申报进口一批货物，运输工具申报进境日期为 2011 年 8 月 8 日，“进口日期”栏填报为：“20110808”。

(2)进口货物进口日期以运载进口货物的运输工具申报进境日期为准，进口货物申报时无法确知运输工具的实际进境日期的，申报时可免予填报。海关与运输企业实行舱单数据联网管理的，进口日期由海关自动生成。

(3)出口日期以运载出口货物的运输工具实际离境日期为准，海关与运输企业实行舱单数据联网管理的，出口日期由海关自动生成。本栏目供海关签发打印报关单证明联用，在申报时免予填报。

(4)集中申报的报关单，进出口日期以海关接受报关单申报的日期为准。

(5)无实际进出境的报关单，应填报向海关办理申报手续的日期，以海关接受申报的日期为准。

(四)申报日期

申报日期是指海关接受进出口货物的收发货人或受其委托的报关企业向海关申报货物进出口的日期。

以电子数据报关单方式申报的，申报日期为海关计算机系统接受申报数据时记录的日期。以纸质报关单方式申报的，申报日期为海关接受纸质报关单并对报关单进行登记处理的日期。

本栏目在申报时免予填报。

(五)经营单位

进出口货物报关单中的经营单位指在海关注册登记的对外签订并执行进出口贸易合同的中国境内法人、其他组织或个人。本栏目应填报其中文名称及海关注册编码，缺一不可。

1. 海关注册编码

报关单位办理海关注册登记手续后，海关编制的海关注册编码是其办理海关报关手续的唯一标志，编码由 10 位数字或字母组成，是报关单位通关和海关统计的重要标志。海关对报关单位的注册编码管理范围，包括进出口货物收发货人、报关企业、加工生产企业和临时注册登记企业。

(1)海关注册编码的一般规则

①第 1 至第 4 位表示企业所在地方行政区划代码，其中第 1、2 位数表示省级地方行政区划代码，如北京市为 11，江苏省为 32；第 3、4 位数表示企业所在地级行政区划(省辖市、地区、省直辖行政单位)。例如：北京西城区 1102，广州市 4401。

②第 5 位表示企业所在经济区域代码：

“1”：经济特区(深圳特区可用“0”)；

“2”：经济技术开发区、上海浦东新区、海南洋浦经济开发区、苏州工业园区等；

"3":高新技术产业开发区;

"4":保税区;

"5":出口加工区;

"6":保税港区;

"7":保税物流园区;

"9":其他地区。

例如,珠海市为4404,包括珠海特区44041,珠海保税区44044,珠海国家高新技术产业开发区44043,珠澳跨境工业区(珠海园区)44045(使用出口加工区代码),珠海市其他地区44049。

③第6位表示企业经济类型:

"1":国有企业;

"2":中外合作企业;

"3":中外合资企业;

"4":外商独资企业;

"5":集体企业;

"6":私营企业;

"7":个体工商户;

"8":报关企业;

"9":其他,包括外国驻华企事业机构、外国驻华使领馆和临时进出口货物的企业、单位和个人等。

④第7~10位为企业顺序编号。

(2)加工企业海关登记编码　加工企业办理海关登记手续,编制全国统一的登记编码。加工企业注册编码的编制和报关单位注册编码的编制规则基本相同,第1~4位表示加工企业所在地行政区划代码,第5位表示经济区域代码。第6位表示企业经济类型:"A"表示从事对外加工的国有企业;"B"表示从事对外加工的集体企业;"C"表示从事对外加工的私营企业。第7~10位为企业顺序编号,如某一地区的某一类型的加工企业数超过1万家,可在第7位采用"A~Z"26个英文字母排序,第8~10位仍为顺序号。

2.本栏目特殊填报要求

(1)存在代理进出口关系的,"经营单位"栏应填报对外签订并执行进出口贸易合同的企业,即代理方的中文名称及编码。但属外商投资企业委托其他企业进口投资设备、物品的(监管方式为合资合作设备"2025"、外资设备物品"2225"),"经营单位"栏仍填报该外商投资企业的中文名称及编码,并在"标记唛码及备注"栏注明"委托××公司进口"。

(2)进出口货物合同的签订者和执行者非同一企业的,填报执行合同的企业。

(3)援助、赠送、捐赠的进口货物,"经营单位"栏填报直接接受货物的单位的中文名称及编码。

(4)经营单位编码第6位数为"8"的单位是只有报关权而没有进出口经营权的企业,不得作为经营单位填报。

(六)运输方式

报关单中的运输方式包括实际运输方式和海关规定的特殊运输方式,前者指货物实际进出境的运输方式，按进出境所使用的运输工具分类；后者指货物无实际进出境的运输方式，按货物在境内的流向分类。

"运输方式"栏应根据货物实际进出境的运输方式或货物在境内流向的类别按海关规定的"运输方式代码表"选择填报相应的运输方式名称或代码（表 2-5）。

表 2-5 运输方式代码表及说明

代码	名称	运输方式说明
0	非保税区	境内非保税区运入保税区和保税区退区（退运境内）货物
1	监管仓库	境内存入出口监管仓库和出口监管仓库退仓
2	水路运输	
3	铁路运输	
4	公路运输	
5	航空运输	
6	邮件运输	
7	保税区	保税区运往境内非保税区
8	保税仓库	保税仓库转内销
9	其他运输	人扛、驮畜、输水管道、输油管道、输送带和输电网等方式实际进出境货物，部分非实际进出境货物
H	边境特殊海关作业区	境内运入深港西部通道港方口岸区
W	物流中心	从境内保税物流中心外运入保税物流中心或从保税物流中心运往境内非保税物流中心
X	物流园区	从境内特殊监管区域之外运入园区内或从保税物流园区运往境内
Y	保税港区	保税港区（不包括直通港区）运往区外和区外运入保税港区
Z	出口加工区	出口加工区运往加工区外和区外运入出口加工区（区外企业填报）

1. 实际进出境货物填报要求

（1）进境货物的运输方式，按货物运抵我国关境第一个口岸时的运输方式填报；出境货物的运输方式，按货物运离我国关境最后一个口岸时的运输方式填报。运输方式具体包括水路运输（2）、铁路运输（3）、公路运输（4）、航空运输（5）、邮件运输（6）、其他运输（9）。

（2）进口转关运输货物，按载运货物抵达进境地的运输工具填报；出口转关运输货物，按载运货物驶离出境地的运输工具填报。

（3）非邮件方式进出口的快件，按实际进出境运输方式填报。

（4）进出境旅客随身携带的货物，按旅客实际进出境时所乘运输工具填报。

（5）不复运出（入）境而留在境内（外）销售的进出境展览品、留赠转卖物品等，填报"其他运输"（9）。

2. 非实际进出境货物填报要求

（1）境内非保税区运入保税区货物和保税区退区货物，填报"非保税区"（0）；

（2）保税区运往境内非保税区货物，填制进口报关单，"运输方式"填报"保税区"（7）；

(3)境内存入出口监管仓库和出口监管仓库退仓货物，填报“监管仓库”(1)；

(4)保税仓库转内销货物，填制进口报关单，“运输方式”填报“保税仓库”(8)；

(5)从境内保税物流中心外运入中心或从中心运往境内中心外的货物，填报“物流中心”(W)；

(6)从境内保税物流园区外运入园区或从园区运往境内园区外的货物，填报“物流园区”(X)；

(7)从境内保税港区外运入港区(不含直通)或从港区运往境内港区外(不含直通)的货物，区外企业填报“保税港区”(Y)，区内企业填报“其他运输”(9)，综合保税区比照保税港区填报；

(8)从境内出口加工区、珠澳跨境工业区珠海园区(以下简称珠海园区)外运入加工区、珠海园区或从加工区、珠海园区运往境内区外的货物，区外企业填报“出口加工区”(Z)，区内企业填报“其他运输”(9)；

(9)境内运入深港西部通道港方口岸区的货物，填报“边境特殊海关作业区”(H)；

(10)其他境内流转货物，填报“其他运输”(9)，包括特殊监管区域内货物之间的流转、调拨货物，特殊监管区域、保税监管场所之间相互流转货物，特殊监管区域外的加工贸易余料结转、深加工结转、内销等货物。

(七)运输工具名称

运输工具名称指载运货物进出境的运输工具的名称或运输工具编号。

航次号指载运货物进出境的运输工具的航次编号。

报关单“运输工具名称”与“航次号”的填报内容应与运输部门向海关申报的舱单(载货清单)所列相应内容一致。

在纸质报关单上，“运输工具名称”与“航次号”合并填报在“运输工具名称”一个栏目。

一份报关单只允许填报一个运输工具名称及其航次号。

1. 运输工具名称的填报要求

(1)实际进出境，直接在进出境地办理报关手续，或采用“属地申报、口岸验放”通关模式的报关单：

①水路运输：填报船舶编号(来往港澳小型船舶为监管簿编号)或者船舶英文名称。

②公路运输：填报跨境运输车辆的国内行驶车牌号，深圳提前报关模式填报国内行驶车牌号+“/”+“提前报关”(4个汉字)。

③铁路运输：填报车厢编号或交接单号。

④航空运输：填报航班号。

⑤邮件运输：填报邮政包裹单号。

⑥其他运输：填报具体运输方式名称，例如，管道、驮畜等。

(2)实际进出境，转关运输货物报关单：

①进口转关

a. 水路运输：直转、提前报关填报“@”+16位转关申报单预录入号(或13位载货清单号)，中转填报进境英文船名。

b. 铁路运输：直转、提前报关填报“@”+16位转关申报单预录入号，中转填报车厢编号。

c. 航空运输：直转、提前报关填报“@”+16位转关申报单预录入号(或13位载货清单号)，中转填报“@”。

d. 公路及其他运输：填报“@”＋16 位转关申报单预录入号（或 13 位载货清单号）。

e. 以上各种运输方式使用广东地区载货清单转关的提前报关的货物应填报“@”＋13 位载货清单号，其他地区货物提前报关免予填报。

②出口转关

a. 水路运输：非中转的，填报“@”＋16 位转关申报单预录入号（或 13 位载货清单号），如多张报关单需要通过一张转关单转关的，运输工具名称字段填报“@”；中转的，境内水路运输填报驳船船名，境内铁路运输填报车名（主管海关 4 位关别代码＋“TRAIN”（英文单词）），境内公路运输填报车名（主管海关 4 位关别代码＋“TRUCK”（英文单词））。

b. 铁路运输：填报“@”＋16 位转关申报单预录入号（或 13 位载货清单号），如多张报关单需要通过一张转关单转关的，填报“@”。

c. 航空运输：填报“@”＋16 位转关申报单预录入号（或 13 位载货清单号），如多张报关单需要通过一张转关单转关的，填报“@”。

d. 其他各类出境运输方式：填报“@”＋16 位转关申报单预录入号（或 13 位载货清单号）。

（3）非实际进出境货物，运输工具名称为空。

（4）采用“集中申报”通关方式办理报关手续的，填报“集中申报”4 个汉字。

2. 航次号的填报要求

（1）实际进出境，直接在进出境地办理报关手续的报关单：

①水路运输：填报船舶的航次号。

②公路运输：填报该跨境运输车辆的进出境日期（8 位数字，顺序为年（4 位）、月（2 位）、日（2 位），下同）。

③铁路运输：填报进出境日期。

④航空运输：免予填报。

⑤邮件运输：填报进出境日期。

⑥其他各类运输方式：免予填报。

（2）实际进出境，转关运输货物报关单：

①进口转关

a. 水路运输：中转转关方式填报“@”＋进境干线船舶航次，直转、提前报关免予填报。

b. 公路运输：免予填报。

c. 铁路运输：“@”＋进出境日期。

d. 航空运输：免予填报。

e. 其他各类运输方式：免予填报。

②出口转关

a. 水路运输：非中转货物免予填报。中转货物，境内水路运输填报驳船航次号；境内铁路、公路运输填报 6 位起运日期，顺序为年、月、日各 2 位。

b. 铁路拼车拼箱捆绑出口：免予填报。

c. 航空运输：免予填报。

e. 其他运输方式：免予填报。

（3）非实际进出境货物，航次号免予填报。

3. 纸质报关单“运输工具名称”栏填报格式

实际进出境，直接在进出境地办理报关手续的货物，纸质报关单“运输工具名称”栏填报格式为：

(1)水路运输：填报船舶英文名称或船舶编号＋“/”＋航次号。

(2)公路运输：填报跨境运输车辆的国内行驶车牌号＋“/”＋进出境日期(8 位数字，顺序为年(4 位)、月(2 位)、日(2 位)，下同)。

(3)铁路运输：填报车厢编号或交接单号＋“/”＋进出境日期。

(4)航空运输：填报航班号。

(5)邮件运输：填报邮政包裹单号＋“/”＋进出境日期。

(6)其他运输：填报具体运输方式名称，例如，管道、驮畜等。

(八)提运单号

提(运)单号是指进出口货物提单或运单的编号。报关单“提运单号”栏所填报的运输单证编号，主要包括海运提单号、海运单号、铁路运单号、航空运单号。提(运)单号必须与舱单数据一致。

一份报关单只允许填报一个提单或运单号，一票货物对应多个提单或运单时，应分单填报。

1. 实际进出境，直接在进出境地或采用“属地申报，口岸验放”通关模式办理报关手续的

(1)水路运输：填报进出口提单号。如有分提单的，填报进出口提单号＋“*”＋分提单号。

(2)公路运输：免予填报。

(3)铁路运输：填报运单号。

(4)航空运输：填报总运单号＋“—”＋分运单号，无分运单的填报总运单号。

(5)邮件运输：填报邮运包裹单号。

2. 实际进出境，转关运输货物的报关单

(1)进口转关

①水路运输：直转、中转填报提单号，提前报关免予填报。

②铁路运输：直转、中转填报铁路运单号，提前报关免予填报。

③航空运输：直转、中转货物填报总运单号＋“—”＋分运单号，提前报关免予填报。

④其他运输方式：免予填报。

⑤以上运输方式进境货物，在广东省内用公路运输转关的，填报车牌号。

(2)出口转关

①水路运输：中转货物填报提单号；非中转货物免予填报；广东省内汽车运输提前报关的转关货物，填报承运车辆的车牌号。

②其他运输方式：免予填报；广东省内汽车运输提前报关的转关货物，填报承运车辆的车牌号。

3. 非实际进出境货物

非实际进出境货物，本栏目免予填报。

4. 采用“集中申报”通关方式办理报关手续的

采用“集中申报”通关方式办理报关手续的，报关单填报归并的集中申报清单的进出口起止日期(按年(4 位)月(2 位)日(2 位)，年(4 位)月(2 位)日 (2 位))。

(九)收货单位/发货单位

收货单位是指已知的进口货物在境内的最终消费、使用单位，包括自行从境外进口货物的单位、委托进出口企业进口货物的单位等。

发货单位是指出口货物在境内的生产或销售单位，包括自行出口货物的单位、委托进出口企业出口货物的单位等。

填报要求：

(1)有海关注册编码或加工企业编码的收、发货单位，本栏目填报其中文名称及编码；没有编码的，填报其中文名称。

(2)加工贸易报关单的收、发货单位，应与加工贸易手册的“经营企业”或“加工企业”一致。

(3)减免税货物报关单的收、发货单位，应与征免税证明的“申请单位”一致。

(4)进口货物的最终消费、使用单位难以确定的，应以货物进口时预知的最终收货单位为准填报；出口货物的生产或销售单位难以确定的，以最早发运该出口货物的单位为准填报。

(十)贸易方式(监管方式)

进出口货物报关单上所列的贸易方式专指以国际贸易中进出口货物的交易方式为基础，结合海关对进出口货物监督管理综合设定的对进出口货物的管理方式，即海关监管方式。

监管方式代码为 4 位数字。前两位按照海关监管业务分类，例如 02～08、44、46 表示加工贸易货物，11～12 表示保税仓储、转口货物，20～22 表示外商投资企业进口货物，45 表示退运货物，50～53 表示特殊区域货物。后两位以海关统计方式为基础分类，其中 10～39 表示列入海关贸易统计，41～66 表示列入单项统计；00 表示不列入海关贸易统计和单项统计。

常见贸易方式的名称、代码、适用范围及主要填报要求如下：

1. 一般贸易

一般贸易是指我国境内有进出口经营权的企业单边进口或单边出口的贸易。

本监管方式代码“0110”，简称“一般贸易”，适用范围包括：

(1)以正常交易方式成交的进出口货物；

(2)贷款援助的进出口货物；

(3)外商投资企业为加工内销产品而进口的料件；

(4)外商投资企业用国产原材料加工成品出口或采购产品出口；

(5)供应外国籍船舶、飞机等运输工具的国产燃料、物料及零配件；

(6)保税仓库进口供应给中国籍国际航行运输工具使用的燃料、物料等保税货物；

(7)境内企业在境外投资以实物投资进出口的设备、物资；

(8)来料养殖、来料种植进出口货物；

(9)国有公益性收藏单位通过合法途径从境外购入的藏品。

2. 加工贸易项下进口料件和出口成品

(1)来料加工　来料加工是指进口料件由境外企业提供，经营企业不需要付汇进口，按照境外企业的要求进行加工或装配，只收取加工费，制成品由境外企业销售的经营活动。

本监管方式代码“0214”，简称“来料加工”，主要适用于来料加工项下进口的料件和加工出口的成品。

来料加工进出口货物报关单“备案号”栏目应填报加工贸易手册或电子账册编号。成品出口报关单“征免”栏方式应填报“全免”，应征出口税的，应填报“照章征税”。

(2)进料加工　进料加工贸易是指进口料件由经营企业付汇进口，制成品由经营企业外销出口的经营活动。进料加工对口合同是指买卖双方分别签订进出口对口合同，料件进口时，我方先付料件款，加工成品出口时再向对方收取出口成品款项的交易方式，包括动用外汇的对口合同或不同客户的对口联号合同，以及对开信用证的对口合同。

本监管方式代码“0615”，简称“进料对口”，主要适用于进料加工项下进口料件和出口成品，以及进料加工贸易中外商免费提供进口的主、辅料和零部件。

进料加工进出口货物报关单“备案号”栏目应填报加工贸易手册或电子账册编号。成品出口报关单“征免”栏方式应填报“全免”，应征出口税的，应填报“照章征税”。

3.加工贸易项下其他货物

(1)结转　加工贸易经营企业将保税进口料件所加工的产品在境内结转给另一个加工贸易企业，用于再加工后复出口的，转入、转出企业分别填制进、出口报关单，监管方式填报“来料深加工”(0255)或“进料深加工”(0654)。

加工贸易经营企业将加工过程中剩余的进口料件，结转到本企业同一加工监管方式下的另一个加工贸易合同，继续加工为制成品后复出口的，应分别填制进、出口报关单，监管方式填报“来料余料结转”(0258)或“进料余料结转”(0657)。

(2)内销

①料件内销　加工贸易加工过程产生的剩余料件、制成品、半成品、残次品及受灾保税货物，经批准转为国内销售，不再加工复出口的，以及海关事后发现企业擅自转内销并准予补办进口补税手续的加工贸易项下货物，应填制进口报关单，监管方式填报“来料料件内销”(0245)或“进料料件内销”(0644)。

②边角料内销　加工贸易加工过程中有形损耗产生的边角料，以及加工副产品，有商业价值且经批准在境内销售的，应填制进口报关单，监管方式填报“来料边角料内销”(0845)或“进料边角料内销”(0844)。

③成品转减免税　加工贸易项下制成品，在境内销售给凭征免税证明进口的货物的企业，加工贸易经营企业填制出口报关单，监管方式填报“来料成品减免”(0345)或“进料成品减免”(0744)。

(3)退运(复出)　加工贸易进口料件因品质、规格等原因退运出境，或加工过程中产生的剩余料件、边角料退运出境，且不再更换同类货物进口的，分别填报“来料料件复出”(0265)、“来料边角料复出”(0865)、“进料料件复出”(0664)、“进料边角料复出”(0864)。

(4)退换

①料件退换　加工贸易保税料件因品质、规格等原因退运出境，更换料件后复进口的，退运出境报关单和复运进境报关单的监管方式应填报为“来料料件退换”(0300)或“进料料件退换”(0700)。

②成品退换　加工贸易出口成品因品质、规格等原因退运进境，经加工、维修或更换同类商品复出口的，退运进境报关单和复运出境报关单的监管方式应填报为“来料成品退换”(4400)或“进料成品退换”(4600)。

(5)放弃　加工贸易进口料件或加工成品不再用于出口，主动放弃交由海关处理，应填制进口报关单，监管方式填报“料件放弃”(0200)或“成品放弃”(0400)。

4.加工贸易进口设备

(1)加工贸易设备　加工贸易设备，指来料加工、进料加工贸易项下外商作价提供、不扣减企业投资总额的进口设备。

本监管方式代码“0420”，对应征免性质为“一般征税”(101)或“加工设备”(501)。

(2)不作价设备　加工贸易项下外商提供的不作价设备，指境外企业与境内企业开展来料、进料业务，外商免费向境内加工贸易经营单位提供加工生产所需设备，境内经营单位不需支付外汇、不需用加工费或差价偿还。

本监管方式代码“0320”，简称“不作价设备”，对应征免性质为“加工设备”(501)。

加工贸易进口不作价设备由加工贸易合同备案地海关办理备案手续，核发加工贸易手册，手册编号第一位标记为“D”。进口《外商投资项目不予免税的进口商品目录》所列商品范围外的不作价设备，且符合规定条件的，免征进口关税。

与加工贸易免税进口不作价设备相关的监管方式有：

①加工设备内销　指海关监管期内的加工贸易免税进口设备经批准转售给境内非加工企业，代码“0446”。

②加工设备结转　指海关监管期内的加工贸易免税进口设备经批准转让给另一加工企业，或从本企业一本加工贸易手册结转入另一本加工贸易手册，代码“0456”。

③加工设备退运　指加工贸易免税进口设备退运出境，代码“0466”。

5.外商投资企业进口自用设备、物品

(1)投资总额内进口设备、物品　外商投资企业作为投资进口的设备、物品，是指外商投资企业投资总额内的资金(包括中方投资)进口的机器设备、零部件和其他建厂(场)物料，安装、加固机器所需材料，以及进口本企业自用合理数量的交通工具、生产用车辆、办公用品(设备)。

中外合资、合作企业进口设备、物品，监管方式代码“2025”，简称“合资合作设备”；外商独资企业(以下简称外资企业)进口设备、物品，监管方式代码“2225”，简称“外资设备物品”。

(2)投资总额外自有资金免税进口设备　鼓励类和限制类外商投资企业、外商投资研究开发中心、先进技术型和产品出口型外商投资企业，以及符合中西部利用外资优势产业和优势项目目录的项目，利用企业投资总额以外的自有资金，在原批准的生产经营范围内，对设备进行更新维修，进口国内不能生产或性能不能满足需要的自用设备及其配套的技术、配件、备件，进口报关单监管方式应为“一般贸易”(0110)，对应征免性质为“自有资金”(799)。

(3)减免税设备结转　这是指海关监管年限内的减免税设备，从进口企业结转到另一享受减免税待遇的企业，监管方式代码“0500”，简称“减免设备结转”。减免设备结转的转入、转出企业应分别填写进、出口报关单向海关申报。

需要注意的是，加工贸易项下免税进口的不作价设备结转给另一加工贸易企业，不适用本贸易方式，应适用“加工设备结转”(0456)。

6.暂准进出境货物

(1)进出境展览品　进出境展览品指外国为来华或我国为到外国举办经济、文化、科技等展览或参加博览会而进出口的展览品，以及与展览品有关的宣传品、布置品、招待品、小卖品和其他物品。

本监管方式代码“2700”，简称“展览品”，对应征免性质为“其他法定”(299)。

进出境展览品的范围主要包括在展览会、交易会、会议及类似活动中展示或者使用的货物。不复运出入境而留在境内外销售的进出境展览品，应按实际监管方式填报，不适用本监管方式。ATA单证册项下的暂准进出境展览品，持证人免填报关单，无须使用本监管方式。

(2)暂时进出境货物　暂时进出境货物是指经海关批准，暂时进出关境并且在规定的期限内复运出境或进境的货物，包括国际组织、外国政府或外国和香港、澳门及台湾地区的企业、群众团体及个人为开展经济、技术、科学、文化合作交流而暂时运入或运出我国关境及复运出入境的货物。

本监管方式代码“2600”，简称“暂时进出货物”，对应征免性质为“其他法定”(299)。

7.租赁贸易

租赁贸易是指经营租赁业务的企业与外商签订国际租赁合同项下境内企业租赁进口或出租出口的货物。

相关贸易方式包括：租赁期在一年及以上的进出口货物，监管方式代码“1523”，简称“租赁贸易”；租赁期在一年及以上的进出口货物分期办理征税手续时，每期征税适用监管方式代码“9800”，简称“租赁征税”；租赁期不满一年的进出口货物，监管方式代码“1500”，简称“租赁不满一年”。

上述贸易方式的适用范围不包括：经营租赁业务的企业进口自用的设备、办公用品，监管方式为“一般贸易”(0110)；加工贸易租赁进口的机器设备，监管方式应为“加工贸易设备”(0420)。

租赁贸易货物报关单的主要填制要求如下：

(1)首次进口时，分期支付租金的，应填制两份报关单，一份监管方式为“租赁贸易”(1523)或“租赁不满一年”(1500)，申报租赁货物的全值，用于监管和统计；另一份监管方式为“租赁征税”(9800)，用于计征税款。纳税义务人申请一次性缴纳税款的，可以选择申请按照依次审查确定该货物的完税价格的方法，或者按照海关审查确定的租金总额作为完税价格。

(2)进口后，按合同约定支付各期租金并征税的，报关单监管方式均为“租赁征税”(9800)，并将首次进口的报关单号作为“关联报关单”填报于“标记唛码及备注”栏。

(3)退运时：“租赁贸易”(1523)期满复运出(进)口的货物，监管方式为“退运货物”(4561)；“租赁不满一年”(1500)期满复运出(进)口境的货物，监管方式为“租赁不满一年”(1500)。

8.修理物品

进出境修理物品是指进境或出境维护修理的货物、物品。

本监管方式代码“1300”，简称“修理物品”。

本监管方式适用于各类进出境维修的货物，以及修理货物维修所用的原材料、零部件，但不包括：按加工贸易保税货物管理的进境维修业务，以及加工贸易项下进口料件和出口成品的进出境维修退换(0300、0700、4400、4600)业务。

修理物品进口报关单对应征免性质为“一般征税”(101)或“其他法定”(299)。进出境维修货物复运进出境，进出口报关单需将关联的出、进口报关单号作为关联报关单号填报在“标记唛码及备注”栏。

9.无代价抵偿进出口货物

无代价抵偿进出口货物是指进出口货物经海关征税或免税放行后，发现货物残损、短少或品质不良及规格不符等原因，而由进出口货物的发货人、承运人或保险公司免费补偿或更换的与原货物相同或者与合同规定相符的货物。

本监管方式代码“3100”，简称“无代价抵偿”。

无代价抵偿进出口货物相关申报要求如下：

(1)如原进出口货物退运出进境，其报关单的“贸易方式”栏应填报为“其他”(9900)。补偿进口货物的报关单监管方式填报“无代价抵偿”(3100)，“征免性质”填报“其他法定”(299)或“一般征税”(101)；补偿出口报关单“征免性质”填报“其他法定”(299)。

(2)退运出进境货物报关单(9900)及补偿进出口货物报关单(3100)，均应在“标记唛码及备注”栏内填报原进出口货物报关单号。

10. 退运货物

退运进出口货物是指原进、出口货物因残损、缺少、品质不良、规格不符、延误交货或其他原因退运出、进境的货物。

本监管方式代码“4561”，简称“退运货物”。

(1)适用范围　本监管方式适用于以下货物的退运出、进境：一般贸易(0110)、易货贸易(0130)、旅游购物商品(0139)、租赁贸易(1523)、寄售代销(1616)、外商投资企业设备物品(2025)/(2225)、外汇免税商品(1831)、货样广告品(3010)/(3039)、其他进出口免费(3339)、承包工程进口(3410)、对外承包出口(3422)、无偿援助(3511)、捐赠物资(3612)、边境小额(4019)、对台小额(4039)、其他贸易(9739)。

本监管方式不适用于以下货物：

①加工贸易项下料件、成品维修退换，监管方式为“来料料件退换”(0300)、“进料料件退换”(0700)、“来料成品退换”(4400)、“进料成品退换”(4600)。

②加工贸易项下料件、边角料退运，监管方式为“来料料件复出”(0265)、“来料边角料复出”(0865)、“进料料件复出”(0664)、“进料边角料复出”(0864)。

③加工贸易设备退运，监管方式为“加工设备退运”(0466)。

④货物进境后、放行结关前退运的货物，监管方式为“直接退运”(4500)。

⑤“租赁不满一年”货物退运，监管方式为“租赁不满一年”(1500)。

⑥进出口无代价抵偿货物，被更换的原进口货物退运出境，监管方式为“其他”(9900)。

(2)相关申报要求　退运货物进出口时，应随附原出(进)口货物报关单，并将原出(进)口货物报关单号填报在“标记唛码及备注”栏内。

11. 直接退运货物

直接退运货物是指进口货物收发货人、原运输工具负责人或者其代理人在货物进境后、办结海关放行手续前，因海关责令或有正当理由获准退运境外的货物。

本监管方式代码“4500”，简称“直接退运”。

(1)直接退运货物适用范围

①在货物进境后、办结海关放行手续前，由于客观原因需向海关申请办理直接退运手续的，包括错发、误卸、溢卸货物、残损货物等；

②在货物进境后，办结海关放行手续前，由于不符合有关法令，依法应当退运的，由海关责令当事人将进口货物直接退运境外的，包括违反有关进口法令，经海关处理后责令退运境外的；

③保税区、出口加工区及其他海关特殊监管区域和保税监管场所进口货物直接退运的。

(2)直接退运货物适用范围不包括　海关放行后需办理退运出境的进口货物，以及进口转关货物在进境地海关放行后申请办理退运手续的货物。两者均应按“退运货物”(4561)手续办理报关手续。

(3)直接退运货物相关申报要求　按照“先报出、后报进”的原则先办理出口手续，后办理进口手续，进口报关单“标记唛码及备注”栏将对应的出口报关单号作为“关联报关单号”填报，进出口报关单监管方式均为“直接退运货物”，“标记唛码及备注”栏均应填报“海关准予进口货物直接退运决定书”或“海关责令进口货物直接退运通知书”的编号。

12.国家或国际组织无偿援助和赠送的物资

国家或国际组织无偿援助和赠送的物资，是指我国根据两国政府间的协议或临时决定，对外提供无偿援助的物资、捐赠品，或我国政府、组织基于友好关系向对方国家政府、组织赠送的物资，以及我国政府、组织接受国际组织、外国政府或组织无偿援助、捐赠或赠送的物资。

本监管方式代码“3511”，简称“无偿援助物资”。本监管方式对应征免性质为“无偿援助”(201)。

13.进出口捐赠物资

进出口捐赠物资是指境外捐赠人以扶贫、慈善、救灾为目的向我国境内捐赠的直接用于扶贫、救灾、兴办公益福利事业的物资，以及境内捐赠人以扶贫、慈善、救灾为目的向境外捐赠的直接用于扶贫、救灾、兴办公益福利事业的物资。

本监管方式代码“3612”，简称“捐赠物资”。对应征免性质为“救灾捐赠”(801)、“扶贫慈善”(802)、“公益收藏”(698)、“科教用品”(401)、“残疾人”(413)等。

14.其他免费提供的进出口货物

其他免费提供的进出口货物指除已具体列名的礼品、无偿援助和赠送物资、捐赠物资、无代价抵偿进口货物、国外免费提供的货样、广告品等归入列名监管方式的免费提供货物以外，进出口其他免费提供的货物。

本监管方式代码“3339”，简称，“其他进出口免费”。适用范围包括：外商在经贸活动中赠送的物品；外国人捐赠品；驻外中资机构向国内单位赠送的物资；经贸活动中由外商免费提供的试车材料、消耗性物品等。

本监管方式对应征免性质：“一般征税”(101)、“其他法定”(299)。

15.保税仓库进出境仓储、转口货物

保税仓库进出境仓储及转口货物，指从境外进口直接存入保税仓库、保税仓库出境的仓储、转口货物，以及出口监管仓库出境的货物。

本监管方式代码“1233”，简称“保税仓库货物”。

本监管方式无对应征免性质代码，报关单“运输方式”栏应为实际进出境的运输方式。

相关申报要求加下：

(1)保税仓库进境货物销往境内，按货物运出保税仓库的实际用途填报相应的监管方式，运输方式为“保税仓库”(8)。

(2)境内存入出口监管仓库和出口监管仓库退仓货物，按实际监管方式填报，运输方式为“监管仓库”(1)。

(3)保税仓库货物出仓运往境内其他地方转为正式进口的，在仓库主管海关办结出仓报关手续，填制出口报关单，监管方式填写“1200”，进口报关单按实际进口监管方式填报。

16.物流中心进出境货物

保税物流中心进出境仓储货物是指从境外直接存入保税物流中心和从保税物流中心运出境的仓储、转口货物。

本监管方式代码“6033”,简称“物流中心进出境货物”。

相关申报要求如下:

(1)从境内(海关特殊监管区域除外)运入保税物流中心货物应填制出口报关单,从保税物流中心提取运往境内的货物应填制进口报关单,监管方式按实际情况选择填报。

(2)保税物流中心与保税区、出口加工区、保税物流园区、保税仓库、出口监管仓库及保税物流中心之间等海关特殊监管区域或保税监管场所之间往来的货物,监管方式填报“保税间货物”(1200)。

17.保税区进出境仓储、转口货物

保税区进出境仓储、转口货物是指从境外存入保税区、保税物流园区和从保税区、保税物流园区运出境的仓储、转口货物。

本监管方式代码“1234”,简称“保税区仓储转口”。

保税区、保税物流园区进出境仓储、转口货物实行“备案制”,区内企业凭“保税区、保税物流园区进(出)境货物备案清单”向保税区、保税物流园区海关办理申报手续。保税区仓储、转口货物无须填报征免性质。

相关申报要求如下:

(1)保税区、保税物流园区除仓储、转口货物以外的其他进出境货物,应按实际监管方式填报。如区内企业开展加工贸易业务所需进口料件和制成品出口,监管方式应填报为“来料加工”(0214)或“进料对口”(0615)。

(2)从保税区、保税物流园区运往境内非海关特殊监管区域、保税监管场所的货物,按实际监管方式填报,运输方式为“保税区”(7)。

(3)从境内非海关特殊监管区域、保税监管场所运入保税区、保税物流园区的货物,以及从境内非海关特殊监管区域、保税监管场所运入保税区、保税物流园区后又退回境内的货物,按实际监管方式填报,运输方式为“非保税区”(0)。

18.保税区加工贸易内销货物

保税区进料加工、来料加工成品不复运出境,转为国内使用,按征税方式区分适用以下监管方式:

(1)区内加工企业来料、进料加工全部用境外运入料件加工的制成品销往非保税区,以及来料、进料加工内销制成品所含进口料件的品名、数量、价值难以区分的,按照制成品征税。监管方式分为“保区来料成品”(0445)和“保区进料成品”(0444)。

(2)区内企业来料、进料加工用含有部分境外运入料件加工的制成品销往非保税区时,对其制成品按照所含进口料件征税,监管方式分为“保区来料料件”(0545)和“保区进料料件”(0544)。

相关申报要求如下:保税区加工贸易成品转内销货物填报进口报关单,运输方式均为“保税区”(7),“0444”和“0445”备案号栏目应填报加工贸易手册编号,原产国(地区)填报中国(142);“0544”和“0545”备案号为空,原产国(地区)填报原进口料件的原产国(地区)。

19. 海关特殊监管区域、保税监管场所间往来的货物

指保税区、保税物流园区、出口加工区、出口监管仓库、保税仓库、保税物流中心等海关特殊监管区域、保税监管场所间往来的货物。本监管方式代码“1200”,简称“保税间货物”。

本监管方式不适用出口加工区间结转货物。不同出口加工区企业结转货物适用“成品进出区”(5100)和“料件进出区”(5000)。

本监管方式下的货物,转出企业和转入企业应分别填制出口货物报关单或进口货物报关单,监管方式“保税间货物”(1200),征免性质免予填报,运输方式“其他”(9),起运国或运抵国为“中国”(142),原产国或最终目的国按照实际国别填报。

20. 海关特殊监管区域进出境货物

下述5014、5015、5034、5335、5361、5010六种监管方式,适用于保税港区、综合保税区、出口加工区、珠澳跨境工业园区(珠海园区)、中哈霍尔果斯边境合作区(中方配套区)内企业申报使用,不适用于区外企业和保税区、保税物流园区内企业。

5014“区内来料加工”指海关特殊监管区域与境外之间进出的来料加工货物,适用于海关特殊监管区域内企业在来料加工贸易业务项下的料件从境外进口及制成品出境。

5015“区内进料加工货物”指海关特殊监管区域与境外之间进出的进料加工货物,适用于海关特殊监管区域内企业在进料加工贸易业务项下的料件从境外进口及制成品出境。

5034“区内物流货物”指海关特殊监管区域与境外之间进出的物流货物,适用于海关特殊监管区域内企业从境外运进或运往境外的仓储、分拨、配送、转口货物,包括流通领域的物流货物及供区内加工生产用的仓储货物。

5335“境外设备进区”指海关特殊监管区域从境外进口的设备及货物,适用于海关特殊监管区域内企业从境外进口用于区内业务所需的设备、物资,以及区内企业和行政管理机构自用合理数量的办公用品等。

5361“区内设备退运”指海关特殊监管区域设备及货物退运境外,适用于海关特殊监管区域内企业将监管方式代码“5335”项下的设备、物资退运境外。

5010“特殊区域研发货物”指海关特殊监管区域与境外之间进出的研发货物,适用于海关特殊监管区域内企业从境外购进的用于研发的材料、成品,或研发后将上述货物退回境外,但不包括企业自用或其他用途的设备。

上述监管方式中,“区内进料加工货物”(5015)适用征免性质代码“进料加工”(503),监管方式“区内物流货物”(5034)无须填报征免性质代码。

21. 海关特殊监管区域进出区货物

下述5000、5100、5300三种监管方式,适用于保税港区、综合保税区、出口加工区、珠澳跨境工业园区(珠海园区)、中哈霍尔果斯边境合作区(中方配套区)内企业申报使用,不适用于区外企业和保税区、保税物流园区内企业。

5000“料件进出区”指料件进出海关特殊监管区域,适用于海关特殊监管区域内保税加工、保税物流或研发企业与境内(区外)之间进出的料件,包括此类料件在境内的退运、退换。

5100“成品进出区”指成品进出海关特殊监管区域,适用于海关特殊监管区域内保税加工、保税物流或研发企业与境内(区外)之间进出的成品,包括此类成品在境内的退运、退换。

5300“设备进出区”指设备及物资进出海关特殊监管区域,适用于海关特殊监管区域内企业从境内(区外)购进的自用设备、物资,或将设备、物资销往区外,结转到同一海关特殊监管区

域或另一海关特殊监管区域的企业，以及在境内的退运、退换。

相关申报要求如下：

(1)出区货物

①区外企业填制“中华人民共和国海关进口货物报关单”，监管方式填报区外企业提取区内货物适用的监管方式，运输方式为“Z”；原产国按实际填报（对于未经加工的进口货物，按货物原进口时的原产国统计；对于经加工的成品或半成品，按现行进口原产地规则确定原产国）；起运国填写“中国”(142)。

②区内企业填制出境货物备案清单，监管方式分别适用“料件进出区”(5000)、“成品进出区”(5100)、“设备进出区”(5300)，运输方式填报“其他”(9)。

(2)进区货物

①区外企业填制“中华人民共和国海关出口货物报关单”，监管方式填报区外企业将货物运入区内货物适用的监管方式，运输方式为“Z”，目的国和运抵国填写“中国”(142)。

②区内企业填制进境货物备案清单，监管方式分别适用“料件进出区”(5000)、“成品进出区”(5100)、“设备进出区”(5300)，运输方式填报“其他”(9)。

5000、5100、5300 监管方式下进出区货物均无须填报征免性质代码。

上述(20)、(21)特殊区域进出货物不包括下列情形：

(1)出口加工区企业加工贸易进口料件退换进出境或在区内企业间退换，监管方式代码“0700”，简称“进料料件退换”。

(2)出口加工区企业加工贸易成品退换进出境或在区内企业间退换，监管方式代码“4600”，简称“进料成品退换”。

(3)出口加工区企业进境料件退运出境，监管方式代码“0664”，简称“进料料件复出”。

(4)出口加工区企业边角料退运出境，监管方式代码“0864”，简称“进料边角料复出”。

(5)出口加工区企业加工设备运出境外、区外维修及维修后运回，监管方式代码“1300”，简称“修理物品”。

(6)出口加工区企业产品运出区外展览及展览完毕运回区内，监管方式代码“2700”，简称“展览品”。

(7)出口加工区企业产品、设备运往区外测试、检验及复运回区内，加工区企业委托区外加工产品运出、运回加工区，监管方式代码“2600”，简称“暂时进出货物”。

表 2-6 为贸易方式（监管方式）代码表。

表 2-6　贸易方式(监管方式)代码表

代码	简称	全称
0110	一般贸易	一般贸易
0130	易货贸易	易货贸易
0139	旅游购物商品	用于旅游者 5 万美元以下的出口小批量订货
0200	料件放弃	主动放弃交由海关处理的来料或进料加工料件
0214	来料加工	来料加工装配贸易进口料件及加工出口货物
0245	来料料件内销	来料加工料件转内销

续表 2-6

代码	简称	全称
0255	来料深加工	来料深加工结转货物
0258	来料余料结转	来料加工余料结转
0265	来料料件复出	来料加工复运出境的原进口料件
0300	来料料件退换	来料加工料件退换
0314	加工专用油	国营贸易企业代理来料加工企业进口柴油
0320	不作价设备	加工贸易外商提供的不作价进口设备
0345	来料成品减免	来料加工成品凭征免税证明转减免税
0400	成品放弃	主动放弃交由海关处理的来料或进料加工成品
0420	加工贸易设备	加工贸易项下外商提供的进口设备
0444	保区进料成品	按成品征税的保税区进料加工成品转内销货物
0445	保区来料成品	按成品征税的保税区来料加工成品转内销货物
0446	加工设备内销	加工贸易免税进口设备转内销
0456	加工设备结转	加工贸易免税进口设备结转
0466	加工设备退运	加工贸易免税进口设备退运出境
0500	减免设备结转	用于监管年限内减免设备的结转
0513	补偿贸易	补偿贸易
0544	保区进料料件	按料件征税的保税区进料加工成品转内销货物
0545	保区来料料件	按料件征税的保税区来料加工成品转内销货物
0615	进料对口	进料加工
0642	进料以产顶进	进料加工成品以产顶进
0644	进料料件内销	进料加工料件转内销
0654	进料深加工	进料深加工结转货物
0657	进料余料结转	进料加工余料结转
0664	进料料件复出	进料加工复运出境的原进口料件
0700	进料料件退换	进料加工料件退换
0744	进料成品减免	进料加工成品凭征免税证明转减免税
0815	低值辅料	低值辅料
0844	进料边角料内销	进料加工项下边角料转内销
0845	来料边角料内销	来料加工项下边角料内销
0864	进料边角料复出	进料加工项下边角料复出口
0865	来料边角料复出	来料加工项下边角料复出口

续表 2-6

代码	简称	全称
1139	国轮油物料	中国籍运输工具境内添加的保税油料、物料
1200	保税间货物	海关保税场所及保税区域之间往来的货物
1233	保税仓库货物	保税仓库进出境货物
1234	保税区仓储转口	保税区进出境仓储转口货物
1300	修理物品	进出境修理物品
1427	出料加工	出料加工
1500	租赁不满 1 年	租期不满 1 年的租赁贸易货物
1523	租赁贸易	租期在 1 年及以上的租赁贸易货物
1616	寄售代销	寄售、代销贸易
1741	免税品	免税品
1831	外汇商品	免税外汇商品
2025	合资合作设备	合资合作企业作为投资进口设备物品
2225	外资设备物品	外资企业作为投资进口的设备物品
2439	常驻机构公用	外国常驻机构进口办公用品
2600	暂时进出货物	暂时进出口货物
2700	展览品	进出境展览品
2939	陈列样品	驻华商业机构不复运出口的进口陈列样品
3010	货样广告品 A	有经营权单位进出口的货样广告品
3100	无代价抵偿	无代价抵偿进出口货物
3339	其他进出口免费	其他进出口免费提供货物
3410	承包工程进口	对外承包工程进口物资
3422	对外承包出口	对外承包工程出口物资
3511	援助物资	国家和国际组织无偿援助物资
3612	捐赠物资	进出口捐赠物资
4019	边境小额	边境小额贸易(边民互市贸易除外)
4039	对台小额	对台小额贸易
4139	对台小额商品交易市场	进入对台小额商品交易专用市场的货物
4200	驻外机构运回	我驻外机构运回旧公用物品
4239	驻外机构购进	我驻外机构境外购买运回国的公务用品
4400	来料成品退换	来料加工成品退换
4500	直接退运	直接退运

续表 2-6

代码	简称	全称
4539	进口溢误卸	进口溢卸、误卸货物
4561	退运货物	因质量不符、延误交货等原因退运进出境货物
4600	进料成品退换	进料成品退换
5000	料件进出区	料件进出海关特殊监管区域
5010	特殊区域研发货物	海关特殊监管区域与境外之间进出的研发货物
5014	区内来料加工	海关特殊监管区域与境外之间进出的来料加工货物
5015	区内进料加工货物	海关特殊监管区域与境外之间进出的进料加工货物
5034	区内物流货物	海关特殊监管区域与境外之间进出的物流货物
5100	成品进出区	成品进出海关特殊监管区域
5300	设备进出区	设备及物资进出海关特殊监管区域
5335	境外设备进区	海关特殊监管区域从境外进口的设备及物资
5361	区内设备退运	海关特殊监管区域设备及物资退运境外
6033	物流中心进出境货物	保税物流中心与境外之间进出仓储货物
9600	内贸货物跨境运输	内贸货物跨境运输
9639	海关处理货物	海关变卖处理的超期未报货物、走私违规货物
9700	后续补税	无原始报关单的后续补税
9739	其他贸易	其他贸易
9800	租赁征税	租赁期1年及以上的租赁贸易货物的租金
9839	留赠转卖物品	外交机构转售境内或国际活动留赠放弃特批货物
9900	其他	其他

(十一)征免性质

征免性质是指海关根据《海关法》、《关税条例》及国家有关政策对进出口货物实施的征、减、免税管理的性质类别。征免性质是海关对进出口货物征、减、免税进行分类统计分析的重要基础。

1. 常见征免性质及其适用范围

(1)一般征税(101),适用于依照《海关法》、《关税条例》、《进出口税则》及其他法律、行政法规和规章所规定的税率征收进出口关税、进口环节增值税和其他税费的进出口货物,包括除其他征免性质另有规定者外的一般照章(包括按照公开暂定税率、关税配额、反倾销、反补贴、保障措施等)征税或补税的进出口货物。

(2)其他法定(299),适用于依照《海关法》、《关税条例》,对除无偿援助进出口物资外的其他实行法定减免税的进出口货物,以及根据有关规定非按全额货值征税的部分进出口货物。具体适用范围如下:

①无代价抵偿进出口货物（照章征税的除外）；
②无商业价值的广告品和货样；
③进出境运输工具装载的途中必需的燃料、物料和饮食用品；
④因故退还的境外进口货物；
⑤因故退还的我国出口货物；
⑥在境外运输途中或者在起卸时遭受损坏或损失的货物；
⑦起卸后海关放行前，因不可抗力遭受损坏或者损失的货物；
⑧因不可抗力因素造成的受灾保税货物；
⑨海关查验时已经破漏、损坏或者腐烂，经证明不是保管不慎造成的货物；
⑩我国缔结或者参加的国际条约规定减征、免征关税的货物和物品；
⑪暂准进出境货物；
⑫展览会货物；
⑬出料加工项下的出口料件及复进口的成品；
⑭进出境的修理物品；
⑮租赁期不满 1 年的进出口货物；
⑯边民互市进出境货物；
⑰非按全额货值征税的进出口货物（如按租金、修理费征税的进口货物）；
⑱其他不按“进出口货物征免税证明”管理的减免税货物。

(3)保税区(307)，适用于对保税区单独实施征减免税政策的进口自用物资，包括保税区用于基础设施建设的物资，以及保税区内企业（外商投资企业除外）进口的生产设备、其他自用物资和出口货物、保税区行政管理机构自用合理数量的管理设备和办公用品等。

(4)科教用品(401)，适用于为促进科学研究和教育事业的发展，科学研究机构和学校以科学研究、教学为目的按照有关征减免税政策，在合理数量范围以内，进口国内不能生产的或性能不能满足需要的、直接用于科研或教学的货物。

(5)科技开发用品(405)，指为鼓励科学研究和技术开发，促进科技进步，科学研究、技术开发机构在规定的时间内，在合理数量范围内进口国内不能生产或者性能不能满足需要的科技开发用品。

(6)加工设备(501)，适用于加工贸易经营单位按照有关征减免税政策进口的外商免费（即不需经营单位付汇，也不需用加工费或差价偿还）提供的加工生产所需设备。

(7)来料加工(502)，适用于来料加工装配项下进口所需的料件等，以及经加工后出口的成品、半成品。

(8)进料加工(503)，适用于为生产外销产品用外汇购买进口的料件，以及加工后返销出口的成品、半成品。

(9)中外合资(601)，目前一般适用于中外合资企业自产的出口产品。

(10)中外合作(602)，目前一般适用于中外合作企业自产的出口产品。

(11)外资企业(603)，目前一般适用于外商独资企业自产的出口产品。

(12)鼓励项目(789)，适用于 1998 年 1 月 1 日后经主管部门审批并确认的国家鼓励发展的国内投资项目、外商投资项目、利用外国政府贷款和国际金融组织贷款项目，以及从 1999 年 9 月 1 日起，按国家规定程序审批的外商投资研究开发中心及中西部省、自治区、直辖市利用外资优势产业和优势项目目录的项目，在投资总额内进口的自用设备，以及按合同随设备进口的技术及数量合理的配套件、备件。

(13)自有资金(799)，适用于已设立的鼓励类外商投资企业(外国投资者的投资比例不低于25%)、外商投资研究开发中心、先进技术型和产品出口型外商投资企业，以及符合中西部利用外资优势产业和优势项目目录的项目，在投资总额以外利用自有资金(包括企业储备基金、发展基金、折旧和税后利润)，在原批准的生产经营范围内进口国内不能生产或性能不能满足需要的(即不属于《国内投资项目不予免税的进口商品目录》的)自用设备及其配套的技术、配件、备件，用于本企业原有设备更新(不包括成套设备和生产线)或维修。

"鼓励项目"和"自有资金"的使用，须依程序取得海关核发的征免税证明并与之"征免性质"栏批注内容相符。

表2-7为征免性质代码表。

表2-7 征免性质代码表

代码	简称	全称
101	一般征税	一般征税进出口货物
201	无偿援助	无偿援助进出口物资
299	其他法定	其他法定减免税进出口货物
301	特定区域	特定区域进口自用物资及出口货物
307	保税区	保税区进口自用物资
399	其他地区	其他执行特殊政策地区出口货物
401	科教用品	大专院校及科研机构进口科教用品
403	技术改造	企业技术改造进口货物
405	科技开发用品	科学研究、技术开发机构进口科技开发用品
406	重大项目	国家重大项目进口货物
408	重大技术装备	生产重大技术装备进口关键零部件及原材料
409	科技重大专项	科技重大专项进口关键设备、零部件和原材料
412	基础设施	通信、港口、铁路、公路、机场建设进口设备
413	残疾人	残疾人组织和企业进出口货物
417	远洋渔业	远洋渔业自捕水产品
418	国产化	国家定点生产小轿车和摄录机企业进口散件
420	远洋船舶	远洋船舶及设备部件
421	内销设备	内销远洋船用设备及关键部件
422	集成电路	集成电路生产企业进口货物
423	新型显示器件	新型显示器件生产企业进口货物
499	ITA产品	非全税号信息技术产品
501	加工设备	加工贸易外商提供的不作价进口设备

续表 2-7

代码	简称	全称
502	来料加工	来料加工装配和补偿贸易进口料件及出口成品
503	进料加工	进料加工贸易进口料件及出口成品
506	边境小额	边境小额贸易进口货物
510	港澳 OPA	港澳在内地加工的纺织品获证出口
601	中外合资	中外合资经营企业自产出口货物
602	中外合作	中外合作经营企业自产出口货物
603	外资企业	外商独资企业自产出口货物
605	勘探开发煤层气	勘探开发煤层气
606	海洋石油	勘探、开发海洋石油进口货物
608	陆上石油	勘探、开发陆上石油进口货物
609	贷款项目	利用贷款进口货物
611	贷款中标	国际金融组织贷款、外国政府贷款中标机电设备零部件
698	公益收藏	国有公益性收藏单位进口藏品
789	鼓励项目	国家鼓励发展的内外资项目进口设备
799	自有资金	外商投资额度外利用自有资金进口设备、备件、配件
801	救灾捐赠	救灾捐赠进口物资
802	扶贫慈善	境外向我境内无偿捐赠用于扶贫慈善的免税进口物资
888	航材减免	经核准的航空公司进口维修用航空器材
898	国批减免	国务院特准减免税的进出口货物
997	自贸协定	
998	内部暂定	享受内部暂定税率的进出口货物
999	例外减免	例外减免税进出口货物

2. 填报要求

(1)报关单“征免性质”栏应按照海关核发的进出口货物征免税证明中批注的征免性质填报，或根据实际情况按“征免性质代码表”选择填报相应的征免性质简称或代码。

(2)一份报关单只允许填报一种征免性质，涉及多个征免性质的，应分单填报。

(3)加工贸易货物特殊情况填报要求：

加工贸易转内销货物，按实际应享受的征免性质填报，如“一般征税”、“科教用品”、“其他法定”等。

加工贸易料件退运出口、成品退运进口的货物填报“其他法定”。

加工贸易结转货物，本栏目为空。

(十二)征税比例/结汇方式

征税比例用于原"进料非对口"贸易方式下的进口报关单,现征税比例政策已取消,进口报关单本栏目免予填报。

结汇方式是指出口货物的发货人或其代理人收结外汇的方式。出口报关单应按照海关规定的"结汇方式代码表"(表2-8)选择填报相应的结汇方式名称或代码。本栏目不得为空,出口货物不需结汇的,填报"其他"。

表2-8 结汇方式代码表

代码	结汇方式名称	英文缩写	英文名称
1	信汇	M/T	Mail Transfer
2	电汇	T/T	Telegraphic Transfer
3	票汇	D/D	Remittance by Banker's Demand Draft
4	付款交单	D/P	Documents against Payment
5	承兑交单	D/A	Documents against Acceptance
6	信用证	L/C	Letter of Credit
7	先出后结		
8	先结后出		
9	其他		

(十三)许可证号

许可证号是指商务部配额许可证事务局、驻各地特派员办事处以及各省、自治区、直辖市、计划单列市及商务部授权的其他省会城市商务厅(局)、外经贸委(厅、局)签发的进出口许可证编号。

进(出)口所列许可证管理商品,申报时应将相关证件编号(不包括证件代码)填报在报关单本栏目。非许可证管理商品本栏目为空。一份报关单只允许填报一个许可证号。

表2-9为监管证件名称及代码。

表2-9 监管证件名称及代码

代码	监管证件名称
1	进口许可证
2	两用物项和技术进口许可证
3	两用物项和技术出口许可证
4	出口许可证
5	两用物项和技术出口许可证(定向)
6	出口许可证(加工贸易)
7	出口许可证(边境小额贸易)

（十四）起运国（地区）/运抵国（地区）

起运国（地区）是指进口货物起始发出直接运抵我国的国家或地区，或者在运输中转国（地区）未发生任何商业性交易的情况下运抵我国的国家或地区。

运抵国（地区）是指出口货物离开我国关境直接运抵的国家或地区，或者在运输中转国（地区）未发生任何商业性交易的情况下最后运抵的国家或地区。

进口货物报关单的“起运国（地区）”栏和出口货物报关单的“运抵国（地区）”栏，应按海关规定的“国别（地区）代码表”（表 2-10）选择填报相应国别（地区）的中文名称或代码。

表 2-10　主要国别（地区）代码表

代码	中文名称	代码	中文名称
110	中国香港	307	意大利
116	日本	331	瑞士
121	中国澳门	344	俄罗斯联邦
132	新加坡	501	加拿大
133	韩国	502	美国
142	中国	601	澳大利亚
143	台澎金马关税区	609	新西兰
303	英国	701	国（地）别不详的
304	德国	702	联合国及其机构和国际组织
305	法国		

1. 直接运抵货物

不经过第三国（地区）转运的直接运输进出口货物，以进口货物的装货港所在国（地区）为起运国（地区），以出口货物的指运港所在国（地区）为运抵国（地区）。

2. 在第三国（地区）中转（转运）货物

所谓中转（转运）货物，指船舶、飞机等运输工具从装运港将货物装运后，不直接驶往目的港，而在中途的港口卸下后，再换装另外的船舶、飞机等运输工具转运往目的港。货物中转的原因很多，如至目的港无直达船舶（飞机），或目的港虽有直达船舶（飞机）而时间不定或航次间隔时间太长，或目的港不在装载货物的运输工具的航线上，或货物属于多式联运等。

货物是否中转，可根据随附单据中的有关信息来判断。例如“FROM LONDON TO PARIS VIA DOVER”意为从伦敦经多佛中转运至巴黎；又如“HAMBURG IN TRANSIT TO ZURICH SWITZERLAND”意为经汉堡中转运至瑞士苏黎世。

对于中转货物，起运国（地区）或运抵国（地区）分两种不同情况填报：

（1）发生运输中转而未发生任何买卖关系的货物，其起运国（地区）或运抵国（地区）不变，仍以进口货物的始发国（地区）为起运国（地区）填报，以出口货物的最终目的国（地区）为运抵国（地区）填报。

例 1　上海某进出口公司与日本某公司签约，进口 100 台日本产丰田面包车，从日本某港口起运，经香港中转运抵中国境内。进口报关单"起运国(地区)"、"原产国(地区)"均应为日本。

例2　深圳某公司与日本某公司签约，出口1万台自产DVD机，经香港中转运至日本名古屋。出口报关单"运抵国(地区)"、"最终目的国(地区)"均应为日本。

(2)发生运输中转并发生了商业性交易(买卖关系)的货物，其中转地为起运国(地区)或运抵国(地区)。可通过发票等商业单证来判断货物中转时是否发生了买卖关系。

例3　上海某进出口公司与香港某公司签约，进口100台日本产丰田面包车从日本某港口起运，经香港中转运抵中国境内。进口报关单"原产国(地区)"应为日本，"起运国(地区)"应为中国香港，因为境外签约人香港某公司所在地是中转地香港。

例4　深圳某公司与香港某公司签约，出口1万台自产DVD机，经香港中转运至日本名古屋。出口报关单"最终目的国(地区)"应为日本，"运抵国(地区)"应为中国香港，因为境外签约人香港某公司所在地是中转地香港。

3.非实际进出境货物

运输方式代码为"0"、"1"、"7"、"8"、"W"、"X"、"Y"、"Z"、"H"的，以及贸易方式后两位为42～46，54～58的货物，起运国(地区)和运抵国(地区)均为"中国"(142)。

(十五)装货港/指运港

装货港指进口货物在运抵我国关境前最后一个境外装运港。

指运港指出口货物运往境外的最终目的港。出口货物最终目的港不可预知的，指运港按尽可能预知的目的港填报。

本栏目应根据实际情况按海关规定的"港口航线代码表"选择填报相应的港口中文名称或代码。装货港/指运港在"港口航线代码表"中无港口中文名称及代码的，可选择填报相应的国家(地区)中文名称或代码。

不经过第三国(地区)转运的直接运输货物，进口报关单"装货港"所属国家(地区)应与"起运国(地区)"一致，出口报关单"指运港"所属国家(地区)应与"运抵国(地区)"一致。发生运输中转的货物，最后一个中转港就是装货港，指运港不受中转影响。在运输中转地换装运输工具但未发生商业性交易的进口货物，运输单证上的装货港可与"起运国(地区)"不一致。

无实际进出境的货物填报"中国境内"(142)。

(十六)境内目的地/境内货源地

境内目的地是指已知的进口货物在我国关境内的消费、使用地区或最终运抵的地点。

境内货源地是指出口货物在我国关境内的生产地或原始发货地(包括供货地点)。

本栏目应根据进口货物的收货单位、出口货物生产厂家或发货单位所属国内地区，按"国内地区代码表"选择国内地区名称或代码填报，代码含义与经营单位代码前5位的定义相同。

进口货物最终使用单位难以确定的，填报货物进口时预知的最终收货单位所在地；出口货物产地难以确定的，填报最早发运该出口货物的单位所在地。

(十七)批准文号

进口货物报关单本栏目免予填报。

出口货物报关单本栏目用于填报实行出口收汇核销管理的出口收汇核销单上的编号，出口不需要使用出口收汇核销单贸易方式的货物，本栏目无须填报。一份报关单允许填报一份出口收汇核销单编号。

需要使用出口收汇核销单的监管方式：

一般贸易（0110）、易货贸易（0130）、来料加工（0214）、来料深加工（0255）、补偿贸易（0513）、进料对口（0615）、进料深加工（0654）、货样广告品 A（3010）、对外承包出口（3422）、边境小额（4019）、对台小额（4039）、退运货物（4561）、进料料件复出（0664）、进料料件退换（0700）、进料非对口（0715）、进料边角料复出（0864）、保税工厂（1215）、出料加工（1427）、租赁不满 1 年（1500）、租赁贸易（1523）、寄售代销（1616）。

(十八)成交方式

在进出口贸易中，进出口商品的价格构成和买卖双方各自应承担的责任、费用和风险，以及货物所有权转移的界限，以贸易术语（价格术语）进行约定。

在填制进出口货物报关单时，应依据发票中的实际成交价格条款，按照海关“成交方式代码表”（表 2-11）选择填报相应的成交方式代码。

表 2-11　成交方式代码表

成交方式代码	成交方式名称	成交方式代码	成交方式名称
1	CIF	4	C&I
2	CFR(C&F/CNF)	5	市场价
3	FOB	6	垫仓

应注意的是，海关规定的“成交方式”与国际贸易术语解释通则中的贸易术语内涵并非完全一致。“CIF”、“CFR”、“FOB”等常见的成交方式，并不仅限于水路，而适用于任何国际货物运输方式，主要体现成本、运费、保险费等成交价格构成因素。

表 2-12 和表 2-13 分别为《2000 通则》和《2010 通则》中贸易术语与报关单“成交方式”栏的一般对应关系。

表 2-12　《2000 通则》13 种贸易术语与报关单“成交方式”栏一般对应关系

组别	E组	F组			C组				D组				
术语	E×W	FCA	FAS	FOB	CFR	CPT	CIF	CIP	DAF	DES	DEQ	DDU	DDP
成交方式	FOB				CFR		CIF						

表 2-13　《2010 通则》11 种贸易术语与报关单“成交方式”栏一般对应关系

组别	E组	F组			C组				D组		
术语	E×W	FCA	FAS	FOB	CFR	CPT	CIF	CIP	DAT	DAP	DDP
成交方式	FOB				CFR		CIF				

无实际进出境的货物，进口成交方式为 CIF 或其代码，出口成交方式为 FOB 或其代码。

采用集中申报的归并后的报关单，进口的成交方式必须为 CIF 或其代码，出口的成交方式必须为 FOB 或其代码。

（十九）运费

进出口报关单所列的运费是指除货价以外，进口货物运抵我国境内输入地点起卸前的运输费用，出口货物运至我国境内输出地点装载后的运输费用。

进口货物成交价格不包含前述运输费用或者出口货物成交价格含有前述运输费用，即进口成交方式为 FOB、C&I 或出口成交方式为 CIF、CFR 的，应在本栏填报运费。进口货物成交价格包含前述运输费用或者出口货物成交价格不包含前述运输费用的，本栏目免予填报。

本栏应根据具体情况选择运费单价、运费总价或运费率三种方式之一填报，同时注明运费标记，并按海关规定的"货币代码表"选择填报相应的币种代码。运费标记"1"表示运费率，"2"表示每吨货物的运费单价，"3"表示运费总价。

运保费合并计算的，运保费填报在本栏目。

（二十）保费

进出口报关单所列的保费是指进出口货物在国际运输过程中，由被保险人付给保险人的保险费用。其中，进口货物保费是指货物运抵我国境内输入地点起卸前的保险费用，出口货物保费是指货物运至我国境内输出地点装载后的保险费用。

进口货物成交价格包含前述保险费用或者出口货物成交价格不包含前述保险费用的，本栏目免予填报。进口货物成交价格不包含保险费的和出口货物成交价格含有保险费的，即进口成交方式为 FOB、CFR 或出口成交方式为 CIF、C&I 的，应在本栏填报保费。

陆运、空运和海运进口货物的保险费，按照实际支付的费用计算。进口货物保险费无法确定或者未实际发生的，按货价加运费的 3‰ 计算保险费，计算公式：保险费＝（货价＋运费）×3‰。

本栏应根据具体情况选择保险费总价或保险费率两种方式之一填报，同时注明保险费标记，并按海关规定的"货币代码表"选择填报相应的币种代码。保险费标记"1"表示保险费率，"3"表示保险费总价。

运保费合并计算的，运保费填报在"运费"栏中，本栏目免予填报。

（二十一）杂费

杂费是指成交价格以外的，按照《关税条例》等相关规定应计入完税价格或应从完税价格中扣除的费用，如手续费、佣金、折扣等费用。

本栏目应根据具体情况选择杂费总价或杂费率两种方式之一填报，同时注明杂费标记，并按海关规定的"货币代码表"选择填报相应的币种代码。杂费标记"1"表示杂费率，"3"表示杂费总价。

应计入完税价格的杂费填报为正值或正率，应从完税价格中扣除的杂费填报为负值或负率。无杂费时，本栏免填。

表 2-14 为运费、保费、杂费填写例表。

表 2-14　运费、保费、杂费填写例表

项目	率 1	单价 2	总价 3
运费	5%→5/1	USD50/MT→502/50/2	HKD5 000→110/5 000/3
保费	0.27%→0.27/1	—	EUR5 000→300/5 000/3
杂费(计入)	1%→1/1	—	GBP5 000→303/5 000/3
杂费(扣除)	1%→−1/1	—	JPY5 000→116/−5 000/3

(二十二)合同协议号

合同(协议)号是指在进出口贸易中,买卖双方或数方当事人根据国际贸易惯例或国家有关法律、法规,自愿按照一定条件买卖某种商品签订的合同(包括协议或订单)的编号。

本栏目填报进(出)口货物合同(包括协议或订单)的全部字头和号码。在原始单据上合同号一般表示为"Contract No.:××××××",此处的"××××××"即为"合同协议号"所应填报内容。

进出口报关单所申报货物必须是在合同中明确包含的货物。

(二十三)件数

件数是指有外包装的单件进出口货物的实际件数,货物可以单独计数的一个包装称为一件。

报关单件数栏目不得为空,件数应大于或等于1,不得填报"0"。

舱单件数为集装箱的,填报集装箱个数;舱单件数为托盘的,填报托盘数。

散装、裸装货物填报"1"。

(二十四)包装种类

进出口货物报关单所列的"包装种类"栏是指进出口货物在运输过程中外表所呈现的状态,包括包装材料、包装方式等。一般情况下,应以装箱单或提运单据所反映的货物处于运输状态时的最外层包装或称运输包装作为"包装种类"向海关申报,并相应计算件数。

本栏目应根据进出口货物的实际外包装种类,选择填报相应的包装种类,如木箱、纸箱、铁桶、散装、裸装、托盘、包、捆、袋等。

在原始单据(装箱单或提运单据)上件数和包装种类一般表示为"No. of PKGS",其后数字即表示应填报的"Packages"(包装)的件数。

例1　"TOTAL PACKED IN 200 CARTONS",表明共有200个纸箱,件数填报为"200",包装种类填报为"纸箱"。

例2　"Quantity:22 CTNS ONLY",表明共有22个纸箱,件数填报为"22",包装种类填报为"纸箱"。

例3　"3 Units & 4 Cartons",表明共有3个计件单位(辆、台、件等)和4个纸箱,件数合计为7,包装种类统报为"其他"。

(二十五)毛重

毛重是指商品重量加上商品的外包装物料的重量。

“毛重”栏填报进出口货物及其包装材料的重量之和，不得为空。

毛重的计量单位为千克，毛重应大于或等于1，不足1千克的填报为“1”。

应以合同、发票、提运单、装箱单等有关单证中“GROSS WEIGHT(缩写G. W.)”栏所显示的重量确定进出口货物的毛重。

(二十六)净重

净重是指货物的毛重扣除外包装材料后的重量，即商品本身的实际重量。部分商品的净重还包括直接接触商品的销售包装物料的重量(如罐头装食品等)。

“净重”栏填报进出口货物实际净重，不得为空。

净重的计量单位为千克，净重应大于或等于1，不足1千克的填报为“1”。

商品的净重一般都在合同、发票、装箱单或提运单据的“Net Weight(缩写N. W.)”栏体现。合同、发票等有关单证不能确定净重的货物，可以估重填报。

以毛重作为净重计价的，可填毛重。按照国际惯例以公量重计价的货物，如未脱脂羊毛、羊毛条等，填报公量重。

(二十七)集装箱号

集装箱号是在每个集装箱箱体两侧标示的全球唯一的编号。其组成规则是：箱主代号(3位字母)＋设备识别号“U”＋顺序号(6位数字)＋校验码(1位数字)。例如：CRCU5682365。

进出口报关单所列的集装箱号是指装载进出口货物(包括拼箱货物)的集装箱的箱体信息，包括集装箱箱体上标示的全球唯一编号、集装箱的规格和自重。

纸质报关单填报时涉及多个集装箱的，第一个集装箱号填报在“集装箱号”栏中，其余的依次填报在“标记唛码及备注”栏中。

非集装箱货物，填报为“0”。非实际进出境货物采用集装箱运输的，本栏目免予填报。

填报格式为：集装箱号＋“/”＋规格＋“/”＋自重。例如：TEXU3605231/20/2275.表明这是一个20英尺集装箱，箱号为TEXU3605231，自重2 275千克。

(二十八)随附单证

随附单证，是指随进出口货物报关单一并向海关递交的，除商业、货运单证及“许可证号”栏填报的进出口许可证以外的监管证件。

本栏目填报监管证件的代码及编号，格式为：监管证件代码＋“:”＋监管证件编号。所申报货物涉及多个监管证件的，一个监管证件代码和编号填报在“随附单证”栏，其余监管证件代码和编号填报在“标记唛码及备注”栏中。

1.监管证件代码表(表2-15)

在海关监管和报关实务中，为满足计算机管理和便捷通关的需要，海关依据我国对外贸易法律法规和规章，对于每一商品编码项下的商品，在通关系统中均对应设置一定的监管条件，用以表示该商品是否可以进出口，或者进出口时是否需要提交监管证件，以及提交何种监管证件。监管条件以监管证件代码来表示；如监管条件为空，则表示该商品可以进出口且无须提交任何监管证件。例如：商品编号为8479.8999.10项下用于光盘生产的金属母盘生产设备(具有独立功能的)，监管条件为“6ABO”，其中代码“6”表示该商品的旧品禁止进口，代码“A”和“O”表示该商品进口时需提交入境货物通关单和自动进口许可证，代码“B”表示该商品出口时需要提交出境货物通关单。下表为一个更完整的监管证件代码表。

表 2-15　监管证件代码表

代码	监管证件名称	代码	监管证件名称
1	进口许可证	2	两用物项和技术进口许可证
3	两用物项和技术出口许可证	4	出口许可证
6	旧机电产品禁止进口	7	自动进口许可证
8	禁止出口商品	9	禁止进口商品
A	入境货物通关单	B	出境货物通关单
D	出/入境货物通关单(毛坯钻石用)	E	濒危物种允许出口证明书
F	濒危物种允许进口证明书	G	两用物项和技术出口许可证(定向)
H	港澳 OPA 纺织品证明	I	精神药物进(出)口准许证
J	黄金及其制品进出口准许证或批件	L	药品进出口准许证
M	密码产品和设备进口许可证	O	自动进口许可证(新旧机电产品)
P	固体废物进口许可证	Q	进口药品通关单
R	进口兽药通关单	S	农药进出口登记管理放行通知单
T	银行调运现钞进出境许可证	U	合法捕捞产品通关证明
W	麻醉药品进出口准许证	×	有毒化学品环境管理放行通知单
Y	原产地证明	Z	音像制品进口批准单或节目提取单
e	关税配额外优惠税率进口棉花配额证	q	国别关税配额证明
s	适用 ITA 税率的商品用途认定证明	t	关税配额证明
v	自动进口许可证(加工贸易)	×	出口许可证(加工贸易)
y	出口许可证(边境小额贸易)		

除表 2-15 所示监管条件及主管部门签发的许可证件外，海关通关系统中亦包含部分由海关设置的监管证件，如“内销征税联系单”(c)、“预归类标志”(r)、“深加工结转申请表”(K)等。

2. 优惠贸易协定项下原产地证书相关内容的填报

(1)实行原产地证书联网管理的，在本栏中填报“Y:＜优惠贸易协定代码＞”;同时将原产地证书编号填报在“备案号”栏，格式为:“Y”＋原产地证书编号。例如:香港 CEPA 项下进口商品，应填报为“Y:＜03＞”。实行原产地证书联网管理的，一份原产地证书只能对应一份报关单。

(2)未实行原产地证书联网管理的，本栏填报“Y:＜优惠贸易协定代码:需证商品序号＞”，但“备案号”栏免予填报。例如:《亚太贸易协定》项下进口报关单中第 1 项到第 3 项和第 5 项为优惠贸易协定项下商品，应填报为“Y:＜01:1－3,5＞”。

(3)优惠贸易协定项下出口货物，本栏目填报原产地证书代码和编号。

表 2-16 进口货物优惠贸易协定代码表。

表 2-16 进口货物优惠贸易协定代码表

代码	优惠贸易协定
01	亚太贸易协定
02	中国—东盟自贸区
03	中国香港 CEPA
04	中国澳门 CEPA
05	对非洲特别优惠关税待遇
06	中国台湾农产品零关税措施
07	中国—巴基斯坦自贸协定
08	中国—智利自贸协定
09	对也门等国特备优惠关税待遇
10	中国—新西兰自贸协定
11	中国—新加坡自贸协定
12	中国—秘鲁自贸协定
13	对最不发达国家的特别优惠关税待遇
14	海峡两岸经济合作框架协议(ECFA)
15	中国—哥斯达黎加自贸协定

(二十九)用途/生产厂家

用途是指进口货物在境内实际应用的范围。应根据进口货物的实际用途,按海关规定的“用途代码表”(表 2-17)选择填报相应的用途名称或代码。

生产厂家是指出口货物的中国境内生产企业的名称,该栏仅供必要时填报。

常见用途的使用范围:

(1)外贸自营内销(01):有外贸进出口经营权的企业,在其经营范围内以正常方式成交的进口货物。

(2)其他内销(03):进料加工转内销部分、来料加工转内销货物,以及外商投资企业进口供加工内销产品的料件。

(3)企业自用(04):进口供本单位(企业)自用的货物,如外商投资企业及特殊区域内的企业、事业和机关单位进口自用的机器设备等。

(4)加工返销(05):来料加工、进料加工、补偿贸易和外商投资企业为履行产品出口合同从国外进口料件,用于在国内加工后返销到境外。

(5)借用(06):从境外租借进口,在规定的使用期满后退运出境外的进口货物,如租赁贸易进口货物。

(6)收保证金(07):由担保人向海关缴纳现金的一种担保形式。

(7)免费提供(08):免费提供的进口货物,如无偿援助、捐赠、礼品等进口货物。

(8)作价提供(09):我方与外商签订合同、协议,规定由外商作价提供进口的货物,事后由我方支付或从我方出口货物款中或出口加工成品的加工费中扣除，如来料加工贸易进口设备等。

表 2-17 用途代码表

代码	名称	代码	名称	代码	名称
01	外贸自营内销	02	特区内销	03	其他内销
04	企业自用	05	加工返销	06	借用
07	收保证金	08	免费提供	09	作价提供
10	货样，广告品	11	其他		

（三十）标记唛码及备注

纸质报关单"标记唛码及备注"栏用于填报标记唛码、备注说明和集装箱号等与进出口货物有关的文字或数字。

1. 标记唛码项

标记唛码是运输标志的俗称。进出口货物报关单上标记唛码专指货物的运输标志。货物标记唛码中除图形以外的所有文字和数字，填报在本栏"标记唛码"项。

标记唛码英文表示为 Marks、Marking、MKS、Marks&No. 、Shipping Marks 等，通常是由一个简单的几何图形和一些字母、数字及简单的文字组成，包含收货人代号、合同号和发票号、目的地、原产国（地区）、最终目的国（地区）、目的港或中转港和件数号码等内容。

例 1

Marks & No.	（唛头）
HAMBURG	（中转港：汉堡）
IN TRANSIT TO ZURICH SWITZERLAND	（目的国/港：瑞士、苏黎世）
C/NO. 1～1 533	（件数：1 533 件）
MADE IN CHINA	（原产国：中国）

例 2

MKS/Marking	（唛头）
SHANGHAI WORLDBEST	（收货人）
98L～025SH	（合同号）
SHANGHAI	（目的地：上海）
C/NO. 1～420	（件数：420 件）

2. 备注项

备注是指除按报关单固定栏目申报进出口货物有关情况外，需要补充或特别说明的事项，包括关联备案号、关联报关单号，以及其他需要补充或特别说明的事项。

常见备注内容：

（1）接受外商投资企业委托，代理进口其投资设备、物品的进出口企业名称。例如："委托××公司进口"。

(2)所申报货物涉及多个监管证件的，除第一个监管证件以外的其余监管证件和代码。格式为：监管证件的代码＋“:”＋监管证件编号。

(3)所申报货物涉及多个集装箱的，除第一个集装箱号以外的其余的集装箱号。格式为：集装箱号＋“/”＋规格＋“/”＋自重。

(4)关联备案号，即与本报关单有关联关系的，同时在业务管理规范方面又要求填报的备案号，包括：

①加工贸易结转货物及凭征免税证明转内销货物，填写其对应的备案号；

②减免税货物结转进口(转入)，填写本次减免税货物结转所申请的“减免税进口货物结转联系函”的编号；减免税货物结转出口(转出)，填写与其相对应的进口(转入)报关单“备案号”栏中征免税证明的编号。

(5)关联报关单号，即与本报关单有关联关系的，同时在业务管理规范方面又要求填报的报关单号，包括：

①加工贸易结转类货物，应先办理进口报关后办理出口报关，并将进口报关单号在出口报关单中备注；

②减免税货物结转出口(转出)，应先办理进口报关后办理出口报关，并将进口(转入)报关单号在出口(转出)报关单中备注；

③进口货物办理直接退运手续，除另有规定外，应先填写出口报关单，后填写进口报关单，并将出口报关单号在进口报关单中备注。

(6)加工贸易货物

①加工贸易转内销货物，经营企业凭加工贸易货物内销征税联系单纸质或电子数据办理通关手续。在填制内销报关单时，在备注项注明“活期”字样。

②加工贸易企业放弃半成品、残次品、副产品的，备注项中注明“半成品”、“残次品”和“副产品”等相关字样；加工贸易放弃货物通过销毁处理的，注明“销毁”字样；经海关批准由企业自行处理的，注明“自行处理”字样，如放弃半成品并销毁处理，注明“半成品/销毁”。

③来料加工出口成品报关单，注明料件费与工缴费金额。

(7)进口货物办理直接退运手续，备注“准予直接退运决定书”或者“责令直接退运通知书”编号。

(8)其他申报时必须说明的事项。

三、进出口货物报关单表体栏目的填报

(一)项号

项号是指所申报货物在报关单中的商品排列序号及该项商品在加工贸易手册、征免税证明等备案单证中的顺序编号。

一份报关单表体共有20栏，每项商品占据表体的一栏，超过20项商品须分单填报。一张纸质报关单表体分为5栏，每项商品占据表体的一栏，最多可填写(打印)5项商品。

纸质报关单中的一项商品分两行填报：第一行填报该项商品在报关单中的商品排列序号；第二行专用于加工贸易、减免税和实行原产地证书联网管理等已备案、审批的货物，填报该项商品在加工贸易手册中的备案项号、征免税证明备案项号或原产地证书上的对应商品项号。

1.加工贸易货物

加工贸易项下进出口货物的报关单，第一行填报报关单中的商品顺序编号，第二行填报该项商品在加工贸易手册（账册）中的备案项号，用于核销对应项号下的料件或成品数量。如一张加工贸易料件进口纸质报关单上某项商品项号填报为上“01”、下“10”，说明该商品位列报关单所申报商品的第1项，且对应加工贸易手册备案料件第10项。第二行特殊情况填报要求如下：

(1)深加工结转货物，分别按照加工贸易手册中的进口料件项号和出口成品项号填报。

(2)料件结转货物（包括料件、成品和半成品折料），出口报关单按照转出加工贸易手册中进口料件的项号填报，进口报关单按照转入加工贸易手册中进口料件的项号填报。

(3)料件转内销货物，以及按料件补办进口手续的转内销成品、半成品、残次品，应填制进口报关单，本栏目填报加工贸易手册进口料件的项号。加工贸易边角料、副产品内销，本栏目填报加工贸易手册中对应的料件项号。当边角料或副产品对应一个以上料件项号时，填报主要料件项号。

(4)料件复出货物（包括料件、边角料、来料加工半成品折料），出口报关单按照加工贸易手册中进口料件的项号填报；如边角料对应一个以上料件项号时，填报主要料件项号。料件退换货物（包括料件，不包括半成品），进出口报关单按照加工贸易手册中进口料件的项号填报。

(5)成品退运货物，退运进境报关单和复运出境报关单按照加工贸易手册原出口成品的项号填报。

(6)成品凭征免税证明转为享受减免税进口货物的，应先办理进口报关手续。进口报关单填报征免税证明中的项号，出口报关单填报加工贸易手册原出口成品项号，进出口报关单货物的数量应一致。

(7)加工贸易料件、成品放弃，本栏目应填报加工贸易手册中进口料件或出口成品的项号。半成品放弃的应按单耗折回料件，以料件放弃申报，本栏目填报加工贸易手册中对应的料件项号。

(8)副产品退运出口、结转出口或放弃，本栏目应填报加工贸易手册中新增的变更副产品的出口项号。

(9)经海关批准实行加工贸易联网监管的企业，按海关联网监管要求，企业需申报报关清单的，应在向海关申报货物进出口（包括形式进出口）报关单前，向海关申报清单。一份报关清单对应一份报关单，报关单商品由报关清单归并而得。

2.优惠贸易协定项下实行原产地证书联网管理的货物

报关单第一行填写报关单中商品排列序号，第二行填写对应的原产地证书上的“商品项号”。

(二)商品编号

商品编号是指在《协调制度》的基础上，按商品归类规则确定的进出口货物的海关监管商品代码。商品编号由10位数字组成，前8位为《进出口税则》中的税则号列和《统计商品目录》确定的商品编号，后2位数为海关附加编号。进出口货物应填报10位海关商品编号。

填报要求：

(1)加工贸易货物，报关单商品编号应与加工贸易手册（账册）中备案的商品编号一致。

(2)减免税货物,报关单商品编号应与征免税证明备案数据一致。

(3)加工贸易保税货物跨关区深加工结转的结转双方的商品编号的前4位必须一致。

(三)商品名称、规格型号

商品名称是指国际贸易缔约双方同意买卖的商品名称。报关单中的商品名称是指进出口货物规范的中文名称。

规格型号是指反映商品性能、品质和规格的一系列指标,如品牌、等级、成分、含量、纯度、尺寸等。

填报要求:

(1)"商品名称及规格型号"栏分两行填报。

第一行填报进出口货物规范的中文名称。如果发票中的商品名称为非中文名称,则需翻译成规范的中文名称填报,必要时加注原文。

第二行填报规格型号。例如:

商品名称、规格型号	
棕榈仁油	(第一行,规范的中文名称)
H2100G,氢化,碘值0.21,游离脂肪酸0.014%	(第二行,规格型号)

(2)商品名称及规格型号应据实填报,并与合同、商业发票等相关单证相符。商品名称及规格型号通常体现在发票的"Description of Goods"、"Product and Description"、"Goods Description"、"Quantities and Description"栏目。

(3)商品名称应当规范,规格型号应当足够详细,以能满足海关归类、审价及许可证件管理要求为准。为了规范进出口企业申报行为,提高申报数据质量,促进贸易便利化,海关制定了《规范申报目录》,进出口货物收发货人或其代理人在报关时应当严格按照《规范申报目录》中关于规范申报商品品名、规格的要求填制报关单并依法办理通关手续。

(4)同一商品编号、多种规格型号的商品,可归并为一项商品的,按照归并后的商品名称和规格型号填报。

(5)减免税货物、加工贸易等已备案的货物,本栏目填报的内容须与海关备案登记中同项号下货物的名称与规格型号一致。

加工贸易边角料和副产品内销,边角料复出口,应填报其报验状态的名称和规格型号。属边角料、副产品、残次品、受灾保税货物且按规定需加以说明的,在本栏目中填注规定的字样。

(6)对需要海关签发"货物进口证明书"的车辆,商品名称应填报"车辆品牌+排气量(注明cc)+车型(如越野车、小轿车等)"。进口汽车底盘可不填报排气量。车辆品牌应按照"进口机动车辆制造厂名称和车辆品牌中英文对照表"中"签注名称"一栏的要求填报。规格型号可填报"汽油型"等。

(四)数量及单位

报关单上的"数量及单位"栏指进出口商品的成交数量及计量单位,以及海关法定计量单位和按照海关法定计量单位计算的数量。

海关法定计量单位又分为海关法定第一计量单位和海关法定第二计量单位。海关法定计量单位以《统计商品目录》中规定的计量单位为准。例如:天然水为千升/吨,卷烟为千支/千克,牛皮为千克/张,毛皮衣服为千克/件。

1.填报格式

(1)本栏目分3行填报:

①《统计商品目录》列明的第一计量单位及数量填报在第一行;

②《统计商品目录》列明的第二计量单位及数量填报在第二行,无第二计量单位的,第二行为空;

③买卖双方在交易过程中所确定的成交计量单位与《统计商品目录》所列计量单位不一致时,在本栏目第三行填报成交计量单位及数量。成交计量单位与《统计商品目录》计量单位一致时,本栏目第三行为空。

《统计商品目录》未列明计量单位的,按成交数量和计量单位申报。

(2)本栏目长度为13位整数及5位小数。超出上述范围的,允许合理修正实际计量单位,例如将克改为千克或吨。数量栏目不得为空或填报"0"。

2.填报要求

(1)加工贸易备案的货物,成交计量单位必须与备案登记中同项号下货物的计量单位一致。加工贸易边角料和副产品内销、边角料复出口,填报其报验状态的计量单位。

加工贸易结转货物进出口报关单对应的数量、计量单位应当一致。

(2)优惠贸易协定项下进出口商品的成交计量单位必须与原产地证书上对应商品的计量单位一致,申报数量不得超出原产地证书批准数量。

(3)法定计量单位为"千克"的数量填报要求:

①装入可重复使用的包装容器的货物,按货物的净重填报。如罐装同位素、罐装氧气及类似品等,应扣除其包装容器的重量。

②使用不可分割包装材料和包装容器的货物,按货物的净重填报(即包括内层直接包装的净重重量)。例如:采用供零售包装的罐头、化妆品及类似品等。

③按照商业惯例以公量重计价的商品,应按公量重填报。例如:未脱脂羊毛、羊毛条等。

④以毛重作为净重计价的货物,可按毛重填报。例如:散装粮食、饲料等价格较低的农副产品。

⑤采用零售包装的酒类、饮料,按照液体部分的重量填报。

(4)成套设备、减免税货物如需分批进口,货物实际进口时,应按照实际报验状态确定数量。

根据归类规则,零部件按整机或成品归类的,法定计量单位是非重量的,其对应的法定数量填报"0.1"。

具有完整品或制成品基本特征的不完整品、未制成品,根据归类规则应按完整品归类的,申报数量按照构成完整品的实际数量申报。

(5)法定计量单位为立方米的气体货物,应折算成标准状况(即摄氏零度及1个标准大气压)下的体积进行填报。

(五)原产国(地区)/最终目的国(地区)

原产国(地区)是指进口货物的生产、开采或加工制造的国家或地区。

最终目的国(地区)是指已知的出口货物最后交付的国家或地区,也即最终际消费、使用或作进一步加工制造的国家或地区。

进口报关单“原产国(地区)”栏目按“国别(地区)代码表”选择填报相应的国家(地区)名称或代码,出口报关单“最终目的国(地区)”栏目按“国别(地区)代码表”选择填报相应的国家(地区)名称或代码。

1.“原产国(地区)”栏目的一般填报要求

(1)原产国(地区)应依据《原产地条例》、《中华人民共和国海关关于执行〈非优惠原产地规则中实质性改变标准〉的规定》及海关总署关于各项优惠贸易协定原产地管理规章规定的原产地确定标准填报。

在原始单据(发票或原产地证明书)上原产国(地区)一般表示为“Made in…”(在……制造)或“Origin/Country of Origin:×××”(原产于:×××)。

(2)同一批货物的原产地不同的,应当分别申报原产国(地区)。

(3)进口货物监管方式代码后两位为42、43、54、55的,原产国应为“中国”(142);出口货物监管方式代码后两位为42～46,54～58的,原产国应为“中国”(142)。

(4)联合国及其所属机构和其他国际组织赠送的物资,填报货物的生产国(地区)。

(5)进口货物原产国(地区)无法确定的,填报“国别(地区)不详”(701)。中性包装进口货物,原产国(地区)确实不详的,应填报“国别(地区)不详”(701)。

2.“最终目的国(地区)”栏目的一般填报要求

(1)最终目的国(地区)填报已知的出口货物的最终实际消费、使用或进一步加工制造的国家(地区)。

(2)同一批出口货物的最终目的国(地区)不同的,应分别填报最终目的国(地区)。

(3)不经过第三国(地区)转运的直接运输货物,以运抵国(地区)为最终目的国(地区);经过第三国(地区)转运的货物,以最后运往国(地区)为最终目的国(地区)。

(4)出口货物不能确定最终目的国(地区)时,以尽可能预知的最后运往国(地区)为最终目的国(地区)。

3.加工贸易报关单特殊情况填报要求

(1)料件结转货物,进口报关单原产国(地区)为原进口料件生产国(地区),出口报关单最终目的国(地区)填报“中国”(142)。

(2)深加工结转货物,进出口报关单原产国(地区)和最终目的国(地区)均为“中国”(142)。

(3)料件复运出境货物,填报实际最终目的国(地区);加工出口成品因故退运境内的,原产国(地区)填报“中国”(142),复运出境的货物填报实际最终目的国(地区)。

(4)加工贸易剩余料件内销,原产国(地区)填报料件的原实际生产国(地区);加工贸易成品(包括半成品、残次品、副产品)转内销,原产国(地区)均填报“中国”(142)。

(5)海关特殊监管区域运往区外,未经加工的进口货物,填报货物原进口时的原产国(地区);经加工的成品或半成品,按现行原产地规则确定原产国(地区)。区外运入区内的货物,最终目的国(地区)为中国。

(六)单价、总价、币制

单价是指进出口货物实际成交的商品单位价格的金额部分。

总价是指进出口货物实际成交的商品总价的金额部分。

币制是指进出口货物实际成交价格的计价货币的名称。

填报要求：

(1)“单价”栏填报同一项号下进出口货物实际成交的商品单位价格的数字部分。无实际成交价格的，填报单位货值。

(2)“总价”栏填报同一项号下进出口货物实际成交的商品总价的数字部分。无实际成交价格的，填报货值。

(3)“币制”栏根据实际成交情况按海关规定的“货币代码表”(表2-18)选择填报相应的货币名称或代码。如“货币代码表”中无实际成交币种，需将实际成交币种按照申报日外汇折算率折算成“货币代码表”列明的货币填报。

表2-18　常用货币代码表

货币代码	货币符号	货币名称	货币代码	货币符号	货币名称	货币代码	货币符号	货币名称
110	HKD	港币	**116**	JPY	日本元	132	SGD	新加坡元
142	CNY	人民币	133	KRW	韩国元	**300**	EUR	欧元
302	DKK	丹麦克朗	**303**	GBP	英镑	330	SEK	瑞典克朗
331	CHF	瑞士法郎	344	RUB	俄罗斯卢布	501	CAD	加拿大元
502	USD	美元	601	AUD	澳大利亚元	609	NZD	新西兰元

(七)征免

征免是指海关依照《海关法》、《关税条例》及其他法律、行政法规，对进出口货物进行征税、减税、免税或特案处理的实际操作方式。

同一份报关单上可以填报不同的征减免税方式。

1.主要征减免税方式

(1)照章征税　照章征税指对进出口货物依照法定税率计征各类税、费。

(2)折半征税　折半征税指依照主管海关签发的征免税证明或海关总署的通知，对进出口货物依照法定税率折半计征关税和增值税，但照章征收消费税。

(3)全免　全免指依照主管海关签发的征免税证明或海关总署的通知，对进出口货物免征关税和增值税，但消费税是否免征应按有关批文的规定办理。

(4)特案减免　特案减免指依照主管海关签发的征免税证明或海关总署通知规定的税率或完税价格计征各类税、费。

(5)随征免性质　随征免性质指对某些特定监管方式下进出口的货物按照征免性质规定的特殊计税公式或税率计征税、费。

(6)保证金　保证金指经海关批准具保放行的货物，由担保人向海关缴纳现金的一种担保形式。

(7)保函　保函指担保人根据海关的要求，向海关提交的订有明确权利义务的一种担保形式。

2.填报要求

(1)根据海关核发的征免税证明或有关政策规定,对报关单所列每项商品选择填报海关规定的“征减免税方式代码表”(表2-19)中相应的征减免税方式的名称。

(2)加工贸易报关单应根据登记手册中备案的征免规定填报。加工贸易手册中备案的征免规定为“保金”或“保函”的,不能按备案的征免规定填报,而应填报“全免”。

表2-19 征减免税方式代码表

代码	名称	代码	名称
1	照章征税	5	随征免性质
2	折半征税	6	保证金
3	全免	7	保函
4	特案		

(八)税费征收情况

本栏由海关经办人员填写,主要批注对该份(批)进出口货物的税、费征收和减免的情况,包括税率、税额的情况。

(九)录入员及录入单位

录入员,由负责将该份报关单内容的数据录入海关计算机系统并打印预录入报关单的实际操作人员签名确认。

录入单位,填报经海关核准,允许其将有关报关单内容输入海关计算机系统的单位。

(十)申报单位

本栏目包括申报单位,报关员,申报单位的地址、邮政编码、电话号码等项目。自理报关的,本栏目填报进出口企业的名称及海关注册编码;委托代理报关的,本栏目填报经海关批准的报关企业名称及海关注册编码。

(1)申报单位指向海关办理进出口货物报关手续的法人,主要有已在海关登记注册的进出口货物收发货人、报关企业。本项填报申报单位的中文名称及编码,并签印。

(2)报关员指具体负责该批货物向海关办理报关手续的人员。由该报关员在该栏中签印。

(3)单位地址主要填报向海关办理报关手续的单位在境内居住或通信联系的地址。

(4)邮编及电话主要填报申报单位所在地区的邮政编码及通信联系的电话号码。

(5)填制日期主要指该份报关单的填制日期,由经办的报关员负责填写。电子数据报关单的填制由计算机自动打印。填制日期为8位数字,顺序为:年(4位)、月(2位)、日(2位)。

(十一)海关审单批注放行日期(签章)

本栏目共分为审单、审价、征税、统计、查验、放行6项,是海关内部作业时签注的总栏目,由上述各项的经办海关人员完成本项任务后将本人姓名或代码手工填制在预录入报关单上。其中,“放行”栏一般填写(签注)海关对接受申报的进出口货物完成上述各项任务作出放行决定的日期(包括经办人员的姓名、日期)。

上述栏目第(八)~(十一)项报关员资格考试不作考核要求。

模块4　递单申报

一、概述

1. 申报含义

申报是指进出口货物收发货人、受委托的报关企业，依照《海关法》及有关法律、行政法规的要求，在规定的期限、地点，采用电子数据报关单和纸质报关单形式，向海关报告实际进出口货物的情况，并接受海关审核的行为。

2. 申报地点

进口货物应当由收货人或其代理人在货物的进境地海关申报，出口货物应当由发货人或其代理人在货物的出境地海关申报。

经收发货人申请，海关同意，进口货物的收货人或其代理人可以在设有海关的货物指运地申报，出口货物的发货人或其代理人可以在设有海关的货物起运地申报。

以保税货物、特定减免税货物和暂准进境货物申报进境的货物，因故改变使用目的从而改变货物性质转为一般进口时，进口货物的收货人或其代理人应当在货物所在地的主管海关申报。

知识点讲解：

申报地点是一个常知识点，这里主要包含三层意思。第一层是说，进出口货物在进出境地海关申报是个常态；第二层是说，经申请并被许可后，进出口货物可以采取转关的方式处理，也就是可以不在进出境地海关申报，而改在指运地或起运地海关申报；第三层是说，非一般进口货物，本来是欠了国家的税款，或者是没有完成国家规定的相关报关手续，是处于海关监管之下的，但是如果货主想要补交剩下的税款或者完成未完成的报关手续，使之变成一般进口货物，那么进口货物的收货人或者其代理人只要在货物所在地海关办理相关手续即可，而无须到这些货物当初进口时的进境地海关办理手续。

3. 申报期限

进口货物的申报期限为自装载货物的运输工具申报进境之日起14日内（从运输工具申报进境之日的第二天开始算，下同）。进口货物自装载货物的运输工具申报进境之日起超过3个月仍未向海关申报的，货物由海关提取并依法变卖。对属于不宜长期保存的货物，海关可以根据实际情况提前处理。

出口货物的申报期限为货物运抵海关监管区后、装货的24小时以前。

经电缆、管道或其他特殊方式进出境的货物，进出口货物收发货人或其代理人按照海关规定定期申报。

知识点讲解：

申报期限在近年的考试中关注程度非常高，主要是考核14日、3个月、24小时这3个时间，要彻底弄清楚其内涵。14日：对于进口货物，当装载该进口货物的运输工具申报进境后，那么从运输工具申报进境这一日算起14日内，该运输工具上的进口货物就必须向海关申报，

在实际计算时是直接在运输工具申报日上加14,这一点在后面的章节中还有详细介绍;3个月:如果进口货物的货主迟迟不对货物进行申报,当期限从运输工具申报进境之日算起超过了3个月,则海关就会依法提取变卖处理;24小时:指出口货物要在运抵海关监管区后、装货的24小时之前向海关报关,也就是装货前必须给海关留出至少24小时来处理这批货物的出口通关工作。经电缆、管道或其他特殊方式进出境的货物,进出口货物收发货人或代理人应当按照海关的规定定期申报。

4.申报日期

进出口货物收发货人或其代理人的申报数据自被海关接受之日起,其申报的数据就产生法律效力,即进出口货物收发货人或其代理人应当承担"如实申报"、"如期申报"等法律责任。因此,海关接受申报数据的日期非常重要。

申报日期是指申报数据被海关接受的日期。不论是以电子数据报关单方式申报,还是以纸质报关单方式申报,海关接受申报数据的日期即为接受申报的日期。

采用先以电子数据报关单申报,后提交纸质报关单,或者仅以电子数据报关单方式申报的,申报日期为海关计算机系统接受申报数据时记录的日期,该日期将反馈给原数据发送单位,或公布于海关业务现场,或通过公共信息系统发布。电子数据报关单经过海关计算机检查被退回的,视为海关不接受申报,进出口货物收发货人或其代理人应当按照要求修改后重新申报,申报日期为海关接受重新申报的日期。海关已接受申报的报关单电子数据,送人工审核后,需要对部分内容进行修改的,进出口货物收发货人或其代理人应当按照海关规定进行修改并重新发送,申报日期仍为海关原接受申报的日期。

先以纸质报关单申报,后补报电子数据,或只提供纸质报关单申报的,海关工作人员在报关单上作登记处理的日期,为海关接受申报的日期。

知识点讲解:

该知识点主要是如何确定申报日期。从理论上说,不论以电子数据报关单方式申报或以纸质报关单方式申报,海关接受申报数据的日期即为接受申报的日期。一般的申报程序是"先电子,后纸质",那么一般情况下的申报日期就应该是海关计算机系统接受申报数据时记录的日期。电子数据报关单被海关退回的,视为海关不接受申报,进出口货物收发货人或其代理人应当按照要求修改后重新申报,申报日期为海关接受重新申报的日期。海关已接受申报的报关单电子数据,送人工审核后,需要对部分内容进行修改的,进出口货物收发货人或其代理人应当按照海关规定进行修改并重新发送,申报日期仍为海关原接受申报的日期。

5.滞报金

进口货物收货人未按规定期限向海关申报产生滞报的,由海关按规定征收滞报金。

进口货物收货人超过规定期限向海关申报的,滞报金的征收,以自运输工具申报进境之日起第15日为起始日,以海关接受申报之日为截止日。

进口货物滞报金按日计征。起始日和截止日均计入滞报期间。

进口货物收货人在向海关传送报关单电子数据申报后,未在规定期限或核准的期限内提交纸质报关单,海关予以撤销电子数据报关单处理,进口货物收货人因此重新向海关申报产生滞报的,滞报金的征收,以自运输工具申报进境之日起第15日为起始日,以海关重新接受申报之日为截止日。

进口货物收货人申请并经海关依法审核，必须撤销原电子数据报关单重新申报，产生滞报的，经进口货物收货人申请并经海关审核同意，滞报金的征收，以撤销原电子数据报关单之日起第15日为起始日，以海关重新接受申报之日为截止日。

进口货物因收货人在运输工具申报进境之日起超过3个月未向海关申报，被海关提取作变卖处理后，收货人申请发还余款的，滞报金的征收，以自运输工具申报进境之日起第15日为起始日，以该3个月期限的最后一日为截止日。

滞报金的日征收金额为进口货物完税价格的0.5‰，以人民币"元"为计征单位，不足人民币1元的部分免予计收。

征收滞报金的计算公式为：

滞报金额＝进口货物完税价格×0.5‰×滞报期间(滞报天数)

滞报金的起征点为人民币50元。

滞报金的计征起始日如遇法定节假日，则顺延至其后第一个工作日。

因完税价格调整等原因需补征滞报金的，滞报金金额应当按照调整后的完税价格重新计算，补征金额不足人民币50元的，免予征收。

因不可抗力等特殊情况产生的滞报可以向海关申请减免滞报金。

知识点讲解：

该知识点重点在于滞报金的起始日和终止日。根据前面内容，货物进境后，要在装载此货物的运输工具申报进境之日起14日内向海关申报。如果没有在这个时段内申报，那么从运输工具申报进境之日起第15日开始，就要按日计征滞报金。滞报金的起始日为运输工具申报进境之日的第15日，终止日期为海关最终接受申报之日。

进口货物收货人申报并经海关依法审核，必须撤销原电子数据报关单重新申报的，如产生滞报，经进口货物收货人申请并经海关审核同意，以撤销原报关单之日起第15日为滞报金起始日，以海关重新接受申报之日为截止日。

滞报金额＝进口货物完税价格×0.5‰×滞报天数

二、步骤

(1)准备申报单证。

(2)申报前看货取样。进口货物的收货人在向海关申报前，为了确定货物的品名、规格、型号等，可以向海关提交查看货物或者提取货样的书面申请。海关审核同意的，派员到场监管。

涉及动植物及其产品和其他须依法提供检疫证明的货物，如需提取货样，应当按照国家的有关法律规定，事先取得主管部门签发的书面批准证明。提取货样后，到场监管的海关工作人员与进口货物的收货人在海关开具的取样记录和取样清单上签字确认。

知识点讲解：

对于申报单证的准备，其中的三类单证是贸易常识，了解即可。对于申报前的看货取样，

要明白两点:一是在报关前为了确定所进口货物的品名、规格、型号等,经申请并取得同意后进口货物收货人可以提取货样;二是如果进口的货物涉及动植物及其产品,必须先取得检疫证明,之后才能提取货样。

(3)申报

①电子数据申报　进出口货物收发货人或其代理人可以选择终端申报方式、委托 EDI 方式、自行 EDI 方式、网上申报方式 4 种电子申报方式中适用的一种,将报关单内容录入海关电子计算机系统,生成电子数据报关单。

进出口货物收发货人或其代理人在委托录入或自行录入报关单数据的计算机上接收到海关发送的接受申报信息,即表示电子申报成功;接收到海关发送的不接受申报信息后,则应当根据信息提示修改报关单内容后重新申报。

②提交纸质报关单及随附单证　海关审结电子数据报关单后,进出口货物收发货人或其代理人应当自接到海关"现场交单"或"放行交单"信息之日起 10 日内,持打印的纸质报关单,备齐规定的随附单证并签名盖章,到货物所在地海关提交书面单证,办理相关海关手续。

知识点讲解:

该知识点包含两层意思,前文已有介绍:第一层是何时算作电子申报成功;第二层是电子申报成功后何时提交纸质报关单。

(4)修改申报内容或撤销申报　海关接受进出口货物申报后,电子数据和纸质的进出口货物报关单不得修改或者撤销。确有正当理由的,经海关审核批准,可以修改或撤销,其主要有以下两种情况:

①进出口货物收发货人要求修改或撤销　进出口货物收发货人或其代理人确有如下正当理由的,可以向原接受申报的海关申请修改或者撤销进出口货物报关单:

——由于报关人员操作或书写失误造成所申报的报关单内容有误,并且未发现有走私违规或者其他违法嫌疑的;

——出口货物放行后,由于装运、配载等原因造成原申报货物部分或全部退关、变更运输工具的;

——进出口货物在装载、运输、存储过程中因溢短装,不可抗力的灭失、短损等原因造成原申报数据与实际货物不符的;

——根据贸易惯例先行采用暂时价格成交,实际结算时按商检品质认定或国际市场实际价格付款方式,因而需要修改申报内容的;

——由于计算机、网络系统等方面的原因导致电子数据申报错误的;

——其他特殊情况经海关核准同意的。

海关已经决定布控、查验的,以及涉案的进出口货物的报关单在办结前不得修改或者撤销。

进出口货物收发货人或其代理人申请修改或者撤销进出口货物报关单的,应当向海关提交"进出口货物报关单修改/撤销申请表",并相应提交可以证明进出口实际情况的合同、发票、装箱单等相关单证,外汇管理、国税、检验检疫、银行等有关部门出具的相关单证,应税货物的

“海关专用缴款书”及用于办理收付汇和出口退税的进出口货物报关单证明联等海关出具的相关单证。

因修改或者撤销进出口货物报关单导致需要变更、补办进出口许可证件的，进出口货物收发货人或其代理人应当向海关提交相应的进出口许可证件。

②海关发现报关单需要进行修改或者撤销　海关发现进出口货物报关单需要进行修改或者撤销，但进出口货物收发货人或其代理人未提出申请的，海关应当通知进出口货物的收发货人或其代理人。海关在进出口货物收发货人或其代理人填写“进出口货物报关单修改/撤销确认书”，确认进出口货物报关单修改或者撤销的内容后，对进出口货物报关单进行修改或者撤销。

同样，因修改或者撤销进出口货物报关单导致需要变更、补办进出口许可证件的，进出口货物收发货人或其代理人应当向海关提交相应的进出口许可证件。

知识点讲解：

该知识点的重点是修改或撤销申报内容的情况，学生需记住在何种情况下已申报的报关单可以修改或撤销，在何种情况下不能修改或撤销。

模块5　海关查验

一、海关查验

1. 含义

海关查验是指海关为确定进出口货物收发货人向海关申报的内容是否与进出口货物的真实情况相符，或者为确定商品的归类、价格、原产地等，依法对进出口货物进行实际核查的执法行为。

海关通过查验，检查报关单位是否伪报、瞒报、申报不实，同时也为海关的征税、统计、后续管理提供可靠的资料。

2. 查验地点

查验应当在海关监管区内实施。

因货物易受温度、静电、粉尘等自然因素影响，不宜在海关监管区内实施查验，或者因其他特殊原因，需要在海关监管区外查验的，经进出口货物收发货人或其代理人书面申请，海关可以派员到海关监管区外实施查验。

3. 查验时间

当海关决定查验时，即将查验的决定以书面通知的形式通知进出口货物收发货人或其代理人，约定查验的时间。查验时间一般约定在海关正常工作时间内。

在一些进出口业务繁忙的口岸，海关也可接受进出口货物收发货人或其代理人的请求，在海关正常工作时间以外实施查验。

对于危险品或者鲜活、易腐、易烂、易失效、易变质等不宜长期保存的货物，以及因其他特殊情况需要紧急验放的货物，经进出口货物收发货人或其代理人申请，海关可以优先实施查验。

4. 查验方法

海关实施查验可以彻底查验，也可以抽查。彻底查验是指对一票货物逐件开拆包装，验核货物实际状况；抽查是指按照一定比例有选择地对一票货物中的部分货物验核实际状况。

查验操作可以分为人工查验和设备查验。

(1)人工查验　人工查验包括外形查验、开箱查验。外形查验是指对外部特征直观、易于判断基本属性的货物的包装、运输标志和外观等状况进行验核，开箱查验是指将货物从集装箱、货柜车厢等箱体中取出并拆除外包装后对货物实际状况进行验核。

(2)设备查验　设备查验是指以技术检查设备为主对货物实际状况进行的验核。

海关可以根据货物情况及实际执法需要，确定具体的查验方式。

5. 复验

海关可以对已查验货物进行复验。

有下列情形之一的，海关可以复验：

(1)经初次查验未能查明货物的真实属性，需要对已查验货物的某些性状作进一步确认的；

(2)货物涉嫌走私违规，需要重新查验的；

(3)进出口货物收发货人对海关查验结论有异议，提出复验要求并经海关同意的；

(4)其他海关认为必要的情形。

已经参加过查验的查验人员不得参加对同一票货物的复验。

6. 径行开验

径行开验是指海关在进出口货物收发货人或其代理人不在场的情况下，对进出口货物进行开拆包装查验。

有下列情形之一的，海关可以径行开验：

(1)进出口货物有违法嫌疑的；

(2)经海关通知查验，进出口货物收发货人或其代理人届时未到场的。

海关径行开验时，存放货物的海关监管场所经营人、运输工具负责人应当到场协助，并在查验记录上签名确认。

知识点讲解：

该知识点重点是检验地点和复验及径行开验。尤其是复验及径行开验的情形，这是历年考试的重点。关于复验，海关可以对已查验货物进行复验，主要是为了进一步确定货物的真实情况。关于径行开验，是指在进出口货物收发货人或其代理人未到场的情况下，海关在第三方(海关监管场所经营人或运输工具负责人)在场的情况下，直接对进出口货物开拆查验的检验方式，这种检验方式一定要有一个中立的第三人在场作为见证，否则由海关单方面的检验并出具的结果是没有法律效力的。

二、配合查验

海关查验货物时，进出口货物收发货人或其代理人应当到场，配合海关查验。

进出口货物收发货人或其代理人配合海关查验应当做好如下工作：

(1)负责按照海关要求搬移货物，开拆包装，以及重新封装货物。

(2)预先了解和熟悉所申报货物的情况，如实回答查验人员的询问及提供必要的资料。

(3)协助海关提取需要做进一步检验、化验或鉴定的货样，收取海关出具的取样清单。

(4)查验结束后，认真阅读查验人员填写的“海关进出境货物查验记录单”，注意以下情况的记录是否符合实际：

①开箱的具体情况；

②货物残损情况及造成残损的原因；

③提取货样的情况；

④查验结论。

查验记录准确清楚的，配合查验人员应即签名确认。配合查验人员如不签名，海关查验人员在查验记录中予以注明，并由货物所在监管场所的经营人签名证明。

三、货物损坏赔偿

因进出口货物所具有的特殊属性，容易因开启、搬运不当等原因导致货物损毁，需要海关查验人员在查验过程中予以特别注意的，进出口货物收发货人或其代理人应当在海关实施查验前申明。

在查验过程中，或者证实海关在径行开验过程中，因为海关查验人员的责任造成被查验货物损坏的，进出口货物的收发货人或其代理人可以要求海关赔偿。海关赔偿的范围仅限于在实施查验过程中，由于查验人员的责任造成被查验货物损坏的直接经济损失。直接经济损失的金额根据被损坏货物及其部件的受损程度确定，或者根据修理费确定。

以下情况不属于海关赔偿范围：

(1)进出口货物的收发货人或其代理人搬移、开拆、封装货物或保管不善造成的损失；

(2)易腐、易失效货物在海关正常工作程序所需时间内(含扣留或代管期间)所发生的变质或失效；

(3)海关正常查验时产生的不可避免的磨损；

(4)在海关查验之前已发生的损坏和海关查验之后发生的损坏；

(5)由于不可抗力的原因造成货物的损坏、损失。

进出口货物的收发货人或其代理人在海关查验时对货物是否受损坏未提出异议，事后发现货物有损坏的，海关不负赔偿的责任。

知识点讲解：

在这个知识点中，学生对海关查验时进出口货物收发货人应该做好的工作只需大致了解，有个印象即可。主要是要理解和记忆货物损坏赔偿事宜，要明白海关只赔偿在查验过程中因为海关查验人员故意或者过失造成的被查验货物的非正常损坏，而且只赔偿直接经济损失。此外，海关规定了 5 种不赔偿的情况，这些情况是考试的重点。

模块 6　进出口税费缴纳

进出口货物收发货人或其代理人将报关单及随附单证提交给货物进出境地指定海关，海关对报关单进行审核，对需要查验的货物先由海关查验，然后核对计算机计算的税费，开具税款缴款书和收费票据。进出口货物收发货人或其代理人在规定时间内，持缴款书或收费票据向指定银行办理税费交付手续；在试行中国电子口岸网上缴税和付费的海关，进出口货物收发货人或其代理人可以通过电子口岸接收海关发出的税款缴款书和收费票据，在网上向指定银行进行电子支付税费。一旦收到银行缴款成功的信息，即可报请海关办理货物放行手续。

一、进出口税费概述

进出口税费是指在进出口环节中由海关依法征收的关税、消费税、增值税等税费。依法征收税费是海关的任务之一。依法缴纳税费是有关纳税义务人的基本义务。学会如何缴纳进出口税费是报关员应该具备的报关技能之一。

进出口税费征收的法律依据主要是《海关法》、《关税条例》及其他有关法律、行政法规。

另外，按规定船舶吨税也由海关代征，因此相关内容也在这里一并介绍。

(一)关税

关税是国家税收的重要组成部分，是由海关代表国家按照国家制定的关税政策和有关法律、行政法规的规定，对准许进出关境的货物和物品向纳税义务人征收的一种流转税。

关税是一种国家税收，其征收主体是国家，由海关代表国家向纳税义务人征收；课税对象是进出关境的货物和物品。

关税纳税义务人亦称关税纳税人或关税纳税主体，是指依法负有直接向国家缴纳关税义务的法人或自然人。我国关税的纳税义务人是进口货物的收货人、出口货物的发货人、进(出)境物品的所有人。

关税是国家保护国内经济、实施财政政策、调整产业结构、发展进出口贸易的重要手段，也是世界贸易组织允许各缔约方保护其境内经济的一种手段。

1. 进口关税

(1)含义　进口关税是指一国海关以进境货物和物品为课税对象所征收的关税。在国际贸易中，它一直被各国公认是一种重要的经济保护手段。

(2)计征方法　进口关税计征方法包括从价税、从量税、复合税、滑准税等。

①从价税　从价税是以货物、物品的价格作为计税标准，以应征税额占货物价格的百分比为税率，价格和税额成正比例关系的关税。从价税是包括中国在内的大多数国家使用的主要计税标准。

我国对进口货物征收进口关税主要采用从价税计税标准。

②从量税　从量税是以货物和物品的计量单位(如重量、数量、容量等)作为计税标准，按每一计量单位的应征税额征收的关税。

我国目前对冻鸡、石油原油、啤酒、胶卷等类进口商品征收从量税。

③复合税　复合税是在《进出口税则》中，一个税目中的商品同时使用从价、从量两种标准

计税，计税时按两者之和作为应征税额征收的关税。

我国目前对录像机、放像机、摄像机、非家用型摄录一体机、部分数字照相机等进口商品征收复合关税。

④滑准税　滑准税是在《进出口税则》中预先按产品的价格高低分档制定若干不同的税率，然后根据进口商品价格的变动而增减进口税率的一种关税。当商品价格上涨时采用较低税率，当商品价格下跌时则采用较高税率，其目的是使该种商品的国内市场价格保持稳定。

目前，我国对关税配额外进口的一定数量的棉花（税号：5201.0000）实行滑准税。

确定滑准税暂定关税税率的具体方式如下：

a. 当进口棉花完税价格高于或等于 14 元/千克时，按 0.570 元/千克计征从量税。

b. 当进口棉花完税价格低于 14 元/千克时，暂定关税税率按下述公式计算：

$$R_i = 8.23/P_i + 3.235\% \times P_i - 1$$

对上式计算结果四舍五入保留 3 位小数。将 R_i 值换算为暂定关税税率，高于 40%时，取 40%；P_i 为关税完税价格，单位为元/千克。

（3）进口关税的种类　进口关税分为进口正税和进口附加税。

进口正税即按《进出口税则》中的进口税率征收的关税。

进口附加税指国家由于特定需要对进口货物除征收关税正税之外另行征收的一种进口税。进口附加税一般具有临时性，包括反倾销税、反补贴税、保障措施关税、报复性关税等特别关税在内。世界贸易组织不准其成员方在一般情况下随意征收进口附加税，只有符合世界贸易组织反倾销、反补贴条例等有关规定的，才可以征收。

反倾销税是为抵制外国商品倾销进口，保护国内相关产业而征收的一种进口附加税，即在倾销商品进口时除征收进口关税外，另外加征反倾销税。根据我国《反倾销条例》的规定，凡进口产品以低于其正常价值出口到我国且对我国相关企业造成实质性损害的即为倾销。反倾销税由海关负责征收，其税额不超出倾销幅度。我国目前征收的进口附加税主要是反倾销税。

此外，为应对他国对我国出口产品实施的歧视性关税或待遇，我国还相应地对其产品征收报复性关税。《关税条例》规定：任何国家或者地区违反与中华人民共和国签订或者共同参加的贸易协定及相关协定，对中华人民共和国在贸易方面采取禁止、限制、加征关税或者其他影响正常贸易的措施的，对原产于该国家或者地区的进口货物可以征收报复性关税，适用报复性关税税率。征收报复性关税的货物、适用国别、税率、期限和征收办法，由国务院关税税则委员会决定并公布。

2. 出口关税

出口关税是指海关以出境货物、物品为课税对象所征收的关税。征收出口关税的主要目的是限制和调控某些商品的过度、无序出口，特别是防止本国一些重要自然资源和原材料的无序出口。为鼓励出口，世界各国一般不征收出口税或仅对少数商品征收出口税。

我国出口关税主要以从价税为计征标准。

根据实际情况，我国还在一定时期内对部分出口商品临时开征出口暂定关税，或者在不同阶段实行不同的出口暂定关税税率，或者加征特别出口关税。

根据《关税条例》的规定，适用出口税率的出口货物有暂定税率的，应当适用暂定税率。除法律法规有明确规定可以免征出口关税外，对出口应税商品一律照章征收出口关税。

3.暂准进出境货物进出口关税

第二类暂准进出境货物(即《关税条例》第四十二条第一款所列范围以外的其他暂准进出境货物),海关按照审定进出口货物完税价格的有关规定和海关接受该货物申报进出境之日适用的计征汇率、税率,审核确定其完税价格,按月征收税款,或者在规定期限内货物复运出境或者复运进境时征收税款。暂准进出境货物在规定期限届满后不再复运出境或者复运进境的,纳税义务人应当在规定期限届满前向海关申报办理进出口及纳税手续,缴纳剩余税款。

计征税款的期限为60个月。不足1个月但超过15天的,按1个月计征;不超过15天的,免予计征。计征税款的期限自货物放行之日起计算。

按月征收税款的计算公式为:

$$\text{每月关税税额}=\text{关税总额}\times(1\div60)$$

$$\text{每月进口环节代征税税额}=\text{进口环节代征税总额}\times(1\div60)$$

知识点讲解:

关税是国税,是在货物或物品进出关境时由海关向进出口货物收发货人或物品所有人征收的税收。

各国征收关税主要是征收进口关税,出口只有少数产品征收关税。进出口关税的目的是不一样的,征收进口关税是为了保护国内产业和国内市场,增加财政收入和调整产业结构;征收出口关税主要是为了阻止国内重要产品的过度、无序出口。

关税的征收有多种计征方法,这个只要掌握进口关税的计征方法即可。

从价税就是以产品进口时海关审定的CIF价作为完税价格,以此完税价格乘以关税税率得到的税额。

(二)进口环节海关代征税

进口货物、物品在办理海关手续放行后,进入国内流通领域,与国内货物同等对待,所以应缴纳应征的国内税。进口货物、物品的一些国内税依法由海关在进口环节征收。目前,进口环节海关代征税(简称进口环节代征税)主要有增值税、消费税两种。

1.增值税

(1)含义　增值税是以商品的生产、流通和劳务服务各个环节所创造的新增价值为课税对象的一种流转税。进口环节增值税是在货物、物品进口时,由海关依法向进口货物的法人或自然人征收的一种增值税。

采用并全面推行国际通行的增值税制,有利于促进专业分工与协作,体现税负的公平合理,稳定国家财政收入,同时也有利于出口退税的规范操作。

(2)征纳　进口环节增值税由海关依法向进口货物的法人或自然人征收,其他环节的增值税由税务机关征收。

进口环节增值税以组成价格作为计税价格,征税时不得抵扣任何税额。进口环节的增值税组成价格由关税完税价格加上关税税额组成,应征消费税的品种的增值税组成价格要另加上消费税税额。

进口环节增值税税率的调整以及增值税的免税、减税项目由国务院规定,任何地区、部门均不得规定免税、减税项目。进口环节增值税的起征点为人民币50元,低于50元的免征。

在中华人民共和国境内销售货物或者提供加工、修理修配劳务以及进口货物的单位和个人，为增值税的纳税义务人，应当依照增值税条例缴纳增值税，进口货物由纳税义务人（进口人或者其代理人）向办理进口手续的海关申报纳税。

进口环节增值税的征收管理，适用关税征收管理的规定。

（3）征收范围和税率　在我国境内销售货物（销售不动产或免征的除外）或提供加工、修理修配劳务以及进口货物的单位和个人，都要依法缴纳增值税。在我国境内销售货物，是指所销售的货物的起运地和所在地都在我国境内。

我国增值税的征收原则是中性、简便、规范，采取基本税率再加一档低税率的征收模式。适用基本税率（17%）的范围包括：纳税人销售或者进口除适用低税率的货物以外的货物，以及提供加工、修理修配劳务。适用低税率（13%）的范围是指纳税人销售或者进口下列货物：

①粮食、食用植物油；

②自来水、暖气、冷气、热水、煤气、石油液化气、天然气、沼气、居民用煤炭制品；

③图书、报纸、杂志；

④饲料、化肥、农药、农机、农膜；

⑤国务院规定的其他货物。

2. 消费税

（1）含义　消费税是以消费品或消费行为的流转额作为课税对象而征收的一种流转税。我国开征消费税的目的是调节我国的消费结构，引导消费方向，确保国家财政收入，它是在对货物普遍征收增值税的基础上，选择少数消费品再予征收的税。

（2）征纳　在中华人民共和国境内生产、委托加工和进口《消费税暂行条例》规定的消费品（以下简称应税消费品）的单位和个人，以及国务院确定的销售《消费税暂行条例》规定的消费品的其他单位和个人，为消费税的纳税义务人。我国的消费税由税务机关征收，进口的应税消费品的消费税由海关代征，由纳税义务人（进口人或者其代理人）在报关进口时向报关地海关申报纳税。

我国进口的应税消费品消费税采用从价、从量和复合计税的方法计征。消费税的税目、税率，依照《消费税暂行条例》所附的《消费税税目税率表》执行；消费税税目、税率的调整，由国务院决定。进口环节消费税的起征点为人民币 50 元，低于 50 元的免征。进口环节消费税的征收管理，适用关税征收管理的规定。

（3）征收范围　消费税的征税范围，主要是根据我国经济社会发展现状和现行消费政策、人民群众的消费结构，以及财政需要，并借鉴国外的通行做法确定的。

消费税的征收范围，仅限于少数消费品。应税消费品大体可分为以下 4 种类型：

①一些过度消费会对人的身体健康、社会秩序、生态环境等方面造成危害的特殊消费品，如烟、酒、酒精、鞭炮、焰火等；

②奢侈品、非生活必需品，如贵重首饰及珠宝玉石、化妆品等；

③高能耗的高档消费品，如小轿车、摩托车、汽车轮胎等；

④不可再生和替代的资源类消费品，如汽油、柴油等。

知识点讲解：

增值税和消费税本来是国内税，应在国内流通环节征收，但为了便于管理，改为在进口环节由海关代征。

增值税简单地说就是国家对社会新增价值所征收的流转税。国内的任何新生产的商品和

新产生的劳务都应该缴纳增值税，这是我国财政收入的重要来源。增值税的税率一般是17%，对于教材所列举的一些生活必需品和能源品采用13%的低税率。

增值税的组成计税价格比较复杂，它和消费税的组成计税价格是一致的，具体公式后面会讲到。所谓组成计税价格，就是与增值税率17%相承的基数（税基），这个基数为：

增值税的组成计税价格＝进口关税的完税价格＋关税额＋消费税税额

消费税是对那些高档消费品、奢侈品及高耗能产品等的消费额外征收的税收，目的是为了调节消费结构，引导消费方向。

增值税和消费税的起征额都是50元人民币（指税额为50元），低于50元免征。

（三）船舶吨税

1. 含义

船舶吨税（简称吨税）是由海关在设关口岸对自中华人民共和国境外港口进入境内港口的船舶（简称应税船舶）征收的一种使用税，是对船舶使用港口助航设施征收的税款，征收吨税的目的是用于航道设施的建设。

2. 征纳

吨税设置优惠税率和普通税率。中华人民共和国籍的应税船舶，船籍国（地区）与中华人民共和国签订含有相互给予船舶税费最惠国待遇条款的条约或者协定的应税船舶，适用优惠税率。其他应税船舶，适用普通税率。

吨税按照船舶净吨位和吨税执照期限征收。

吨税分1年期缴纳、90天期缴纳与30天期缴纳3种。缴纳期限由应税船舶负责人或其代理人自行选择。船舶吨税起征日为应税船舶进入港口的当日。进境后驶达锚地的，以船舶抵达锚地之日起计算；进境后直接靠泊的，以靠泊之日起计算。应税船舶在吨税执照期满后尚未离开港口的，应当申领新的吨税执照，自上一次执照期满的次日起续缴吨税。

吨税的缴款期限为自海关填发海关船舶吨税专用缴款书之日起15日。缴款期限届满日遇星期六、星期日等休息日或者法定节假日的，顺延至休息日或者法定节假日之后的第一个工作日。国务院临时调整休息日与工作日的，按照调整后的情况计算缴款期限。未按期缴纳税款的，从滞纳税款之日起，按日加收滞纳税款0.5‰的滞纳金。

吨税税款、滞纳金以人民币计算。

3. 下列船舶免征吨税

（1）应纳税额在人民币50元以下的船舶；

（2）自境外以购买、受赠、继承等方式取得船舶所有权的初次进口到港的空载船舶；

（3）吨税执照期满后24小时内不上下客货的船舶；

（4）非机动船舶（不包括非机动驳船）；

（5）捕捞、养殖渔船；

（6）避难、防疫隔离、修理、终止运营或者拆解，并不上下客货的船舶；

（7）军队、武装警察部队专用或者征用的船舶；

（8）依照法律规定应当予以免税的外国驻华使领馆、国际组织驻华代表机构及其有关人员的船舶；

(9)国务院规定的其他船舶。

符合第2至第4项规定的船舶，船舶负责人或其代理人应当向海关提供书面申请和相关证明材料；符合第5至第8项规定的船舶，船舶负责人或其代理人应当向海关提供海事部门、渔业船舶管理部门或者卫生检疫部门等部门、机构出具的具有法律效力的证明文件或者使用关系证明文件，申明免税的依据和理由。

4.计算公式

(1)船舶吨税的计算　吨税按船舶吨位证明中净吨位计征，对申报为拖船的，应按照发动机功率每1千瓦折合净吨位0.67吨进行折算。计税公式为：

船舶吨税税额＝船舶净吨位×适用税率(元/净吨)

(2)船舶吨税的征收和退补　海关发现少征或者漏征税款的，应当自应税船舶应当缴纳税款之日起1年内，补征税款。但因应税船舶违反规定造成少征或者漏征税款的，海关可以自应当缴纳税款之日起3年内追征税款，并自应当缴纳税款之日起按日加征少征或者漏征税款0.5‰的滞纳金。

海关发现多征税款的，应当立即通知应税船舶办理退还手续，并加算银行同期活期存款利息。

应税船舶发现多缴税款的，可以自缴纳税款之日起1年内以书面形式要求海关退还多缴的税款并加算银行同期活期存款利息。应税船舶负责人或其代理人向海关申请退还税款及利息时，应当提交退税申请书，原船舶吨税缴款书和可以证明应予退税的材料。海关自受理退税申请之日起30日内查实并通知应税船舶办理退税手续或者不予退税的决定。应税船舶负责人或其代理人应当自收到海关准予退税的通知之日起3个月内办理退税手续。

(四)税款滞纳金

1.征收范围

征收滞纳金是税收管理中的一种行政强制措施。在海关监督管理中，滞纳金指应纳税的单位或个人因逾期向海关缴纳税款而依法应缴纳的款项。按照规定，关税、进口环节增值税、进口环节消费税的纳税义务人或其代理人，应当自海关填发税款缴款书之日起15日内向指定银行缴纳税款，逾期缴纳的，海关依法在原应纳税款的基础上，按日加收滞纳税款0.5‰的滞纳金。征收滞纳金，其目的在于使纳税义务人承担增加的经济制裁责任，促使其尽早履行纳税义务。

根据规定，对逾期缴纳税款应征收滞纳金的，还有以下几种情况：

(1)进出口货物放行后，海关发现因纳税义务人违反规定造成少征或者漏征税款的，可以自缴纳税款或货物放行之日起3年内追征税款，并从缴纳税款或货物放行之日起至海关发现之日止，按日加收少征或者漏征税款0.5‰的滞纳金。

(2)因纳税义务人违反规定造成海关监管货物少征或者漏征税款的，海关应当自纳税义务人应缴纳税款之日起3年内追征税款，并自应缴纳税款之日起至海关发现违规行为之日止按日加收少征或者漏征税款0.5‰的滞纳金。

这里所述“应缴纳税款之日”是指纳税义务人违反规定的行为发生之日；该行为发生之日

不能确定的，应当以海关发现该行为之日作为应缴纳税款之日。

(3)租赁进口货物分期支付租金的，纳税义务人应当在每次支付租金后的 15 日内向海关申报办理纳税手续，逾期办理申报手续的，海关除了征收税款外，还应当自申报办理纳税手续期限届满之日起至纳税义务人申报纳税之日止，按日加收应缴纳税款 0.5‰的滞纳金。

租赁进口货物自租期届满之日起 30 日内，应向海关申请办结海关手续，逾期办理手续的，海关除按照审定进口货物完税价格的有关规定和租期届满后第 30 日该货物适用的计征汇率、税率，审核确定其完税价格、计征应缴纳的税款外，还应当自租赁期限届满后 30 日起至纳税义务人申报纳税之日止按日加收应缴纳税款 0.5‰的滞纳金。

(4)暂时进出境货物未在规定期限内复运出境或者复运进境，且纳税义务人未在规定期限届满前向海关申报办理进出口及纳税手续的，海关除按照规定征收应缴纳的税款外，还应当自规定期限届满之日起至纳税义务人申报纳税之日止按日加收应缴纳税款 0.5‰的滞纳金。

海关对滞纳天数的计算是自滞纳税款之日起至进出口货物的纳税义务人缴纳税款之日止，其中的法定节假日不予扣除。缴纳期限届满日遇星期六、星期日等休息日或者法定节假日的，应当顺延至休息日或法定节假日之后的第一个工作日。国务院临时调整休息日与工作日的，则按照调整后的情况计算缴款期限。例如，缴款期限的最后一天是 9 月 30 日，该日恰好是星期日，国务院决定将 9 月 29 日、30 日与 10 月 4 日、5 日互相调换，即 9 月 29 日、30 日成为工作日，如果纳税义务人在 9 月 30 日仍未缴纳税款，则从 10 月 1 日开始即构成滞纳。

滞纳金应当自海关填发滞纳金缴款书之日起 15 日内向指定银行缴纳。因纳税义务人违反规定需在征收税款的同时加收滞纳金的，如果纳税义务人未在规定的 15 日缴款期限内缴纳税款，另行加收自缴款期限届满之日起至缴清税款之日止所满纳税款的 0.5‰的滞纳金。

2. 征收标准

滞纳金按每票货物的关税、进口环节增值税、消费税单独计算，起征点为人民币 50 元，不足人民币 50 元的免予征收。

其计算公式为：

$$关税滞纳金金额=滞纳关税税额\times 0.5‰\times 滞纳天数$$

$$进口环节海关代征税滞纳金金额=滞纳进口环节海关代征税税额\times 0.5‰\times 滞纳天数$$

知识点讲解：

这个知识点非常重要，历年的计算题很多都从这里出。该知识点的核心是滞纳天数的计算，一些题目最终可能要求计算滞纳金数额，但是其实计算的核心还是在滞纳天数，因为如果天数知道了，另外两个数字肯定是已知的，那么只需要套公式就行了。

关于滞纳天数的计算，我们紧紧抓住教材的表述，要注意相关条例规定：应当自海关填发税款缴款书之日起 15 日内缴纳税款。但是在具体计算时是从海关填发税款缴款书的第 2 日起计算，也就是直接给填发税款缴款书的那一天的日历日加 15，得到的日历日就应该是缴纳税款的最后日子，但是如果这一天恰好是节假日，不管是周末还是法定节假日，反正只要是国家规定不上班的日子，那么这最后一日就要顺延到节假日后的第一个工作日。

表 2-20 为 2010 年 9～10 月日历。

表 2-20　2010 年 9～10 月日历

星期日	星期一	星期二	星期三	星期四	星期五	星期六
			9 月 1 日	2	3	**4**
5	6	7	8	9	10	**11**
12	13	14	15	16	17	**18**
19	20	21	22	23	23	**25**
26	27	28	29	30	**10 月 1 日**	**2**
3	**4**	**5**	**6**	**7**	8	**9**
10	11	12	13	14	15	**16**
17	18	19	20	21	22	**23**
24	25	26	27	28	29	**30**
31						

表 2-20 中粗体字表示的是法定节假日，其中包括了 7 天国庆长假，即 10 月 1～7 日。

通过上面的日历表格，看一看滞纳天数的具体计算方法：

(1)若海关 9 月 1 日(周三)填发税款缴款书，则从 1 日起直接加上 15 天，那么 9 月 16 日(周四)就是缴税的最后期限，从 9 月 17 日开始计算滞纳日期，直到实际缴纳的那一天(缴纳日包括在滞纳日期内，下同)。

(2)若 9 月 3 日(周五)填发税款缴款书，则从 3 日起直接加上 15 天，但 9 月 18 日(周六)是法定节假日，应该顺延到节后的第一个工作日，即 9 月 19 日为缴纳的最后期限(9 月 19 日为当年国家规定工作日)，从 9 月 20 日开始计算滞纳日期。

(3)若 9 月 16 日(周四)填发税款缴款书，则从 16 日起直接加上 15 天，但 10 月 1 日是法定节假日，应该顺延到节后的第一个工作日，即 10 月 8 日(周五)为缴税的最后期限，从 10 月 9 日开始计算滞纳日期。

(4)若 9 月 27 日(周一)填发税款缴款书，则从 27 日起直接加上 15 天，那么 10 月 12 日(周二)为缴税的最后期限。这 15 天中间虽然有 7 天假期，但包含在中间，10 月 12 日(最后一天)并不是节假日，所以不顺延。

尤其要注意的是：15 天内有假期(肯定会有至少一个星期六、星期天)，甚至有一个 7 天的长假，但是只要这 15 天的最后一天是工作日，则中间的节假日就要计算在这 15 天的期限之内，也就是缴款的最后期限不会因为在这 15 天的中间有长假而顺延。

二、进出口货物完税价格的确定

(一)我国海关审价的法律依据

进出口货物完税价格是海关对进出口货物征收从价税时审查估定的应税价格，是凭以计征进出口货物关税及进口环节代征税税额的基础。审定进出口货物完税价格是贯彻关税政策的重要环节，也是海关依法行政的重要体现。我国已加入世界贸易组织，并已全面实施世界贸易组织估价协定，我国对进口货物海关审价的法律法规已与国际通行规则衔接。

目前，我国海关审价的法律依据可分为 3 个层次。第一个层次是法律层次，即《海关法》。《海关法》规定："进出口货物的完税价格，由海关以该货物的成交价格为基础审查确定。成交价格不能确定时，完税价格由海关估定。"第二个层次是行政法规层次，即《关税条例》。第三个层次是部门规章，如海关总署颁布施行的《审价办法》、《征管办法》等。

(二)进口货物完税价格的审定

进口货物完税价格的审定包括一般进口货物完税价格的审定和特殊进口货物完税价格的审定两方面的内容。

1. 一般进口货物完税价格的审定

海关确定进口货物完税价格共有进口货物成交价格法、相同货物成交价格法、类似货物成交价格法、倒扣价格法、计算价格法、合理方法六种估价方法。上述估价方法应当依次采用，但如果进口货物纳税义务人提出要求，并提供相关资料，经海关同意，可以颠倒倒扣价格法和计算价格法的适用次序。

(1)进口货物成交价格法　进口货物成交价格法是《关税条例》及《审价办法》规定的第一种估价方法，进口货物的完税价格应首先以成交价格估价方法审查确定。这里应注意进口货物成交价格法中成交价格与完税价格两个概念的差异。

①完税价格　《审价办法》规定：进口货物的完税价格，由海关以该货物的成交价格为基础审查确定，并应包括货物运抵中华人民共和国境内输入地点起卸前的运输及相关费用、保险费。"相关费用"主要是指与运输有关的费用，如装卸费、搬运费等属于广义的运费范围内的费用。成交价格需满足一定的条件才能被海关所接受。

公式定价的进口货物，即在向中华人民共和国境内销售货物所签订的合同中，买卖双方未以具体明确的数值约定货物价格，而是以约定的定价公式来确定货物结算价格的定价方式的进口货物，如同时符合下列条件，海关以买卖双方约定的定价公式所确定的结算价格，即买方为购买该货物支付的价款总额为基础审定完税价格：

a. 在货物运抵中华人民共和国境内前买卖双方已书面约定定价公式；

b. 结算价格取决于买卖双方均无法控制的客观条件和因素；

c. 自货物申报进口之日起 6 个月内能够根据定价公式确定结算价格；

d. 结算价格符合《审价办法》中成交价格的有关规定。

②成交价格　进口货物的成交价格，是指卖方向中华人民共和国境内销售该货物时买方为进口该货物向卖方实付、应付的，并按有关规定调整后的价款总额，包括直接支付的价款和间接支付的价款。

此处的"实付或应付"是指必须由买方支付，支付的目的是为了获得进口货物，支付的对象既包括卖方也包括与卖方有联系的第三方，且包括已经支付和将要支付两者的总额。此外，成交价格不完全等同于贸易中实际发生的发票价格，需要按有关规定进行调整。

知识点讲解：

成交价格不一定就是发票价格，虽然常常是以发票价格作为成交价格的。但是成交价格的本质含义是"买方为进口该货物向卖方实付、应付的价款"，那么成交价格就既包括了直接支付给卖方的价款，如发票上反映的价款，也包括了买方为了得到该批货物支付给予卖方有关系的第三方的钱款，同时也包括实际支付给了卖方但并没有反映到购买发票上的钱款，当然还包

括海关进行价格审核过程中计入的其他款额。总之进口贸易中一般以进口货物的CIF价格为标准，不管实际合同是以什么贸易术语成交的，海关都要将其调整成CIF价格(适用于一切运输方式)。

完税价格简单地说就是海关审核认可的成交价格，进口货物完税价格就是海关审核认可的进口货物CIF价格。

特别要注意的是：以上所说的“进口货物的CIF价格”跟“INCOTERMS2000”中所述的“CIF价格”含义不同，“INCOTERMS2000”中所述的“CIF价格”仅仅是指水运条件下的“FOB价+远洋运费+远洋保险费”，而被认定为完税价格的“CIF价格”则是指“一切运输方式下，进口货物的离岸价+国际运费+国际保险费”。因为这个差别的存在，所以考试教材在这里并没有明确说明进口完税价格就是以进口货物的CIF价格为基础审定的，而是从内涵上强调了是以上述三部分费用为基础的。在计算的时候，教材明确地认定了“进口货物完税价格就是其CIF价格”。

③关于“调整因素”　调整因素包括计入项目和扣除项目。

a. 计入项目　下列项目若由买方支付，必须计入完税价格，这些项目包括：

a)除购货佣金以外的佣金和经纪费　佣金通常可分为购货佣金和销售佣金。购货佣金指买方向其采购代理人支付的佣金，按照规定购货佣金不应该计入到进口货物的完税价格中。销售佣金指卖方向其销售代理人支付的佣金，但上述佣金如果由买方直接付给卖方的代理人，按照规定应该计入到完税价格中。

经纪费指买方为购进进口货物向代表买卖双方利益的经纪人支付的劳务费用，根据规定应计入到完税价格中。

b)与进口货物作为一个整体的容器费　与有关货物归入同一个税号的容器与该货物视作一个整体，比如说酒瓶与酒构成一个不可分割的整体，两者归入同一税号，如果没有包括在酒的完税价格中间，则应该计入。

c)包装费　这里应注意包装费既包括材料费，也包括劳务费。

d)协助的价值　在国际贸易中，买方以免费或以低于成本价的方式向卖方提供了一些货物或者服务，这些货物或服务的价值被称为协助的价值。

协助价值计入到进口货物完税价格中应满足以下条件：

——由买方以免费或低于成本价的方式直接或间接提供；

——未包括在进口货物的实付或应付价格之中；

——与进口货物的生产和向中华人民共和国境内销售有关；

——可按适当比例分摊。

下列四项协助费用应计入：

——进口货物所包含的材料、部件、零件和类似货物的价值；

——在生产进口货物过程中使用的工具、模具和类似货物的价值；

——在生产进口货物过程中消耗的材料的价值；

——在境外完成的为生产该进口货物所需的工程设计、技术研发、工艺及制图等工作的价值。

e)特许权使用费　特许权使用费是指进口货物的买方为取得知识产权权利人及权利人有效授权人关于专利权、商标权、专有技术、著作权、分销权或者销售权的许可或者转让而支付的费用。

以成交价格为基础审查确定进口货物的完税价格时，未包括在该货物实付、应付价格中的特许权使用费需计入完税价格，但是符合下列情形之一的除外：

——特许权使用费与该货物无关；

——特许权使用费的支付不构成该货物向中华人民共和国境内销售的条件。

f)返回给卖方的转售收益　如果买方在货物进口之后，把进口货物的转售、处置或使用的收益的一部分返还给卖方，这部分收益的价格应该计入到完税价格中。

上述所有项目的费用或价值计入到完税价格中，必须同时满足3个条件：由买方负担；未包括在进口货物的实付或应付价格中；有客观量化的数据资料。

b.扣减项目　进口货物的价款中单独列明的下列税收、费用，不计入该货物的完税价格：

a)厂房、机械或者设备等货物进口后发生的建设、安装、装配、维修或者技术援助费用，但是保修费用除外；

b)货物运抵境内输入地点起卸后发生的运输及其相关费用、保险费；

c)进口关税、进口环节代征税及其他国内税；

d)为在境内复制进口货物而支付的费用；

e)境内外技术培训及境外考察费用。

此外，同时符合下列条件的利息费用不计入完税价格：

a)利息费用是买方为购买进口货物而融资所产生的；

b)有书面的融资协议的；

c)利息费用单独列明的；

d)纳税义务人可以证明有关利率不高于在融资当时当地此类交易通常具有的利率水平，且没有融资安排的相同或者类似进口货物的价格与进口货物的实付、应付价格非常接近的。

码头装卸费(Terminal Handling Charge，THC)是指货物从船舷到集装箱堆场间发生的费用，属于货物运抵中华人民共和国境内输入地点起卸后的运输相关费用，因此不应计入货物的完税价格。

知识点讲解：

"调整因素"是指对进口货物的CIF价格作出调整，调整的目的是为了让这个"CIF价格(适用于所有运输方式)"达到《海关法》所规定的"完税价格"的实质内涵。因为海关接纳的进口货物的完税价格就是从内涵上包括了"货物离岸价格＋国际运费＋国际保险费"，凡是进口货物的名义CIF价格(适用于一切运输方式)不能达到上述要求，也就是如果比上述规定所包含的内容少，则海关就要把少计的部分加进去，如果比上述规定所包含的内容多，则海关就要把多计的部分扣减掉。所以教材就列举了哪些内容应该加进去，这些就是"计入项目"；哪些内容应该扣减掉，这些就是"扣减项目"。这些项目是近几年考核的一个重点。

④成交价格本身须满足的条件　成交价格必须满足一定的条件才能被海关所接受，否则不能适用成交价格法。根据规定，成交价格必须具备以下4个条件：

a.买方对进口货物的处置和使用不受限制。

如果买方对进口货物的处置权或者使用权受到限制，则进口货物就不适用成交价格法。

有下列情形之一的，视为对买方处置或者使用进口货物进行了限制：

a)进口货物只能用于展示或者免费赠送的；

b)进口货物只能销售给指定第三方的；

c)进口货物加工为成品后只能销售给卖方或者指定第三方的；

d)其他经海关审查，认定买方对进口货物的处置或者使用受到限制的。

但是以下3种限制并不影响成交价格的成立：国内法律、行政法规规定的限制，对货物转售地域的限制，对货物价格无实质影响的限制。

b.进口货物的价格不应受到某些条件或因素的影响而导致该货物的价格无法确定。

有下列情形之一的，视为进口货物的价格受到了使该货物成交价格无法确定的条件或者因素的影响：

a)进口货物的价格是以买方向卖方购买一定数量的其他货物为条件而确定的；

b)进口货物的价格是以买方向卖方销售其他货物为条件而确定的；

c)其他经海关审查，认定货物的价格受到使该货物成交价格无法确定的条件或者因素影响的。

c.卖方不得直接或间接从买方获得因转售、处置或使用进口货物而产生的任何收益，除非上述收益能够被合理确定。

d.买卖双方之间没有特殊关系，或虽有特殊关系但不影响成交价格。

根据规定，有下列情形之一的，应当认定买卖双方有特殊关系：

a)买卖双方为同一家族成员；

b)买卖双方互为商业上的高级职员或董事；

c)一方直接或间接地受另一方控制；

d)买卖双方都直接或间接地受第三方控制；

e)买卖双方共同直接或间接地控制第三方；

f)一方直接或间接地拥有、控制或持有对方5%以上(含5%)公开发行的有表决权的股票或股份；

g)一方是另一方的雇员、高级职员或董事；

h)买卖双方是同一合伙的成员。

此外，买卖双方在经营上相互有联系，一方是另一方的独家代理、经销或受让人，若与以上规定相符，也应当视为有特殊关系。

买卖双方有特殊关系这个事实本身并不能构成海关拒绝成交价格的理由，买卖双方之间存在特殊关系，但是纳税义务人能证明其成交价格与同时或者大约同时发生的下列任何一款价格相近的，视为特殊关系未对进口货物的成交价格产生影响：

a)向境内无特殊关系的买方出售的相同或者类似进口货物的成交价格；

b)按照倒扣价格估价方法所确定的相同或者类似进口货物的完税价格；

c)按照计算价格估价方法所确定的相同或者类似进口货物的完税价格。

海关在使用上述价格进行比较时，需考虑商业水平和进口数量的不同，以及买卖双方有无特殊关系造成的费用差异。

进口货物成交价格法是海关估价中使用最多的一种估价方法，但是如果货物的进口非因销售引起或销售不能符合成交价格须满足的条件，就不能采用成交价格法，而应该依次采用下列方法审查确定货物的完税价格。

知识点讲解：

买卖双方有特殊关系是可以的，只要他们没有利用特殊关系操纵进出口货物价格，那么海关依然会采信成交价格；只有当买卖双方利用其特殊关系操纵成交价格，欲达到某种目的时，海关才会拒绝采信成交价格，而采用其他方法来确定进口货物的完税价格。

(2)相同及类似货物成交价格法　相同及类似进口货物成交价格法，即以与被估货物同时或大约同时向中华人民共和国境内销售的相同货物及类似货物的成交价格为基础，审查确定进口货物完税价格的方法。

①相同货物和类似货物

"相同货物"，指与进口货物在同一国家或者地区生产的，在物理性质、质量和信誉等所有方面都相同的货物，但是表面的微小差异允许存在。

"类似货物"，指与进口货物在同一国家或者地区生产的，虽然不是在所有方面都相同，但是却具有相似的特征、相似的组成材料、相同的功能，并且在商业中可以互换的货物。

②相同或类似货物的时间要素　时间要素是指相同或类似货物必须与进口货物同时或大约同时进口，其中的"同时或大约同时"指在海关接受申报之日的前后各 45 天以内。

③关于相同及类似货物成交价格法的运用　在运用这两种估价方法时，首先应使用和进口货物处于相同商业水平、大致相同数量的相同或类似货物的成交价格，只有在上述条件不满足时，才可采用以不同商业水平和不同数量销售的相同或类似进口货物的价格，但不能将上述价格直接作为进口货物的价格，还须对由此而产生的价格方面的差异作出调整。

此外，对进口货物与相同或类似货物之间由于运输距离和运输方式不同而在成本和其他费用方面产生的差异应进行调整。

上述调整都必须建立在客观量化的数据资料的基础上。

同时还应注意，在采用相同或类似货物成交价格法确定进口货物完税价格时，首先应使用同一生产商生产的相同或类似货物的成交价格，只有在没有同一生产商生产的相同或类似货物的成交价格的情况下，才可以使用同一生产国或地区不同生产商生产的相同或类似货物的成交价格。如果有多个相同或类似货物的成交价格，应当以最低的成交价格为基础估定进口货物的完税价格。

(3)倒扣价格法　倒扣价格法即以进口货物、相同或类似进口货物在境内第一环节的销售价格为基础，扣除境内发生的有关费用来估定完税价格。上述"第一环节"是指有关货物进口后进行的第一次转售，且转售者与境内买方之间不能有特殊关系。

①用以倒扣的上述销售价格应同时符合的条件

a. 在被估货物进口时或大约同时，将该货物、相同或类似进口货物在境内销售的价格；

b. 按照该货物进口时的状态销售的价格；

c. 在境内第一环节销售的价格；

d. 向境内无特殊关系方销售的价格；

e. 按照该价格销售的货物合计销售总量最大。

②倒扣价格法的核心要素

a. 按进口时的状态销售　必须首先以进口货物、相同或类似进口货物按进口时的状态销售的价格为基础。如果没有按进口时的状态销售的价格,应纳税义务人要求,可以使用经过加工后在境内销售的价格作为倒扣的基础。

b.时间要素　必须是在被估货物进口时或大约同时转售给国内无特殊关系方的价格,其中"进口时或大约同时"为在进口货物接受申报之日的前后各 45 天以内。如果进口货物、相同或者类似货物没有在海关接受进口货物申报之日前后 45 天内在境内销售,可以将在境内销售的时间延长至接受货物申报之日前后 90 天内。

c.合计的货物销售总量最大　必须使用被估的进口货物、相同或类似进口货物售予境内无特殊关系方合计销售总量最大的价格为基础估定完税价格。

③倒扣价格法的倒扣项目　确定销售价格以后,在使用倒扣价格法时,还必须扣除一些费用,这些倒扣项目根据规定有以下 4 项:

a.该货物的同级或同种类货物在境内第一环节销售时通常支付的佣金以及利润和一般费用;

b.货物运抵境内输入地点之后的运输及其相关费用、保险费;

c.进口关税、进口环节代征税及其他国内税;

d.加工增值额,如果以货物经过加工后在境内转售的价格作为倒扣价格的基础,则必须扣除上述加工增值部分。

(4)计算价格法　计算价格法既不是以成交价格,也不是以在境内的转售价格作为基础,它是以发生在生产国或地区的生产成本作为基础的价格。

①计算价格的构成项目　按有关规定采用计算价格法时进口货物的完税价格由下列各项目的总和构成:

a.生产该货物所使用的料件成本和加工费用。

"料件成本"是指生产被估货物的原料成本,包括原材料的采购价值,以及原材料投入实际生产之前发生的各类费用。"加工费用"是指将原材料加工为制成品过程中发生的生产费用,包括人工成本、装配费用及有关间接成本。

b.向境内销售同等级或者同种类货物通常的利润和一般费用(包括直接费用和间接费用)。

c.货物运抵中华人民共和国境内输入地点起卸前的运输及其相关费用、保险费。

②运用计算价格法的注意事项　计算价格法按顺序为第 5 种估价方法,但如果进口货物纳税义务人提出要求,并经海关同意,可以与倒扣法颠倒顺序使用。此外,海关在征得境外生产商同意并提前通知有关国家或者地区政府后,可以在境外核实该企业提供的有关资料。

(5)合理方法　合理方法,是指当海关不能根据成交价格估价法、相同货物成交价格估价法、类似货物成交价格估价法、倒扣价格估价法和计算价格估价法确定完税价格时,根据公平、统一、客观的估价原则,以客观量化的数据资料为基础审查确定进口货物完税价格的估价方法。

在运用合理方法估价时,禁止使用以下 6 种价格:

①境内生产的货物在境内的销售价格;

②在两种价格中较高的价格;

③依据货物在出口地市场的销售价格;

④以计算价格法规定之外的价值或者费用计算的相同或者类似货物的价格;

⑤依据出口到第三国或地区货物的销售价格；

⑥依据最低限价或武断、虚构的价格。

2.进口货物完税价格中的运输及其相关费用、保险费的计算

(1)运费的计算标准　进口货物的运费，按照实际支付的费用计算。如果进口货物的运费无法确定，海关按照该货物的实际运输成本或者该货物进口同期运输行业公布的运费率(额)计算运费。

运输工具作为进口货物，利用自身动力进境的，海关在审查确定完税价格时，不再另行计入运费。

(2)保险费的计算标准　进口货物的保险费，按照实际支付的费用计算。如果进口货物的保险费无法确定或者未实际发生，海关按照"货价加运费"两者总额的3‰计算保险费，其计算公式如下：

$$保险费=(货价+运费)\times 3‰$$

(3)邮运货物运费计算标准　邮运进口的货物，以邮费作为运输及其相关费用、保险费。

邮运进口货物主要是指快件，而超过一定价值的快件应按货物管理，所以同样存在运保费的问题，而邮运进口货物，其邮费即为运保费。

(4)边境口岸运费计算标准　以境外边境口岸价格条件成交的铁路或者公路运输进口货物，海关应当按照境外边境口岸价格的1%计算运输及其相关费用、保险费。这里所称的"边境口岸"是指与我国接壤的国家或地区的边境口岸。

(三)出口货物完税价格的审定

1.出口货物的完税价格

出口货物的完税价格由海关以该货物的成交价格为基础审查确定，包括货物运至中华人民共和国境内输出地点装载前的运输及其相关费用、保险费。

2.出口货物的成交价格

出口货物的成交价格，是指该货物出口销售时，卖方为出口该货物向买方直接收取和间接收取的价款总额。

3.不计入出口货物完税价格的税收、费用

(1)出口关税；

(2)在货物价款中单独列明的货物运至中华人民共和国境内输出地点装载后的运费及其相关费用、保险费；

(3)在货物价款中单独列明由卖方承担的佣金。

4.出口货物其他估价方法

出口货物的成交价格不能确定的，海关经了解有关情况，并与纳税义务人进行价格磋商后，依次以下列价格审查确定该货物的完税价格：

(1)同时或者大约同时向同一国家或者地区出口的相同货物的成交价格；

(2)同时或者大约同时向同一国家或者地区出口的类似货物的成交价格；

(3)根据境内生产相同或者类似货物的成本、利润和一般费用(包括直接费用和间接费用)、境内发生的运输及其相关费用、保险费计算所得的价格；

(4)按照合理方法估定的价格。

如果出口货物的销售价格中包含了出口关税，则出口货物完税价格的计算公式如下：

出口货物完税价格＝ FOB(中国境内口岸)－出口关税

因为出口关税＝出口货物完税价格×出口关税税率，由此可推导出：

出口货物完税价格＝ FOB(中国境内口岸)÷(1＋出口关税税率)

知识点讲解：

关税的征收主要在进口关税，出口关税不是重点，所以这部分内容很少考到。但是作为一些常识性的知识，考试大纲中也将其列为重点。

这个知识点的核心是出口货物的完税价格，明确地说就是，海关用来征收出口关税的完税价格是"货物的 FOB 价格减去出口关税额"，也就是从离岸价 FOB 中减去应该缴纳的出口关税，用剩下的数值作为完税价格与出口关税率相乘来计算出口关税。

(四)海关估价中的价格质疑程序和价格磋商程序

1. 价格质疑程序

在确定完税价格过程中，海关对申报价格的真实性或准确性有疑问，或有理由认为买卖双方的特殊关系可能影响到成交价格时，向纳税义务人或者其代理人制发"中华人民共和国海关价格质疑通知书"，将质疑的理由书面告知纳税义务人或者其代理人。

纳税义务人或者其代理人应自收到价格质疑通知书之日起 5 个工作日内，以书面形式提供相关资料或者其他证据，证明其申报价格真实、准确或者双方之间的特殊关系未影响成交价格。纳税义务人或者其代理人确有正当理由无法在规定时间内提供资料或证据的，可以在规定期限届满前以书面形式向海关申请延期。除特殊情况外，延期不得超过 10 个工作日。

价格质疑程序的履行是为了核实成交价格的真实性、准确性和完整性，如进出口货物没有成交价格，海关无须履行价格质疑程序，可直接进入价格磋商程序。

2. 价格磋商程序

价格磋商是指海关在使用除成交价格以外的估价方法时，在保守商业秘密的基础上，与纳税义务人交换彼此掌握的用于确定完税价格的数据资料的行为。

海关按照《审价办法》规定通知纳税义务人进行价格磋商时，纳税义务人需自收到"中华人民共和国海关价格磋商通知书"之日起 5 个工作日内与海关进行价格磋商。纳税义务人未在规定的时限内与海关进行磋商的，视为其放弃价格磋商的权利，海关可以直接按照《审价办法》规定的方法审查确定进出口货物的完税价格。

海关与纳税义务人进行价格磋商时，应当制作"中华人民共和国海关价格磋商记录表"。

进行上述价格磋商的目的是为了向进出口货物的纳税义务人了解有关情况，充分交流双方掌握的价格信息。比如，有时海关掌握着纳税义务人所不知道的相同或类似货物的成交价格，有时则恰好相反，只有通过双方的充分交流，才便于得到海关估价的适当依据。因此，进出口货物的纳税义务人应重视价格磋商环节，积极配合海关履行价格磋商程序，如实填报进出口货物有关情况并提供相关的信息资料。

3. 价格质疑与价格磋商的特殊情形

(1)对符合下列情形之一的，经纳税义务人书面申请，海关可以不进行价格质疑或价格磋商，依法审查确定进出口货物的完税价格：

①同一合同项下分批进出口的货物，海关对其中一批货物已经实施估价的；

②进出口货物的完税价格在人民币10万元以下或者关税及进口环节代征税总额在人民币2万元以下的；

③进出口货物属于危险品、鲜活品、易腐品、易失效品、废品、旧品等的。

(2)加工贸易进口料件或者其制成品、出口加工区内加工企业内销制成品、保税区内加工企业内销进口料件或者其制成品估价，海关可以不进行价格质疑，经与纳税义务人进行价格磋商后，依法审查确定完税价格；经纳税义务人书面申请，海关可以不进行价格磋商，依法审查确定进口货物的完税价格。

(五)纳税义务人在海关审定完税价格时的权利和义务

1.纳税义务人的权利

(1)要求具保放行货物的权利，即在海关审查确定进出口货物的完税价格期间，纳税义务人可以在依法向海关提供担保后，先行提取货物。

(2)选择估价方法的权利，即纳税义务人向海关提供有关资料后，可以提出申请，颠倒倒扣价格估价法和计算价格估价法的适用次序。

(3)对海关如何确定进出口货物完税价格的知情权，即纳税义务人可以提出书面申请，要求海关就如何确定其进出口货物的完税价格作出书面说明。

(4)获得救济的权利，即对海关估价决定有权提出复议、诉讼。

2.纳税义务人的义务

(1)如实提供单证及其他相关资料的义务，即纳税义务人向海关申报时，应当按照《审价办法》的有关规定，向海关如实提供发票、合同、提单、装箱清单等单证。根据海关要求，纳税义务人还应当如实提供与货物买卖有关的支付凭证，以及证明申报价格真实、准确的其他商业单证、书面资料和电子数据。

(2)如实申报及提供相关资料的义务，即货物买卖中发生《审价办法》规定中所列的价格调整项目的，纳税义务人应当如实向海关申报。价格调整项目如果需要分摊计算的，纳税义务人应当根据客观量化的标准进行分摊，并同时向海关提供分摊的依据。

(3)举证证明特殊关系未对进口货物的成交价格产生影响的义务，即买卖双方之间虽然存在特殊关系，但是纳税义务人认为特殊关系未对进口货物的成交价格产生影响时，应提供相关资料，以证明其成交价格符合《审价办法》的规定。

三、进出口货物原产地的确定

在国际贸易中，原产地这个概念是指货物生产的国家(地区)，就是货物的“国籍”。

随着世界经济一体化和生产国际化的发展，准确认定进出口货物的“国籍”变得更为重要。因为确定了进口货物“国籍”，就直接确定了其依照进口国的贸易政策所适用的关税和非关税待遇。原产地的不同决定了进口商品所享受的待遇不同。

(一)原产地规则的含义

各国为了适应国际贸易的需要，并为执行本国关税及非关税方面的国别歧视性贸易措施，必须对进出口商品的原产地进行认定。为此，各国以本国立法形式制定出其鉴别货物“国籍”的标准，这就是原产地规则。

世界贸易组织《原产地规则协议》将原产地规则定义为：一国(地区)为确定货物的原产地而实施的普遍适用的法律、法规和行政决定。

(二)原产地规则的类别

从适用目的讲，原产地规则分为两大类：一类为优惠原产地规则，另一类为非优惠原产地规则。

1. 优惠原产地规则

优惠原产地规则是指一国为了实施国别优惠政策而制定的法律、法规，是以优惠贸易协定通过双边、多边协定形式或者是由本国自主形式制定的一些特殊原产地认定标准，因此也称为协定原产地规则。优惠原产地规则具有很强的排他性，优惠范围以原产地为受惠国(地区)的进口产品为限，其目的是促进协议方之间的贸易发展。优惠原产地规则主要有以下两种实施方式：一是通过自主方式授予，如欧盟普惠制(GSP)、中国对最不发达国家的特别优惠关税待遇；二是通过协定以互惠性方式授予，如北美自由贸易协定、中国—东盟自贸区协定等。由于优惠原产地规则是用于认定进口货物有无资格享受比最惠国更优惠待遇的依据，因此其认定标准通常会与非优惠原产地规则不同，其宽或严完全取决于成员方。进口国(地区)为了防止此类优惠措施被滥用或规避，一般都制定了货物直接运输的条款。

我国加入世界贸易组织后，为了进一步改善所处的贸易环境，推进市场多元化进程，开创新的格局，截至 2011 年 3 月，先后签订了《亚太贸易协定》(即原《亚洲及太平洋经济和社会理事会发展中国家成员国关于贸易谈判的第一协定》，又称《曼谷协定》)、《中华人民共和国与东南亚国家联盟全面经济合作框架协议》(以下简称《中国—东盟合作框架协议》)、《内地与香港关于建立更紧密经贸关系的安排》(又称香港 CEPA)、《内地与澳门关于建立更紧密经贸关系的安排》(又称澳门 CEPA)、《中华人民共和国政府与巴基斯坦伊斯兰共和国政府自由贸易协定》、对埃塞俄比亚等最不发达国家给予的特别优惠关税待遇(以下称最不发达国家特别优惠关税待遇)、《中华人民共和国与智利共和国政府自由贸易协定》、《中华人民共和国政府和新西兰政府自由贸易协定》、《中华人民共和国政府和新加坡共和国政府自由贸易协定》、《中华人民共和国政府和秘鲁共和国政府自由贸易协定》、《海峡两岸经济合作框架协议》(简称 ECFA)、《中华人民共和国政府和哥斯达黎加共和国政府自由贸易协定》等优惠贸易协定。上述优惠贸易协定中均包含有相应的优惠原产地规则。

上述贸易协定中，《亚太贸易协定》适用国家包括韩国、印度、斯里兰卡、孟加拉国和老挝；《中国—东盟合作框架协议》适用国家包括越南、泰国、新加坡、马来西亚、印度尼西亚、文莱、缅甸、老挝、柬埔寨和菲律宾。

2. 非优惠原产地规则

非优惠原产地规则，是一国根据实施其海关税则和其他贸易措施的需要，由本国立法自主制定的，因此也称为自主原产地规则。按照世界贸易组织的规定，适用于非优惠性贸易政策措施的原产地规则，其实施必须遵守最惠国待遇原则，即必须普遍地、无差别地适用于所有原产地为最惠国的进口货物。它包括实施最惠国待遇、反倾销和反补贴税、保障措施、数量限制或关税配额、原产地标记或贸易统计、政府采购时所采用的原产地规则。《WTO 协调非优惠原产地规则》正在统一协调中，完成后，世界贸易组织成员将实施统一的协调非优惠原产地规则，以取代各国自主制定的非优惠原产地规则。

知识点讲解：

原产地规则就是各国制定的一系列用来确定产品“国籍”的标准。

优惠原产地规则就是协定原产地规则，大多是各国之间签订的，比最惠国待遇更优惠的一系列协定，大多数是互惠协定，也有单方面授予的。

非优惠原产地规则就是基于最惠国待遇原则之上的自主原产地规则，也就是本国自主制定的原产地规则，但是非优惠原产地规则必须遵循最惠国待遇原则之下的相关要求，如自动性、同一性、普遍性等。

(三)原产地认定标准

在认定货物的原产地时，会出现以下两种情况：一种是货物完全是在一个国家(地区)获得或生产制造，另一种是货物由两个或两个以上国家(地区)生产或制造。无论是优惠原产地规则还是非优惠原产地规则，都要确定这两种货物的原产地认定标准。

对于完全在一国(地区)获得的产品，如农产品或矿产品，各国的原产地认定标准基本一致，即以产品的种植、开采或生产国为原产国，这一标准通常称为“完全获得标准”(Wholly Obtained Standard)。对于经过几个国家(地区)加工、制造的产品，各国多以最后完成实质性加工的国家为原产国，这一标准通常称为“实质性改变标准”(Substantial Transformation Standard)。实质性改变标准包括税则归类改变标准、从价百分比标准(或称增值百分比标准、区域价值成分标准等)、加工工序标准、混合标准等。

税则归类改变标准是指在某一国家(地区)对非该国(地区)原产材料进行加工、制造后，所得货物在《协调制度》中的某位数级税目归类发生了变化。

从价百分比标准是指在某一国家(地区)对非该国(地区)原产材料进行加工、制造后的增值部分超过了所得货物价值的一定比例。

加工工序标准是指在某一国家(地区)进行的赋予制造、加工后所得货物基本特征的主要工序。

1. 优惠原产地认定标准

(1)完全获得标准　完全获得，即从优惠贸易协定成员国或者地区(以下简称成员国或者地区)直接运输进口的货物是完全在该成员国或者地区获得或者生产的，这些货物指：

①在该成员国或者地区境内收获、采摘或者采集的植物产品；

②在该成员国或者地区境内出生并饲养的活动物；

③在该成员国或者地区领土或者领海开采、提取的矿产品；

④其他符合相应优惠贸易协定项下完全获得标准的货物。

原产于优惠贸易协定某一成员国或者地区的货物或者材料在同一优惠贸易协定另一成员国或者地区境内用于生产另一货物，并构成另一货物组成部分的，该货物或者材料应当视为原产于另一成员国或者地区境内。

为便于装载、运输、储存、销售进行的加工、包装、展示等微小加工或者处理，不影响货物原产地确定。在货物生产过程中使用，本身不构成货物物质成分，也不成为货物组成部件的材料或者物品，其原产地不影响货物原产地确定。

(2)税则归类改变标准　税则归类改变，是指原产于非成员国或者地区的材料在出口成员国或者地区境内进行制造、加工后，所得货物在《协调制度》中税则归类发生了变化。

(3)区域价值成分标准　区域价值成分，是指出口货物船上交货价格(FOB)扣除该货物生产过程中该成员国或者地区非原产材料价格后，所余价款在出口货物船上交货价格(FOB)中所占的百分比。不同协定框架下的优惠原产地规则中的区域价值成分标准各有不同，部分贸易协定的区域价值成分标准如下：

①《中华人民共和国海关〈亚太贸易协定〉项下进出口货物原产地管理办法》(以下简称《〈亚太贸易协定〉项下原产地管理办法》)规定，在生产过程中所使用的非成员国原产的或者不明原产地的材料、零件或产物的总价值不超过该货物船上交货价(FOB价)的55%，原产于最不发达受惠国(即孟加拉国)的产品的以上比例不超过65%。

②《中华人民共和国海关〈中华人民共和国与东南亚国家联盟全面经济合作框架协议〉项下进出口货物原产地管理办法》(以下简称《〈中国—东盟合作框架协议〉项下原产地管理办法》)规定，在东盟成员国非完全获得或者生产的货物，其生产过程中使用的非原产于中国—东盟自贸区的材料、零件或者产品的总价格不超过该货物船上交货价格(FOB)的60%，并且最后生产工序在东盟成员国境内完成；或者其生产过程中使用的原产于任一东盟成员国的中国—东盟自贸区成分不低于该货物船上交货价格(FOB)的40%。

③港澳CEPA项下的原产地规则要求，在港澳获得的原料、组合零件、劳工价值和产品开发支出价值的合计，与在港澳生产或获得产品FOB价的比例应不低于30%。

④《中华人民共和国海关〈海峡两岸合作框架协议〉项下进出口货物原产地管理办法》(以下简称《ECFA项下原产地管理办法》)规定，在台湾地区使用非台湾地区原产材料生产的货物，以该协议项下产品特定原产地规则中该货物所对应的区域价值成分为标准。

(4)制造加工工序标准　制造加工工序，是指赋予加工后所得货物基本特征的主要工序。

(5)其他标准　其他标准，是指除上述标准之外，成员国或者地区一致同意采用的确定货物原产地的其他标准。

(6)直接运输规则　“直接运输”是指优惠贸易协定项下进口货物从该协定成员国或者地区直接运输至中国境内，途中未经过该协定成员国或者地区以外的其他国家或者地区。

原产于优惠贸易协定成员国或者地区的货物，经过其他国家或者地区运输至中国境内，不论在运输途中是否转换运输工具或者作临时储存，同时符合下列条件的，视为“直接运输”：

①该货物在经过其他国家或者地区时，未做除使货物保持良好状态所必须处理以外的其他处理；

②该货物在其他国家或者地区停留的时间未超过相应优惠贸易协定规定的期限；

③该货物在其他国家或者地区作临时储存时，处于该国家或者地区海关监管之下。

不同协定框架下的优惠原产地规则中的直接运输规则各有不同，部分贸易协定的直接运输规则如下：

①《〈亚太贸易协定〉项下原产地管理办法》中的直接运输规则是指：

——货物运输未经任何非成员国境内；

——货物运输途中经过非成员国，无论是否在这些国家或者地区转换运输工具或者作临时储存，同时符合由于地理原因或者仅出于运输需要，货物未在这些国家或者地区进入贸易或者消费领域，货物在经过这些国家或者地区时未作除装卸或者其他为使货物保持良好状态所必须处理以外的其他处理这3个条件。

②《(中国—东盟合作框架协议)项下原产地管理办法》中的直接运输规则是指：该协议

项下的进口货物从东盟成员国直接运输至我国境内，途中没有经过中国—东盟自贸区成员国以外的其他国家或者地区。原产于东盟成员国的货物，经过其他国家或者地区运输至我国，不论在运输中是否转换运输工具或者作临时储存，同时符合下列条件的，应当视为“直接运输”：

——该货物经过这些国家或者地区仅是由于地理原因或者运输需要；

——未进入这些国家或者地区进行贸易或者消费；

——该货物经过这些国家或者地区时，未作除装卸或者为使货物保持良好状态所必须处理以外的其他处理。

③香港 CEPA 项下的香港原产进口货物应当从香港直接运输至内地口岸；澳门 CEPA 项下的进口货物不能从香港以外的地区或者国家转运。

④《ECFA 项下原产地管理办法》规定所称的“直接运输”，是指该协议项下进口货物从台湾地区直接运输至中国大陆，途中未经过中国大陆、台湾地区以外的其他第三方。原产于台湾地区的货物经过中国大陆、台湾地区以外的一个或者多个第三方，不论是否在第三方转换运输工具或者临时储存(注：货物进入第三方停留时间自运抵该方之日起不得超过 60 日)，同时符合下列条件的，应当视为“直接运输”：

——由于地理原因或者运输需要；

——货物在该第三方未进行贸易或者消费；

——除装卸、重新包装或者使货物保持良好状态所必需的处理外，货物在该第三方未经其他处理；

——该货物在第三方作临时储存时，处于该第三方海关监管之下。

2. 非优惠原产地认定标准

目前，我国的非优惠原产地认定标准主要有完全获得标准和实质性改变标准。

(1)完全获得标准　完全在一个国家(地区)获得的货物，以该国(地区)为原产地；两个以上国家(地区)参与生产的货物，以最后完成实质性改变的国家(地区)为原产地。

以下货物视为在一国(地区)“完全获得”：

①在该国(地区)出生并饲养的活的动物；

②在该国(地区)野外捕捉、捕捞、搜集的动物；

③从该国(地区)的活的动物获得的未经加工的物品；

④在该国(地区)收获的植物和植物产品；

⑤在该国(地区)采掘的矿物；

⑥在该国(地区)获得的上述①～⑤项范围之外的其他天然生成的物品；

⑦在该国(地区)生产过程中产生的只能弃置或者回收用做材料的废碎料；

⑧在该国(地区)收集的不能修复或者修理的物品，或者从该物品中回收的零件或者材料；

⑨由合法悬挂该国旗帜的船舶从其领海以外海域获得的海洋捕捞物和其他物品；

⑩在合法悬挂该国旗帜的加工船上加工上述第⑨项所列物品获得的产品；

⑪从该国领海以外享有专有开采权的海床或者海床底土获得的物品；

⑫在该国(地区)完全从上述①～⑪项所列物品中生产的产品。

在确定货物是否在一个国家(地区)完全获得时，为运输、储存期间保存货物而做的加工或者处理，为货物便于装卸而进行的加工或者处理，为货物销售而进行的包装等加工或者处理等,不予考虑。

(2)实质性改变标准　以税则归类改变为基本标准,税则归类改变不能反映实质性改变的,以从价百分比、制造或者加工工序等为补充标准。

税则归类改变,是指在某一国家(地区)对非该国(地区)原产材料进行制造、加工后,所得货物在《进出口税则》中的4位数税号一级的税则归类发生改变。

制造或者加工工序,是指在某一国家(地区)进行的赋予制造、加工后所得货物基本特征的主要工序。

从价百分比,是指在某一国家(地区)对非该国(地区)原产材料进行制造、加工后的增值部分,不低于所得货物价值的30%。用公式表示如下:

$$(\text{工厂交货价}-\text{非该国(地区)原产材料价值})\div\text{工厂交货价}\times100\%\geqslant30\%$$

这里应注意:上述"工厂交货价"是指支付给制造厂所生产的成品的价格;"非该国(地区)原产材料价值"是指直接用于制造或装配最终产品而进口原料、零部件的价值(含原产地不明的原料、零配件),以其进口的成本、保险费加运费价格(CIF价)计算。

以上述"制造、加工工序"和"从价百分比"作为标准来判定实质性改变的货物在有关的"适用制造或者加工工序及从价百分比标准的货物清单"中具体列明,并按列明的标准判定是否发生实质性改变。对未列入上述清单货物的,其实质性改变的判定,应当适用税则归类改变标准。上述清单由海关总署会同商务部、国家质量监督检验检疫总局根据实施情况修订并公告。

上述实质性改变标准适用于非优惠性贸易措施项下两个及以上国家(地区)所参与生产的货物原产地的确定。

知识点讲解:

该知识点介绍了一系列原产地的认定标准,大体是根据前面所讲的原产地的两大类别来叙述的,也就是优惠原产地认定标准和非优惠原产地认定标准,这两种标准都有完全获得标准和非完全获得标准。

完全获得标准在两种规则下其含义基本一致,一个产品如果100%都是从这个国家或者地区领土、领海获得的,则这个产品的原产国(地区)就是这个国家。

非完全获得标准有一系列衡量的尺度,但在两种规则下都以从价百分比标准最为重要,所以学习的重点是记住各种协议和规定下一个产品要以某国为原产国,那么这一国家在这一产品的生产过程中所创造的价值不能低于这一产品FOB价格的比例。也就是被认定为原产国的国家(地区)必须要在产品中占有的增值比例不应该小于某个比例。例如,产品来自于中国香港,产品的FOB香港价格为100万元人民币,则其中至少要有30万元人民币是在中国香港创造的,这个产品才能认定原产国(地区)为中国香港。

(四)优惠原产地申报要求

1.进口货物申报要求

货物申报进口时,进口货物收货人或者其代理人应当按照海关的申报规定填制"中华人民共和国海关进口货物报关单",申明适用协定税率或者特惠税率,并同时提交货物的有效原产地证书正本,或者相关优惠贸易协定规定的原产地声明文件,货物的商业发票正本、运输单证等其他商业单证。货物经过其他国家或者地区运输至中国境内的,还应当提交证明符合《中华人民共和国海关进出口货物优惠原产地管理规定》(以下简称《优惠原产地管理规定》)有关规定的联运提单等证明文件;在其他国家或者地区临时储存的,还应当提交该国家或者地区海关出具的证明符合《优惠原产地管理规定》有关规定的其他文件。进口货物收货人或者其代理人向海关提交的原产地证书,应当符合相应优惠贸易协定关于证书格式、填制内容、签章、提交期限等规定,并与商业发票、报关单等单证的内容相符。

原产地申报为优惠贸易协定成员国或者地区的货物,进口货物收货人及其代理人未依照《优惠原产地管理规定》有关规定提交原产地证书、原产地声明的,应当在申报进口时就进口货物是否具备相应优惠贸易协定成员国或者地区原产资格,按《优惠原产地管理规定》有关规定的格式要求向海关进行补充申报。海关可以根据进口货物收货人或者其代理人的申请,按照协定税率或者特惠税率收取等值保证金后放行货物,并按照规定办理进口手续、进行海关统计。

海关认为需要对进口货物收货人或者其代理人提交的原产地证书的真实性,以及货物是否原产于优惠贸易协定成员国或者地区进行核查的,按照该货物适用的最惠国税率、普通税率或者其他税率收取相当于应缴税款的等值保证金后放行货物,并按照规定办理进口手续,进行海关统计。海关认为必要时,可以请求出口成员国或者地区主管机构对优惠贸易协定项下进口货物原产地进行核查,也可以依据相应优惠贸易协定的规定就货物原产地开展核查访问。

有下列情形之一的,进口货物不适用协定税率或者特惠税率:

(1)进口货物收货人或者其代理人在货物申报进口时没有提交符合规定的原产地证书、原产地声明,也未就进口货物是否具备原产资格进行补充申报的;

(2)进口货物收货人或者其代理人未提供商业发票、运输单证等其他商业单证,也未提交其他证明符合《优惠原产地管理规定》第十四条规定的文件的;

(3)经查验或者核查,确认货物原产地与申报内容不符,或者无法确定货物真实原产地的;

(4)其他不符合《优惠原产地管理规定》及相应优惠贸易协定规定的情形。

2.部分优惠贸易协定申报要求

(1)《亚太贸易协定》　货物申报进口时,进口货物收货人应当按照海关的申报规定填制"中华人民共和国海关进口货物报关单",申明适用《亚太贸易协定》协定税率或者特惠税率,并同时提交下列单证:

①由《亚太贸易协定》成员国政府指定的机构在货物出口时签发或者货物装运后3个工作日内签发的原产地证书正本。因不可抗力不能在原产地证书签发之日起1年内提交原产地证书的,进口货物收货人还应当一并提交证明材料。

②货物商业发票正本、装箱单及其相关运输单证。货物经过其他国家或者地区运输至我国境内的,进口货物收货人应当提交在该成员国境内签发的联运提单、货物商业发票正本,以及证明符合《〈亚太贸易协定〉项下原产地管理办法》有关规定的相关文件。

(2)《中国—东盟合作框架协议》　货物申报进口时,进口货物收货人或其代理人应当按照海关的申报规定填制"中华人民共和国海关进口货物报关单",申明适用中国—东盟自贸区协定税率,并提交下列单证:

①由东盟成员国签证机构签发的有效原产地证书正本、有效流动证明正本,《〈中国—东盟合作框架协议〉项下原产地管理办法》有关规定免予提交原产地证书或者流动证明的情况除外。

②货物的商业发票正本、装箱单及其相关运输单证。

货物经过其他国家或者地区运输至我国境内的，应当提交在出口国境内签发的联运提单、货物的商业发票正本，以及其他国家或者地区海关出具的证明文件，或者其他证明货物符合《〈中国—东盟合作框架协议〉项下原产地管理办法》有关规定的相关文件。

原产于东盟成员国的进口货物，每批船上交货价格(FOB)不超过200美元的，免予提交原产地证书或者流动证明。进口货物收货人应当同时按照有关要求就进口货物具备原产资格进行书面声明。为规避管理规定，一次或者多次进口货物的，不适用此规定。

(3)港澳CEPA　纳税义务人应当主动向申报地海关申明该货物适用零关税税率。除了按照其进口货物所需提交的单证之外，纳税义务人还应当向海关提交符合港澳CEPA项下规定的有效原产地证书作为报关单随附单证。

如果是香港CEPA项下原产于香港的受惠商品，应当从香港直接运输至内地口岸，除了上述单证之外，纳税义务人还可以提交承运人提供的香港海关查验报告以适用绿色关锁制度。

如果是澳门CEPA项下原产于澳门的受惠商品，且是经过香港转运至内地口岸的，除了上述单证之外，纳税义务人还应当向海关交验在澳门签发的联运提单、中国检验(香港)有限公司出具的未再加工证明文件等。

(4)海峡两岸经济合作框架协议　《ECFA项下原产地管理办法》规定，货物申报进口时，进口货物收货人或其代理人应当按照海关的申报规定填制“中华人民共和国海关进口货物报关单”，申明适用该协议协定税率，并同时提交下列单证：

①由台湾签证机构签发的有效原产地证书正本；

②货物的商业发票正本、装箱单，以及相关运输单证。

货物经过中国大陆、台湾地区以外的第三方运输至中国内地的，应当提交在台湾地区签发的联运提单、第三方海关出具的证明文件，以及海关认可的其他证明文件。

货物申报进口时，进口货物收货人或其代理人未提交有效原产地证书正本，也未就该进口货物是否具备台湾地区原产资格向海关进行补充申报，海关应当依法按照该货物适用的最惠国税率、普通税率或者其他税率计征关税及进口环节海关代征税，并按照规定办理进口手续、进行海关统计。收货人或其代理人在货物征税放行后向海关提交原产地证书的，海关不予受理，已征税款不予调整。

3.出口货物申报要求

出口货物申报时，出口货物发货人应当按照海关的申报规定填制“中华人民共和国海关出口货物报关单”，并向海关提交原产地证书电子数据或者原产地证书正本的复印件。海关认为必要时，可以对优惠贸易协定项下出口货物原产地进行核查，以确定其原产地。应优惠贸易协定成员国或者地区要求，海关可以对出口货物原产地证书或者原产地进行核查，并应当在相应优惠贸易协定规定的期限内反馈核查结果。

4.货物申报其他要求

优惠贸易协定项下进出口货物及其包装上标有原产地标记的，其原产地标记所标明的原产地应当与依照《优惠原产地管理规定》有关规定确定的货物原产地一致。

为确定货物原产地是否与进出口货物收发货人提交的原产地证书及其他申报单证相符，海关可以对进出口货物进行查验，具体程序按照《中华人民共和国海关进出口货物查验管理办法》有关规定办理。

进出口货物收发货人可以依照《中华人民共和国海关行政裁定管理暂行办法》有关规定，向海关申请原产地行政裁定。海关总署可以依据有关法律、行政法规、海关规章的规定，对进出口货物作出具有普遍约束力的原产地决定。

（五）原产地证书

原产地证书是证明产品原产于某地的书面文件。它是受惠国的产品出口到给惠国时享受关税优惠的凭证，同时也是进口货物是否适用反倾销、反补贴税率及保障措施等贸易政策的参考凭证。

1. 适用优惠原产地规则的原产地证书

法律、行政法规规定的有权签发出口货物原产地证书的机构（以下简称签证机构）可以签发优惠贸易协定项下出口货物原产地证书。

（1）《亚太贸易协定》原产地证书　原产地证书应当同时符合以下3个条件：

①由该成员国政府指定机构以手工或者电子形式签发；

②符合《〈亚太贸易协定〉项下原产地管理办法》附件所列格式，用国际标准A4纸印制，所用文字为英文；

③证书印章与该成员国通知中国海关的印章印模相符。

原产地证书自签发之日起1年内有效，不得涂改和叠印，所有未填空白之处应当予以划去，以防事后填写。

货物申报进口时，进口货物收货人未申明适用《亚太贸易协定》协定税率或者特惠税率，也未同时提交《亚太贸易协定》成员国政府指定机构签发的原产地证书正本的，其申报进口的货物不适用《亚太贸易协定》协定税率或者特惠税率，海关应当依法选择按照该货物适用的税率计征关税及进口环节海关代征税。

（2）《中国—东盟合作框架协议》原产地证书　进口货物收货人或其代理人向海关提交的原产地证书、流动证明应当同时符合下列条件：由东盟成员国签证机构签发；符合《（中国—东盟合作框架协议）项下原产地管理办法》附件1所列格式，以英文填制并由出口商署名和盖章；原产地证书、流动证明的签证机构印章、签证人员签名，与东盟成员国通知中国海关的签证机构印章、签证人员签名样本相符；所列的一项或者多项货物为同一批次的进口货物；仅有一份正本，并且具有不重复的原产地证书编号；注明确定货物具有原产资格的依据。

该协议项下进口货物原产地证书应当由东盟成员国签证机构在货物装运前或者装运时签发；因不可抗力未能在货物装运前或者装运时签发的，可以在货物装运后3天内签发。

进口货物原产证书自签发之日起1年内有效。

（3）港澳CEPA的原产地证书　原产地证书应与海关总署发布的有关原产地证书及其签章的备案材料一致（其中，香港原产地证书签发机构包括香港工贸署、香港总商会、香港印度商会、香港工业总会、香港中华厂商联合会、香港中华总商会6家机构，澳门原产地证书签发机构为澳门经济局）。原产地证书必须在有效期内使用，且证书编号和商品编码两项内容必须与报关单所报内容相符（应当注意的是，报关时商品编码可能有10位，而海关只要求前8位编码必须一致），申报数量不得超出原产地证书上的数量，原产地证书的签证机构、签发地区、到货口岸等内容应与实际相符。原产地证书应与海关联网核对无误。一个原产地证书只适用于一批进口货物，不可多次使用。一份报关单不可涉及多份原产地证书或含非原产地证书商品。

海关因故无法进行联网核对时，应纳税义务人书面申请并经海关审批同意后，可以按照适用的最惠国税率或者暂定税率征收与应缴税款等值的保证金后先予放行货物，并按规定办理进口手续。海关应当自该货物放行之日起 90 天内核定其原产地证书的真实情况，根据核查结果办理退还保证金手续或者保证金转税手续。

(4)ECFA 原产地证书　ECFA 原产地证书自签发之日起 12 个月内有效。进口货物收货人或其代理人向海关提交的原产地证书应当同时符合下列条件：由台湾地区签证机构在货物申报出口前签发；证书在有效期内；以规定的格式正确填制、署名和盖章；仅有一份正本，并且具有单一证书编号；所列的货物为同一批次的进口货物，项数不超过 20 项；一份进口货物报关单上所列货物对应一份原产地证书。

2. 适用非优惠原产地规则的原产地证书

(1)对适用反倾销、反补贴措施的进口商品的要求

①进口经营单位申报进口与实施反倾销措施的被诉倾销产品(以下简称被诉倾销产品)相同的货物时，应向海关提交原产地证书。

②对于进口经营单位确实无法提交原产地证书的，海关通过实际查验不能确定货物的原产地，海关按与该货物相同的被诉倾销产品的最高反倾销税率或保证金征收比率征收反倾销税或现金保证金。

③对于加工贸易保税进口与被诉倾销产品相同的货物，进口经营单位在有关货物实际进口申报时，也应向海关提交原产地证书。

④对于在反倾销措施实施之前已经申报进口的加工贸易和其他保税进口货物，因故申报内销是在反倾销措施实施期间的，进口经营单位应在申报内销时向海关提交原产地证书。对于进口经营单位确实无法提交原产地证书，经海关实际查验不能确定货物的原产地的，海关按与该货物相同的被诉倾销产品的最高反倾销税率或保证金征收比率征收反倾销税或现金保证金。

(2)对适用最终保障措施的进口商品的要求　自海关总署公告规定的加征关税之日起，进口企业申报进口涉案产品时，不能提供不适用最终保障措施的国家(地区)的原产地证书或尚不应加征关税的适用最终保障措施的国家(地区)的原产地证书，或者海关对其所提供的原产地证书的真实性有怀疑的，如经海关审核有关单证(包括合同、发票、提运单等)及对货物实际验估能够确定原产地的，应按照相关规定处理；如仍不能确定原产地，且进口企业也不能进一步提供能够证明原产地的其他材料的，应在现行适用的关税税率基础上，按照相应的涉案产品适用的加征关税税率加征关税。

在海关审核认定原产地期间，进口企业可在提供了相当全部税款的保证金担保后，要求先行验放货物。

原产地证书并不是确定货物原产地的唯一标准。若海关通过查验货物或审核单证认为所提供的原产地证书可能不真实，海关可以请求出口国(地区)的有关机构对该货物的原产地进行核查。

(六)对原产于台湾地区的部分进口鲜水果、农产品实施零关税(台湾农产品零关税措施)

自 2005 年 8 月 1 日起，对原产于台湾地区的 15 种进口鲜(包括冷藏)水果实施零关税；自 2007 年 3 月 20 日起，对原产于台湾地区的 19 种进口农产品实施零关税。进口地海关凭经海关总署认可的台湾地区签发水果、农产品产地证明文件的有关机构和民间组织于实施日后签发的，能够证明水果或农产品原产于台湾地区的产地证明文件，办理享受零关税水果、农产品的征税验放手续。原产于台湾地区的水果、农产品的原产地标准为在台湾地区完全获得，即水

果为在台湾地区收获、采摘或采集;水产品为在台湾地区养殖或由台湾籍渔船在远洋、近海捕捞;蔬菜为在台湾地区收获、采摘或采集。享受零关税的台湾地区水果、农产品,应符合如下运输要求:一是直接从台湾本岛、澎湖、金门或马祖运输到大陆关境口岸;二是经过中国香港、中国澳门或日本石垣岛转运到大陆关境口岸。

经过上述地点转运到大陆关境口岸的,在进口申报时须向海关提交在台湾地区签发的,并以台湾地区为起运地的运输单证。

(七)原产地预确定制度

进口货物的收货人或经营单位在有正当理由的情况下,可以向直属海关申请对其将要进口的货物的原产地进行预确定。申请人申请原产地预确定时,应当填写"进口货物原产地预确定申请书"并提交下列文件材料:

(1)申请人的身份证明文件;

(2)能说明将要进口货物情况的有关文件资料,包括进口货物的商品名称、规格、型号、税则号列、产品说明书等,出口国(地区)或者货物原产地的有关机构签发的原产地证书或其他认定证明,进口货物所使用的原材料的品种、规格、型号、价格和产地等情况的资料,能说明进口货物的生产加工工序、流程、工艺、加工地点以及加工增值等情况的资料;

(3)说明该项交易情况的文件材料,如进口合同、意向书、询价和报价单以及发票等;

(4)海关要求提供的其他文件资料。

海关应当在收到原产地预确定书面申请及全部必要资料之日起 150 天内,依照《原产地条例》的规定对该进口货物作出原产地预确定决定,并对外公布。

已作出原产地预确定决定的货物,自预确定决定作出之日起 3 年内实际进口时,经海关审核其实际进口的货物与预确定决定所述货物相符,且《原产地条例》规定的原产地确定标准未发生变化的,海关不再重新确定该进口货物的原产地;经海关审核其实际进口的货物与预确定决定所述货物不相符的,海关应当按照《原产地条例》的规定重新审核确定该进口货物的原产地。在预确定决定所依据的原产地规则、事实和条件不变的前提下,海关作出的原产地预确定决定在全关境范围内持续有效。目前,有关原产地预确定的具体工作,由各直属海关受理。

四、税率的适用

(一)税率适用的规定

进口税则分设最惠国税率、协定税率、特惠税率、普通税率、关税配额税率等税率。对进口货物在一定期限内可以实行暂定税率。根据我国加入世界贸易组织时承诺的关税减让义务,2007 年以来我国的进口关税总水平保持在 9.8%。

出口税则按进口税则列目方式确定出口税则税目,对部分出口商品实行暂定出口税率。

1.进口税率

对于同时适用多种税率的进口货物,在选择适用的税率时,基本的原则是"从低适用",特殊情况除外。

(1)原产于共同适用最惠国待遇条款的世界贸易组织成员的进口货物,原产于与中华人民共和国签订含有相互给予最惠国待遇条款的双边贸易协定的国家或者地区的进口货物,以及原产于中华人民共和国境内的进口货物,适用最惠国税率。

原产于与中华人民共和国签订含有关税优惠条款的贸易协定的国家或者地区的进口货物,适用协定税率。原产于与中华人民共和国签订含有特殊关税优惠条款的贸易协定的国家或者地区的进口货物，或者原产于中华人民共和国自主给予特别优惠关税待遇的国家或者地区的进口货物，适用特惠税率。

除上述之外的国家或者地区的进口货物，以及原产地不明的进口货物，适用普通税率。

(2)适用最惠国税率的进口货物有暂定税率的，应当适用暂定税率；适用协定税率、特惠税率的进口货物有暂定税率的，应当从低适用税率；适用普通税率的进口货物，不适用暂定税率。对于无法确定原产国(地区)的进口货物，按普通税率征税。

(3)按照国家规定实行关税配额管理的进口货物，关税配额内的，适用关税配额税率；关税配额外的，其税率的适用按其所适用的其他相关规定执行。

(4)按照有关法律、行政法规的规定对进口货物采取反倾销、反补贴、保障措施的，其税率的适用按照《反倾销条例》、《反补贴条例》和《保障措施条例》的有关规定执行。

(5)任何国家或者地区违反与中华人民共和国签订或者共同参加的贸易协定及相关协定，对中华人民共和国在贸易方面采取禁止、限制、加征关税或者其他影响正常贸易的措施的，对原产于该国家或者地区的进口货物可以征收报复性关税，适用报复性关税税率。征收报复性关税的货物、适用国别、税率、期限和征收办法，由国务院关税税则委员会决定并公布。

(6)凡进口原产于与我国达成优惠贸易协定的国家或地区并享受协定税率的商品，同时该商品又属于我国实施反倾销或反补贴措施范围内的，应按照优惠贸易协定税率计征进口关税；凡进口原产于与我国达成优惠贸易协定的国家或地区并享受协定税率的商品，同时该商品又属于我国采取保障措施范围内的，应在该商品全部或部分中止、撤销、修改关税减让义务后所确定的适用税率基础上计征进口关税。

(7)执行国家有关进出口关税减征政策时，首先应当在最惠国税率基础上计算有关税目的减征税率，然后根据进口货物的原产地及各种税率形式的适用范围，将这一税率与同一税目的特惠税率、协定税率、进口暂定最惠国税率进行比较，税率从低执行，但不得在暂定最惠国税率基础上再进行减免。

(8)从2002年起我国对部分非全税目信息技术产品的进口按ITA税率征税。表2-21为同时有两种及以上税率可适用的进口货物最终适用的税率汇总表。

表2-21　同时有两种及以上税率可适用的进口货物最终适用的税率汇总表

进口货物可选用的税率	税率适用的规定
同时适用最惠国税率、进口暂定税率	应当适用暂定税率
同时适用协定税率、特惠税率、进口暂定税率	应当从低适用税率
同时适用国家优惠政策、进口暂定税率	按国家优惠政策进口暂定税率商品时，以优惠政策计算确定的税率与暂定税率，两者取低计征关税，但不得在暂定税率基础上再进行减免
适用普通税率的进口货物，存在进口暂定税率	适用普通税率的进口货物，不适用暂定税率
适用关税配额税率、其他税率	关税配额内的，适用关税配额税率；关税配额外的，适用其他税率
同时适用ITA税率、其他税率	适用ITA税率
反倾销税、反补贴税、保障措施关税、报复性关税	适用反倾销税率、反补贴税率、保障措施税率、报复性关税税率

2. 出口税率

对于出口货物，在计算出口关税时，出口暂定税率的执行优先于出口税率。

知识点讲解：

这个知识点非常重要。

法律法规关于进口税率的规定是个重点，内容也比较多，但要记住，选择的基本原则是“从低适用”。一般进口货物不同种类的关税税率从高到低的排列顺序是：普通税率→最惠国税率→协定税率→特惠税率。此外还有暂定税率，暂定税率比其他的税率可能高，也可能低。

税率选择的一般原则就是，大部分情况下用最惠国税率（WTO 成员方之间以及相互给予最惠国待遇的国家和地区间）；签订了关税优惠条款的国家或地区之间适用协定税率；对于来自给予特殊关税优惠的国家和地区的商品适用特惠税率；产地不明或者上述国家或地区之外的货物，适用普通税率。

（二）税率的实际运用

《关税条例》规定，进出口货物应当适用海关接受该货物申报进口或者出口之日实施的税率。

在实际运用时应区分以下不同情况：

(1)进口货物到达前，经海关核准先行申报的，应当适用装载该货物的运输工具申报进境之日实施的税率。

(2)进口转关运输货物，应当适用指运地海关接受该货物申报进口之日实施的税率；货物运抵指运地前，经海关核准先行申报的，应当适用装载该货物的运达指运地之日实施的税率。

(3)出口转关运输货物，应当适用起运地海关接受该货物申报出口之日实施的税率。

(4)经海关批准，实行集中申报的进出口货物，应当适用每次货物进出口时海关接受该货物申报之日实施的税率。

(5)因超过规定期限未申报而由海关依法变卖的进口货物，其税款计征应当适用装载该货物的运输工具申报进境之日实施的税率。

(6)因纳税义务人违反规定需要追征税款的进出口货物，应当适用违反规定的行为发生之日实施的税率；行为发生之日不能确定的，适用海关发现该行为之日实施的税率。

(7)已申报进境并放行的保税货物、减免税货物、租赁货物或者已申报进出境并放行的暂时进出境货物，有下列情形之一需缴纳税款的，应当适用海关接受纳税义务人再次填写报关单申报办理纳税及有关手续之日实施的税率：

①保税货物经批准不复运出境的；

②保税仓储货物转入国内市场销售的；

③减免税货物经批准转让或者移作他用的；

④可暂不缴纳税款的暂时进出境货物，经批准不复运出境或者进境的；

⑤租赁进口货物，分期缴纳税款的。

进出口货物关税的补征和退还，按照上述规定确定适用的税率。

知识点讲解：

对于实际业务中进出口货物适用税率的时点选择上，一般的原则是：适用海关接受该货物申报进口或者出口之日实施的税率。上面列举了 7 种特殊情况下关税适用时点的具体情况，

记忆时要牢牢把握住以上原则。对以上原则可以从两个方面理解：一是货物必须实实在在到达海关监管地之时；二是必须是向海关办理正规的报关手续之时。那么征税的时点应该是可以满足这两条的时点，如果货物到达和申报的时点不一致，即先申报后到达，则应该适用货物实际到达并申报进境之日的税率，而非提前申报之日的税率。

五、进出口税费的计算

海关征收的关税、进口环节增值税、进口环节消费税、船舶吨税、滞纳金等税费一律以人民币计征，起征点为人民币 50 元。完税价格、税额采用四舍五入法计算至分。

进出口货物的成交价格及有关费用以外币计价的，计算税款前海关按照该货物适用税率之日所适用的计征汇率折合为人民币计算完税价格。海关每月使用的计征汇率为上一个月第三个星期三（第三个星期三为法定节假日的，顺延采用第四个星期三）中国人民银行公布的外币对人民币的基准汇率。以基准汇率币种以外的外币计价的，采用同一时间中国银行公布的现汇买入价和现汇卖出价的中间值（人民币元后采用四舍五入法保留 4 位小数）。如果上述汇率发生重大波动，海关总署认为必要时，可另行规定计征汇率，并对外公布。

（一）进出口关税税款的计算

1. 进口关税税款的计算

（1）从价税

①计算公式

应征税额＝进口货物完税价格×进口从价税税率

减税征收的进口关税税额＝进口货物完税价格×减税进口关税税率

②计算程序

a. 按照归类原则确定税则归类，将应税货物归入适当的税号；

b. 根据原产地规则和税率适用规定，确定应税货物所适用的税率；

c. 根据审定完税价格办法的有关规定，确定应税货物的 CIF 价格；

d. 根据汇率适用规定，将以外币计价的 CIF 价格折算成人民币（完税价格）；

e. 按照计算公式正确计算应征税款。

③计算实例

实例 1

国内某公司从香港购进日本产丰田皇冠轿车 10 辆，成交价格合计为 FOB 香港 120 000.00 美元，实际支付运费 5 000 美元，保险费 800 美元。已知小轿车的汽缸容量 2 000 cc，设 1 美元＝人民币 6.571 8 元，计算应征进口关税。

计算方法：

a. 确定税则归类，汽缸容量 2 000 cc 的小轿车归入税号 8703.2341；

b. 原产国日本适用最惠国税率 25％；

c. 审定完税价格为 125 800 美元（120 000 美元＋5 000 美元＋800 美元）；

d. 将外币价格折算成人民币为 125 800×6.571 8＝826 732.44（元）；

e 计算应征税款。

$$应征进口关税税额=完税价格\times关税税率$$
$$= 826\ 732.44\times25\%$$
$$= 206\ 683.11(元)$$

实例 2

国内某远洋渔业企业从美国购进国内性能不能满足需要的柴油船用发动机 2 台，成交价格合计为 CIF 境内目的地口岸 680 000.00 美元。经批准该发动机进口关税税率减按 1%计征。设 1 美元=人民币 6.571 8 元，计算应征进口关税。

计算方法：

a. 确定税则归类，该发动机归入税号 8408.1000；

b. 原产国美国适用最惠国税率 5%，减按 1%计征；

c. 审定 CIF 价格为 680 000 美元；

d. 将外币价格折算成人民币为 4 468 824.00 元；

e. 计算应征税款。

$$应征进口关税税额=完税价格\times减按进口关税税率$$
$$=4\ 468\ 824.00\times1\%$$
$$=44\ 688.24(元)$$

(2)从量税

①计算公式

$$应征税额=进口货物数量\times单位税额$$

②计算程序

a. 按照归类原则确定税则归类，将应税货物归入适当的税号；

b. 根据原产地规则和税率适用规定，确定应税货物所适用的税率；

c. 确定其实际进口量；

d. 如计征进口环节增值税，根据审定完税价格的有关规定，确定应税货物的 CIF 价格；

e. 根据汇率适用规定，将外币折算成人民币(完税价格)；

f. 按照计算公式正确计算应征税款。

③计算实例

实例 3

国内某公司从香港购进日本产的柯达彩色胶卷 50 400 卷(宽度 35 毫米，长度 1.8 米)，成交价格为 CIF 境内某口岸 10.00 港币/卷，设 1 港币=人民币 0.843 1 元；以规定单位换算表折算，规格“135/36”的彩色胶卷 1 卷=0.057 75 平方米，计算应征进口关税。

计算方法：

a. 确定税则归类，彩色胶卷归入税号 3702.5410；

b. 原产国日本适用最惠国税率 22.00 元/米^2；

c. 确定其实际进口量 50 400 卷×0.05775 米^2/卷=2 910.6 米^2；

d. 审定完税价格为 504 000 港币，将外币总价格折算成人民币为 424 922.40 元(计征进口环节增值税时需要)；

e. 计算应征税款。

应征进口关税税额＝货物数量×单位税额
＝2 910.6×22.00
＝64 033.20(元)

(3)复合关税

①计算公式

应征税额＝进口货物数量×单位税额＋进口货物完税价格×进口从价税税率

②计算程序

a. 按照归类原则确定税则归类，将应税货物归入适当的税号；

b. 根据原产地规则和税率适用规定，确定应税货物所适用的税率；

c. 确定其实际进口量；

d. 根据审定完税价格的有关规定，确定应税货物的完税价格；

e. 根据汇率适用规定，将外币折算成人民币；

f. 按照计算公式正确计算应征税款。

③计算实例

实例 4

国内某公司从日本购进该国企业生产的广播级电视摄像机 40 台，其中有 20 台成交价格为 CIF 境内某口岸 4 000 美元/台，其余 20 台成交价格为 CIF 境内某口岸 5 200 美元/台，设 1 美元＝人民币 6.571 8 元，计算应征进口关税。

计算方法：

a. 确定税则归类，该批摄像机归入税号 8525.8012；

b. 货物原产国为日本，关税税率适用最惠国税率，经查关税税率为：完税价格不高于 5 000 美元/台的，关税税率为单一从价税率 35%；完税价格高于 5 000 美元/台的，关税税率为 3%，加 12 960 元从量税；

c. 确定后成交价格分别合计为 80 000 美元(每台 4 000 美元的 20 台)和 104 000 美元(每台 5 200 美元的 20 台)；

d. 将外币价格折算成人民币分别为 525 744.00 元和 683 467.20 元；

e. 按照计算公式分别计算进口关税税款。

20 台单一从价进口关税税额＝完税价格×关税税率
＝525 744.00×35%
＝184 010.40(元)

20 台复合进口关税税额＝货物数量×单位税额＋完税价格×关税税率
＝20×12 960＋683 467.20×3%
＝259 200.00＋20 504.02
＝279 704.02(元)

40 台合计进口关税税额＝从价进口关税税额＋复合进口关税税额

$=184\ 010.40+279\ 704.02$
$=463\ 714.42$(元)

(4)滑准税

①计算公式

从价应征进口关税税额=完税价格×暂定关税税率
从量应征进口关税税额=进口货物数量×暂定关税税率

②计算程序

a.按照归类原则确定税则归类,将应税货物归入适当的税号;

b.根据原产地规则和税率适用规定,确定应税货物所适用的税率种类;

c.根据审定完税价格的有关规定,确定应税货物的完税价格;

d.根据关税税率计算公式确定暂定关税税率;

e.根据汇率适用规定,将外币折算成人民币;

f.按照计算公式正确计算应征税款。

③计算实例

实例5

国内某公司购进配额外未梳棉花1吨,原产地为美国,成交价格为CIF某口岸1 012.27美元/吨。企业已向海关提交由国家发展改革委授权机构出具的"关税配额外优惠关税税率进口棉花配额证",经海关审核确认后,征收滑准关税。设1美元=人民币6.571 8元,计算应征进口关税税款。

计算方法:

a.确定税则归类,未梳棉花归入税号5201.0000;

b.根据原产地规定适用暂定关税税率;

c.确定完税价格,1 012.27×6.571 8=6 652.44(元);

d.根据税率计算公式确定暂定关税税率:

根据当配额外进口棉花完税价格低于14元/千克时,暂定关税税率按公式计算,当公式计算值高于40%时取值40%的规定,该批棉花完税价格折算后每千克为6.652元,将此完税价格与14元/千克作比较,鉴于6.652元/千克低于14元/千克,计算该货物的暂定关税税率:

暂定关税税率=8.23÷完税价格(元/千克)+3.235%×完税价格(元/千克)−1
$=8.23\div6.652+3.235\%\times6.652-1$
$=0.452$

e.计算应征关税税款:

该滑准关税税率计算后为45.2%,大于40%,则按照40%的关税税率计征关税:

应征进口关税税额=完税价格×暂定关税税率
$=6\ 652.44\times40\%$
$=2\ 660.98$(元)

实例6

某加工生产企业内销一批配额外未梳棉花1吨,原产地为美国,成交价格为CIF某口岸

1 096.52 美元/吨。企业已向海关提交由国家发展改革委授权机构出具的“关税配额外优惠关税税率进口棉花配额证”，经海关审核确认后，征收滑准关税。设 1 美元＝人民币 6.571 8 元，计算应征进口关税税款。

计算方法：

a.确定税则归类，未梳棉花归入税号 5201.0000；

b.根据原产地规定适用暂定关税税率；

c.审定完税价格为 1 096.52×6.571 8＝7 206.11 元/吨；

d.根据税率计算公式确定暂定关税税率：

根据当配额外进口棉花完税价格低于 14 元/千克时，暂定关税税率按公式计算，当公式计算值高于 40%时取值 40%的规定，该批棉花完税价格折算后每千克为 7.206 元，将此完税价格与 14 元/千克作比较，鉴于 7.206 元/千克低于 14 元/千克，计算该货物的暂定关税税率：

暂定关税税率＝8.23÷完税价格(元/千克)＋3.235%×完税价格(元/千克)－1
＝8.23÷7.206 ＋3.235%×7.206－1
＝0.375(元)

e.计算应征关税税款：

该滑准关税税率计算后为 37.5%，小于 40%，按照实际计算的关税税率计征关税：

应征进口关税税额＝完税价格×暂定关税税率
＝7 206.11×37.5%
＝2 702.29(元)

实例 7

某加工生产企业内销一批关税配额外未梳棉花 1 000 千克，原产地为美国，成交价格为 CIF 某口岸 2.14 美元/千克。企业已向海关提交由国家发展改革委授权机构出具的“关税配额外优惠关税税率进口棉花配额证”，经海关审核确认后，征收滑准关税。设 1 美元＝人民币 6.571 8 元，计算应征进口关税税款。

计算方法：

a.确定税则归类，未梳棉花归入税号 5201.0000；

b.审定完税价格为 2.140×6.571 8＝14.064(元)；

c.确定暂定关税税率：将此完税价格与 14 元/千克作比较，鉴于 14.064 元/千克高于 14 元/千克，该进口货物原产国适用最惠国税率，根据“当配额外进口棉花完税价格高于或等于 14 元/千克时，按 0.570 元/千克计征从量税”的规定，该批货物的暂定关税税率为 0.570 元/千克；

d.计算应征税款：

应征进口关税税额＝进口货物数量×暂定关税税率
＝1 000×0.570
＝570.00(元)

2.反倾销税税款的计算

(1)计算公式

反倾销税税额＝完税价格×适用的反倾销税税率

(2)计算程序

①按照归类原则确定税则归类,将应税货物归入适当的税号;

②根据反倾销税有关规定,确定应税货物所适用的反倾销税税率;

③根据审定完税价格的有关规定,确定应税货物的完税价格;

④根据汇率适用规定,将外币折算成人民币;

⑤按照计算公式正确计算应征反倾销税税款。

(3)计算实例

实例 8

国内某公司从韩国购进厚度为 0.7 毫米的冷轧卷板一批,成交总价为 120 401.95 美元,已知该批冷轧板卷需要征收反倾销税,设 1 美元=人民币 6.571 8 元,计算应征的反倾销税税款。

计算方法:

①确定税则归类,厚度为 0.7 毫米的冷轧卷板归入税号 7209.1790;

②该批冷轧卷板反倾销税税率为 14%;

③审定成交价格为 120 401.95 美元;

④将外币价格折算成人民币为 791 257.54 元;

⑤计算应征税款。

反倾销税税额=完税价格×反倾销税税率

=791 257.53 ×14%

=110 776.05(元)

3. 出口关税税款的计算

(1)计算公式

应征出口关税税额=出口货物完税价格×出口关税税率

其中:

出口货物完税价格= FOB(中国境内口岸)÷(1+出口关税税率)

即出口货物是以 FOB 价成交的,应以该价格扣除出口关税后作为完税价格;如果以其他价格成交的,应换算成 FOB 价后再按上述公式计算。

(2)计算程序

①按照归类原则确定税则归类,将应税货物归入适当的税号;

②根据审定完税价格的有关规定,确定应税货物的成交价格;

③根据汇率适用规定,将外币折算成人民币;

④按照计算公式正确计算应征出口关税税款。

(3)计算实例

实例 9

国内某企业从广州出口硅铁一批,申报成交价格为 FOB 广州黄埔港 9 060.25 美元,设 1 美元=人民币 6.571 8 元,计算出口关税。

计算方法：

①确定税则归类，该批硅铁归入税号7202.2100，出口税率为25%；

②审定FOB为9 060.25美元；

③将外币价格折算成人民币为59 542.15元；

④计算应征税款。

出口关税税额＝[成交价格÷(1＋出口关税税率)]×出口关税税率
＝[59 542.15÷(1＋25%)]×25%
＝47 633.72×25%
＝11 908.43(元)

(二)进口环节海关代征税的计算

1.消费税税款的计算

(1)计算公式

①实行从价定率办法计算纳税额，采用价内税的计税方法，即计税价格的组成中包括了消费税税额。其计算公式为：

消费税组成计税价格＝(进口关税完税价格＋进口关税税额)/(1－消费税比例税率)

消费税应纳税额＝消费税组成计税价格×消费税比例税率

②从量征收的消费税的计算公式为：

消费税应纳税额＝应征消费税消费品数量×消费税单位税额

③实行从价定率和从量定额复合计税办法计算纳税的组成计税价格，其计算公式为：

消费税组成计税价格＝(关税完税价格＋关税＋进口数量×消费税定额税率)/(1－消费税比例税率)

消费税应纳税额＝(进口关税完税价格＋进口关税税率)/(1－消费税比例税率)×消费税比例税率＋应征消费税消费品数量×消费税单位税额

(2)计算程序

①按照归类原则确定税则归类，将应税货物归入适当的税号；

②根据有关规定，确定应税货物所适用的消费税税率；

③根据审定完税价格的有关规定，确定应税货物的CIF价格；

④根据汇率适用规定，将外币折算成人民币(完税价格)；

⑤按照计算公式正确计算消费税税款。

(3)计算实例

实例10

某进出口公司进口丹麦产啤酒3 800升(988升＝1吨)，经海关审核其成交价格总值为CIF境内某口岸1 672.00美元。设1美元＝人民币6.571 8元，计算应征的进口环节消费税税款。

计算方法：

①确定税则归类，啤酒归入税号2203.0000；

②消费税税率为从量税，进口完税价格≥370 美元/吨的消费税税率为 250 元/吨，进口完税价格<370 美元/吨的消费税税率为 220 元/吨；

③进口啤酒数量：3 800 升÷988 升/吨＝3.846 吨；

④计算完税价格单价：1 672 美元÷3.846 吨＝434.74 美元/吨（进口完税价格＞370 美元/吨），则消费税税率为 250 元/吨；

⑤按照计算公式计算进口环节消费税。

应征消费税税额＝应征消费税消费品数量×消费税单位税额
＝3.846×250
＝961.50（元）

2.增值税税款的计算

（1）计算公式

应纳税额＝增值税组成计税价格×增值税税率

增值税组成计税价格＝进口关税完税价格＋进口关税税额＋消费税税额

（2）计算程序

①按照归类原则确定税则归类，将应税货物归入适当的税号；

②根据有关规定，确定应税货物所适用的增值税税率；

③根据审定完税价格的有关规定，确定应税货物的 CIF 价格；

④根据汇率适用规定，将外币折算成人民币（完税价格）；

⑤按照计算公式正确计算关税税款；

⑥按照计算公式正确计算消费税税款、增值税税款。

（3）计算实例

实例 11

某公司进口货物一批，经海关审核其成交价格为 1 239.50 美元，设 1 美元＝人民币 6.571 8 元。已知该批货物的关税税率为 12%，消费税税率为 10%，增值税税率为 17%，计算应征增值税税额。

计算方法：

首先计算关税税额，然后计算消费税税额，最后再计算增值税税额。

①将外币价格折算成人民币为 1 239.50 美元×6.571 8＝8 145.75 元；

②计算关税税额：

应征关税税额＝完税价格×关税税率
＝8 145.75 ×12%
＝977.49（元）

③计算消费税税额：

应征消费税税额＝[（完税价格＋关税税额）÷（1－消费税税率）]×消费税税率
＝[（8 145.75 ＋977.49）÷（1－10%）]×10%
＝10 136.93×10%
＝1 013.69（元）

④计算增值税税额：

应征增值税税额＝(完税价格＋关税税额＋消费税税额)×增值税税率
＝(8 145.75 ＋977.49 ＋1 013.69) ×17％
＝10 136.93×17％
＝1 723.28(元)

实例 12

某进出口公司进口某批不用征收进口消费税的货物，经海关审核其成交价格总值为 CIF 境内某口岸 827.00 美元。已知该批货物的关税税率为 35％，增值税税率为 17％。设 1 美元＝人民币 6.571 8 元，完税价格为 827.00×6.571 8＝5 434.88 元。计算应征增值税税额。

计算方法：

首先计算关税税额，然后计算增值税税额。

①计算关税税额：

应征关税税额＝完税价格×关税税率
＝ 827.00×6.571 8×35％
＝5 434.88×35％
＝1 902.21(元)

②计算增值税税额：

应征增值税税额＝(完税价格＋关税税额)×增值税税率
＝ (5 434.88 ＋1 902.21) ×17％
＝7 337.09×17 010
＝1 247.31(元)

知识点讲解：

从价计征的进口货物的关税完税价格一般是其 CIF 价格，出口货物的关税完税价格一般是其 FOB 价减去出口关税。而增值税和消费税的组成计税价格教材上虽然表达形式不一样，但是其内涵是完全一样的，即

消费税的组成计税价格＝增值税的组成计税价格
＝进口关税的完税价格＋进口关税税额＋消费税税额

(三)船舶吨税的计算

1.计算公式

船舶吨税按船舶吨位证明中净吨位计征，对申报为拖船的，应按照发动机功率每 1 千瓦折合净吨位 0.67 吨进行折算。计税公式为：

船舶吨税税额＝船舶净吨位×适用税率(元/净吨)

2.计算程序

(1)确定适用的税率种类；

(2)确定船舶吨位和申报纳税期所适用的税率额；

(3)按照计算公式计算应征税额。

3. 计算实例

实例 13

一艘从日本大阪进入我境内某口岸的日本船舶(净吨位 8 000),船舶负责人申报纳税期 30 日,计算应征税额。

计算方法:

首先确定适用的税率种类,日本与我国签订了船舶税费最惠国待遇条款的条约或者协定适用优惠税率;其次确定船舶吨位和申报纳税期所适用的税率额为 2.9 元/净吨;最后按照计算公式计算应征税额。

船舶吨税税额=船舶净吨位×适用税率(元/净吨)

=8 000×2.9

=23 200(元)

(四)滞纳金的计算

1. 滞纳金征税规定

按照规定,海关征收的关税、进口环节增值税和消费税、船舶吨税,进出口货物的纳税义务人,应当自海关填发税款缴款书之日起 15 日内缴纳税款;如纳税义务人或其代理人逾期缴纳税款的,由海关自缴款期限届满之日起至缴清税款之日止,按日加收滞纳税款 0.5‰的滞纳金。纳税义务人应当自海关填发滞纳金缴款书之日起 15 日内向指定银行缴纳滞纳金。

在实际计算纳税期限时,应从海关填发税款缴款书之日的第 2 天起计算。缴纳期限的最后一日是星期六、星期天或法定节假日的,关税缴纳期限顺延至周末或法定节假日过后的第 1 个工作日。如果税款缴纳期限内含有星期六、星期天或法定节假日,则不予扣除。滞纳天数从缴纳期限最后一日的第 2 天起,按照实际滞纳天数计算,滞纳期限内的星期六、星期天或法定节假日一并计算。

2. 滞纳金计算公式

关税滞纳金金额=滞纳关税税额×0.5‰×滞纳天数

进口环节税滞纳金金额=滞纳的进口环节税税额×0.5‰×滞纳天数

3. 计算实例

实例 14

国内某公司从香港购进日本丰田皇冠牌轿车一批,已知该批货物应征关税为 352 793.52 元,应征进口环节消费税为 72 860.70 元,进口环节增值税为 247 726.38 元。海关于 2011 年 3 月 3 日填发海关专用缴款书,该公司于 2011 年 3 月 29 日缴纳税款。现计算应征的滞纳金。

计算方法:

首先确定滞纳天数,然后再分别计算应缴纳的关税、进口环节消费税和增值税的滞纳金,对其中滞纳金额超过起征点 50 元人民币的,予以征收。

税款缴款期限为 2011 年 3 月 18 日(星期五),3 月 19 日至 3 月 29 日为滞纳期,共滞纳 11 天。

按照计算公式分别计算进口关税、进口环节消费税和增值税的滞纳金。

关税滞纳金＝滞纳关税税额×0.5‰×滞纳天数
＝352 793.52×0.5‰×11
＝1 940.36(元)

消费税滞纳金＝滞纳消费税税额×0.596 0×滞纳天数
＝72 860.70×0.5‰×11
＝400.73(元)

增值税滞纳金＝滞纳增值税税额×0.5‰×滞纳天数
＝247 726.38×0.5‰ ×11
＝1 362.50(元)

六、进出口税费减免

进出口税费减免是指海关按照国家政策、《海关法》和其他有关法律、行政法规的规定，对进出口货物的关税和进口环节海关代征税给予减征或免征。税费减免可分为3大类，即法定减免税、特定减免税和临时减免税。

此外，国家还根据不同时期的需要制定专项的进口税收政策。这些政策在管理效果上具有替代或者部分替代某些进口免税政策的作用，所以也在这里一并介绍。

(一)减免税规定

1.法定减免税

法定减免税是指按照《海关法》、《关税条例》和其他法律、行政法规的规定，进出口货物可以享受的减免关税优惠。海关对法定减免税货物一般不进行后续管理。

下列进出口货物、进出境物品，减征或者免征关税：

(1)关税税额在人民币50元以下的一票货物；

(2)无商业价值的广告品和货样；

(3)外国政府、国际组织无偿赠送的物资；

(4)在海关放行前遭受损坏或者损失的货物；

(5)进出境运输工具装载的途中必需的燃料、物料和饮食用品；

(6)中华人民共和国缔结或者参加的国际条约规定减征、免征关税的货物、物品；

(7)法律规定减征、免征关税的其他货物、物品。

进口环节增值税或消费税税额在人民币50元以下的一票货物也应免征。

2.特定减免税

特定减免税是指海关根据国家规定，对特定地区、特定用途和特定企业给予的减免关税和进口环节海关代征税的优惠，也称政策性减免税。特定减税或者免税的范围和办法由国务院规定，海关根据国务院的规定单独或会同国务院其他主管部门制定具体实施办法并加以贯彻执行。

为配合全国增值税转型改革，规范税制，自2009年1月1日起，国家对部分进口税收优惠政策进行相应调整。目前实施特定减免税的项目主要有：

(1)外商投资项目投资额度内进口自用设备

①根据对外商投资的法律法规规定，在中国境内依法设立，并领取中华人民共和国外商投资企业批准证书和外商投资企业营业执照等有关法律文件的中外合资经营企业、中外合作经

营企业和外资企业(以下统称外商投资企业),所投资的项目符合《外商投资产业指导目录》中鼓励类或《中西部地区外商投资优势产业目录》的产业条目,在投资总额内进口的自用设备及随设备进口的配套技术、配件、备件(以下简称自用设备),除《外商投资项目不予免税的进口商品目录》、《进口不予免税的重大技术装备和产品目录》所列商品外,免征关税,进口环节增值税照章征收。

《外商投资项目不予免税的进口商品目录》主要有电视机、摄像机、录像机、放像机、音响设备、空调器、电冰箱(电冰柜)、洗衣机、照相机、复印机、程控电话交换机、微型计算机及外设、电话机、无线寻呼系统、传真机、电子计算器、打字机及文字处理机、汽车、摩托车及《进出口税则》中第 1 章至第 83 章、第 91 章至第 97 章的所有税号商品。

《进口不予免税的重大技术装备和产品目录》主要有非数控机床、数控机床、压力成型机械、农业机械、矿用挖掘机、全断面掘进机、煤炭采掘设备、矿用自卸车、风力发电设备、石化设备、煤化工设备、火电水电设备、输变电设备、冶金设备、新型纺织机械、环保和综合利用设备、施工机械、轨道交通、大功率机车、高速动车组、大型铁路养护设备,以及按照合同随上述设备进口的技术及配套件、备件。

中外投资者采取发起或募集方式在境内设立外商投资股份有限公司,或已设立的外商投资有限责任公司转变为外商投资股份有限公司,并且外资股比不低于 25%的,在投资总额内进口的自用设备,以及内资有限责任公司和股份有限公司转变为外资股比不低于 25%的外商投资股份有限公司,并且同时增资,其增资部分对应的进口自用设备,可享受外商投资项目进口税收优惠政策。

持有外商投资企业批准证书的 A 股上市公司股权分置改革方案实施后增发新股,或原外资法人股股东出售股份,但外资股比不低于 25%,在投资总额内进口的自用设备可享受外商投资项目进口税收优惠政策。

外商投资企业向中西部地区再投资设立的企业或其通过投资控股的公司,注册资本中外资比例不低于 25%,并取得外商投资企业批准证书,其在投资总额内进口的自用设备可享受外商投资项目进口税收优惠政策。

②下列情况中,所投资项目符合《外商投资产业指导目录》中鼓励类或《中西部地区外商投资优势产业目录》的产业条目,在投资总额内进口的自用设备,除《国内投资项目不予免税的进口商品目录》、《进口不予免税的重大技术装备和产品目录》所列商品外,可以免征关税,进口环节增值税照章征收:

a. 外国投资者的投资比例低于 25%的外商投资企业;

b. 境内内资企业发行 B 股或发行海外股(H 股、N 股、S 股、T 股或红筹股)转化为外商投资股份有限公司;

c. 外商投资企业向中西部地区再投资设立的外资比例低于 25%的企业,以及向中西部以外地区再投资设立的企业。

(2)外商投资企业自有资金项目　属于国家鼓励发展产业的外商投资企业(外国投资者的投资比例不低于 25%)、外商研究开发中心、先进技术型、产品出口型的外商投资企业,在企业投资额以外的自有资金(指企业储备基金、发展基金、折旧、税后利润)内,对原有设备更新(不包括成套设备和生产线)和维修进口国内不能生产或性能不能满足需要的设备以及与上述设备配套的技术、配件、备件,除《国内投资项目不予免税的进口商品目录》、《进口不予免税的重大技术装备和产品目录》所列商品外，可以免征进口关税，进口环节增值税照章征收。

(3)国内投资项目进口自用设备 属国家重点鼓励发展产业的国内投资项目，在投资总额内进口的自用设备，以及按照合同随设备进口的技术及配套件、备件，除《国内投资项目不予免税的进口商品目录》、《进口不予免税的重大技术装备和产品目录》所列商品外，免征进口关税，进口环节增值税照章征收。

(4)贷款项目进口物资 外国政府贷款和国际金融组织贷款项目，在项目额度或投资总额内进口的自用设备，以及按照合同随设备进口的技术及配套件、备件，除《外商投资项目不予免税的进口商品目录》、《进口不予免税的重大技术装备和产品目录》所列商品外，免征进口关税。

对贷款项目进口自用设备，经确认按有关规定增值税进项税额无法抵扣的，除《外商投资项目不予免税的进口商品目录》、《进口不予免税的重大技术装备和产品目录》所列商品外，同时免征进口环节增值税。

(5)贷款中标项目进口零部件 为了鼓励国内机电制造企业积极参与利用国际金融组织贷款和外国政府贷款项目采购设备的国际招标活动，平衡国内外中标设备的税收负担，在利用世界银行贷款、亚洲开发银行贷款、日本国际协力银行贷款，以及其赠款的国际招标中，国内中标单位为生产中标机电设备而进口国内不能生产或性能不能满足需要的零部件免征进口关税，照章征收进口环节增值税和消费税。

(6)重大技术装备 为提高我国企业的核心竞争力及自主创新能力，推动产业结构调整和升级，促进国民经济可持续发展，贯彻落实国务院关于装备制造业振兴规划和加快振兴装备制造业有关调整进口税收优惠政策的决定，自 2009 年 7 月 1 日起，对经认定符合规定条件的国内企业为生产国家支持发展的重大技术装备和产品进口规定范围的关键零部件、原材料商品，除《进口不予免税的重大技术装备和产品目录》所列商品外，免征关税和进口环节增值税。

国家支持发展的重大技术装备和产品，以及重大技术装备和产品进口关键零部件、原材料商品主要是：大型清洁高效发电装备，特高压输变电设备，大型石化设备，大型煤化工设备，大型冶金成套设备，大型煤炭综合设备，大型施工机械及基础设施专用设备，大型、精密、高速数控设备、数控系统、功能部件与基础制造装备(振兴规划)，新型纺织机械，新型、大马力农业装备等。

(7)特定区域物资 保税区、出口加工区等特定区域进口的区内生产性基础设施项目所需的机器、设备和基建物资可以免税；区内企业进口企业自用的生产、管理设备和自用合理数量的办公用品及其所需的维修零配件，生产用燃料，建设生产厂房、仓储设施所需的物资、设备可以免税；行政管理机构自用合理数量的管理设备和办公用品及其所需的维修零配件，可以免税。

(8)科教用品 为了促进科学研究和教育事业的发展，推动科教兴国战略的实施，国务院规定对国务院部委和直属机构，以及省、自治区、直辖市、计划单列市所属专门从事科学研究工作的科学研究机构和国家承认学历的实施专科及以上高等学历教育学校，或财政部会同国务院有关部门核定的其他科学研究机构和学校，以科学研究和教学为目的，在合理数量范围内进口国内不能生产或者性能不能满足需要的科学研究和教学用品，免征进口关税和进口环节增值税、消费税。

(9)科技开发用品 为了鼓励科学研究和技术开发，促进科技进步，规范科技开发用品的免税进口行为，国务院规定对经国家有关部门核准从事科技开发的科学研究、技术开发机构，在一定时期内，进口国内不能生产或者性能不能满足需要的合理数量范围内的科技开发用品，免征进口关税和进口环节增值税、消费税。

对符合国家规定条件的外资研发中心进口国内不能生产或者性能不能满足需要的合理数量范围内的科技开发用品，免征进口关税和进口环节增值税。

(10)救灾捐赠物资　对外国民间团体、企业、友好人士和华侨、港澳居民和台湾同胞无偿向我境内受灾地区(限于新华社对外发布和民政部中国灾情信息公布的受灾地区)捐赠的直接用于救灾的物资，在合理数量范围内，免征关税和进口环节增值税、消费税。

(11)扶贫慈善捐赠物资　为促进公益事业的健康发展，经国务院批准下发了《扶贫、慈善性捐赠物资免征进口税收的暂行办法》，对境外捐赠人(指中华人民共和国关境外的自然人、法人或者其他组织)无偿向受赠人捐赠的直接用于扶贫、慈善事业(指非营利的扶贫济困、慈善救助等社会慈善和福利事业)的物资，免征进口关税和进口环节增值税。

(12)残疾人专用品　为支持残疾人的康复工作，国务院制定了《残疾人专用品免征进口税收暂行规定》，对民政部直属企事业单位和省、自治区、直辖市民政部门所属福利机构、假肢厂、荣誉军人康复医院等，中国残疾人联合会直属事业单位和省、自治区、直辖市残联所属福利机构和康复机构进口国内不能生产的残疾人专用物品，免征进口关税和进口环节增值税、消费税。

(13)集成电路项目进口物资　我国对集成电路生产企业进口自用生产性原材料及净化室专用建筑材料等实施税收优惠政策，对在中国境内设立的投资额超过80亿元或集成电路线宽小于0.25微米的集成电路生产企业进口自用生产性原材料、消耗品，净化室专用建筑材料、配套系统，集成电路生产设备零、配件，免征进口关税，进口环节增值税照章征收。

(14)海上石油、陆上石油项目进口物资　国家对在我国海洋(指我国内海、领海、大陆架，以及其他属于中华人民共和国海洋资源管辖海域(包括浅海滩涂))和陆上特定地区开采石油(天然气)进口物资实施税收优惠政策。凡在我国海洋和特定区域内进行石油和天然气开采作业的项目，进口直接用于开采作业的设备、仪器、零附件、专用工具，依照规定免征进口关税和进口环节增值税。

(15)进口远洋渔船及船用关键设备和部件　为发展远洋渔业，我国对国内远洋渔业企业和船舶及船用设备制造企业进口的船用关键设备和部件实施了进口税收优惠政策。在一定时期内，国家继续对在国内订造、改造远洋渔船进口的船用关键设备和部件，进口少量带有入渔配额的二手远洋渔船，以及进口国内尚不能建造的特种渔船，实施进口税收优惠政策。

(16)远洋渔业项目进口自捕水产品　对经农业部批准获得“农业部远洋渔业企业资格证书”的远洋渔业企业运回的品种及产地符合要求的自捕水产品执行不征进口关税和进口环节增值税的政策。

(17)无偿援助项目进口物资　无偿援助项目进口物资，指外国政府、国际组织无偿赠送及我国履行国际条约规定减免税进口的物资，其减免税范围包括根据中国与外国政府、国际组织间的协定或协议，由外国政府、国际组织直接无偿赠送的物资或由其提供无偿赠款，由我国受赠单位按照协定或协议规定用途自行采购进口的物资；外国地方政府或民间组织受外国政府委托无偿赠送进口的物资；国际组织成员受国际组织委托无偿赠送进口的物资；我国缔结或者参加的国际条约规定减征、免征关税的货物、物品。

无偿援助项目进口物资，性质上属于法定减免税范畴，但是按照特定减免税货物管理。

此外，国家还根据不同时期的需要制定相关的减免税政策。

3. 临时减免税

临时减免税是指法定减免税和特定减免税以外的其他减免税，国务院根据某个单位、某类商品、某个时期或某批货物的特殊情况和需要，给予特别的临时性减免税优惠，如汶川地震灾后重建进口物资。为支持和帮助汶川地震受灾地区积极开展生产自救，重建家园，自2008年7月1日起，对受灾地区企业、单位，或支援受灾地区重建的企业、单位，进口国内不能满足供应并直接用于灾后重建的大宗物资、设备等，3年内免征进口关税和进口环节增值税。

知识点讲解：

该知识点的相关内容这几年考核得比较频繁，几乎年年都有题目出现。

该知识点主要讲的是进出口税费减免的几种情况。

一般来说，法律规定应该减免关税的，就是法定减免。法定减免是一种很彻底的减免，没有后续管理，货物一旦放行就完全自由了。法定减免的几种情况要准确记忆。

特定减免的情况比较复杂，但总结起来就是国家根据相关规定，对特定地区、特定用途、特定企业给予的关税和进口环节海关代征税的减免。这种减免因为有地区、企业和用途的限制，因此海关要对其进行后续管理，也就是货物放行后其处置权是受限的，要想改变当初进口时承诺的地区、企业和用途，就必须补交税款。

在特定减免税中，科教用品、科技开发用品、残疾人专用品、救灾捐赠物资进口时是可以免去消费税的。

临时减免税是近两年新增内容，考试大纲一般不将其列为重点。

(二)减免税管理

为了规范进出口货物减免税管理，保障进出口货物减免税申请人(以下简称减免税申请人)的合法权益，海关总署根据有关法律和行政法规的规定，制定了减免税管理办法。

1. 减免税申办手续

减免税申请人除特殊情况外应当向其所在地主管海关(以下简称主管海关)申请办理减免税备案、减免税审批、减免税税款担保和后续管理业务等相关手续，向进口口岸海关(以下简称口岸海关)办理减免税货物进出口通关手续。

减免税申请人可以自行也可以委托他人向海关申请办理上述手续。委托他人办理的，应当由被委托人持减免税申请人出具的“减免税手续办理委托书”及其他相关材料向海关申请，海关审核同意后可准予被委托人办理相关手续。

投资项目所在地海关与减免税申请人所在地海关不是同一海关的，减免税申请人应当向投资项目所在地海关申请办理减免税备案、审批手续。

投资项目所在地涉及多个海关的，减免税申请人可以向其所在地海关或者有关海关的共同上级海关申请办理减免税备案、审批手续。有关海关的共同上级海关可以指定相关海关办理减免税备案、审批手续。

投资项目由投资项目单位所属非法人分支机构具体实施的，在获得投资项目单位的授权并经投资项目所在地海关审核同意后，该非法人分支机构可以向投资项目所在地海关申请办理减免税备案、审批手续。

减免税货物申办的流程是：办理减免税备案手续—办理减免税审批手续—实际进出口减

免税货物。

(1)减免税备案手续　减免税申请人按照有关进出口税收优惠政策的规定申请减免税进出口货物前,应持下列单证向主管海关申请办理减免税备案手续:

①进出口货物减免税备案申请表;

②企业营业执照或者事业单位法人证书、国家机关设立文件、社团登记证书、民办非企业单位登记证书、基金会登记证书等证明材料;

③相关政策规定的享受进出口税收优惠政策资格的证明材料;

④海关认为需要提供的其他材料。

上述单证应当交验原件,同时提交加盖减免税申请人有效印章的复印件。

(2)减免税审批手续　减免税申请人应当在货物申报进出口前,持下列单证向主管海关申请办理进出口货物减免税审批手续:

①进出口货物征免税申请表;

②企业营业执照或者事业单位法人证书、国家机关设立文件、社团登记证书、民办非企业单位登记证书、基金会登记证书等证明材料;

③进出口合同、发票,以及相关货物的产品情况资料;

④相关政策规定的享受进出口税收优惠政策资格的证明材料;

⑤海关认为需要提供的其他材料。

上述单证应当交验原件,同时提交加盖减免税申请人有效印章的复印件。

海关审核同意后向减免税申请人签发"中华人民共和国海关进出口货物征免税证明"(以下简称征免税证明)。

除国家政策调整等原因并经海关总署批准外,货物征税放行后,减免税申请人申请补办诚免税审批手续的,海关不予受理。

(3)实际进出口货物　减免税申请人持海关签发的征免税证明,并在有效期内向口岸海关办理进出口货物通关手续。若不能在有效期内办理,需要延期的,应当在征免税证明有效期内向主管海关提出延期申请。经主管海关审核同意,准予办理延长征免税证明有效期手续。

(4)税款担保　若出现以下情形,减免税申请人可以在货物申报进出口前持有关单证向主管海关申请凭税款担保先予办理货物放行手续:

①主管海关按照规定已经受理减免税备案或者审批申请,尚未办理完毕的;

②有关进出口税收优惠政策已经国务院批准,具体实施措施尚未明确,海关总署已确认减免税申请人属于享受该政策范围的;

③其他经海关总署核准的情况。

减免税申请人持准予担保的证明向口岸海关办理减免税货物税款担保手续。

2.减免税货物管理

(1)在海关监管年限(船舶、飞机8年,机动车辆6年,其他货物5年)内,未经海关许可,减免税申请人不得擅自将减免税货物转让、抵押、质押、移作他用或者进行其他处置。

(2)在海关监管年限内,减免税申请人将进口减免税货物转让给进口同一货物享受同等减免税优惠待遇的其他单位的,应当事先向主管海关办理减免税货物结转手续;转让给不享受进口税收优惠政策或者进口同一货物不享受同等减免税优惠待遇的其他单位的,应当事先向主管海关申请办理减免税货物补缴税款和解除监管手续。

(3)在海关监管年限内,减免税申请人需要将减免税货物移作他用的,应当事先向主管海关提出申请。经海关批准后方可按照批准的使用地区、用途、企业将减免税货物移作他用。

(4)在海关监管年限内,减免税申请人要求以减免税货物向金融机构办理贷款抵押的,应当向主管海关提出书面申请。经主管海关同意批准后方可办理贷款抵押手续。

(5)在海关监管年限内,减免税申请人应当自进口减免税货物放行之日起,在每年的第1季度向主管海关递交“减免税货物使用状况报告书”,报告在海关监管年限内减免税货物使用状况。若没按规定向海关报告其减免税货物状况的,海关暂不受理其申请办理减免税备案、审批手续。

(6)在海关监管年限内,减免税货物应当在主管海关核准的地点使用。若因故发生变更减免税货物使用地点,减免税申请人应当向主管海关提出申请,说明理由,经海关批准后方可变更。

(7)在海关监管年限内,减免税申请人发生分立、合并、股东变更、改制等变更情形,权利义务承受人(以下简称承受人)应当自营业执照颁发之日起30日内,向原减免税申请人的主管海关报告有关情况,并按规定办理补税手续或者减免税货物结转手续。若因破产、改制或者其他情形导致减免税申请人终止,没有承受人的,原减免税申请人或者其他依法应当承担关税及进口环节海关代征税缴纳义务的主体应当自资产清算之日起30日内向主管海关申请办理减免税货物的补缴税款和解除监管手续。

(8)在海关监管年限内,减免税申请人要求将进口减免税货物退运出境或者出口的,应当报主管海关核准。待货物退运出境或者出口后,减免税申请人持出口报关单向主管海关办理原进口减免税货物的解除监管手续。

(9)在海关监管年限内的进口减免税货物,减免税申请人书面申请提前解除监管的,应当向主管海关申请办理补缴税款和解除监管手续;减免税货物海关监管年限届满的,自动解除监管。

(10)减免税货物转让给进口同一货物享受同等减免税优惠待遇的其他单位的,不予恢复减免税货物转出申请人的减免税额度,减免税货物转入申请人的减免税额度按照海关审定的货物结转时的价格、数量或者应缴税款予以扣减。

减免税货物因品质或者规格原因原状退运出境,减免税申请人以无代价抵偿方式进口同一类型货物的,不予恢复其减免税额度;未以无代价抵偿方式进口同一类型货物的,减免税申请人在原减免税货物退运出境之日起3个月内向海关提出申请,经海关批准,可以恢复其减免税额度。

对于其他提前解除监管的情形,不予恢复减免税额度。

(11)减免税申请人经主管海关批准将减免税货物移作他用,应当补缴税款的,税款的计算公式为:

补缴税款＝海关审定的货物原进口时的价格×税率×
需补缴税款的时间/(监管年限×12×30)

上述计算公式中的税率,应当适用海关接受申报办理纳税手续之日实施的税率;需补缴税款的时间是指减免税货物移作他用的实际时间,按日计算,每日实际生产不满8小时或者超过8小时的均按1日计算。

(12)减免税货物因转让或者其他原因需要补征税款的，补税的完税价格以海关审定的货物原进口时的价格为基础，按照减免税货物已进口时间与监管年限的比例进行折旧，其计算公式如下：

补税的完税价格＝海关审定的货物原进口时的价格×
[1－减免税货物已进口时间÷(监管年限×12)]

上述计算公式中“减免税货物已进口的时间”自减免税货物的放行之日起按月计算，不足1个月但超过15日的，按照1个月计算；不超过15日的，不予计算。已进口时间的截止日期按以下规定确定：

①转让减免税货物的，应当以海关接受减免税申请人申请办理补税手续之日作为计算其已进口时间的截止之日。

②减免税申请人未经海关批准，擅自转让减免税货物的，应当以货物实际转让之日作为计算其已进口时间的截止之日；转让之日不能确定的，应当以海关发现之日作为截止之日。

③在海关监管年限内，减免税申请人发生破产、撤销、解散或者其他依法终止经营情形的，已进口时间的截止日期应当为减免税申请人破产清算之日或者被依法认定终止生产经营活动的日期。

七、进出口税费的缴纳与退补

(一)税款缴纳

1.缴纳地点与方式

纳税义务人应当在货物的进出境地向海关缴纳税款，经海关批准也可以在纳税义务人所在地向其主管海关缴纳税款(即“属地纳税”)。

纳税义务人向海关缴纳税款的方式主要有两种：一种是持缴款书到指定银行营业柜台办理税费交付手续(即“柜台支付税费”)；另一种是向签有协议的银行办理电子交付税费(即“网上支付税费”)手续。

网上支付税费是指纳税义务人、银行、中国电子口岸数据中心和海关按照网上支付项目管理规定，通过中国电子口岸数据平台办理进出口税费缴纳手续的付税方式。目前，实行网上支付的税费有：进出口关税、反倾销税及其他特别关税、进口增值税、进口消费税，以及缓税利息。

网上支付税费银行担保是税费网上支付和税收担保制度的结合，是根据进出口税费担保的有关规定，由银行对纳税义务人在一定时期内通过网上支付方式申请缴纳的进出口税费提供的总担保。

2.缴纳凭证

(1)进出口关税和进口环节代征税的缴纳凭证　海关征收进出口关税和进口环节税时，应向纳税义务人或其代理人填发“海关专用缴款书”(含关税、进口环节税)。纳税义务人或其代理人持凭“海关专用缴款书”向银行缴纳税款。

海关填发的“海关专用缴款书”第一联为“收据”，由国库收款签章后交缴款单位或缴纳人；第二联为“付款凭证”，由缴库单位开户银行作付出凭证；第三联为“收款凭证”，由收款国库作收入凭证；第四联为“回执”，由国库盖章后退回海关财务部门；第五联为“报查”，关税由国库收款后退回海关，进口环节代征税送当地税务机关；第六联为“存根”，由填发单位存查。

进口货物收货人或其代理人缴纳税款后，应将“海关专用缴款书”第一联送签发海关验核，海关凭以办理有关手续。

(2)滞纳金的缴纳凭证　滞纳金缴款书的格式与税款缴款书相同。海关征收进出口货物的关税、进口环节增值税、进口环节消费税、船舶吨税等的滞纳金时，应向纳税义务人或其代理人填发“海关专用缴款书”。纳税义务人或其代理人应持“海关专用缴款书”向银行缴纳滞纳金。

(二)税款退还

1.退税的范围

以下情况经海关核准可予以办理退税手续：

(1)已缴纳进口关税和进口环节代征税税款的进口货物，因品质或者规格原因原状退货复运出境的；

(2)已缴纳出口关税的出口货物，因品质或者规格原因原状退货复运进境，并已重新缴纳因出口而退还的国内环节有关税收的；

(3)已缴纳出口关税的货物，因故未装运出口，已退关的；

(4)已征税放行的散装进出口货物发生短卸、短装，如果该货物的发货人、承运人或者保险公司已对短卸、短装部分退还或者赔偿相应货款的，纳税义务人可以向海关申请退还进口或者出口短卸、短装部分的相应税款；

(5)进出口货物因残损、品质不良、规格不符的原因，由进出口货物的发货人、承运人或者保险公司赔偿相应货款的，纳税义务人可以向海关申请退还赔偿货款部分的相应税款；

(6)因海关误征，致使纳税义务人多缴税款的。

2.退税的期限及要求

海关发现多征税款的，应当立即通知纳税义务人办理退还手续。

纳税义务人发现多缴税款的，自缴纳税款之日起1年内，可以以书面形式要求海关退还多缴的税款并加算银行同期活期存款利息。所退利息按照海关填发收入退还书之日中国人民银行规定的活期储蓄存款利息计算，计算所退利息的期限自纳税义务人缴纳税款之日起至海关填发收入退还书之日止。

进口环节增值税已予抵缴的除国家另有规定外不予退还。已征收的滞纳金不予退还。

海关应当自受理退税申请之日起30日内查实并通知纳税义务人办理退还手续。纳税义务人应当自收到通知之日起3个月内办理有关退税手续。

退税必须在原征税海关办理。办理退税时，纳税义务人应填写“退税申请表”并持凭原进口或出口报关单、原盖有银行收款章的税款缴纳收据正本及其他必要单证（合同、发票、协议、商检机构证明等）送海关审核，海关同意后，应按原征税或者补税之日所实施的税率计算退税额。

3.退税凭证

海关退还已征收的关税和进口环节代征税时，应填发“收入退还书”（海关专用），同时通知原纳税义务人或其代理人。海关将“收入退还书”(海关专用)送交指定银行划拨款。

“收入退还书”(海关专用)第一联为“收账通知”,交收款单位;第二联为“付款凭证”,由退款国库作付出凭证;第三联为“收款凭证”,由收款单位开户银行作收入凭证;第四联为“付款通知”,由国库随收入统计表送退库海关;第五联为“报查凭证”,由国库将进口环节代征税的送当地税务机关,关税的送退库海关;第六联为“存根”,由填发海关存查。

知识点讲解:

该知识点的重点在税款退还部分,考试时经常考核此处的细节,而税款缴纳部分只需要大致掌握即可。

原则上税款是在货物进出境地缴纳,经海关批准,如果是在转关的情况下,也可以在纳税义务人所在地缴纳。

税款的退税范围是该知识点的核心。其实教材所列的6种情况总结起来就是:进境时已经缴纳了进口关税的货物,因为复运出境、数量短缺且外方退款而不补货、品质不良且获得相应赔偿、海关多征税款等情况,总之货物最终的价值少于进口征税时的价值,这样海关就多征了税款,必须退还;出境时已经缴纳了出口关税的货物,因为退运进境或者退关不再出口离境,则海关要退还已经缴纳的出口关税。

海关退还多征税款时,既要退还本金,也要退还利息。税款要按照原征税时的税率来计算,利息要按照活期存款利率来计算。

(三)税款追征和补征

1.追征和补征税款的范围

(1)进出口货物放行后,海关发现少征或者漏征税款的;

(2)因纳税义务人违反规定造成少征或者漏征税款的;

(3)海关监管货物在海关监管期内因故改变用途按照规定需要补征税款的。

2.追征、补征税款的期限和要求

(1)进出口货物放行后,海关发现少征税款的,应当自缴纳税款之日起1年内,向纳税义务人补征税款;海关发现漏征税款的,应当自货物放行之日起1年内,向纳税义务人补征税款。

(2)因纳税义务人违反规定造成少征或者漏征税款的,海关可以自缴纳税款或者货物放行之日起3年内追征税款,并按规定加收滞纳金。

(3)海关发现海关监管货物因纳税义务人违反规定造成少征或者漏征税款的,应当自纳税义务人应缴纳税款之日起3年内追征,并按规定加收滞纳金。

3.追征、补征税款凭证

海关追征或补征进出口货物关税和进口环节代征税时,应当向纳税义务人填发“海关专用缴款书”(含关税、进口环节代征税)。纳税义务人持凭“海关专用缴款书”向指定银行或开户银行缴纳税款。进口货物收货人或其代理人缴纳税款后,应将盖有“收讫”章的“海关专用缴款书”第一联送签发海关验核,海关凭以办理有关手续。

(四)延期纳税

纳税义务人因不可抗力或者国家税收政策调整不能按期缴纳税款的,应当在货物进出口前向办理进出口申报纳税手续所在地直属海关提出延期缴纳税款的书面申请并随附相关材料，同时还应当提供缴税计划，由海关总署审核批准。

货物实际进出口时，纳税义务人要求海关先放行货物的，应当向海关提供税款担保。

延期缴纳税款的期限，自货物放行之日起最长不超过6个月。

纳税义务人在批准的延期缴纳税款期限内缴纳税款的，不征收滞纳金；逾期缴纳税款的，自延期缴纳税款期限届满之日起至缴清税款之日止按日加收滞纳税款0.5‰的滞纳金。

知识点讲解：

纳税义务人因不可抗力或者国家税收政策调整不能按期缴纳税款的，应当在货物进出口前向办理进出口申报纳税手续所在地直属海关提出延期缴纳税款的书面申请并随附相关材料，同时还应当提供缴税计划，由海关总署审核批准。

货物实际进出口时，纳税义务人要求海关先放行货物的，应当向海关提供税款担保。

延期缴纳税款的期限，自货物放行之日起最长不超过6个月。

纳税义务人在批准的延期缴纳税款期限内缴纳税款的，不征收滞纳金；逾期缴纳税款的，自延期缴纳税款期限届满之日起至缴清税款之日止按日加收滞纳税款0.5‰的滞纳金。

(五)加工贸易保税货物缓税利息

加工贸易保税货物在规定的有效期限内(包括经批准延长的期限)全部出口的，由海关通知中国银行将保证金及其活期存款利息全部退还；加工贸易保税料件或制成品内销的，海关除依法征收税款外，还应加征缓税利息。缓税利息缴纳方式、缴纳凭证、缴纳规定等与税款缴纳相同。

1.征收规定

(1)缓税利息的利率为中国人民银行公布的活期存款利率，海关根据中国人民银行最新公布的活期存款利率随时调整并公布执行。

(2)对于实行保证金台账实转(包括税款保付保函)管理的加工贸易手册项下的保税货物，在办理内销征税手续时，如果海关征收的缓税利息大于对应台账保证金的利息，应由中国银行在海关税款缴款书上签注后退单，由海关重新开具两份缴款书，一份将台账保证金利息全额转为缓税利息，另一份将台账保证金利息不足部分单开海关税款缴款书，企业另行缴纳。

2.计息期限

(1)加工贸易保税料件或制成品经批准内销的，缓税利息计息期限的起始日期为内销料件或制成品所对应的加工贸易合同项下首批料件进口之日至海关填发税款缴款书之日；加工贸易E类电子账册项下的料件或制成品内销时，起始日期为内销料件或制成品所对应电子账册的最近一次核销之日(若没有核销日期的，则为电子账册的首批料件进口之日)至海关填发税款缴款书之日。

(2)加工贸易保税料件或制成品未经批准擅自内销违反海关监管规定的，或加工贸易保税货物需要后续补税但海关未按违规处理的，缓税利息计息期限的起始日期为内销料件或制成品所对应的加工贸易合同项下首批料件进口之日至保税料件或制成品内销之日(内销之日无法确定的，终止日期为海关发现之日)；若内销涉及多本合同，且内销料件或制成品与合同无法一一对应的，则计息的起始日期为最近一本合同项下首批料件进口之日至保税料件或制成品内销之日(内销之日无法确定的,终止日期为海关发现之日);若加工贸易E类电子账册项下的料件或制成品擅自内销的,则计息的起始日期为内销料件或制成品所对应电子账册的最近一次核销之日(若没有核销日期的,则为电子账册的首批料件进口之日)至保税料件或制成品内销之日(内销之日无法确定的,终止日期为海关发现之日)。按照前述方法仍无法确定计息的起始日期的,则不再征收缓税利息。

加工贸易保税料件或制成品等违规内销的,还应根据规定征收滞纳金。滞纳金是从应缴纳税款之日起至海关发现之日止按日计算,滞纳金征收比例为少征或漏征税款的0.5‰。

(3)加工贸易剩余料件、残次品、副产品和受灾保税货物等内销需征收缓税利息的,亦应比照上述规定办理。

3.计算公式

加工贸易缓税利息应根据填发海关税款缴款书时海关总署调整的最新缓税利息率按日征收。

缓税利息的计算公式为:

应征缓税利息=应征税额×计息期限(天数)×缓税利息率÷360

4.办理程序

(1)海关审核准予内销后向经营企业签发“加工贸易货物内销征税联系单”。

(2)经营企业持该“加工贸易货物内销征税联系单”办理通关申报手续。在填制内销报关单时,经营企业需在备注栏注明“活期”字样。

(3)海关核对确认无误后,按规定办理内销货物审单、征税、放行等海关手续。

(六)税收保全和强制措施

1.保全措施

进出口货物的纳税义务人在规定的纳税期限内有明显的转移、藏匿其应税货物,以及其他财产迹象的,海关可以要求纳税义务人在海关规定的期限内提供海关认可的担保。纳税义务人不能在海关规定的期限内按照海关要求提供担保的,经直属海关关长或者其授权的隶属海关关长批准,海关应当采取税收保全措施。

(1)暂停支付存款　海关书面通知纳税义务人开户银行或者其他金融机构(以下统称金融机构)暂停支付纳税义务人相当于应纳税款的存款。

纳税义务人在规定的纳税期限内缴纳税款的,海关书面通知金融机构解除对纳税义务人相应存款实施的暂停支付措施。

纳税义务人在规定的纳税期限内未缴纳税款的,海关书面通知金融机构从暂停支付的款项中扣缴相应税款。海关确认金融机构已扣缴税款的,书面告知纳税义务人。

(2)暂扣货物或财产　因无法查明纳税义务人账户、存款数额等情形不能实施暂停支付措施的,书面通知(随附扣留清单)纳税义务人扣留其价值相当于应纳税款的货物或者其他财产。货物或者其他财产本身不可分割,又没有其他财产可以扣留的,被扣留货物或者其他财产的价值可以高于应纳税款。

纳税义务人在规定的纳税期限内缴纳税款的,海关书面通知纳税义务人解除扣留措施,随附发还清单,办理确认手续后将有关货物、财产发还纳税义务人。

纳税义务人在规定的纳税期限内未缴纳税款的，海关书面通知纳税义务人依法变卖被扣留的货物或者其他财产，并以变卖所得抵缴税款。变卖所得不足以抵缴税款的，海关继续采取强制措施抵缴税款的差额部分；变卖所得抵缴税款及扣除相关费用后仍有余款的，发还纳税义务人。

2.强制措施

进出口货物的纳税义务人、担保人自规定的纳税期限届满之日起超过3个月未缴纳税款的，海关依次采取下列强制措施：

(1)书面通知金融机构从其存款中扣缴税款；

(2)将应税货物依法变卖，以变卖所得抵缴税款；

(3)扣留并依法变卖其价值相当于应纳税款的货物或者其他财产，以变卖所得抵缴税款。

实施强制措施的，海关书面通知金融机构从纳税义务人、担保人的存款中扣缴相应税款，同时书面告知纳税义务人、担保人。海关采取强制措施时，对纳税义务人缴纳的税款滞纳金同时强制执行。

海关决定以应税货物、被扣留的价值相当于应纳税款的货物或者其他财产变卖并抵缴税款的，书面告知纳税义务人、担保人。变卖所得不足以抵缴税款的，海关继续采取强制措施抵缴税款的差额部分；变卖所得抵缴税款及扣除相关费用后仍有余款的，应当发还纳税义务人、担保人。

无法采取税收保全措施、强制措施，或者采取税收保全措施、强制措施仍无法足额征收税款的，海关依法向人民法院申请强制执行，并按照法院要求提交相关材料。

纳税义务人、担保人对海关采取税收保全措施、强制措施不服的，可以依法申请行政复议或者提起行政诉讼。

知识点讲解：

纳税义务人、担保人超过3个月仍未缴纳税款的，海关可以依法采取强制扣缴和变价抵扣。

强制扣缴是当纳税义务人在金融机构有存款，而且存款的数额足以弥补税款的情况下使用的，也就是海关通知其存款银行从其存款中直接扣缴税款。

变价抵扣是在纳税义务人账户中没有足够存款来强制扣缴时使用的。海关可以将未放行的货物依法变卖，或者将纳税义务人的其他财产依法变卖，以变卖所得价款抵缴应缴税款。

抵缴或抵扣的税款常含滞纳金。

(七)缴纳税费责任

报关企业接受纳税义务人的委托，以纳税义务人的名义办理报关纳税手续，因报关企业违反规定而造成海关少征、漏征税款的，报关企业对少征或者漏征的税款、滞纳金与纳税义务人承担纳税的连带责任。

报关企业接受纳税义务人的委托，以报关企业的名义办理报关纳税手续的，报关企业与纳税义务人承担纳税的连带责任。

除不可抗力外，在保管海关监管货物期间，海关监管货物损毁或者灭失的，对海关监管货物负有保管义务的人应当承担相应的纳税责任。

欠税的纳税义务人，有合并、分立情形的，在合并、分立前，应当向海关报告，依法缴清税款。纳税义务人合并时未缴清税款的，由合并后的法人或者其他组织继续履行未履行的纳税义务；纳税义务人分立时未缴清税款的，分立后的法人或者其他组织对未履行的纳税义务承担连带责任。

纳税义务人在减免税货物、保税货物监管期间，有合并、分立或者其他资产重组情形的，应当向海关报告。按照规定需要缴税的，应当依法缴清税款；按照规定可以继续享受减免税、保税待遇的，应当到海关办理变更纳税义务人的手续。

纳税义务人欠税或者在减免税货物、保税货物监管期间，有撤销、解散、破产或者其他依法终止经营情形的，应当在清算前向海关报告。海关应当依法对纳税义务人的应缴税款予以清缴。

模块 7　提取或装运货物

一、海关进出境现场放行和货物结关

海关进出境现场放行一般由海关在进口货物提货凭证或者出口货物装货凭证上加盖海关放行章。进出口货物收发货人或其代理人签收进口提货凭证或者出口装货凭证，凭以提取进口货物或将出口货物装上运输工具离境。

在实行“无纸通关”申报方式的海关，海关作出现场放行决定时，通过计算机将海关决定放行的信息发送给进出口货物收发货人或其代理人和海关监管货物保管人。进出口货物收发货人或其代理人从计算机上自行打印海关通知放行的凭证，凭以提取进口货物或将出口货物装运到运输工具上离境。

货物结关是进出境货物办结海关手续的简称。进出境货物由收发货人或其代理人向海关办理完所有的海关手续，履行了法律规定的与进出口有关的一切义务，进口货物可以提取，出口货物可以离境，海关不再进行监管。

海关进出境现场放行有两种情况：一种情况是货物已经结关，对于一般进出口货物，放行时进出口货物收发货人或其代理人已经办理了所有海关手续，因此，海关进出境现场放行即等于结关；另一种情况是货物尚未结关，对于保税货物、特定减免税货物、暂准进出境货物、部分其他进出境货物，放行时进出境货物的收发货人或其代理人并未办完所有的海关手续，海关在一定期限内还需进行监管，所以该类货物的海关进出境现场放行不等于结关。

二、提取货物或装运货物

进口货物收货人或其代理人签收海关加盖海关放行章戳记的进口提货凭证，凭以到货物进境地的港区、机场、车站、邮局等地的海关监管仓库办理提取进口货物的手续。

出口货物发货人或其代理人签收海关加盖海关放行章戳记的出口装货凭证，凭以到货物出境地的港区、机场、车站、邮局等地的海关监管仓库，办理将货物装上运输工具离境的手续。

三、申请签发报关单证明联和办理其他证明手续

进出口货物收发货人或其代理人，办理完提取进口货物或装运出口货物的手续以后，如需要海关签发有关货物的进口、出口货物报关单证明联或办理其他证明手续的，均可向海关提出申请。

(一)申请签发报关单证明联

常见的报关单证明联主要有：

1.进口付汇证明联

对需要在银行或国家外汇管理部门办理进口付汇核销的进口货物，进口货物的收货人或其代理人应当向海关申请签发进口货物报关单付汇证明联。海关经审核，对符合条件的，即在进口货物报关单付汇证明联上签章。同时，通过电子口岸执法系统向银行和国家外汇管理部门发送证明联电子数据。

2.出口收汇证明联

对需要在银行或国家外汇管理部门办理出口收汇核销的出口货物，出口货物的发货人或其代理人应当向海关申请签发出口货物报关单收汇证明联。海关经审核，对符合条件的，即在出口货物报关单收汇证明联上签章。同时，通过电子口岸执法系统向银行和国家外汇管理部门发送证明联电子数据。

3.出口退税证明联

对需要在国家税务机构办理出口退税的出口货物，出口货物的发货人或其代理人应当向海关申请签发出口货物报关单退税证明联。海关经审核，对符合条件的，在证明联上签章。同时，通过电子口岸执法系统向国家税务机构发送证明联电子数据。

(二)办理其他证明手续

1.出口收汇核销单

对需要办理出口收汇核销的出口货物，出口货物的发货人或其代理人应当在申报时向海关提交由国家外汇管理部门核发的出口收汇核销单。海关放行货物后，在出口收汇核销单上签章。出口货物发货人凭出口货物报关单收汇证明联和出口收汇核销单办理出口收汇核销手续。

2.进口货物证明书

对进口汽车、摩托车，进口货物的收货人或其代理人应当向海关申请签发进口货物证明书，进口货物收货人凭以向国家交通管理部门办理汽车、摩托车的牌照申领手续。海关放行汽车、摩托车后，签发进口货物证明书。同时，将“进口货物证明书”上的内容通过计算机发送给海关总署，再传输给国家交通管理部门。其他进口货物如需申领“进口货物证明书”，收货人或其代理人也可向海关提出申请。

知识点讲解：

该知识点在考试中出现频率不高，但因为这是一般进出口货物报关程序的最后一步，学生也必须了解。当货物向海关报关，海关查验并且征税后，就会对货物作出放行处理，这样货物就结束了海关现场监管。对于现场放行的货物，最终有两种情况，一种是完全结关，海关不再

有任何约束；另一种是货物尚未结关，对于保税货物、特定减免税货物、暂准进出境货物、部分其他进出境货物，仍处于海关监管之下。对于一般进出口货物而言，就只有第一种情况，也就是货物放行代表结关。

◈ 能力训练

一、基本知识练习

1.（判）一般进出口货物也称为一般贸易货物，是指在进出境环节缴纳了应征的进出口税费并办结了所有必要的海关手续，海关放行后不再进行监管，可以直接进入生产和流通领域的进出口货物。（ ）

2.（多）（ ）属于一般进出口货物。

A 暂准进境的货样

B 转为实际进口的保税料件

C 转为实际出口的暂准出境货物

D 加工贸易外商免费提供的进境试车材料

3.（多）货物报关的进口阶段是指进口货物收货人或其代理人根据海关对进境货物的监管要求，在货物进境时，向海关办理相关手续的过程，包括（ ）环节。

A 进口申报　　B 配合查验　　C 缴纳税费　　D 提取货物

4.（单）下列关于申报地点的表述，错误的是（ ）。

A 进口货物应当在进境地海关申报

B 出口货物应当在出境地海关申报

C 经海关同意，进口货物可以在指运地海关申报，出口货物可以在起运地海关申报

D 特定减免税货物改变性质转为一般进出口时，应当在货物原进境地海关申报

5.（单）进口货物的申报期限为装载货物的运输工具申报进境之日起（ ）内，进口货物装载货物的运输工具申报进境之日起超过（ ）仍未向海关申报的，货物由海关提取并依法变卖。

A 15 日；3 个月　　B 14 日；3 个月　　C 15 日；1 个月　　D 14 日；4 个月

6.（单）出口货物的申报期限为货物运抵海关监管区后（ ）。

A 装货前的 24 小时　　B 装货的 24 小时前

C 装货前的 48 小时　　D 装货的 48 小时前

7.（多）关于申报期限，以下表述正确的是（ ）。

A 进口货物的申报期限为自装载货物的运输工具进境之日起 14 日内

B 出口货物的申报期限为货物运抵海关监管区后、装货前 24 小时

C 经海关批准准予集中申报的进口货物，自装载货物的运输工具申报进境之日起 1 个月内办理申报手续

D 经电缆、管道或其他特殊方式进出境的货物，进出口货物收发货人或代理人应当按照海关的规定定期申报

8.（判）电子数据报关单被海关退回的，进出口货物收发货人或其代理人应当按照要求修

改后重新申报，申报日期为海关接受重新申报的日期。（　）

9.（单）某公司按暂定价格申报进口完税价格为 270 000 元人民币的货物，滞报 3 天，支付滞报金后，完税价格调整为 300 000 元人民币，申请修改申报被海关接受，该公司应补交滞报金（　）元。

A 0　　B 45　　C 405　　D 450

10.（单）进口货物收货人超过规定期限向海关申报的，滞纳金的征收，以运输工具申报进境之日起（　）为起始日，以（　）为截止日，起始日和截止日均计入滞报期间。

A 第 14 日；收货人申报之日　　B 第 15 日；收货人申报之日

C 第 14 日；海关接受申报之日　　D 第 15 日；海关接受申报之日

11.（单）进口货物收货人申报并经海关依法审核，必须撤销原电子数据报关单重新申报的，如产生滞报，经进口货物收货人申请并经海关审核同意，以（　）为滞报金起征日。

A 运输工具申报进境之日　　B 运输工具申报进境之日起第 15 日

C 撤销原报关单之日　　D 撤销原报关单之日起第 15 日

12.（多）报关单是由报关员按照海关固定格式填制的申报单，包括进出口货物报关单或者带有进出口货物报关单性质的单证。下列属于报关单的单证（　）。

A 进出境货物备案清单　　B ATA 单证册

C 过境货物报关单　　D 进出境展览品清单

13.（判）涉及动植物及其产品以及其他须依法提供检疫证明的货物，如需在申报前提取货样，应当按照国家的有关法律规定，向主管海关书面申请，并提供事先由检验检疫部门签发的书面批准证明。（　）

14.（单）某批货物出口申报应符合下列（　）的海关规定。

A 应同时以电子数据报关单和纸质报关单向海关申报，然后由海关进行电子审单

B 应先向海关提交纸质报关单，由海关预审，再以电子数据报关单向海关正式申报

C 应以电子数据报关单向海关申报，海关审结后，再向海关提交纸质报关单并随附其他单证

D 由发货人或其代理人选择使用电子数据报关单或纸质报关单向海关申报

15.（多）以下关于修改申报内容或者撤销申报的表述，正确的有（　）。

A 对于海关已经决定布控、查验的货物，报关单在办结前不得修改

B 对于海关已经决定布控、查验的货物，报关单在办结前不得撤销

C 对于涉案的货物，报关单在办结前不得修改

D 对于涉案的货物，报关单在办结前不得撤销

16.（多）海关接受进出口货物申报后，电子数据和纸质的进出口货物报关单不得修改或者撤销；确有正当理由的，经海关审核批准，可以修改或撤销，下列情形属于正当理由的是（　）。

A 由于报关人员书写失误造成所申报的报关单内容有误，并且未发现有走私违规及其他违法嫌疑的

B 出口货物放行后，由于配载原因造成原申报货物退关的

C 进出口货物在运输过程中因不可抗力造成损毁，导致原申报数据与实际货物不符的

D根据贸易惯例先行采用暂时价格成交，实际结算时按商检品质认定或国际市场实际价格付款方式需要修改申报内容的

17.(判)进出口货物收发货人对海关查验结论有异议，向海关提出复验要求的，经海关同意，可以由原查验人员对该票货物予以查验。( )

18.(多)以下关于海关查验的表述正确的是( )。

A进出口货物收发货人对海关查验结论有异议，可以向海关提出复验要求

B已经参加过查验的查验人员应当参加对同一票货物的复验

C经海关通知查验，进出口货物收发货人或者代理人届时未到场的，海关可以径行开验

D进出口货物的收发货人或其代理人在海关查验时，对货物是否受损坏未提出异议，事后发现货物有损坏的，海关不负赔偿的责任

19.(多)径行开验是指海关在进出口货物收发货人不在场的情况下，对进出口货物进行打开拆包查验。海关可以径行开验的情形有( )。

A进出口货物发货人对海关查验结论有异议的

B进出口货物存在违法嫌疑的

C经初次检查未查明货物的真实属性，需对已查验货的某些形状进一步确认的

D经海关通知查验，进出口货物收发货人届时未到场

20.(多)下列属于现场海关已经放行单尚未结关的进境货物是( )。

A保税加工货物　　B特定减免税货物

C暂准进境货物　　D无代价抵偿货物

21.(判)进出境货物的海关现场放行就是结关。( )

二、商品编码归类练习

1.针织束腰胸衣，材质按重量计：棉占90%，莱卡(氨纶)占10%。

2.印花机织物制正方形围巾(边长60 cm；按重量计算：含棉花50%、含涤纶短纤维50%)

3.两套山地自行车未组装件(无车座)装于一个木箱内，3个山地自行车车座装于一个塑料盒内，同时报关。

4.已剪成手套形的针织钩编纯棉布。

5.涂清漆的木制雕像。

6.用于小汽车的羊毛簇绒地毯。

7.蛋形巧克力(内装小玩具)。

8.一个纸盒内装有一个三明治(夹牛肉饼，牛肉占三明治总重的25%)和一杯法式炸土豆条。

9.大麦和燕麦组成的等量混合物。

10.皮革制小提琴盒和适于装在该盒内的小提琴(同时报关)。

11.一种工业用的钯基绕组线材，直径0.15 mm，按重量计含银36%、铜4%，其余为钯。

12.吊秤，最大称重为1 000 kg。

13.供食用的活珍珠鸡(重量大于2 kg)。

14.冻整鸡。

15. 鲜整头乳猪肉(重量不足 10 kg)。

16. 装入肠衣的熏腌牛肉,未经绞碎、未经调味,供食用。

17. 盐渍海蜇。

18. 冻小虾仁。

19. 冷藏大马哈鱼。

20. 冷藏的中华绒螯蟹。

21. 硬粒小麦。

22. 食用高粱。

23. "长寿"牌西洋参片,干的,50 g/盒。

24. 中国产生漆。

25. 没药。

26. 木棉,用于填充坐垫。

27. 绿豆(晒干的,非种用),2 kg/袋。

28. 由多种食用植物油调制而成的王牌超级烹调油。

29. 未经过化学改性的精制豆油。

30. 初榨的亚麻子油(未经化学改性)。

31. 精制的玉米油。

32. 水煮后经冷冻的去壳对虾。

33. 密封塑料袋装婴儿均化食品,成分含量:30%牛肉(可见小肉块)、65%胡萝卜、5%其他配料;净重 500 g。

34. 煮熟的猪肝罐头。

35. 一种可用微波炉加热的方便快餐食品,净含量 250 g,其中含面条 150 g、鸡块 50 g、卷心菜 30 g、鱿鱼丝 20 g,食品已预先烧制过,装于一次性泡沫塑料盒中。

36. 绿豆粉制的干粉丝。

37. 纸箱包装、净重为 5 kg 的绿豆粉制的干粉丝。

38. 供早餐用的加有少量糖的燕麦片,已经烘炒加工,冲泡后即可食用。

39. 日本手卷水果寿司,用紫菜裹以大米饭、少许水果丁和调料后切成小卷。

40. 按容量计浓度为 95%的未改性乙醇(瓶装,500 mL)。

41. 菠萝原汁中加入了 20%的水组成的混合物(白利糖度值小于 20,供饮用)。

42. "女儿红"牌米酒(酒精浓度 15%),用 2 L 的陶罐盛装。

43. 颗粒状综合营养性专用狗粮,包装袋印刷精美并标有喂食方法,每袋净重 18 kg。

44. 大马哈鱼,经切块加入调料烹煮加工后制成罐头。

45. 桶装方便面,内有一块面饼、两包调料和一把塑料餐叉。

46. 由多种精制的植物花粉和乳糖制成的营养保健花粉制品。

47. 氯化钠(符合化学定义)。

48. 氧化镁(符合化学定义、非培养晶体、非光学元件)。

49. 钨矿砂。

50. 液化煤气。

51. 原状铁矿砂。

52. 贵重金属汞齐。

53. 饼状过氧化钠(分子式为 Na_2O_2)。

54. 纯净丙三醇(俗称甘油)。

55. 500 mL 瓶装化学纯级乙酸乙酯。

56. 福尔马林。

57. 头孢拉啶(先锋霉素类抗生素原药)。

58. 氢化可的松(未配定剂量,非零售包装)。

59. 含有头孢克洛的药品(未配定剂量或制成零售包装)。

60. 利福平胶囊,24 粒/盒,抗结核病药。

61. 每袋毛重 10 kg 的过磷酸钙。

62. 20 kg 装、化学纯级、粉末状硝酸钠。

63. 尿素(分子式为 $(NH_2)_2CO$,每包毛重大于 10 kg)。

64. 磷酸二氢铵。

65. 脲 $(NH_2)_2CO$(毛重大于 10 kg;生产脲醛树脂用原料)。

66. 溶于挥发性有机溶剂中的丙烯酸聚合物,丙烯酸聚合物占溶液总重量的 45%。

67. 酸性红 B,一种有机合成染料,红色,主要用于化学纤维的染色,25 kg 包装。

68. "立邦"梦幻系列硝基木器漆,以硝酸纤维素为基本成分,加上有机溶剂、颜料和其他添加剂调制而成。

69. 非离子型有机表面活性剂(非零售包装)。

70. 合成洗衣粉(非零售包装)。

71. 洗手液,400 mL 塑料瓶装,含有机表面活性剂、杀菌剂、香精等成分。

72. "美丽"牌柠檬香型亮光液,600 mL 压力罐装,使用时喷于家具表面。

73. 酪蛋白。

74. 头孢西丁胶囊,一种抗生素药物,0.5 g/粒,12 粒/盒。

75. "暖宝宝"牌一次性使用取暖片,由铁粉、水、活性炭、蛭石、吸水性树脂、食盐等混合置于无纺布袋内,并密封成片状。使用时打开包装,贴于人体的肩部、背部、腰部、胃部或者关节部位,取暖片中的成分在空气中氧气的作用下发生放热反应,可在 12～20 h 内持续不断地释放热量,起到驱寒保暖的作用。

76. "天使"牌保养面膜,16 片/盒。该面膜是将调配好的营养美容液(含有去除粉刺、死皮、老化角质、油污的清洁成分和保湿成分、皮肤营养成分)涂在薄型无纺布上,使用时将面膜直接紧贴在脸部,对改善肤质有一定效果。

77. 初级形状的低压聚乙烯(相对密度为 0.95)。

78. 聚氯乙烯制宽度为 2 cm 的成卷电工用绝缘胶带。

79. 粒状、相对密度为 0.90 的 50 kg 袋装线性低密度聚乙烯。

80. 聚丙烯颗粒(由纯聚丙烯制品的废料制得)。

81. 塑料盥洗盆。

82. 线性低密度聚乙烯粒子。

83. 新的“米其林”牌充气轮胎，轿车用。

84. 如右图所示的“LOCK&LOCK”牌食品储藏盒(图略)。每盒由不同大小、形状的盒子组成，用于厨房间存放各种食品和调料，由聚碳酸酯(PC)制成。

85. 木制的衣箱。

86. 牛皮制公文包。

87. 表层为巴栲红柳桉木薄板，其他两层为针叶木薄板制的三合板(每层薄板厚度为1 mm)。

88. 如图所示的柚木实木地板(图略)，规格为910 mm×122 mm×18 mm。

89. 亚硫酸盐未漂白针叶木浆(非溶解级)。

90. 褐色磨木浆(桦木)。

91. 化学机械木浆。

92. 玻璃卡纸(100%漂白化学木浆制造，300 g/m^3，规格为787 mm×1 092 mm)。

93. 成卷的半透明纸，宽30 cm。

94. 一种热敏传真纸，规格210 mm×30 m，由热敏原纸为纸基，在其一面涂布一层热敏发色层，发色层是由胶粘剂、显色剂、无色染料组成。当热敏纸遇到发热的打印头时，打印头所打印之处的显色剂与无色染料即发生化学反应而变色并形成图文。

95. 书籍：《中华人民共和国进出口税则》。

96. 纯桑蚕丝漂白双绉机织物(幅宽110 cm)。

97. 白厂丝(未加捻)。

98. 山羊绒(未梳)。

99. 纯棉劳动布(经纱紫蓝色，纬纱浅灰色，织物重量为210 g/m^2，幅宽110 cm)。

100. 纯棉漂白平纹机织物，(织物重量为50 g/m^2，幅宽110 cm)。

101. 纯棉精梳单纱(细度100分特)。

102. 全棉漂白平纹机织物，250 g/m^2。

103. 涤纶弹力丝(由聚酯化学纤维长丝加工成变形纱线)，非供零售用。

104. 由40%的棉、30%的人造纤维短纤和30%的合成纤维短纤混纺制成的未漂白机织物(该织物每平方米重量220 g，幅宽超过30 cm)。

105. 按重量计含涤纶短纤50%、醋酸短纤25%、粘胶纤维短纤25%，每平方米重170 g的四线斜纹色织机织物(幅宽110 cm)。

106. 结织栽绒地毯，按重量计算：栽绒层含羊毛45%、粘胶短纤维30%、涤纶短纤维25%。

107. 棕色机织长毛绒，绒面按重量计含羊毛50%，含涤纶短纤50%(已割绒，幅宽110 cm，360 g/m^2)。

108. 全棉染色的灯芯绒(已割绒)机织物，450 g/m^2。

109. 含棉40%、涤纶短纤40%、桑蚕丝20%的灯芯绒(已割绒)，已染色，250 g/m^2。

110. 婴儿全棉针织便服套装(供身高86 cm以下婴儿穿用,男式)。

111. 已剪成手套形的针织精编纯棉布。

112. 单独进口的羊毛针织西服背心。

113. 精梳克什米尔山羊绒之针织女士披巾。

114. 针织束腰胸衣,材质按重量计含棉90%、莱卡(氨纶)10%。

115. 女式雨衣,由涤纶机织物表面(单面)涂布高分子树脂的面料(涂层可明显看出)制成。

116. 女式棉(含8%氨纶)牛仔短裤,机织。

117. 男式蓝色一次性浴衣(涤纶无纺布制)。

118. 机织印花纯棉浴巾(毛巾组织织造)。

119. 左压右短袖衬衫,针织全棉,有图(图略)。

120. 手机挂绳,编带部分以涤纶纱线用编带机织成,有图(图略)。

121. 用塑料(丙烯聚合物)扁条(宽度为6 mm)编结的缏条缝合成的遮阳帽。

122. 每边长20 cm、厚度为1 cm、一面经平面磨光的正方形大理石块。

123. 成卷的沥青。

124. 人造石墨制的轴承。

125. 石棉制安全帽(帽内衬有纯棉机织物制衬里)。

126. 陶制汤碗。

127. 按重量计含铁80%、含铜15%、含银3%、含金2%的金属合金(未经锻造,非货币用)。

128. 银质茶叶罐。

129. 成套的银制餐叉。

130. 铜制镀金领带夹。

131. 未经包覆、镀层、涂层,厚度0.8 mm,宽度700 mm,屈服强度为200 N/mm^2的非合金钢冷轧平板卷材。

132. 合金生铁(初级形状)。

133. 截面为矩形的不锈钢钢材,除轧制外未经进一步加工,钢材的宽度为50 mm,厚度为5 mm,冷成形笔直状报验。

134. 装液化丙烷的零售用钢瓶。

135. 金属陶瓷。

136. 金属陶瓷管。

137. 装入一个金属工具箱中的成套汽车修理工具。

138. 自行车充气用手动打气筒。

139. 四缸汽车用点燃往复式活塞内燃发动机,气缸容量1 500 mL。

140. 电动洗碟机(外部尺寸为60 mm×90 cm×70 cm)。

141. 用于飞机发动机的传动轴。

142. 用于造纸工业的高度研光机。

143. 用于纺织工业的整理轧布机。

144. 船舶用舵机。

145.“帅康”牌抽油烟机(外罩平面尺寸为 80 cm×45 cm)。

146.“可口可乐”饮料自动灌装机。

147.录音机用镍镉可充电电池。

148.阴极射线彩色电视显像管。

149.发光二极管。

150.以锂为负极的原电池。

151.直流电动机(输出功率 375 kW)。

152.家用电卷发器。

153.带有录音功能的 MP3 音乐播放器(不能接收无线广播)。

154.“摩托罗拉”G20 型手机专用天线。

155.索尼笔记本计算机,重 3 kg。

156.“现代”牌 U 盘,1 GB(未录制任何信息)。

157.不锈钢制造的手柄(可用于多种机床操作)。

158.计算机网络通信用的路由器。

159.家用电动牙刷。

160.钟控收音机。

161.电功率为 10 W 的空气清新器(负离子发生器)。

162.真空吸尘器。

163.“日立”牌彩色等离子电视机(显示屏幕为 74 cm)。

164.ABS 塑料制小轿车空调用风向转动机。

165.适于汽车运输易腐食品用保温集装箱(规格为 40ft,壁面为钢制)。

166.装有压燃式活塞内燃发动机、气缸容量(排气量)为 2 000 mL 的四轮驱动越野车。

167.车体由驾驶室和装存现钞的密闭箱体室两部分组成,并装有防护系统,车辆总重量为 4 t 的装甲运钞车(装有柴油发动机)。

168.装有 18 个座位和 4 把折叠椅的普通中巴客车(汽油发动机)。

169.装有高压水泵,并配有水炮、云梯等装置的救火车。

170.丰田轿车用电动天窗。

171.长途客运车辆(50 座,柴油发动机)安装的防抱死制动系统(ABS)。

172.测试频率在 400～800 MHz 范围的阴极射线通用示波器。

173.医疗用 B 型超声波诊断仪。

174.经光学加工的隐形眼镜片。

175.X 射线治疗仪(治疗肿瘤用)。

176.经过电镀处理的贱金属眼镜架。

177.已制成特定形状的 B 型超声波诊断仪的外壳。

178.表壳镀金的自动上弦的机械手表。

179.牛骨制的梳妆用梳子。

180.海绵橡胶制粉扑,用于化妆时施敷香粉。

181.羽毛球。

182.超过100年的水墨画原件,有收藏价值。

183.超过100年的石印画原本(未使用机械或照相制版方法制作),有收藏价值。

三、进出口税费缴纳练习

1.(多)下列属于进出口环节由海关依法征收的税费是(　)。

A关税　B消费税　C进口车辆购置附加费　D船舶吨税

2.(多)关税的纳税义务人包括(　)。

A进口货物收货人　B出口货物发货人

C进出境物品所有人　D运输工具的负责人

3.(判)关税是对准许进出关境的货物和物品向纳税义务人征收的一种流转税。(　)

4.(多)关税的作用是(　)。

A保护国内工农业生产　B调整产业结构

C增加财政收入　D调节进出口贸易活动

5.(判)关税是海关代表国家向纳税义务人征收的一种流转税,其征收的主体是国家,课税对象是纳税义务人。(　)

6.(多)下列属于关税附加税的是(　)。

A反倾销税　B反补贴税　C消费税　D增值税

7.(判)我国目前征收的进口附加税主要是报复性关税。(　)

8.(判)进口环节增值税管理,适用关税征收管理的规定。(　)

9.(单)关税和进口环节增值税、消费税的纳税义务人,应当自海关填发税款缴款书之日起(　)内缴纳税款,逾期缴纳的,海关依法按日加收滞纳税款(　)的滞纳金。

A 5日;0.5%　B 5日;0.5‰　C 15日;0.5%　D 15日;0.5‰

10.(单)某公司进口红酒一批。海关于2009年1月12日(星期一)填发税款缴款书。该公司于2月11日(星期三)缴纳税款(注:1月25～31日为法定节假日)。税款滞纳天数为(　)。

A 3天　B 10天　C 11天　D 15天

11.(单)海关于2006年4月17日(星期一)填发海关专用缴款书。为避免产生滞纳金,纳税义务人最迟应缴纳税款的日期是(　)。

A 4月30日　B 5月2日　C 5月8日　D 5月9日

12.(单)境内某公司从日本进口除尘器一批,设该批货物应征关税税额为人民币10 000元,进口环节消费税40 000元,海关于2008年5月23日(周五)天发海关专用缴款书,该公司于2008年6月12日缴纳税款,6月8日为端午节,工休日顺延至6月9日,应征的税款滞纳金为(　)。

A 50元　B 75元　C 100元　D 0元

13.(单)海关确定进口货物完税价格的方法有:合理方法①、成交价格法②、倒扣价格法③、计算价格法④、类似货物成交价格法⑤、相同货物成交价格法⑥。采用上述6种估计方法的正确顺序为(　)。

A①②③④⑤⑥　　B②⑤⑥①③④　　C②⑥⑤③④①　　D①②⑥⑤④③

14.(多)获取运抵中华人民共和国境内输入地点起卸前的(　)应计入进口完税价格。

A 运输费　　B 装卸费　　C 搬运费　　D 保险费

15.(单)某企业从德国进口放映设备一台,发票分别列明:交易价格 CIF 上海 100 000 美元,境外考察费为 2 500 美元,销售佣金 1 500 美元,合同另规定,该设备投入使用后买方应从票房收益中支付卖方 10 000 美元,该批货物应向海关申报的成交价格为(　)。

A 114 000 美元　　B 112 500 美元　　C 111 500 美元　　D 104 000 美元

16.(单)某企业从德国进口医疗检查设备一台,发票分别列明:CIF 上海 50 000 美元/台,境外培训费 3 000 美元。此外,合同列明设备投入使用后买方从收益中另行支付卖方 20 000 美元。该批货物经海关审定的成交价格应为(　)。

A 73 000 美元　　B 50 000 美元　　C 70 000 美元　　D 53 000 美元

17.(判)海关审定的进口货物的成交价格,是指卖方向中华人民共和国境内销售该货物时买方为进口该货物向卖方实付、应付的价格总额,包括直接交付的价格和间接支付的价款(　)。

18.(单)广西某公司从韩国进口绣花机 1 台,发票列明:交易单价为 CIF 南宁 100 000 美元/台,商标使用费 10 000 美元,经纪费 3 000 美元,该批货物经海关审定的成交价格应为(　)。

A 100 000 美元　　B 103 000 美元　　C 110 000 美元　　D 113 000 美元

19.(单)某家企业从法国进口 1 台模具加工机床,发票分别列明:设备价款 CIF 上海 USD 600 000,机器进口后的安装调试费为 USD 20 000,卖方佣金 USD 2 000,与设备配套使用的操作系统使用费 USD 80 000。该批货物经海关审定的成交价格应为(　)。

A USD 702 000　　B USD 682 000　　C USD 680 000　　D 662 000

20.(多)特许权使用费包括(　)。

A 专利权使用费　　B 商标权使用费

C 著作权使用费　　D 专有技术使用费

21.(判)海关在审定货物的完税价格时,如买卖双方在经营上有相互联系,一方是另一方的独家代理、经销或受让人的,应当视为有特殊关系。(　)

22.(多)下列哪些情况海关可以拒绝接受申报价格而另行估价(　)。

A 买方对进口货物的处置受到了卖方的限制,具体表现在买方必须将进口货物转售给卖方指定的第三方

B 买卖双方达成的销售价格是以买方同时向卖方购买一定数量的其他货物为前提

C 进口方在国内销售进口货物所产生的收益中有一部分返还给出口方,然后这一部分收益的具体金额尚不能被确定

D 进口方和出口方是母子公司,但上述关系并未对成交价格产生影响

23.(多)下列应计入出口货物完税价格的项目是(　)。

A 出口关税

B 在货款价款中单独列明由卖方承担的佣金

C 境内生产货物的成本、利润和一般费用

D 货物运至境内输出地点装载前的运输及其相关费用、保险费

24.(判)海关对进口货物实施估价必须征得纳税义务人的同意。( )

25.(单)下列经纳税义务人书面申请,海关可以不进行价格质疑及价格磋商,依法审查确定进出口货物完税价格的商品是( )。

A 汽车　　B 电梯　　C 矿砂　　D 废五金

26.(多)在海关审定完税价格时,纳税义务人应履行的义务包括( )。

A 如实提供单证及其他相关资料

B 如实申报货物买卖中发生的、有关规定所列的价格调整项目

C 提供根据客观量化标准对需分摊计算的价格调整项目进行分摊的依据

D 为先行提取货物,依法向海关提供担保

27.(单)以下国家不适用《中华人民共和国与东南亚国家联盟全面经济合作框架协议》的是( )。

A 老挝　　B 越南　　C 菲律宾　　D 孟加拉国

28.(单)境内某公司与中国香港某公司签约进口韩国产的彩色超声波诊断仪 1 台,直接由韩国运抵上海,成交价格 CIF 上海 10 000 美元/台。设 1 美元=7 元人民币,最惠国税率为 5%,普通税率为 17%,亚太贸易协定税率为 4.5%,应征进口关税税率为( )。

A 0　　B 3 150 元人民币　　C 3 500 元人民币　　D 11 900 元人民币

29.(单)境内某公司从中国香港购进孟加拉国产的某商品一批,设该商品的最惠国税率为 10%,普通税率为 30%,亚太协定税率为 9.5%,中国香港 CEPA 项下税率为 0,该商品进口时适用的税率是( )。

A 10%　　B 30%　　C 9.5%　　D 0

30.(多)关于各类优惠贸易协定项下的优惠原产地认定标准,以下表述正确的是( )。

A 完全获得,是指从成员国(地区)直接运输进口的货物是完全在该成员国(地区)获得或产生的

B 税则归类改变,是指原产于成员国(地区)的材料在非成员国(地区)境内进行制造,加工后,所得税则归类发生了变化

C 区域价值成分,是指出口货物 FOB 价格扣除生产过程中该成员国(地区)非原产材料价格后,所余价格在出口货物 FOB 价格中所占的百分比

D 制造加工工序,是指赋予加工后所得货物基本特征的主要工序

31.(单)某省纺织品集团公司从 A 国进口粗梳羊毛(税则号列 51051000,适用非优惠原产地规则)一批,该批粗梳羊毛系以 B 国原产的未梳含脂剪羊毛(税则号列 51011100,适用优惠原产地规则)加工而成,发票列明货物价值、包装费、至境内指运地的运费及相关费用、保险费,货物以境内外全程联运方式自上海进境运至该收货人所在的某省会城市。问:以下关于该批货物原产地的表述,正确的是( )。

A 适用优惠原产地规则中的“完全获得标准”,并以此认定 B 国为原产国

B 适用非优惠原产地规则中的“加工工序标准”,并以此认定 A 国为原产国

C 适用非优惠原产地规则中的“税则归类改变标准”,并以此认定 A 国为原产国

D 适用优惠原产地规则中的“从价百分比标准”，并以此认定 B 国为原产国

32.（多）非优惠原产地认定标准中的实质性改变标准包括（　）。

A 税则归类改变标准　　B 完全获得标准

C 从价百分比标准　　D 加工工序标准

33.（判）非优惠原产地认定标准中的实质性改变标准，适用于非优惠贸易措施项下两个及两个以上国家（地区）所参与生产的货物原产地的确定。（　）

34.（单）下列不属于非优惠原产地认定标准中的“实质性改变标准”的是（　）。

A 完全获得标准　　B 税则归类改变标准

C 从价百分比标准　　D 加工工序标准

35.（单）江苏某机械设备进出口公司与中国香港某贸易商以一般贸易方式分签购货合同，为苏州某服饰有限公司（位于某出口加工区）进口工业缝纫机 20 台，为苏州某金属制品有限公司（非鼓励类外商投资企业）进口数控镗床 2 台。货物同批从 B 国某港起运，由上海进境。全程运输的目的地为苏州。

工业缝纫机系使用 A 国成套散件在 B 国组装，适用非优惠原产地规则并列入《适用制造或者加工工序及从价百分比标准的货物清单》。问：下列关于确定工业缝纫机原产国的选项，正确的是（　）。

A 使用税则归类改变标准确定 A 国为原产国

B 使用加工工序及从价百分比标准确定 A 国为原产国

C 使用税则归类改变标准确定 B 国为原产国

D 使用加工工序及从价百分比标准确定 B 国为原产国

36.（多）进口货物不适用协定税率的情形包括（　）。

A 在报关单上未申明适用协定税率的

B 未提交符合规定的原产地证书、原产地声明的

C 经查验或者核查，确认货物原产地与申报内容不符的

D 经查验或者核查，无法确认货物真实原产地的

37.（判）对于在反倾销措施实施之前已经申报进口的保税货物，进口经营单位在反倾销措施实施期间因故申报内销的，可免予提交原产地证明。（　）

38.（判）进口享受协定税率的商品，同时该商品又属于我国实施反倾销措施范围内，按普通税率计征进口关税。（　）

39.（单）Ⅰ.湖南湘水铜业有限公司以 CIF 黄埔 USD 2 000/t 的条款从美国进口委内瑞拉（享受最惠国待遇）产的 10 t 黄铜废料，货物由黄埔关区老港口进口，该公司持有关单证到海关申请转关至长沙海关办理进口纳税验放手续。

Ⅱ.接受申报的海关在审价时认为货价偏低，确定按 CIF 黄埔 USD 2 500/t 征税。

Ⅲ.黄铜废料的进口关税最惠国税率为 1.5%，普通税率为 11%，暂定税率为 0%，进口增值税为 17%。

问：设 1 USD=CNY700，该货物应向海关缴纳的进口税款为人民币（　）

A 23 800 元　　B 32 821.25 元　　C 29 750 元　　D 52 272.5 元

40.(单)根据《中华人民共和国进出口关税条例》的规定,下列表述正确的是( )。

A 适用最惠国税率的进口货物有暂定税率的,应当适用最惠国税率

B 适用协定税率的进口货物有暂定税率的,应当从低适用税率

C 适用特惠税率的进口货物有暂定税率的,应当从高适用税率

D 适用普通税率的进口货物有暂定税率的,应当适用暂定税率

41.(多)某省纺织品集团公司从 A 国进口粗梳羊毛(税则号列 51051000,适用非优惠原产地规则)一批,该批粗梳羊毛系以 B 国原产的未梳含脂剪羊毛(税则号列 51011100,适用优惠原产地规则)加工而成,粗疏羊毛系法定检验检疫及进口关税配额管理商品,但收费人未能足额获得配额数量。问:超出关税配额部分的进口粗梳羊毛,可能适用的税率是( )。

A 普通税率　　B 最惠国税率　　C 协定税率　　D 关税配额税率

42.(多)关于税率适用原则,下列表述正确的是( )。

A 进口货物应当适用纳税义务人申报该货物进口之日实施的税率

B 进口货物到达前,经海关核准先行申报的,应当适用装载该货物的运输工具申报进境之日实施的税率

C 进口转关运输货物,应当适用指运地海关接受该货物申报进口之日实施的税率

D 保税货物经批准不复运出境的,应当适用海关接受纳税义务人再次填写报关单申报办理纳税及有关手续之日实施的税率

43.(多)下列情形中,应当适用海关接受纳税义务人申报办理纳税手续之日实施的税率的是( )。

A 保税货物经批准不复运出境的

B 保税仓储货物转入国内市场销售的

C 减免税货物经批准转让的

D 租赁进口货物分期缴纳税款的

44.(多)下列税费中,不足人民币 50 元免予征收的是( )。

A 滞纳金　　B 关税　　C 增值税　　D 消费税

45.(多)关于进出口税率的计算,下列表述正确的是( )。

A 税款的起征点为人民币 50 元

B 完税价格计算至元,元以下四舍五入

C 税额计算至分,分以上四舍五入

D 进出口货物的成交价格及有关费用以外币计价的,海关应当按照填发税款缴款书之日公布的汇率中间价折合成人民币

46.(多)从价计征进口货物税款时,应考虑( )等因素。

A 汇率　　B 价格　　C 价格　　D 税则号列

47.(单)某公司从中国香港购买一批日本产富士彩色胶卷 8 000 卷,成交价格为 CIF 上海 HKD12/卷。设外汇折算价为 1 港元=1.2 元人民币,以上规格胶卷 0.05 m^2/卷。该批商品的最惠国税率为 30 元人民币/m^2,计算应征进口关税税额为( )。

A 115 200 元　　B 34 560 元　　C 16 800 元　　D 12 000 元

48.(单)采用价内税计税方法的税种是( )。

A 进口关税　　　　B 进口环节增值税

C 进口环节消费税　　　　D 出口关税

49.(判)消费税组成计税价格的计算方法为:(进出口关税完税价格+进口关税税额)/(1+消费税税率)。( )

50.(单)某公司从日本以快件方式进口传真机使用的传感器一批(5 纸箱,价值 9 万美元);另供货方免费提供传真机使用说明书 200 份(1 纸箱,标明价值 50 美元)。设 1 美元=8 元人民币;传真机使用说明书进口关税税率 7.5%,进口环节增值税税率 17%;传真机传感器属自动许可管理商品。问:下列关于传真机使用说明书进口关税与进口环节增值税的征收情况,正确的是( )。

A 进口关税免征;进口环节增值税免征

B 进口关税 30 元;进口环节增值税 73.1 元

C 进口关税免征;进口环节增值税 73.1 元

D 进口关税免征;进口环节增值税 68 元

51.(单)境内某公司从日本进口除尘器一批。设该批货物应征关税税额为人民币 10 000 元,进口环节增值税税额为人民币 40 000 元。海关于 2008 年 5 月 23 日(星期五)填发海关专用缴款书,该公司于 2008 年 6 月 12 日缴纳税款(注:6 月 8 日为端午节,公休日顺延至 6 月 9 日),应征的税款滞纳金为( )。

A 50 元　　B 75 元　　C 100 元　　D 0 元

52.(单)境内某公司从日本进口电焊机一批,已知该批货物应征关税税额人民币 15 000 元,进口环节增值税额为人民币 30 000 元,海关于 2007 年 4 月 16 日(星期一)填发海关专用缴款书,该公司于 2007 年 5 月 10 日缴纳税款,应缴的税款滞纳金是( )。

A 0 元　　B 45 元　　C 67.50 元　　D 225 元

53.(判)关税纳税义务人或其代理人应当自海关填发税款缴款书之日起 15 个工作日内向指定银行缴纳税款。( )

54.(单)下列进出口货物中,属于法定减免税范围的是( )。

A 关税完税价格在人民币 50 元以下的一票货物

B 无商业价值的货样、广告品

C 外国政府、国际组织、商业机构无偿赠送的物资

D 在海关放行后遭受损坏或损失的货物

55.(单)下列类别的特定减免税货物,免征进口关税同时免征进口环节增值税的是( )。

A 外商投资企业自有资金项目　　B 国内投资项目进口自用设备

C 贷款中标项目进口零部件　　D 重大技术装备

56.(多)下列可以免征进口关税和进口环节增值税、消费税的特定减免税货物的是( )。

A 科教用品　　B 残疾人专用品

C 科技开发用品　　D 扶贫慈善捐赠物资

57.(判)除国家政策调整等原因并经海关总署批准外,货物征税放行后,减免税申请人申

请补办减免税审批手续的,海关不予受理。( )

58.(多)对于已缴纳进出口关税的货物,纳税义务人在规定期限内可以申请退还关税的有( )。

A 因规格原因原状退货复运进境,并已重新缴纳因出口而退还的国内环节有关税收的

B 因销售渠道不畅原状退货退运进境,并已重新缴纳因出口而退还的国内环节有关税收的

C 因品质原因原状退货复运出境的

D 因故未装运出口申报退关的

59.(判)以征税放行的散装进出口货物发现短卸、短装的,如果该货物的发货人、承运人或者保险公司已对短卸、短装部分退还或者赔偿相应货款的,纳税义务人可以向海关申请退还进口或者出口短卸、短装部分的相应税款。( )

60.(判)海关办理退税手续时,已征收的滞纳金一并予以退还。( )

61.(判)海关发现多征税款的,应当立即通知纳税义务人办理退还手续,但已征收的滞纳金不予退还。( )

62.(多)下列属于纳税义务人可以在货物进出口前向海关申请延期缴纳税款的情形是( )。

A 因企业分立不能按期缴纳税款的

B 因不可抗力不能按期缴纳税款的

C 因国家税收政策调整不能按期缴纳税款的

D 因企业资金紧张不能按期缴纳税款的

63.(判)强制扣缴和变价抵扣的税款含纳税义务人未缴纳的税款的滞纳金。( )

64.(多)纳税义务人自纳税期限届满之日起超过 3 个月未缴纳税款的,海关可以采取税收强制措施( )。

A 通知金融机构暂停向其支付存款

B 书面通知金融机构从其存款中扣缴税款

C 将应税货物依法变卖,以变卖所得抵缴税款

D 暂扣其货物或者其他财产

四、报关单填制练习

资料 1

青岛××电子显示器有限公司(370223××××)购买进口一批显示器元器件,货物从日本大阪起运,经韩国换装运输工具运至青岛。该批货物中的电视机用印制电路板组件(ASSY BLUP;商品编码:85299081.90;法定计量单位:千克)和非片式固定电阻(R-METAL O×IDE;商品编码:85332190;法定计量单位:千克/千个),列代码为 E××××××××××××电子账册物料清单第 10 项和第 12 项。货物于 2008 年 8 月 28 日运抵青岛大港,次日委托青岛××报关有限公司(370298××××)向海关申报进口。报关单备案号栏填报为 E××××××××××××。整批货物的运费为 USD 300,保险费率为 0.3%。

资料 2

Shipper Insert Name, Address and Phone ×××× ELECTRONICS CO. ,LTD ××××××××××	B/L No. JCSCINC07059044
Consignee Insert Name, Address and Phone QINGDAO ×××× ELECTRONICS DISPLAY CO. ,LTD ××××××××××	QINGDAO-INCHON INTERNATIONAL CARGO SHIPPING CO.
Notify Party Insert Name, Address and Phone SAME AS CONSIGNEE	BILL OF LADING
Place of Receipt	Pre-carriage by
Ocean Vessel/Voy. No. DAYU028	Port of Loading INCHON, KOREA
Port of Discharge QINGDAO, CHINA	For Transshipment to (if on carriage)

Particulars Declared by the Merchant

Marks & Nos	No. & Kind of packages	Description of Goods	Gross Weight (KGS)	Measurement(M)
TSED QINGDAO C/T 1-UP MADE IN JAPAN TTLU4011025/20' (PART)CY/CY	35CTNS	ELECTRC PARTS FOR MONITOR INVOICE No. 9000223238 "FREIGHT COLLECT"	286.62KGS	3.609CBM

TOTAL NUMBER OF CONTAINERS OR PACKAGES(IN WORDS) SAY: PART OF ONE TWENTY-FOOT CONTAINER ONLY

FREIGHT & CHARGES	Weight/Measurement	Rate	Per	Prepaid	Collect

Laden on Board the Vessel	No. of Original B/L	Place and Date of B/L Issue	Signed for the Carrier
Date: AUG 26,2008	3(THREE)	SEOUL,KOREA AUG 26,2008	QINGDAO-INCHON INTERNATIONAL CARGO SHIPPING CO.

资料 3

COMMERCIAL INVOICE

Current Date：2008.08.20

Invoice No.：9000223238

Seller：××××ELECTRONICS CO.，LTD

××××，Korea

Consignee：QINGDAO ×××× ELECTRONICS DISPLAY CO.，LTD

××××. Qingdao，China

Buyer：QINGDAO ×××× ELECTRONICS DISPLAY CO.，LTD

××××. Qingdao，China

From	Via	To
FOB Osaka ocean Port	Inchon	Qingdao

P/O No.	Material No.	Description；Specification	Quantity (PCS)	Unit	Unit Price (USD)	Amount (USD)
4500197830	1BN63-003197A	Shield-PCB main；TULI	1 900	PC	0.036	68.4
	46BN59-00533A	Remocom；Copernicus，T	180	PC	2.164 8	389.68
	4-2201-000446	C-CERAMIC，DISC；3.3NF	2 000	PC	0.048 3	96.6
4500199678	12003-000541	R-METAL O×IDE(S)；Iko	16 500	PC	0.014 8	234.2
	3BN96-04802A	ASSY BLUP；Bordeau×	4 800	PC	2.149 5	10 317.6
4500203882	1BN96-05727A	ASSY BRACKET P-WALL	80	PC	5.642 8	451.424
Total			25.460			11 557.904

资料 4

PACKING LIST

Current Date：2008.08.25

Invoice No.：9000223238

Seller：××××ELECTRONICS CO.，LTD

××××，Korea

Consignee：QINGDAO ×××× ELECTRONICS DISPLAY CO.，LTD

××××. Qingdao，China

Buyer：QINGDAO ×××× ELECTRONICS DISPLAY CO.，LTD

××××. Qingdao，China

Vessel/Flight	From	Via	To
DAYU/028	FOB Osaka ocean Port	Inchon	Qingdao

SHIPPING MARK:
TSED
QINGDAO
C/T 1-UP
MADE IN JAPAN

Carton No.	Material Code.	Description; Specification	Quantity (PCS)	N/W (kg)	G/W (kg)	CBM (M)
1-20	1BN63-003197A	Shield-PCB main; TULI	1 900	76.00	80.00	1.700
1-1	46BN59-00533A	Remocom;Copernicus,T	180	18.00	18.80	0.057
1-2	4-2201-000446	C-CERAMIC,DISC;3.3NF	2 000	4.50	5.20	0.062
1-1	12003-000541	R-METAL O×IDE(S);Iko	16 500	29.80	31.20	0.132
1-10	3BN96-04802A	ASSY BLUP;Bordeau×	4 800	140.00	142.00	0.800
1-1	1BN96-05727A	ASSY BRACKET P-WALL	80	8.93	9.42	0.030

All Total:
C/T Qty: 35　　NET WEIGHT:277.23　　GROSS WEIGHT:286.62　　CBM:3.609

请根据以上资料1～4,选择以下栏目的正确选项。

1.“提运单号”栏应填(　)。

A 9000223238　　B JCSCINC07059044　　C DAYU/028　　D TLU4011025

2.“贸易方式”栏应填(　)。

A 0110　　B 0214　　C 0615　　D 0654

3.“征免性质”栏应填(　)。

A 来料加工　　B 进料加工　　C 进料对口　　D 进料非对口

4.“起运国”栏应填(　)。

A 116　　B 110　　C 133　　D 303

5.“装货港”栏应填(　)。

A 首尔　　B 大阪　　C 釜山　　D 仁川

6.“成交方式”栏应填(　)。

A 1　　B 2　　C 3　　D 5

7.“运费”栏应填(　)。

A 此栏为空　　B 502/300/3　　C 502/181.29/3　　D 502/183.25/3

8.“保费”栏应填(　)。

A 000/0.3/1　　B 0.3/1　　C 0.3　　D 此栏为空

9.“合同协议号”栏应填(　)。

A 4500197830　　B 4500199678　　C 45QQ2Q3882　　D 9000223238

10.“件数”栏应填(　)。

A 35　　B 11　　C 10　　D 1

11.“包装种类”栏应填(　)。

A 木箱　　B 纸箱　　C 其他　　D 箱

12.“毛重”栏应填(　)。

A 286.62　　B 277.23　　C 173.20　　D 169.80

13.“净重”栏应填(　)。

A 286.62　　B 277.23　　C 173.20　　D 169.80

14.“集装箱号”栏应填(　)。

A 0　B ILU4011025/20/××××　C ILU4011025　D TLU4011025＊1(1)

15.“用途”栏应填(　)。

A 企业自用　　B 加工返销　　C 外贸自营内销　　D 免费提供

16.设“电视机用印制电路板组件”填报为报关单第一项商品,“非片式固定电阻”的“项号”栏应填(　)。

A 02 12　　B 12　　C 12 02　　D 04 12

17.“非片式固定电阻”的“数量及单位”栏应填(　)。

A 29.8 千克　16.5 千个　16 500 个

B 312 千克　16.5 千个　16 500 个

C 18 060 千克/千个　16 500 个

D 18 909 千克/千个　16 500 个

18.“非片式固定电阻”的“单价”栏应填(　)。

A 0.0148　　B USD0.0148　　C 14.8　　D 234.2

19.“原产国(地区)”栏应填(　)。

A 116　　B 110　　C 133　　D 502

20.“征免”栏应填(　)。

A 照章纳税　　B 全免　　C 保函　　D 保证金

资料 5

辽宁海韵工程有限公司(2101243×××)在投资总额内进口工程用设备(法定计量单位:台)。在设备进口前,向主管海关办理了进出口货物征免税证明(海关签注的征免性质为“鼓励项目”)。货物委托大连机械设备进出口公司(210291××××)与外商签约并代理进口,货物到港后由大连海通货运有限公司(210298011)代理进口报关。

全程运保费港币 20 000 元。入境货物通关单号:44210010303330

资料 6

BILL OF LADING

Shipper TONG WOO SHIPPING CO. , LTD O&B,JULIO CO. ,LTD ×××ROAD,HONG KONG	B/L No. HK0605200008 Honour Lane Shipping Ltd. Bill of Lading
Consignee DALIAN MECHINERY AND RQUIPMENT I/E CORP. TEL:×××××× FAX:××××××	
Notify Party SAME AS CONSIGNEE	

Pre-Carriage by	Place of Receipt	
Vessel　　Voy No. HUA ×IN　　V. 0605	Port of Loading HONG KONG	
Port of Discharge Dalian	Place of Delivery Dalian CY	

Container No. /Seal No. Marks and Numbers	Description of Goods	Quantity	Gross Weight	Measurement
P/O No. : 2006-LGGZ-041 PACKAGE No. : NET WEIGHT:KGS GROSS WEIGHT:KGS SIZE:L(CM)×W(CM)×H(CM) ITEM: MADE IN GERMANY CAXU9400342/40'/HQ	AUTO PACKER	2SETS	2590KGS	

Total No. of Containers
or Packages(in words) TOTAL:ONE(40') HQ CONTAINERS ONLY

Freight and Charges FREIGHT PREPAID	Revenue Tons	Rate Per	Prepaid	Collect

EX Rate	Prepaid at Hong Kong	Payable at	Place and Date of Issue HONG KONG 08-08-2006
	Total Prepaid	No. of Original B/L THREE(3)	

资料 7

COMMERCIAL INVOICE

<table>
<tr><td colspan="2">Shipper/Exporter
TIAN HONG, LTD
KAI CHEUNG ROAD.
KOWLOON BAY, HONG KONG</td><td>No. & Date of Invoice
INV-SW-001 DATED JUL. 24,2006</td></tr>
<tr><td colspan="2">Consignee
DALIAN MECHINERY AND EQUIPMENT I/E CORP.
XX ROAD
DALIAN, P. R. CHINA</td><td>NO. & Date of L/C
L/C issuing bank
NIL</td></tr>
<tr><td colspan="2">Notify Party
ACCOUNTEE</td><td rowspan="3">Remarks:
COUNTRY OF ORIGIN:
THE FEDERAL REPUBLIC OF GERMANY
ORDER NO: 2006-LGGZ-040
TERMS:
FOB HAMBURG PORT AT SIGHT</td></tr>
<tr><td>Port of Loading
HAMBURG PORT,
GERMANY</td><td>Port of Discharge
DALIAN PORT,
CHINA</td></tr>
<tr><td>Vessel v.
STEVEN SEA 062S</td><td>Sailing on or about
JUL. 25, 2006</td></tr>
</table>

Mark & numbers of PKGS	Description of Goods	Quantity	Unit-Price(HKD)	Amount(HKD)
P/O No.: 2006-LGGZ-041 PACKAGE No.: NET WEIGHT:KGS GROSS WEIGHT:KGS SIZE:L(CM) ×W(CM) ×H(CM) ITEM: MADE IN GERMANY	AUTO PACKER	2SETS	200 000.00	400 000.00

资料 8

PACKING LIST

<table>
<tr><td>Shipper/Exporter
TIAN HONG, LTD
KAI CHEUNG ROAD.
KOWLOON BAY, HONG KONG</td><td>No. & Date of Invoice
INV-SW-001 DATED JUL. 25,2006</td></tr>
<tr><td>Consignee
DALIAN MECHINERY AND EQUIPMENT I/E CORP.
XX ROAD
DALIAN, P. R. CHINA</td><td>NO. & Date of L/C
L/C issuing bank
NIL</td></tr>
</table>

Notify Party ACCOUNTEE		Remarks:
Port of Loading HAMBURG PORT, GERMANY	Port of Discharge DALIAN PORT, CHINA	
Vessel　　v. STEVEN SEA　062S	Sailing on or about JUL. 25, 2006	

Mark & numbers of PKGS	Description of Goods	Quantity	Net Weight	Gross Weight	Measurement
P/O No.: 2006-LGGZ-041 PACKAGE No.: NET WEIGHT: KGS GROSS WEIGHT: KGS SIZE: L(CM)×W(CM)×H(CM) ITEM: MADE IN GERMANY	AUTO PACKER (TOTAL 17 W/CASES)	2SETS	1 680 KGS	2 590 KGS	

请根据以上资料5～8,选择进口报关单以下栏目的正确选项。

1.“备案号”栏应填(　)。

A B××××××××××××　　B C××××××××××××

C Z××××××××××××　　D D××××××××××××

2.“经营单位”栏应填(　)。

A 辽宁海韵工程有限公司 2101243×××

B 大连机械设备进出口公司 210291××××

C 辽宁海韵工程有限公司

D 大连海通货运有限公司 2102980111

3.“运输方式”栏应填(　)。

A 2　　B 3　　C 4　　D 5

4.“运输工具”栏应填(　)。

A STEVEN SEA/062S　　B STEVEN SEA V062S

C HUA ×IN/0605　　D HUA ×IN V0605

5.“运单号”栏应填(　)。

A HONG KONG 08-08-2006　　B INV-SW-001

C 2006-LGGZ-040　　D HK0605200008

6.“贸易方式”栏应填(　)。

A 0110　　B 加工贸易设备　　C 外资设备物品　　D 2025

7.“征免性质”栏应填(　)。

A 010　　B 503　　C 789　　D 603

8.“起运国(地区)”栏应填(　)。

A 德国　　B 香港　　C 中国香港　　D 汉堡

9.“装货港”栏应填(　)。

A 汉堡　B 德国汉堡　C 香港　D 中国香港

10.“境内目的地”栏应填(　)。

A 辽宁沈阳　B 辽宁大连　C 21012　D 21029

11.“成交方式”栏应填(　)。

A CFR　B FOB　C CIF　D C&I

12.“运费”栏应填(　)。

A 此栏为空　B 110/20000/3　C 302/20000/3　D 110/20000/2

13.“保费”栏应填(　)。

A 此栏为空　B 110/20000/3　C 302/20000/3　D 110/20000/2

14.“件数”栏应填(　)。

A 1　B 17　C 0　D 2

15.“包装种类”栏应填(　)。

A 件　B 套　C 集装箱　D 木箱

16.“集装箱号”栏应填(　)。

A CA×U9400342/40/××××　B CA×U9400342 * 1(2)

C CA×U9400342/40/2590　D CA×U9400342

17.“随附单据”栏应填(　)。

A 此栏为空　B A

C B:44210010303330　D A:44210010303330

18.“标记唛码与备注”栏,假设标记唛码已填,还需填报(　)。

A 委托大连机械设备进出口公司进口

B 委托大连机械设备进出口公司进口 442100103035101

C 无需填报其他内容

D 委托大连海通货运有限公司进口

19.“总价”栏应填(　)。

A 420 000　B 380 000　C 390 000　D 400 000

20.“征免”栏应填(　)。

A 保证金　B 全免　C 照章征税　D 特案减免

五、实训练习

大连星河无线电厂是一家民营企业,该厂向日本三菱公司订购了冷轧不锈钢带一批,委托大连钢铁厂报关代理进口,大连钢铁厂将报关事务委托给大连东盈报关行,东盈报关行将于2010 年 8 月 25 日向大连海关办理进口报关手续。

王清的工作任务如下:

任务一:王清在向海关申报前,需要做好哪些准备工作?

任务二:请设计具体的报关流程。

情境二　保税加工货物的报关程序

◈ 学习目标

掌握保税价格货物的含义及特征，熟悉不同情形下的货物所适应的不同报关制度；掌握这些制度之间的不同点、基本流程和海关监管的基本要求。

◈ 项目引入

王清在大连东盈报关行经常同经理一起进行货物进出口申报。在一次申报的过程中，王清遇到这样一票货物：大连星星服装厂从韩国进口混纺面料 30 000 米加工成夹克衫返销韩国，同时从韩国进口 20 000 米尼龙面料加工成羽绒服在国内市场销售。王清填了一张报关单就到海关进行申报，结果没有通过。王清为什么会在申报中碰壁呢？原来，王清申报的两种货物在报关手续上是不一样的：进口尼龙面料加工成羽绒服在国内市场销售是一般贸易货物，按一般进出口货物报关程序报关；而进口混纺面料加工的夹克衫返销韩国市场，是加工贸易货物，应该按保税加工贸易货物报关程序报关。那么，保税加工货物与一般进出口货物在报关程序上有什么区别呢？保税加工货物的报关是怎样的呢？

◈ 知识准备

Ⅰ　保税加工货物概述

保税货物
- 保税加工货物
- 保税物流货物

保税加工货物
- 非物理围网监管模式
  - 电子化手册管理
  - 电子账册管理
- 物理围网监管模式
  - 出口加工区
  - 珠海园区

保税加工货物报关流程
- 前期阶段：合同备案
- 进出境阶段：进出口报关
- 后续阶段：合同报核

一、含义

保税加工货物是指经海关批准未办理纳税手续进境，在境内加工、装配后复运出境的货物。

保税加工货物通常被称为加工贸易保税货物。加工贸易保税货物不完全等同于加工贸易货物。加工贸易货物只有经过海关批准才能保税进口。经海关批准准予保税进口的加工贸易货物才是保税加工货物。

加工贸易,即原材料、零部件、元器件、包装物料、辅助材料等从境外进口,在境内加工装配后,成品运往境外的贸易。

加工贸易通常有以下两种形式:

1. 来料加工

来料加工是指由境外企业提供料件,经营企业不需要付汇进口,按照境外企业的要求进行加工或装配,只收取加工费,制成品由境外企业销售的经营活动。

2. 进料加工

进料加工是指经营企业购买料件进口,制成成品后外销出口的经营活动。

知识点讲解:

这一部分内容非常重要。因此,了解保税加工货物的概念是基本要求。要理解其概念,就要紧紧抓住其特征。简单地说,保税加工货物就是料件进口时,没有像正常产品那样向海关缴纳正常的关税,也没有向海关出示必要的许可证件,同时也没有办结海关手续,其目的是将进口料件在境内加工成成品后出口,这种贸易方式下的货物就是保税加工货物。

一般而言加工贸易有两种形式,即来料加工和进料加工,两者的核心区别是:来料加工是境外企业送来料件,交给经营企业加工生产,并不需要经营企业为这些进口料件支付外汇,这些料件的所有权属于提供料件的境外企业,而境内加工企业只是赚取加工费而已,不承担除加工之外的任何风险,加工成的成品交给境外企业,由境外企业负责销售;而进料加工则是由国内的经营企业承担所有风险,由国内经营企业动用自己的外汇从国外购买料件,然后在国内加工,之后再由国内的经营企业全权负责将产品销往国外市场,简单地说就是国内经营企业用自己的钱把料件买回来,加工成成品后自己再拿到国际市场上去卖。

二、特征

保税加工货物有以下特征:

(1)料件进口时暂缓缴纳进口关税及进口环节海关代征税,成品出口时除另有规定外无须缴纳关税;

(2)料件进口时除国家另有规定外免予交验进口许可证件,成品出口时凡属许可证件管理的,必须交验出口许可证件;

(3)进出境海关现场放行并未结关。

三、范围

保税加工货物包括:

(1)专为加工、装配出口产品而从国外进口且海关准予保税的原材料、零部件、元器件、包装物料、辅助材料(简称料件);

(2)用进口保税料件生产的成品、半成品;

(3)在保税加工生产过程中产生的副产品、残次品、边角料和剩余料件。

四、管理

海关对保税加工货物的监管模式有两类：一类是物理围网的监管模式，包括出口加工区和跨境工业区；另一类是非物理围网的监管模式，采用电子化手册和电子账册管理。

物理围网是指经国家批准，在关境内或关境线上划出一块地方，采用物理围网，让企业在围网内专门从事保税加工业务，由海关进行封闭式监管。在境内的保税加工封闭式监管模式为出口加工区，在关境线上的保税加工封闭式监管模式为跨境工业区(珠海园区)。保税区和保税港区的企业也可从事保税加工业务。

非物理围网的监管模式主要有电子化手册管理和电子账册管理两种。

海关对保税加工货物的管理，主要可以归纳为以下5点：

(一)商务审批

加工贸易业务须经过商务主管部门审批才能进入海关备案程序。大体上有两种情况：

1.商务主管部门审批加工贸易合同

加工贸易经营企业在向海关办理加工贸易合同备案建立电子化手册之前，先要到商务主管部门办理合同审批手续。经审批后，凭商务主管部门出具的"加工贸易业务批准证书"和"加工贸易企业经营状况和生产能力证明"两个单证及商务主管部门审批同意的加工贸易合同到海关备案。

2.商务主管部门审批加工贸易经营范围

加工贸易经营企业在向海关申请建立电子账册之前，先要到商务主管部门办理审批加工贸易经营范围的手续，由商务主管部门对加工贸易企业作出前置审批，凭商务主管部门出具的"经营范围批准证书"和"加工贸易企业经营状况和生产能力证明"到海关申请建立电子账册。

(二)备案保税

加工贸易料件经海关批准才能保税进口。海关批准保税是通过受理备案来实现的。凡是准予备案的加工贸易料件进口时可以暂不办理纳税手续，即保税进口。

电子化手册和电子账册管理下的保税加工货物报关都有备案程序，海关通过受理备案实现批准保税。海关特殊监管区域的保税加工货物报关也有备案程序，主要体现在建立加工贸易电子账册。

海关受理加工贸易料件备案的原则是：

1.合法经营

所谓合法经营，是指申请保税的料件或保税申请人本身不属于国家禁止的范围，并且获得有关主管部门的许可，有合法进出口的凭证。

2.复运出境

所谓复运出境，是指申请保税的货物流向明确，进境加工、装配后的最终流向表明是复运出境，而且申请保税的单证能够证明进出基本是平衡的。

3.可以监管

所谓可以监管，是指申请保税的货物无论在进出口环节，还是在境内加工、装配环节，海关都可以监管，不会因为某种不合理因素造成监管失控。

(三)纳税暂缓

国家规定专为加工出口产品而进口的料件，按实际加工复出口成品所耗用料件的数量准予免缴进口关税和进口环节增值税、消费税。这里所指的免税，是指用在出口成品上的料件可以免税。但是在料件进口的时候无法确定用于出口成品上的料件的实际数量，海关只有先准予保税，在产品实际出口并最终确定使用在出口成品上的料件数量后，再确定征免税的范围，即用于出口的部分不予征税，不出口的部分征税，然后再由企业办理纳税手续。

这样就引出了两个问题：

(1)保税加工货物经批准不复运出境，在征收进口关税和进口环节代征税时要征收缓税利息(边角料和特殊监管区域的保税加工货物除外)。

保税加工货物内销缓税利息根据填发海关税款缴款书时海关总署参照中国人民银行公布的活期存款利率决定并公布的最新缓税利息率按日征收。

缓税利息计算公式如下：

$$应征缓税利息=应征税额\times计息期限(天数)\times缓税利息率\div360$$

(2)料件进境时未办理纳税手续，适用海关事务担保，具体担保手续按加工贸易银行保证金台账制度执行。

加工贸易银行保证金台账制度的核心是对不同地区的加工贸易企业和加工贸易涉及的进出口商品实行分类管理，对部分企业进口的部分料件，由银行按照海关根据规定计算的金额征收保证金。

地区分为东部地区和中西部地区。东部地区包含辽宁省、北京市、天津市、河北省、山东省、江苏省、上海市、浙江省、福建省、广东省。中西部地区指东部地区以外的中国其他地区。

加工贸易企业按报关单位分类管理中"收发货人的审定标准"分为AA类、A类、B类、C类、D类5个管理类别。

商品分为禁止类、限制类、允许类3类。

加工贸易禁止类和限制类商品目录由商务部、海关总署会同国家其他有关部门适时公布。

目前公布的加工贸易禁止类目录主要包括：

①国家明令禁止进出口的商品；

②为种植、养殖而进口的商品；

③高能耗、高污染的商品；

④低附加值、低技术含量的商品；

⑤其他列名的加工贸易禁止类商品。

列入加工贸易禁止类进口商品目录的，凡用于深加工结转转入，或从具有保税加工功能的海关特殊监管区域内企业经实质性加工后进入区外的商品，不按加工贸易禁止类进口商品管理。列入加工贸易禁止类出口商品目录的，凡用于深加工结转转出，或进入具有保税加工功能的海关特殊监管区域内企业加工生产的商品，不按加工贸易禁止类出口商品管理。这些商品未经实质性加工不得直接出境。

目前公布的加工贸易进口限制类商品，主要包括冻鸡，植物油，初级形状聚乙烯，聚酯切片，天然橡胶，糖，棉、棉纱、棉坯布和混纺坯布，化学短纤，铁和非合金钢材、不锈钢，电子游戏机等；目前公布的加工贸易出口限制类商品，主要包括线型低密度聚乙烯、初级形状聚苯乙烯、初级形状环氧树脂、初级形状氨基树脂等化工品，拉敏木家具、容器等制成品，玻璃管、棒、块、片及其他型材和异型材，羊毛纱线，旧衣物，部分有色金属等。

以加工贸易深加工结转方式转出、转入的商品属于限制类的按允许类商品管理。

禁止类和限制类以外的商品为允许类商品。

分类管理的具体内容如下：

①任何企业都不得开展禁止类商品的加工贸易；

②适用D类管理的企业不得开展加工贸易；

③适用C类管理的企业，不管在什么地区开展加工贸易，进口限制类、允许类商品都要设台账，按全部进口料件应征税款金额全额征收保证金；

④东部地区适用B类管理的企业开展加工贸易，进口限制类、允许类商品均设台账，进口限制类商品按进口的限制类商品应征税款的50%征收保证金，进口允许类商品不征收保证金；

⑤东部地区适用A类管理的企业，中西部地区A类、B类管理的企业开展加工贸易，进口限制类、允许类商品均设台账，但实行保证金台账空转；

⑥适用AA类管理的企业，不管在什么地区开展加工贸易，进口允许类商品不设台账，进口限制类商品设台账，但实行保证金台账空转；

⑦适用AA类、A类、B类管理的企业，不管在什么地区，进口料件（不管是限制类还是允许类商品）金额在1万美元及以下的，可以不设台账，因此也不征收保证金；

⑧东部地区适用B类管理的企业从事限制类商品加工贸易，其台账保证金计算公式：

——进口料件属限制类商品或进口料件、出口成品均属限制类商品：

台账保证金＝（进口限制类料件的关税＋进口限制类料件的增值税）×50%

——出口成品属限制类商品：

台账保证金＝进口料件备案总值×（限制类成品备案总值÷全部出口成品备案总值）×22% ×50%

⑨适用C类管理的企业从事限制类商品加工贸易，其台账保证金计算公式：

台账保证金＝（进口全部料件的进口关税＋进口全部料件的进口增值税）×100%

表2-22为加工贸易银行保证金台账分类管理的大体内容。

表2-22 加工贸易银行保证金台账分类管理的大体内容

<table>
<tr><th rowspan="2">台账分类管理内容</th><th colspan="2">禁止类商品</th><th colspan="2">限制类商品</th><th colspan="2">允许类商品</th></tr>
<tr><th>东部</th><th>中西部</th><th>东部</th><th>中西部</th><th>东部</th><th>中西部</th></tr>
<tr><td>AA类企业</td><td rowspan="4" colspan="2">不准开展加工贸易</td><td rowspan="2" colspan="2">空转</td><td colspan="2">不转</td></tr>
<tr><td>A类企业</td><td colspan="2">空转</td></tr>
<tr><td>B类企业</td><td>半实转</td><td colspan="3">空转</td></tr>
<tr><td>C类企业</td><td colspan="4">实转</td></tr>
<tr><td>D类企业</td><td colspan="6">不准开展加工贸易</td></tr>
<tr><td>特殊监管区域企业</td><td colspan="2">不准开展加工贸易</td><td colspan="4">不转</td></tr>
</table>

注：表中“不转”指不设台账，“空转”指设台账不付保证金，“实转”指设台账付保证金，“半实转”指设台账减半支付保证金。

(四)监管延伸

海关对保税加工货物的监管无论是地点,还是时间,都需要延伸。

从地点上说,保税加工的料件运离进境地口岸海关监管场所后进行加工、装配的地方,都是海关监管的场所。

从时间上说,保税加工的料件在进境地被提取并不是海关保税监管的结束,而是继续,海关一直要监管到加工、装配后复运出境或者办结正式进口手续最终核销结案为止。这里涉及两个期限:

1. 准予保税的期限

准予保税的期限是指经海关批准保税后在境内加工、装配、复运出境的时间限制。

电子化手册管理的保税加工期限,原则上不超过1年,经批准可以延长,延长的最长期限原则上也是1年。具体执行中根据合同期限、加工期限和其他情况而有所变化。

电子账册管理的料件保税期限,从企业的电子账册记录第一批料件进口之日起到该电子账册被撤销止。

海关特殊监管区域保税加工的期限,原则上是从料件进区到成品出区办结海关手续止。

2. 申请核销的期限

申请核销的期限是指加工贸易经营人向海关申请核销的最后日期。

电子化手册管理的保税加工报核期限是在电子化手册有效期到期之日起或最后一批成品出运后30天内。

电子账册管理的保税加工报核期限,一般以180天为1个报核周期,首次报核是从海关批准电子账册建立之日起算,满180天后的30天内报核;以后则从上一次的报核日期起算,满180天后的30天内报核。

(五)核销结关

保税加工货物经过海关核销后才能结关。

保税加工货物的核销是非常复杂的工作。保税加工的料件进境后要进行加工、装配,改变原进口料件的形态,复出口的商品不再是原进口的商品。这样,向海关的报核,不仅要确认进出数量是否平衡,而且还要确认成品是否由进口料件生产。在报核的实践中,数量往往是不平衡的。正确处理报核中发生的数量不平衡问题,是企业报核必须解决的问题。

知识点讲解:

该知识点的核心是"加工贸易银行保证金台账制度"。其实这是一种海关变被动监管为主动监管的方式,简单地说就是海关为了防止加工贸易经营企业偷逃税款,要求其进口料件时缴纳一定的保证金,将来当进口料件加工成的成品出口以后,海关将加工企业当初缴纳的保证金全额退回的一种管理方式。如果进口料件下的成品没有出口,则海关从保证金中扣缴税款,这样就不会有税款的流失了。

弄懂概念以后,学习的重点应该放在加工贸易银行保证金台账分类管理的具体内容上,也就是前文所列的具体内容和教材所列的表格。其实该表格就是对上文所列内容的总结,也就是五类企业(AA类、A类、B类、C类、D类)、两类商品(限制类商品和允许类商品)和两个地区(东部、中西部)之间的一个排列组合,建议学生分类记忆,不一定要全部准确记忆,但是要清楚大致的类别。例如,"东部的B类企业经营限制类商品"应该适用的管理方

式，学生应该知道是“半实转”。

Ⅱ　电子化手册管理下的保税加工货物报关程序

电子化手册管理模式的主要特征是以合同为单元进行监管，其基本程序是合同备案，进出口报关，合同报核。分述如下：

一、合同备案

（一）合同备案的含义

加工贸易合同备案是指加工贸易企业持经批准的加工贸易合同到主管海关备案，申请保税并建立加工贸易电子化手册或领取其他准予备案凭证的行为。

海关受理合同备案，是指海关根据国家规定在接受加工贸易合同备案后，批准合同约定的进口料件保税，并把合同内容转化为手册内容建立电子化手册或核发其他准予备案的凭证。

对不予备案的合同，海关应当书面告知经营企业。

（二）合同备案的企业

国家规定开展加工贸易业务应当由经营企业到加工企业的所在地主管海关办理加工贸易合同备案手续。经营企业和加工企业有可能是同一个企业，也可能不是同一个企业。

1. 经营企业

经营企业，是指负责对外签订加工贸易进出口合同的各类进出口企业和外商投资企业，以及经批准获得来料加工经营许可的对外加工装配服务公司。

2. 加工企业

加工企业，是指接受经营企业委托，负责对进口料件进行加工或者装配，且具有法人资格的生产企业，以及由经营企业设立的虽不具有法人资格，但实行相对独立核算并已经办理工商营业证（执照）的工厂。

（三）合同备案的步骤

企业办理加工贸易合同备案前需要报商务主管部门审批合同，领取“加工贸易业务批准证”和“加工贸易企业经营状况和生产能力证明”；需要领取其他许可证件的还要向有关主管部门申领许可证件。然后进入海关合同备案的程序，其步骤为：

（1）将合同相关内容预录入与主管海关联网的计算机。

（2）由海关审核确定是否准予备案。准予备案的，由海关确定是否需要开设加工贸易银行保证金台账。

（3）需办理开设台账手续的，应向银行（中国银行、工商银行）办理台账保证金专用账户设立手续。已设立台账保证金专用账户的企业，凭“海关注册登记证明”向银行进行一次性备案登记。

银行与海关目前采用台账电子化联网管理模式。企业在预录入端收到回执后，直接凭银行签发的电子“银行保证金台账登记通知单”向海关办理加工贸易备案手续，无须再往返于海关与银行之间传递单证，有关单证的电子数据均实现网上传输。

(4)不需要开设台账的,直接由海关建立电子化手册或核发其他备案凭证。

(四)合同备案的内容

1.备案单证

(1)商务主管部门按照权限签发的“加工贸易业务批准证”和“加工贸易企业经营状况和生产能力证明”;

(2)加工贸易合同或合同副本;

(3)加工贸易合同备案申请表及企业加工贸易合同备案呈报表;

(4)属于加工贸易国家管制商品的需交验主管部门的许可证件或许可证件复印件;

(5)为确定单耗和损耗率所需的有关资料;

(6)其他备案所需要的单证。

2.备案商品

(1)加工贸易禁止类商品不准备案;

(2)进出口消耗臭氧层物质、易制毒化学品、监控化学品,在备案时需要提供进出口许可证或两用物项进出口许可证复印件;

(3)进出口音像制品、印刷品、地图产品及附有地图的产品,进口工业再生废料等,在备案时需要提供有关主管部门签发的许可证件或批准文件。

3.保税额度

加工贸易合同项下海关准予备案的料件,包括为履行产品出口合同进口直接用于加工出口产品而在生产过程中消耗掉的数量合理的触媒剂、催化剂、磨料、燃料,全额保税。

加工贸易合同项下海关不予备案的料件,以及试车材料、未列名消耗性物料等,不予保税,进口时按照一般进口货物照章征税。

4.台账制度

按加工贸易银行保证金台账分类管理的原则,或不设台账,或设台账不付保证金,或设台账并付保证金。

为了简化手续,进口料件金额在1万美元及以下的,适用AA类、A类、B类管理的加工贸易企业按规定不设台账或台账保证金空转,因此也不必向银行交付保证金。适用AA类、A类、B类管理的加工贸易企业进口金额在5 000美元及以下的客供服装辅料(拉链、纽扣、鞋扣、扣绊、揿扣、垫肩、胶袋、花边等78种)免领手册,但必须凭出口合同向主管海关备案。

(五)合同备案的凭证

海关受理并准予备案后,企业应当领取海关准予备案的凭证。

1.电子化手册编号

按规定可以不设台账的合同,在准予备案后,由企业直接向受理合同备案的主管海关领取电子化手册编号。

按规定在银行开设了台账的合同,由企业凭银行签发的“银行保证金台账登记通知单”,到合同备案主管海关领取电子化手册编号。

2.其他准予备案的凭证

对为生产出口产品而进口属于国家规定的78种列名服装辅料,且金额不超过5 000美元的合同,除C类企业外,免予建立电子化手册,直接凭出口合同备案准予保税后,凭海关在备案出口合同上的签章和编号直接进入进出口报关阶段。

(六)合同备案的变更

已经海关登记备案的加工贸易合同,其品名、规格、金额、数量、加工期限、单耗、商品编码等发生变化的,须向主管海关办理合同备案变更手续,开设台账的合同还须变更台账。

合同变更应在合同有效期内报原商务审批部门批准。为简化合同变更手续,对贸易性质不变、商品品种不变,合同变更的金额小于1万美元(含1万美元)和合同延长不超过3个月的合同,企业可直接到海关和银行办理变更手续,不需再经商务主管部门重新审批。

1万美元及以下的备案合同,变更后进口金额超过1万美元的,适用AA类、A类、B类管理的企业,需重新开设台账的,应重新开设台账;东部地区适用B类管理的企业的合同金额变更后,进口料件如果涉及限制类商品的,由银行按海关计算的金额加收相应的保证金。

因企业管理类别调整,合同从"空转"转为"实转"的,应对原备案合同交付台账保证金。经海关批准,可只对原合同未履行出口部分收取台账保证金。

管理类别调整为D类的企业,经海关批准,对已备案合同允许交付全额台账保证金后继续执行,但合同不得再变更和延期。

对允许类商品转为限制类商品的,已备案合同不再交付台账保证金。对原限制类或允许类商品转为禁止类的,对已备案合同按国家即时发布的规定办理。

知识点讲解:

该知识点内容比较杂乱,不常考到。所谓加工贸易项下的合同备案,是加工贸易之初,加工贸易经营企业向主管海关申领加工贸易登记手册的行为。一般企业要开展加工贸易,必须先取得商务主管部门签发的"加工贸易业务批准证"和"加工贸易企业经营状况和生产能力证明",办理备案获得加工贸易登记手册后,才能开展加工贸易。合同备案取得以后,如果实际履行中合同内容有变,则要变更合同备案,但是在贸易性质不变、商品品种不变,合同的变更金额小于1万美元,合同延长不超过3个月的情况下,企业可直接在海关和银行变更,不需要商务主管部门重新审批。

(七)与合同备案相关的事宜

1.异地加工贸易合同备案

异地加工贸易是指一个直属海关的关区内加工贸易经营企业,将进口料件委托另一个直属海关关区内的加工生产企业加工,并组织出口的加工贸易。

开展异地加工贸易应在加工企业所在地设立台账,由加工贸易经营企业向加工企业所在地主管海关办理合同备案手续。海关对开展异地加工贸易的经营企业和加工企业实行分类管理,如果两者的管理类别不相同,按其中较低类别管理。

异地加工贸易合同备案的步骤如下:

(1)经营企业凭所在地商务主管部门核发的"加工贸易业务批准证"和加工企业所在地县级以上商务主管部门出具的"加工贸易加工企业经营状况和生产能力证明",填制"异地加工贸易申请表",向经营企业所在地主管海关提出异地加工贸易申请,经海关审核后,领取经营企业所在地主管海关的关封。

(2)经营企业持关封和合同备案的必要单证,到加工企业所在地主管海关办理合同备案手续。

知识点讲解：

该知识点近几年考得很频繁。因为这是加工贸易合同备案中一个比较特别的操作，当加工贸易业务中经营企业和加工企业不是同一个企业，并且这两个企业位于不同的直属海关关区内，按照前一个知识点所言，加工贸易的合同备案是由经营企业办理的，而且是经营企业到加工企业所在地办理的，并且开展异地加工贸易应在加工企业所在地设立台账，办理时海关会结合“加工贸易银行保证金台账”制度，比较经营企业和加工企业的级别，按其中较低级别管理。

办理的程序是经营企业凭所在地商务主管部门核发的“加工贸易业务批准证”和加工企业所在地商务主管部门出具的“加工贸易企业经营状况和生产能力证明”，填制“异地加工申请表”，先向经营企业所在地主管海关提出异地加工贸易申请，经核准后经营企业再到加工企业所在地主管海关办理合同备案手续。

2.加工贸易单耗申报

单耗，是指加工贸易企业在正常加工条件下加工单位成品所耗用的料件量，单耗包括净耗和工艺损耗。

净耗，是指在加工后，料件通过物理变化或者化学反应存在或者转化到单位成品中的量。

工艺损耗，是指因加工工艺原因，料件在正常加工过程中除净耗外所必须耗用，但不能存在或者转化到成品中的量，包括有形损耗和无形损耗。

工艺损耗率，是指工艺损耗占所耗用料件的百分比。

上述几个概念之间的关系可用公式表示如下：

单耗＝净耗/(1－工艺损耗率)

申报单耗是指加工贸易企业向海关报告单耗的行为。加工贸易企业可以在备案时，货物出口、深加工结转或内销前向海关申报单耗。经海关批准后，加工贸易企业也可在报核前向海关申报单耗。

加工贸易企业申报单耗时应填写“中华人民共和国海关加工贸易单耗申报单”，具体内容包括：

(1)加工贸易项下料件和成品的商品名称、商品编号、计量单位、规格型号和品质；

(2)加工贸易项下成品的单耗；

(3)加工贸易同一料件有保税和非保税的，应当申报非保税料件的比例。

知识点讲解：

该知识点需要学生理解单耗、净耗、工艺损耗的概念，还有单耗的计算公式。单耗是指加工贸易中正常加工条件下加工单位成品所耗用的料件量，单耗包括净耗和工艺损耗；净耗是指所耗用的料件中实实在在转化到成品中的量，如 1 m^2 的布做成衣服后，衣服的各部分面积之和为 0.8 m^2，那么这 0.8 m^2 是净耗；工艺损耗是指因加工工艺原因，在加工过程中除净耗外所必须耗用的但是又不能转化到成品中的量，如上例中 1 m^2 的布中另外的 0.2 m^2 就是工艺损耗，这部分布料或许被裁成废品了，或许缩水了，总之已不复存在。工艺损耗包括有形损耗和无形损耗。

3.加工贸易外发加工申请

外发加工，是指经营企业因受自身生产特点和条件限制，经海关批准并办理有关手续，委托承揽企业对加工贸易货物进行加工，在规定期限内将加工后的产品运回本企业并最终复出口的行为。

外发加工的成品、剩余料件及生产过程中产生的边角料、残次品、副产品等加工贸易货物，经经营企业所在地主管海关批准，可以不运回本企业，直接出口至境外、海关特殊监管区域或保税监管场所，或者以深加工结转方式出口。

经营企业申请开展外发加工业务，应当向海关提交下列单证：

(1)经营企业签章的“加工贸易货物外发加工申请表”；

(2)经营企业与承揽企业签订的加工合同或者协议；

(3)承揽企业营业执照复印件；

(4)经营企业签章的“承揽企业经营状况和生产能力证明”；

(5)海关需要收取的其他单证和材料。

经营企业申请开展外发加工业务，应当如实填写“加工贸易货物外发加工申请审批表”及“加工贸易外发加工货物外发清单”，经海关审核批准后，方可进行外发加工。

知识点讲解：

该知识点的核心是理解加工贸易外发加工的概念，并记住外发加工应当向海关提交的单证。

外发加工就是加工贸易的经营企业在加工产品过程中因为自身生产特点和条件限制，而将产品外发给承揽企业，由承揽企业完成某道加工工序，再运回经营企业，由经营企业组织出口的加工贸易行为。承揽企业只是参与整个加工的某个或某几个工序，而不是完成整个加工过程。

4.加工贸易串料申请

加工贸易货物应当专料专用。

因加工出口产品急需，经海关核准，经营企业保税料件之间、保税料件与非保税料件之间可以进行串换，但料件串换限于同一企业，并应当遵循同品种、同规格、同数量、不牟利的原则。

来料加工保税进口料件不得串换。

5.加工贸易抵押申请

经经营企业申请，海关批准，加工贸易货物可以抵押。

知识点讲解：

该知识点需要掌握加工贸易料件串换的条件。

串料即料件串换，指的是一个加工贸易企业内部因为履行合同的紧急需要，对自己企业仓库内同品种、同规格的料件，可以在主管海关批准的情况下，在不同的合同之间进行替换。例如，在与美国客户签订的加工出口合同之下进口的料件和与日本客户签订的加工出口合同之下进口的料件品种和规格完全一致，美国客户的交货期限很紧，但合同项下的料件进口时出了意外，迟迟不到，这时就可以先用日本客户合同项下进口的料件救急。也就是，如果先期履行的合同之下的料件灭失或迟迟不到，就可以用后期履行的合同之下已经到达的料件先补上，其实就是几个相同料件之间的身份置换而已。

二、进出口报关

电子化手册管理下的保税加工货物报关，适用进出口报关阶段程序，有进出境货物报关、深加工结转货物报关和其他保税加工货物报关等 3 种情形。

(一)进出境货物报关

保税加工货物进出境由加工贸易经营单位或其代理人向海关申报。

保税加工货物进出境申报必须凭电子化手册编号或持有其他准予合同备案的凭证。

保税加工货物进出境的报关程序与一般进出口货物一样，也有 4 个环节，其中申报、配合查验、提取货物或装运货物 3 个环节与一般进出口货物基本一致，见一般进出口货物的报关程序。有区别的是，保税加工货物进境的报关程序第 3 个环节不是缴纳税费，而是暂缓纳税，即保税。除此以外，还有以下区别：

加工贸易企业在主管海关备案的情况在计算机系统中已生成电子底账，有关电子数据通过网络传输到相应的口岸海关，因此企业在口岸海关报关时提供的有关单证内容必须与电子底账数据相一致。也就是说，报关数据必须与备案数据一致，一种商品报关的商品编码、品名、规格、计量单位、数量、币制等必须与备案数据无论在字面上还是计算机格式上都完全一致。若不一致，报关就不能通过。

保税加工货物进出境报关的许可证件管理和税收征管要求如下：

1. 关于进出口许可证件管理

(1)进口料件，除易制毒化学品、监控化学品、消耗臭氧层物质、原油、成品油等个别规定商品外，均可以免予交验进口许可证件。这里所称“免予交验进口许可证件”，并不包括涉及公共道德、公共卫生、公共安全所实施的进出口管制证件。

(2)出口成品，属于国家规定应交验出口许可证件的，在出口报关时必须交验出口许可证件。

2. 关于进出口税收征管

准予保税的加工贸易料件进口时暂缓纳税。加工贸易项下出口应税商品，如系全部使用进口料件加工生产的产(成)品，不征收出口关税。加工贸易项下出口应税商品，如系部分使用进口料件、部分使用国产料件加工的产(成)品，则按海关核定的比例征收出口关税。

具体计算公式是：

出口关税＝出口货物完税价格×出口关税税率×出口产(成)品中使用的国产料件和全部料件的价值比例

出口货物完税价格由海关根据《中华人民共和国海关审定进出口货物完税价格办法》(以下简称《审价办法》)的规定审核确定。

加工贸易出口的特殊商品，应征出口关税的，按照有关规定办理。例如：加工贸易出口未锻铝，不论是否有国产料件投入，一律按一般贸易出口货物从价计征出口关税。

(二)深加工结转货物报关

加工贸易深加工结转是指加工贸易企业将保税进口料件加工的产品转至另一加工贸易企业进一步加工后复出口的经营活动。其程序分为计划备案、收发货登记、结转报关 3 个环节。

1. 计划备案

加工贸易企业开展深加工结转，转入、转出企业应当向各自主管海关提交保税加工货物深加工结转申请表，申报结转计划：

(1)转出企业在申请表(一式四联)中填写本企业的转出计划并签章，凭申请表向转出地海关备案。

(2)转出地海关备案后，留存申请表第一联，其余三联退转出企业交转入企业。

(3)转入企业自转出地海关备案之日起 20 日内，持申请表其余三联，填制本企业的相关内容后，向转入地海关办理报备手续并签章。转入企业在 20 日内未递交申请表，或者虽向海关递交但因申请表的内容不符合海关规定而未获准的，该份申请表作废。转出、转入企业应当重新填报和办理备案手续。

(4)转入地海关审核后，将申请表第二联留存，第三、第四联交转入、转出企业凭以办理结转收发货登记及报关手续。

2. 收发货登记

转出、转入企业办理结转计划申报手续后，应当按照经双方海关核准后的申请表进行实际收发货。

转出、转入企业的每批次收发货记录应当在保税货物实际结转情况登记表上进行如实登记，并加盖企业结转专用名章。

结转货物退货的，转入、转出企业应当将实际退货情况在登记表中进行登记，同时注明"退货"字样，并各自加盖企业结转专用名章。

3. 转报关

转出、转入企业实际收发货后，应当按照以下规定办理结转报关手续：

(1)转出、转入企业分别在转出地、转入地海关办理结转报关手续。转出、转入企业可以凭一份申请表分批或者集中办理报关手续。

转出企业每批实际发货后在 90 日内办结该批货物的报关手续，转入企业每批实际收货后在 90 日内办结该批货物的报关手续。

(2)转入企业凭申请表、登记表等单证向转入地海关办理结转进口报关手续，并在结转进口报关后的第 2 个工作日内将报关情况通知转出企业。

(3)转出企业自接到转入企业通知之日起 10 日内，凭申请表、登记表等单证向转出地海关办理结转出口报关手续。

(4)结转进口、出口报关的申报价格为结转货物的实际成交价格。

(5)一份结转进口货物报关单对应一份结转出口货物报关单，两份报关单之间对应的申报序号、商品编号、数量、价格和手册号应当一致。

(6)结转货物分批报关的，企业应当同时提供申请表和登记表的原件及复印件。

知识点讲解：

该知识点介绍了 3 个问题：加工贸易深加工结转的概念，深加工结转的备案程序，深加工结转的报关程序。

加工贸易深加工结转是指加工贸易企业将进口料件加工成成品或半成品，不直接出口，而是卖给另一个加工贸易企业继续加工后再出口的经营活动。要注意的是，未经加工的保税进口料件不得直接结转。结转从价值上来说是将料件卖给了对方，从手续上来说是转给了对方，

一旦完成结转，当初进口的料件就与原经营企业没有关系了，一切均由受结转的企业接手。

经营企业要想对加工贸易合同下的成品或半成品结转，必须要履行备案手续，备案的程序是：转出企业填报申请表——转出地海关备案——转入企业申请备案——转入地海关审核准予备案。（先转出再转入）

货物实际发运后的结转报关程序是：转入企业在转入地海关办理进口报关手续——转出企业接到转入企业通知后在转出地海关办理出口报关手续。（先转入再转出）

转入、转出企业在备案和结转报关中的程序相反。

（三）其他保税加工货物的报关

其他保税加工货物是指履行加工贸易合同过程中产生的剩余料件、边角料、残次品、副产品和受灾保税货物。

剩余料件，是指加工贸易企业在从事加工复出口业务过程中剩余的可以继续用于加工制成品的加工贸易进口料件。

边角料，是指加工贸易企业从事加工复出口业务，在海关核定的单耗标准内、加工过程中产生的、无法再用于加工该合同项下出口制成品的数量合理的废、碎料及下脚料。

残次品，是指加工贸易企业从事加工复出口业务，在生产过程中产生的有严重缺陷或者达不到出口合同标准，无法复出口的制成品（包括完成品和未完成品）。

副产品，是指加工贸易企业从事加工复出口业务，在加工生产出口合同规定的制成品（主产品）过程中同时产生的，且出口合同未规定应当复出口的一个或一个以上的其他产品。

受灾保税货物，是指在加工贸易企业从事加工出口业务中，因不可抗力原因或其他经海关审核认可的正当理由造成损毁、灭失、短少等导致无法复出口的保税进口料件和加工制成品。

对于履行加工贸易合同中产生的上述剩余料件、边角料、残次品、副产品、受灾保税货物，企业必须在手册有效期内处理完毕。处理的方式有内销、结转、退运、放弃、销毁等。除销毁处理外，其他处理方式都必须填制报关单报关。有关报关单是企业报核的必要单证。

1. 内销

保税加工货物转内销应经商务主管部门审批，加工贸易企业凭“加工贸易保税进口料件内销批准证”办理内销料件正式进口报关手续，缴纳进口税和缓税利息。

经批准允许转内销的保税加工货物属进口许可证件管理的，企业还应按规定向海关补交进口许可证件；申请内销的剩余料件，如果金额占该加工贸易合同项下实际进口料件总额3%及以下且总值在人民币1万元及以下的，免予审批，免予交验许可证件。

内销征税应当遵循如下规定：

（1）关于征税的数量　剩余料件和边角料内销，直接按申报数量计征进口税；制成品和残次品根据单耗关系折算耗用掉的保税进口料件数量计征进口税；副产品内销，按申报时实际状态的数量计征进口税。

（2）关于征税的完税价格　进料加工进口料件或其制成品（包括残次品）内销时，以料件的原进口成交价格为基础确定完税价格。料件的原进口成交价格不能确定的，以接受内销申报的同时或者大约同时进口的、与料件相同或者类似的货物的进口成交价格为基础确定完税价格。

来料加工进口料件或其制成品（包括残次品）内销时，以接受内销申报的同时或者大约同时进口的、与料件相同或者类似的货物的进口成交价格为基础确定完税价格。

加工企业内销加工过程中产生的副产品或者边角料，以内销价格作为完税价格。

(3)关于征税的税率　经批准正常的转内销征税，适用海关接受申报办理纳税手续之日实施的税率。如内销商品属关税配额管理而在办理纳税手续时又没有配额证的，应当按该商品配额外适用的税率缴纳进口税。

(4)关于征税的缓税利息　保税加工货物包括加工贸易保税料件或制成品及剩余料件、残次品、副产品和受灾保税货物，经批准内销，凡依法需要征收税款的，除征收税款外，还应加征缓税利息。边角料不加征缓税利息。

缓税利息计息期限的起始日期为内销料件或制成品所对应的加工贸易合同项下首批料件进口之日，终止日期为海关填发税款缴款书之日。

知识点讲解：

该知识点在近几年考试中很受关注。

有关保税加工贸易过程中产生的剩余料件、边角料、残次品、副产品和受灾保税货物最终要做内销处理时如何办理报关手续的问题，重点是这类产品内销时的许可证、征税数量、完税价格、税率、缓税利息等。上面知识点对这些问题已有详细说明，这里不再赘述。一般做法是，进料加工下的料件成品等转内销时，采信原料件当初进口时的价格；来料加工下的料件成品等转内销时，参照海关接受内销申报的同时或者大约同时进口的、与料件相同或者类似的货物进口成交价格，以此为基础确定完税价格。此外，料件进口直接采信料件的量作为进口的数量，成品进口必须根据单耗关系核算出生产这些成品所耗费的原进口料件，填制报关单时填料件的量。

2.结转

加工贸易企业可以向海关申请将剩余料件结转至另一个加工贸易合同项下生产出口，但应当在同一经营单位、同一加工厂、同样的进口料件和同一加工贸易方式的情况下结转。

加工贸易企业申请办理剩余料件结转时应当向海关提供以下单证：

(1)企业申请剩余料件结转的书面材料；

(2)企业拟结转的剩余料件清单；

(3)海关按规定需收取的其他单证和材料。

海关将依法对企业结转申请予以审核，对不符合规定的会作出不予结转决定，并告知企业按照规定将不予结转的料件退出境外、征税内销、放弃或者销毁；对符合规定的会作出准予结转的决定，并向企业签发加工贸易剩余料件结转联系单，由企业在转出手册的主管海关办理出口报关手续，在转入手册的主管海关办理进口报关手续。特殊情况下，对准予结转企业将剩余料件结转到另一加工厂的，还将收取相当于拟结转料件应缴税款金额的保证金或银行保函(对海关收取担保后备案的手册或者已实行银行保证金台账实转的手册，担保金额或者台账实转金额不低于拟结转保税料件应缴税款金额的，可免予收取保证金或银行保函)。

加工贸易企业因合同变更、外商毁约等原因无法履行原出口合同，申请将尚未加工的剩余保税料件结转到另一个加工贸易合同项下加工复出口的，可以比照上述剩余料件结转的办法办理报关手续。

知识点讲解:

该知识点的重点是结转的概念,这是历年来的一个考试重点,尤其是结转的条件,也即四个"同一"。

所谓结转,是指A加工贸易企业将自己前一个加工贸易合同下剩余的料件转至其后的另一个加工贸易合同下,也就是后一个合同的成品生产中用掉了前一个合同剩下的余料。由于余料没有交关税,是受海关监管的,因此这种结转是有条件的,即必须是同一个经营单位、同一个加工工厂、同一个加工贸易方式(如都是进料加工或都是来料加工)和同样的进口料件。结转时还要向海关申请,提交相关材料,并要将其纳入银行保证金台账管理。

3.退运

加工贸易企业因故申请将剩余料件、边角料、残次品、副产品等保税加工货物退运出境的,应凭电子化手册编号并持有关单证向口岸海关报关,办理出口手续,留存有关报关单证,以备报核。

知识点讲解:

退运就是退运出境,要办理相关的出口手续,对此学生了解概念就行。

4.放弃

企业放弃剩余料件、边角料、残次品、副产品等,交由海关处理,应当提交书面申请。对符合规定的,海关将作出准予放弃的决定,开具加工贸易企业放弃加工贸易货物交接单。企业凭以在规定的时间内将放弃的货物运至指定的仓库,并办理货物的报关手续,留存有关报关单证以备报核。

主管海关凭接受放弃货物的部门签章的加工贸易企业放弃加工贸易货物交接单及其他有关单证,核销企业的放弃货物。

经海关核定,有下列情形的,海关将作出不予放弃的决定,并告知企业按规定将有关货物退运、征税内销、在海关或者有关主管部门监督下予以销毁或者进行其他妥善处理:

(1)申请放弃的货物属于国家禁止或限制进口的废物的;

(2)申请放弃的货物属于对环境造成污染的;

(3)法律、行政法规、规章规定不予放弃的其他情形。

但是,企业进口保税料件不属于国家禁止或限制进口的废物,在国内加工过程中产生的边角料、残次品、副产品属国家禁止或限制进口的废物的,海关应当依企业申请作出准予放弃的决定。

知识点讲解:

放弃不是简单的丢弃,而是在规定的时间内将放弃的货物运至指定的仓库,并办理报关手续。此外,海关对放弃是有条件的,学生应牢记不能放弃的3种情况。①申请放弃的货物属于国家禁止或限制进口的废物;②申请放弃的货物属于对环境造成污染的;③法律法规规定不予放弃的其他情形。

5.销毁

被海关作出不予结转决定或不予放弃决定的加工贸易货物或涉及知识产权等原因企业要求销毁的加工贸易货物,企业可以向海关提出销毁申请,海关经核实同意销毁的,由企业按规定销毁，必要时海关可以派员监督销毁。货物销毁后，企业应当收取有关部门出具的销毁证明材料，以备报核。

知识点讲解：

销毁要经海关核实同意，按规定销毁，必要时海关可以派员监管销毁，销毁后还要由有关部门出具销毁证明材料。

6.受灾保税加工货物的处理

对于受灾保税加工货物，加工贸易企业须在灾后7日内向主管海关书面报告，并提供如下证明材料，海关可视情况派员核查取证：

(1)商务主管部门的签注意见；

(2)有关主管部门出具的证明文件；

(3)保险公司出具的保险赔款通知书或检验检疫部门出具的有关检验检疫证明文件。

因不可抗力造成的受灾保税加工货物灭失，或者已完全失去使用价值无法再利用的，可由海关审定，并予以免税。

因不可抗力造成的受灾保税货物需销毁处理的，同其他保税加工货物的销段处理一样。

因不可抗力造成的受灾保税加工货物虽失去原使用价值但可再利用的，按海关审定的受灾保税货物价格，按对应的进口料件适用的税率，缴纳进口税和缓税利息。其对应进口料件属于实行关税配额管理的，按照关税配额税率计征税款。

对非不可抗力因素造成的受灾保税加工货物，海关按照原进口货物成交价格审定完税价格照章征税。属于实行关税配额管理，无关税配额证的，按关税配额外适用的税率计征税款。

因不可抗力造成的受灾保税货物对应的原进口料件内销征税时，如属进口许可证件管理的，免予交验许可证件；反之，不是因不可抗力造成的受灾保税货物对应的原进口料件内销征税时，如属进口许可证件管理的，应当交验进口许可证件。

知识点讲解：

对于受灾的保税加工货物，分两个类别来看待，一个是因不可抗力所致，另一个是非不可抗力所致。对于因不可抗力所致的受灾货物，转内销时一切从宽处理，可以享受到诸多优惠，而对于非不可抗力所致的受灾货物的内销管理则严格得多，具体要熟读相应知识点。

三、合同报核

(一)报核和核销的含义

加工贸易合同报核，是指加工贸易企业在加工贸易合同履行完毕或终止合同并按规定对未出口的货物进行处理后，按照规定的期限和规定的程序，向加工贸易主管海关申请核销、结案的行为。

加工贸易合同核销，是指加工贸易经营企业加工复出口并对未出口的货物办妥有关海关手续后，凭规定单证向海关申请解除监管，海关经审查、核查属实且符合有关法律、行政法规的规定，予以办理解除监管手续的海关行政许可事项。

(二)报核的时间

经营企业应当在规定的期限内将进口料件加工复出口，并自加工贸易电子化手册项下最后一批成品出口之日起或者手册到期之日起30日内向海关报核。

经营企业对外签订的合同因故提前终止的，应当自合同终止之日起30日内向海关报核。

(三)报核的单证

企业报核所需的单证如下：

(1)企业合同核销申请表；

(2)进出口货物报关单；

(3)核销核算表；

(4)其他海关需要的资料。

(四)报核的步骤

企业报核的步骤如下：

(1)合同履约后，及时收集、整理、核对手册和进出口货物报关单；

(2)根据有关账册记录、仓库记录、生产工艺资料等查清此合同加工生产的实际单耗，并据以填写核销核算表(产品的实际单耗如与合同备案单耗不一致，应在最后一批成品出口前进行单耗的变更)；

(3)写核销预录入申请单，办理报核预录入手续；

(4)携带有关报核需要的单证，到主管海关报核，并填写报核签收回联单。

(五)特殊情况的报核

1.遗失进出口货物报关单的合同报核

按规定企业应当用报关单留存联报核，在遗失报关单的情况下，可以凭报关单复印件向原报关地海关申请加盖海关印章后报核。

2.无须建立手册的5 000美元及以下的78种列名服装辅料的合同报核

企业直接持进出口货物报关单、合同、核销核算表报核。报核的出口货物报关单应当是注明备案编号的一般贸易出口货物报关单。

3.撤销合同报核

加工贸易合同备案后因故提前终止执行，未发生进出口而申请撤销的，应报商务主管部门审批，企业凭审批件和手册报核。

4.有走私违规行为的加工贸易合同报核

加工贸易企业因走私行为被海关缉私部门或者法院没收保税加工货物的，凭相关证明材料，如"行政处罚决定书"、"行政复议决定书"、"判决书"、"裁决书"等向海关报核。

加工贸易企业因违规等行为被海关缉私部门或法院处以警告、罚款等处罚但不没收保税加工货物的，不予免除加工贸易企业办理相关海关手续的义务。

(六)海关受理报核和核销

海关对企业的报核依法进行审核，对不符合规定的，书面告知企业不予受理的理由，并要求企业重新报核；符合规定的，予以受理。

海关自受理企业报核之日起20个工作日内核销完毕，特殊情况下，可以由直属海关的关长批准或者由直属海关关长授权的隶属海关关长批准，延长10个工作日。

对未开设台账的电子化手册，经核销准予结案的，海关向经营单位签发"核销结案通知书"；经核销情况正常且开设台账的，签发"银行保证金台账核销联系单"，企业凭以到银行销台账,其中"实转"的台账,企业在银行领回保证金和应得的利息或者撤销保函,并领取"银行保证金台账核销通知单",凭以向海关领取核销结案通知书。

知识点讲解:

该知识点的重点是报核与核销的概念、报核的时间以及几个特殊情况下的报核。因为保税加工贸易业务受海关监管,所以合同执行完毕之后,加工贸易经营人要向海关报核,海关要对这笔贸易进行核销结案。报核的时间很重要,虽然都是30日,但是时间起点不一样。有两种算法,第一个时间起点是加工贸易合同到期日,第二个时间起点是加工贸易手册项下最后一批成品出口之日,关于这点前文已有详细分析,此处不再重复。此外,如果加工贸易合同提前终止,则应当自合同终止之日起30日内报核。

至于特殊情况下的报核,重点记住要提交的相关单证和材料。

Ⅲ　电子账册管理下的保税加工货物报关程序

一、电子账册管理简介

(一)含义

海关对加工贸易企业实施联网监管,是指加工贸易企业通过数据交换平台或者其他计算机网络方式向海关报送能满足海关监管要求的物流、生产经营等数据,海关对数据进行核对、核算,并结合实物进行核查的一种海关保税加工监管方式。

海关为联网企业建立电子底账,联网企业只设立一个电子账册。根据联网企业的生产情况和海关的监管需要确定核销周期,并按照该核销周期对实行电子账册管理的联网企业进行核销。

知识点讲解:

该知识点要从电子账册管理的特点角度去理解,辨明电子账册管理和电子化手册管理的异同。具体见表2-23。

表2-23　电子账册和电子化手册管理的异同

电子账册	电子化手册
联网监管	利用电子化的加工贸易登记手册监管
海关联网监管加工贸易企业的整体加工贸易业务,一企业一账册	海关以合同为单元监管加工贸易企业的每一个加工贸易合同,一合同一手册
一次审批,即一次性审批企业资质、经营范围等	逐票审批,即一个合同审批一次
分段备案,即料件进口、成品出口分别备案	一次备案,即料件进口、成品出口等一次备案
对保税货物进行周转量控制	对保税货物通过手册进行数量控制
实行银行保证金台账管理	实行银行保证金台账管理
全额保税	全额保税

(二)电子账册的建立

电子账册的建立要经过加工贸易经营企业的联网监管申请和审批、加工贸易业务的申请和审批、建立商品归并关系和电子账册等3个步骤。

1. 联网监管的申请和审批

(1)加工贸易经营企业申请电子账册管理模式的加工贸易联网监管，一般应当具备下列条件：

①在中国境内具有独立法人资格，并具备加工贸易经营资格，在海关注册的生产型企业；

②守法经营，资信可靠，内部管理规范，对采购、生产、库存、销售等实行全程计算机管理；

③能按照海关监管要求提供真实、准确、完整并具有被查核功能的数据。

申请电子账册管理模式的加工贸易联网监管的企业在向海关申请联网监管前，应当先向企业所在地商务主管部门办理前置审批手续，由商务主管部门对申请联网监管企业的加工贸易经营范围依法进行审批。

(2)经商务主管部门审批同意后，加工贸易企业向所在地直属海关提出书面申请，并提供加工贸易企业联网监管申请表、企业进出口经营权批准文件、企业上一年度经审计的会计报表、工商营业执照复印件、经营范围清单(含进口料件和出口制成品的品名及4位数的HS编码)及海关认为需要的其他单证。

(3)主管海关在接到加工贸易企业电子账册管理模式的联网监管申请后，对申请实施联网监管的企业进口料件、出口成品的归类和商品归并关系进行预先审核和确认。经审核符合联网监管条件的，主管海关制发“海关实施加工贸易联网监管通知书”。

2. 加工贸易业务的申请和审批

联网企业的加工贸易业务由商务主管部门审批。商务主管部门总体审定联网企业的加工贸易资格、业务范围和加工生产能力。

商务主管部门收到联网企业申请后，对非国家禁止开展的加工贸易业务，予以批准，并签发“联网监管企业加工贸易业务批准证”。

3. 建立商品归并关系和电子账册

联网企业凭商务主管部门签发的“联网监管企业加工贸易业务批准证”向所在地主管海关申请建立电子账册。

海关以商务主管部门批准的加工贸易经营范围、年生产能力等为依据，建立电子账册。

电子账册包括加工贸易“经营范围电子账册”和“便捷通关电子账册”(表2-24)。“经营范围电子账册”用于检查控制“便捷通关电子账册”进出口商品的范围，不能直接报关。“便捷通关电子账册”用于加工贸易货物的备案、通关和核销。电子账册编码为12位。“经营范围电子账册”第1、2位为标记代码“IT”，因此“经营范围电子账册”也叫“IT账册”；“便捷通关电子账册”第1位为标记代码“E”，因此“便捷通关电子账册”也叫“E账册”。

电子账册是在商品归并关系确立的基础上建立起来的，没有商品归并关系就不能建立电子账册，所以联网监管的实现依靠商品归并关系的确立。

商品归并关系，是指海关与联网企业根据监管的需要按照中文品名、HS编码、价格、贸易管制等条件，将联网企业内部管理的“料号级”商品与电子账册备案的“项号级”商品归并或拆分，建立“一对多”或“多对一”的对应关系。

表 2-24　电子账册的形式及作用

电子账册的形式	作用	代码
经营范围电子账册	用于检查控制“便捷通关电子账册”进出口商品的范围，不能直接报关	IT
便捷通关电子账册	用于加工贸易货物的备案、通关和核销	E

知识点讲解：

该知识点需要学生明确：电子账册包括加工贸易“经营范围电子账册”和“便捷通关电子账册”，前者只是用来确定加工贸易企业“便捷通关电子账册”下进出口商品范围的，不能直接用来报关；而后者则是加工贸易货物备案、通关和核销时要具体用到的。这一点与纸质手册下的加工贸易登记手册差别较大。

简单地说，电子账册和电子手册的建立过程是：加工贸易经营企业先要到商务主管部门办理审批加工贸易经营范围的手续，由商务主管部门对加工贸易企业提出的海关联网监管的申请作出前置审批，商务主管部门总体审定联网企业的加工贸易资格、业务范围和加工生产能力，对符合资格的签发“联网监管企业加工贸易业务批准证”，之后联网企业凭此批准证向所在地主管海关申请建立电子账册，海关以商务主管部门批准的加工贸易经营范围、年生产能力等为依据，建立电子账册，取代纸质手册。

电子账册建立过程中的商品归并关系的确立是个重点，尤其是可以归入同一个联网监管商品项号下的商品应具备的条件。所谓商品归并关系，是指联网企业自己仓库中成千上万种商品的管理目录（料号级）与海关以 HS 编码为体系的商品管理目录（项号级）之间的一一对应关系，以便于联网后企业仓库中任何一种商品都可以在海关的管理系统中找到。

二、报关程序

（一）备案

1.“经营范围电子账册”备案

企业凭商务主管部门的批准证通过网络向海关办理“经营范围电子账册”备案手续，备案内容为：

（1）经营单位名称及代码；

（2）加工单位名称及代码；

（3）批准证件编号；

（4）加工生产能力；

（5）加工贸易进口料件和成品范围（商品编码前 4 位）。

企业在收到海关的备案信息后，应将商务主管部门的纸质批准证交海关存档。

2.“便捷通关电子账册”备案

企业可通过网络向海关办理“便捷通关电子账册”备案手续。“便捷通关电子账册”的备案包括以下内容：

（1）企业基本情况表，包括经营单位及代码、加工企业及代码、批准证编号、经营范围账册号、加工生产能力等；

(2)料件、成品部分，包括归并后的料件、成品名称、规格、商品编码、备案计量单位、币制、征免方式等；

(3)单耗关系，包括出口成品对应料件的净耗、损耗率等。

其他部分可同时申请备案，也可分阶段申请备案，但料件必须在相关料件进口前备案，成品和单耗关系最迟在相关成品出口前备案。

海关将根据企业的加工能力设定电子账册最大周转金额，并对部分高风险或需要重点监管的料件设定最大周转数量。电子账册进口料件的金额、数量，加上电子账册剩余料件的金额、数量，不得超过最大周转金额和最大周转数量。

3.备案变更

(1)“经营范围电子账册”变更　企业的经营范围、加工能力等发生变更时，经商务主管部门批准后，企业可通过网络向海关申请变更，海关予以审核通过，并收取商务主管部门出具的“联网监管企业加工贸易业务批准证变更证明”等相关书面材料。

(2)“便捷通关电子账册”变更　“便捷通关电子账册”的最大周转金额、核销期限等需要变更时，企业应向海关提交申请，海关批准后直接变更。“便捷通关电子账册”的基本情况表中的内容、料件成品发生变化的，包括料件、成品品种、单损耗关系的增加等，只要未超出经营范围和加工能力的，企业不必报经商务主管部门审批，可通过网络直接向海关申请变更，海关予以审核通过。

(二)进出口报关

电子账册模式下联网监管企业的保税加工货物报关与电子化手册模式一样，适用进出口报关阶段程序的，也有进出境货物报关、深加工结转货物报关和其他保税加工货物报关3种情形。

1.进出境货物报关

(1)报关清单的生成　使用“便捷通关电子账册”办理报关手续，企业应先根据实际进出口情况，从企业系统导出料号级数据生成归并前的报关清单，通过网络发送到电子口岸。报关清单应按照加工贸易合同填报监管方式，进口报关清单填制的总金额不得超过电子账册最大周转金额的剩余值，其余项目的填制参照报关单的填制规范。

(2)报关单的生成　联网企业进出口保税加工货物，应使用企业内部的计算机，采用计算机原始数据形成报关清单，报送中国电子口岸。电子口岸将企业报送的报关清单根据归并原则进行归并，并分拆成报关单后发送回企业，由企业填报完整的报关单内容后，通过网络向海关正式申报。

(3)报关单的修改、删除　不涉及报关清单的报关单内容可直接进行修改，涉及报关清单的报关单内容修改必须先修改报关清单，再重新进行归并。

报关单申报后，一律不得修改，只能删除。

(4)填制报关单要求　联网企业备案的进口料件和出口成品等内容，是货物进出口时与企业实际申报货物进行核对的电子底账。因此申报数据与备案数据应当一致。

企业按实际进出口的“货号”(料件号和成品号)填报报关单，并按照加工贸易货物的实际性质填报监管方式。

海关按照规定审核申报数据，进口货物报关单的总金额不得超过电子账册最大周转金额的剩余值，如果电子账册对某项下料件的数量进行限制，那么报关单上该项商品的申报数量不得超过其最大周转量的剩余值。

(5)申报方式选择　联网企业可根据需要和海关规定分别选择有纸报关或无纸报关方式申报。

联网企业进行无纸报关的，海关凭同时盖有申报单位和其代理企业的提货专用章的放行通知书办理“实货放行”手续；报关单位凭同时盖有经营单位、报关单位及报关员印章的纸质单证办理“事后交单”事宜。

联网企业进行有纸报关的，应由本企业的报关员办理现场申报手续。

有关许可证件管理和税收征管的规定与电子化手册管理下的保税加工货物进出境报关一样，参照电子化手册的有关内容。

2.深加工结转货物报关

电子账册管理下的联网企业深加工结转货物报关与电子化手册管理下的保税加工货物深加工结转报关一样，参照电子化手册的有关内容。

3.其他保税加工货物报关

经主管海关批准，联网监管企业可按月度集中办理内销征税手续。

按月度集中办理内销征税手续的联网企业，在每个核销周期结束前，必须办结本期所有的内销征税手续。

联网企业以内销、结转、退运、放弃、销毁等方式处理保税进口料件、成品、副产品、残次品、边角料和受灾货物的报关手续，参照电子化手册管理。后续缴纳税款时，缓税利息计息日为电子账册上期核销之日(未核销过的为“便捷通关电子账册”记录首次进口料件之日)的次日至海关开具税款缴纳证之日。

(三)报核和核销

电子账册采用的是以企业为单元的管理方式，一个企业只有一个电子账册，因此，对电子账册模式的核销实行滚动核销的形式，即对电子账册按照时间段进行核销，将某个确定的时间段内企业的加工贸易进出口情况进行平衡核算。

企业必须在规定的期限内完成报核手续，确有正当理由不能按期报核的，经主管海关批准可以延期，但延长期限不得超过60天。

企业报核和海关核销程序如下：

1.企业报核

(1)预报核　预报核是加工贸易联网企业报核的组成部分。企业在向海关正式申请核销前，在电子账册本次核销周期到期之日起30天内，将本核销期内申报的所有的电子账册进出口报关数据按海关要求的内容，包括报关单号、进出口岸、扣减方式、进出标志等以电子报文形式向海关申请报核。

(2)正式报核　正式报核是指企业预报核通过海关审核后，以预报核海关核准的报关数据为基础，准确、详细地填报本期保税进口料件的应当留存数量、实际留存数量等内容，以电子数据向海关正式申请报核。

海关认为必要时可以要求企业进一步报送料件的实际进口数量、耗用数量、内销数量、结转数量、边角料数量、放弃数量、实际损耗率等内容，对比对不相符且属于企业填报有误的可以退单，企业必须重新申报。

经海关认定企业实际库存多于应存数，有合理正当理由的，可以计入电子账册下期核销，对其他原因造成的，依法处理。

联网企业不再使用电子账册的，应当向海关申请核销。电子账册核销完毕，海关予以注销。

2.海关核销

海关核销的基本目的是掌握企业在某个时段所进口的各项保税加工料件的使用、流转、损耗的情况，确认是否符合以下的平衡关系：

进口保税料件(含深加工结转进口)＝出口成品折料(含深加工结转出口)＋内销料件＋内销成品折料＋剩余料件＋损耗－退运成品折料

海关核销除了对书面数据进行必要的核算外，还会根据实际情况采取盘库的方式。经核对，企业报核数据与海关底账数据及盘点数据相符的，海关通过正式报核审核，打印核算结果，系统自动将本期结余数转为下期期初数。企业实际库存量多于电子底账核算结果的，海关会按照实际库存量调整电子底账的当期结余数量；企业实际库存量少于电子底账核算结果且可以提供正当理由的，对短缺部分，联网企业按照内销处理；企业实际库存量少于电子底账核算结果且联网企业不能提供正当理由的，对短缺部分，海关将移交缉私部门处理。

Ⅳ　出口加工区进出货物报关程序

一、出口加工区简介

1.含义

出口加工区是指经国务院批准在中华人民共和国境内设立的，由海关对进出区货物及区内相关场所进行封闭式监管的特定区域。

2.功能

出口加工区具有从事保税加工、保税物流及研发、检测、维修等业务的功能。

出口加工区内设置出口加工企业，仓储物流企业，以及经海关核准专门从事区内货物进、出的运输企业。

3.管理

出口加工区是海关监管的特定区域。出口加工区与境内其他地区之间设置符合海关监管要求的隔离设施及闭路电视监控系统，在进出区通道设立卡口。海关在出口加工区内设立机构，并依照有关法律、行政法规，对进出区的货物及区内相关场所实行24小时监管。区内不得经营商业零售业务，不得建立营业性的生活消费设施。除安全人员和企业值班人员外，其他人员不得在出口加工区内居住。区内企业建立符合海关监管要求的电子计算机管理数据库，并与海关实行电子计算机联网，进行电子数据交换。

出口加工区与境外之间进出的货物，除国家另有规定的外，不实行进出口许可证件管理。国家禁止进出口的货物，不得进出出口加工区。因国内技术无法达到产品要求，须将国家禁止出口商品运至出口加工区内进行某项工序加工的，应报经商务主管部门批准，海关比照出料加工管理办法进行监管，其运入出口加工区的货物，不予签发出口退税报关单。

境内区外进入出口加工区的货物视同出口，办理出口报关手续，除属于取消出口退税的基建物资外，可以办理出口退税手续。

从境外运入出口加工区的加工贸易货物全额保税。出口加工区区内企业开展加工贸易业务不实行加工贸易银行保证金台账制度，适用电子账册管理，出口加工区内企业从境外进口的自用的生产、管理所需设备、物资，除交通运输工具和生活消费用品外，予以免税。

知识点讲解：

出口加工区是经国务院批准设立的、实行封闭式监管的特定区域。

出口加工区的主要功能就是保税加工，为了让保税加工顺利进行，又设立了仓储企业和运输企业作为配套，也可以进行产品研发和检测等。

出口加工区与境外之间进出的货物不实行进出口许可证件管理，手续相对简单，境外进入出口加工区的加工贸易货物全额保税。

境内区外货物进出出口加工区视同进出口，也就是出口加工区运往境内区外的货物，按照对进口货物的有关规定办理报关手续；境内区外运入出口加工区的货物，按照对出口货物的有关规定办理报关手续。

二、报关程序

出口加工区内企业在进出口货物前，应向出口加工区主管海关申请建立电子账册。出口加工区企业电子账册包括“加工贸易电子账册（H账册）”和“企业设备电子账册”。出口加工区进出境货物和进出区货物通过电子账册办理报关手续。

（一）与境外之间

出口加工区企业从境外运进货物或运出货物到境外，由收发货人或其代理人填写进、出境货物备案清单，向出口加工区海关备案。

对于跨越关区进出境的出口加工区货物，除邮递物品、个人随身携带物品、跨越关区进口车辆和出区在异地口岸拼箱出口货物以外，可以按转关运输中的直转转关方式办理转关。

对于同一直属海关关区内的出口加工区进出境货物，可以按直通式报关。

按转关运输中直转转关方式转关的报关程序如下：

1.境外货物运入出口加工区

货物到港后，收货人或其代理人向口岸海关录入转关申报数据，并持“进口转关货物申报单”、“汽车载货登记簿”向口岸海关物流监控部门办理转关手续；口岸海关审核同意企业转关申请后，向出口加工区海关发送转关申报电子数据，并对运输车辆进行加封。

货物运抵出口加工区后，收货人或其代理人向出口加工区海关办理转关核销手续，出口加工区海关物流监控部门核销“汽车载货登记簿”，并向口岸海关发送转关核销电子回执；同时收货人或其代理人录入“出口加工区进境货物备案清单”，向出口加工区海关提交运单、发票、装箱单、电子账册编号、相应的许可证件等单证办理进境报关手续；出口加工区海关审核有关报关单证，确定是否查验，对不需查验的货物予以放行，对需要查验的货物，由海关实施查验后，再办理放行手续，签发有关备案清单证明联。

2.出口加工区货物运往境外

发货人或其代理人录入出口加工区出境货物备案清单，向出口加工区海关提交运单、发票、装箱单、电子账册编号等单证，办理出口报关手续，同时向出口加工区海关录入转关申报数据，并持出口加工区出境货物备案清单、“汽车载货登记簿”向出口加工区海关物流监控部门办理出口转关手续；出口加工区海关审核同意企业转关申请后，向口岸海关发送转关申报电子数据，并对运输车辆进行加封。

货物运抵出境地海关后，发货人或其代理人向出境地海关办理转关核销手续，出境地海关核销“汽车载货登记簿”，并向出口加工区海关发送转关核销电子回执；货物实际离境后，出境地海关核销清洁载货清单并反馈出口加工区海关，出口加工区海关凭以签发有关备案清单证明联。

(二)与境内区外其他地区之间

1.出口加工区货物运往境内区外

出口加工区运往境内区外的货物，按照对进口货物的有关规定办理报关手续。由区外企业录入进口货物报关单，凭发票、装箱单、相应的许可证件等单证向出口加工区海关办理进口报关手续。进口报关结束后，区内企业填制出口加工区出境货物备案清单，凭发票、装箱单、电子账册编号等向出口加工区海关办理出区报关手续。

出口加工区海关放行货物后，向区外企业签发进口货物报关单付汇证明联，向区内企业签发出口加工区出境货物备案清单收汇证明联。

出口加工区内企业内销加工贸易制成品，以接受内销申报的同时或者大约同时进口的相同货物或者类似货物的进口成交价格为基础确定完税价格。内销加工过程中产生的副产品，以内销价格作为完税价格。由区外企业缴纳进口关税和进口环节海关代征税，免予交付缓税利息。属于许可证件管理的商品，应向海关出具有效的进口许可证件。

出口加工区内企业产生边角料、废品、残次品等原则上应复运出境。如出区内销应按照对区外其他加工贸易货物内销的相关规定办理：

(1)边角料、废品内销，海关按照报验状态归类后适用的税率和审定的价格计征税款，免予提交许可证件；

(2)边角料、废品以处置方式销毁的，或者属于禁止进口的固体废物需出区进行利用或者处置的，区内企业持处置单位的“危险废物经营许可证”复印件以及出口加工区管委会和所在地地(市)级环保部门的批准文件向海关办理有关手续；

(3)对无商业价值且不属于禁止进口的固体废物的边角料和废品，需运往区外以处置之外的其他方式销毁的，应凭出口加工区管委会的批件，向主管海关办理出区手续，海关予以免税，并免予验核进口许可证件；

(4)残次品出区内销，按成品征收进口关税和进口环节海关代征税，属于进口许可证件管理的，企业应当向海关提交相应许可证件；对属于《法检目录》内的出区内销残次品，须经出入境检验检疫机构按照国家技术规范的强制性要求检验合格后，方可内销。

出口加工区内企业需要将有关模具、半成品运往区外用于加工生产，应当报经加工区主管海关关长批准，由接受委托的区外企业，向出口加工区主管海关缴纳货物应征关税和进口环节增值税等值的保证金或银行保函后，办理出区手续。加工完毕后，加工产品应按期(一般为6个月)运回出口加工区，区内企业向出口加工区主管海关提交运出出口加工区时填写的“委托区外加工申请书”及有关单证，办理验放核销手续。加工区主管海关办理验放核销手续后，退还保证金或撤销保函。

出口加工区区内使用的机器、设备、模具和办公用品等，须运往境内区外进行维修、测试或检验时，区内企业或管理机构应向主管海关提出申请，并经主管海关核准、登记、查验后，方可将机器、设备、模具和办公用品等运往境内区外维修、测试或检验。区内企业将模具运往境内区外维修、测试或检验时，应留存模具所生产产品的样品，以备海关对运回出口加工区的模具进行核查。

运往境内区外维修、测试或检验的机器、设备、模具和办公用品等，按照“修理物品”监管，不得用于境内区外加工生产和使用。

运往境内区外维修、测试或检验的机器、设备、模具和办公用品等，应自运出之日起 2 个月内运回加工区。因特殊情况不能如期运回的，区内企业应于期限届满前 7 天内，向主管海关说明情况，并申请延期。申请延期以 1 次为限，延长期限不得超过 1 个月。

运往境内区外维修的机器、设备、模具和办公用品等，运回出口加工区时，要以海关能辨认其为原物或同一规格的新零件、配件或附件为限，但更换新零件、配件或附件的，原零件、配件或附件应一并运回出口加工区。

2. 境内区外货物运入出口加工区

境内区外运入出口加工区的货物，按照对出口货物的有关规定办理报关手续。由区外企业录入出口货物报关单，凭购销合同（协议）、发票、装箱单等单证向出口加工区海关办理出口报关手续。出口报关结束后，区内企业填制出口加工区进境货物备案清单，凭购销发票、装箱单、电子账册编号等单证向出口加工区海关办理进区报关手续。

出口加工区海关查验、放行货物后，向区外企业签发出口货物报关单收汇证明联和出口退税证明联，向区内企业签发出口加工区进境货物备案清单付汇证明联。

从境内区外运进出口加工区供区内企业使用的国产机器、设备、原材料、零部件、元器件、包装物料、基础设施，加工企业和行政管理部门生产、办公用房合理数量的国产基建物资等，按照对出口货物的管理规定办理出口报关手续，海关签发出口货物报关单退税证明联（除不予退税的基建物资外）。境内区外企业依据出口货物报关单退税证明联向税务部门申请办理出口退（免）税手续。

3. 出口加工区出区深加工结转

出口加工区货物出区深加工结转是指出口加工区内企业经海关批准并办理相关的手续，将本企业加工生产的产品直接或者通过保税仓库企业转入其他出口加工区、保税区等海关特殊监管区域内及区外加工贸易企业进一步加工后复出口的经营活动。

出口加工区企业开展深加工结转时，转出企业凭出口加工区管委会批复，向所在地的出口加工区海关办理海关备案手续后方可开展货物的实际结转；对转入其他出口加工区、保税区等海关特殊监管区域的，转入企业凭其所在区域管委会的批复办理结转手续，对转入出口加工区、保税区等海关特殊监管区域外加工贸易企业的，转入企业凭商务主管部门的批复办理结转手续。

对结转至海关特殊监管区域外的加工贸易企业的货物，海关按照对保税加工进口货物的有关规定办理手续，结转产品如果属于加工贸易项下进口许可证件管理商品的，企业应当向海关提供相应的有效进口许可证件。

对转入特殊监管区域的，转出、转入企业分别在自己的主管海关办理结转手续；对转入特殊监管区域外加工贸易企业的，转出、转入企业在转出地主管海关办理结转手续。

对转入特殊监管区域的深加工结转，除特殊情况外，比照转关运输方式办理结转手续；不能比照转关运输方式办理结转手续的，在向主管海关提供相应的担保后，由企业自行运输。

对转入特殊监管区域外加工贸易企业的深加工结转报关程序如下：

(1)转入企业在"中华人民共和国海关出口加工区出区深加工结转申请表"(一式四联)中填写本企业的转入计划，凭申请表向转入地海关备案。

(2)转入地海关备案后，留存申请表第一联，其余三联退还转入企业，由转入企业送交出口加工区转出企业。

(3)转出企业自转入地海关备案之日起 30 天内，持申请表其余三联，填写本企业的相关内容后，向主管海关办理备案手续。

(4)转出地海关审核后，留存申请表第二联，将第三、第四联分别交给转出企业、转入企业。

(5)转出、转入企业办理结转备案手续后，凭双方海关核准的申请表进行实际收发货。转出企业的每批次发货记录应当在一式三联的"出口加工区货物实际结转情况登记表"上如实登记，转出地海关在卡口签注登记表后，货物出区。

(6)转出、转入企业每批实际发货、收货后，可以凭申请表和转出地卡口海关签注的登记表分批或者集中办理报关手续。转出、转入企业每批实际发货、收货后，应当在实际发货、收货之日起 30 天内办结该批货物的报关手续。转入企业填报结转进口货物报关单，转出企业填报结转出口备案清单。一份结转进口货物报关单对应一份结转出口备案清单。

区内转出的货物因质量不符等原因发生退运、退换的，转入企业为特殊监管区以外的加工贸易企业的，按退运货物或退换货物办理相关手续。

4. 出口加工区机器设备出区处理

(1)从境外进入出口加工区的特定减免税设备　从境外进入出口加工区按规定予以免税的机器设备，海关在规定的监管年限内实施监管。监管年限自货物进境放行之日起计算，期限5年。使用完毕，原则上应退运出境。

需在监管年限内出区内销的，海关按照特定减免税货物的管理规定征收税款。监管年限届满的，出区时不再征收税款。从境外进入出口加工区时免予提交机电产品进口许可证件的，在其出区时，海关凭与其入境状态一致的机电产品进口许可证件验放。

在监管年限内转让给区外进口同一货物享受减免税优惠待遇的企业的，由区外企业按照特定减免税货物的管理规定办理进口手续，监管年限连续计算；如出区转为加工贸易不作价设备的，由区外企业按照加工贸易不作价设备的管理规定办理进口手续，监管年限连续计算。

(2)从境内区外采购入区予以退税的机器设备　从境内区外采购入区予以退税的机器设备如需内销出区的，在办理进口手续时，按报验状态征税，免予提交相应的进口许可证件。其中，从境内区外采购入区的海关监管年限内的特定减免税进口的机器设备和加工贸易不作价设备，监管年限连续计算，监管年限届满的，出区时不再征收税款；在海关监管年限内的，出区时海关按照特定减免税货物的管理规定征收税款。

知识点讲解：

出口加工区与境外货物的交流手续比较简便，实际上不视为真正的进出口，只需填制进出境货物备案清单。

出口加工区与境内区外货物的交流视同进出口，要填制真正的进、出口货物报关单，向出口加工区海关正式申报。这样就可以参照加工贸易中的很多规定，如完税价格、税率等规定。货款的收付汇和出口货物退税也是在这个环节完成。

出口加工区机器设备出区处理是教材新增内容。出口加工区是海关监管的特殊区域，从境外进入区内的免税设备按照特定减免税货物对待，监管年限是5年。

Ⅴ　珠海园区进出货物报关程序

一、珠海园区简介

（一）含义

珠澳跨境工业区是指经国务院批准设立，在我国珠海经济特区和澳门特别行政区之间跨越珠海和澳门关境线，由中国海关和澳门海关共同监管的海关特殊监管区域。

珠澳跨境工业区由珠海园区和澳门园区两部分组成。

珠海园区，是指经国务院批准设立的珠澳跨境工业区由中国海关按照《海关法》和其他有关法律、行政法规进行监管的珠海经济特区部分的园区。

澳门园区，是指经国务院批准设立的珠澳跨境工业区由澳门海关按照澳门特别行政区的有关规定进行监管的澳门特别行政区部分的园区。

（二）功能

珠海园区具备从事保税物流、保税加工和国际转口贸易的功能。

珠海园区可以开展以下业务：

（1）加工制造；

（2）检测、维修、研发；

（3）储存进出口货物及其他未办结海关手续货物；

（4）国际转口贸易；

（5）国际采购、分销和配送；

（6）国际中转；

（7）商品展示、展销；

（8）经海关批准的其他加工和物流业务。

（三）管理

珠海园区实行保税区政策，与中华人民共和国关境内的其他地区之间进出货物在税收方面实行出口加工区政策。

1. 禁止事项

（1）法律、行政法规禁止进出口的货物、物品，不得进出珠海园区。

（2）珠海园区内不得建立商业性生活消费设施。

（3）除安全保卫人员和企业值班人员外，其他人员不得在珠海园区居住。

2.企业管理

珠海园区内企业应当具有法人资格，具备向海关缴纳税款及履行其他法定义务的能力，并且在区内拥有专门的营业场所。

特殊情况下，经直属海关批准，区外法人企业可以依法在珠海园区内设立分支机构。

区内企业应当按照《中华人民共和国海关对报关单位注册登记管理规定》及相关规定向海关办理注册登记、变更、注销、行政许可延续及换证等手续。

区内企业应当依据《中华人民共和国会计法》及国家有关法律、行政法规的规定，设置符合海关监管要求的账簿、报表，记录本企业的财务状况和有关进出珠海园区货物、物品的库存、转让、转移、销售、加工、使用和损耗等情况，如实填写有关单证、账册，凭合法、有效凭证记账并且进行核算。

海关对区内企业实行电子账册监管制度和计算机联网管理制度。

3.加工贸易管理

区内企业自开展业务之日起，应当每年向珠海园区主管海关办理报核手续，珠海区主管海关应当自受理报核申请之日起30天内予以核销。区内企业有关账册、原始单证应当自核销结束之日起至少保留3年。

区内企业开展加工贸易不实行加工贸易银行保证金台账制度。

区内加工贸易货物内销不征收缓税利息。

4.特殊情况处理

遭遇不可抗力的，海关监管货物被盗窃的，区内企业分立、合并、破产的，区内企业应当在情况发生之日起5个工作日内书面报告海关，并且办理相关手续。

因不可抗力造成珠海园区内货物损坏、灭失的，区内企业应当及时书面报告珠海园区主管海关，并且提供保险、灾害鉴定部门的有关证明。经珠海园区主管海关核实确认后，按照以下规定处理：

(1)货物灭失，或者虽未灭失但完全失去使用价值的，海关依法办理核销和免税手续。

(2)进境货物损坏，失去原使用价值但可以再利用的，区内企业可以向海关办理退运手续。要求运往区外的，由区内企业提出申请，并且经珠海园区主管海关核准后，按照出区时的实际状态办理海关手续。

(3)区外进入珠海园区的货物损坏，失去原使用价值但可以再利用，并且向区外出口企业进行退换的，可以退换为与损坏货物同一品名、规格、数量、价格的货物，并且向珠海园区主管海关办理退运手续。

因保管不善等非不可抗力因素造成货物损坏、灭失的，按照以下规定办理：

(1)对于从境外进入珠海园区的货物，区内企业应当按照一般进口货物的规定，以货物进入珠海园区时海关接受申报之日适用的税率、汇率，依法向海关缴纳损毁、灭失货物原价值的进口环节海关代征税。

(2)对于从境内区外进入珠海园区的货物，区内企业应当重新缴纳出口退还的国内环节有关税款，海关根据有关单证办理核销手续。

二、报关程序

(一)与境外之间

海关对珠海园区与境外之间进出的货物，实行备案制管理，由货物的收发货人或其代理人填写进出境货物备案清单，向海关备案。

对于珠海园区与境外之间进出的货物，可以办理集中申报手续。

珠海园区与境外之间进出的货物应当向珠海园区主管海关申报。珠海园区与境外之间进出货物的进出境口岸不在园区主管海关管辖区域的，区内企业应当按照转关运输或者异地报关等方式办理有关手续。

珠海园区与境外之间进出的货物，不实行进出口配额、许可证件管理。

(二)与境内区外其他地区之间

海关对珠海园区与境内区外之间进出货物的监管分出区和进区两种情况。

1. 出区

珠海园区内货物运往区外视同进口。

珠海园区内货物运往区外，由区内企业填制出境货物备案清单向珠海园区主管海关办理申报手续，区外收货人或其代理人填制进口货物报关单向珠海园区主管海关办理申报手续。

区内企业跨关区配送货物或者异地企业跨关区到珠海园区提取货物，可以在珠海园区主管海关办理申报手续，也可以按照规定在异地企业所在地海关办理申报手续。

海关按照货物进口的有关规定办理手续。需要征税的，按照货物出区时的实际状态征税；属于许可证件管理商品的，区内企业或者区外收货人还应当向海关出具进口许可证件。

具体执行如下：

(1)CEPA 货物出区　以一般贸易方式经珠海园区进入境内区外，并且获得香港或者澳门签证机构签发的 CEPA 优惠原产地证书的货物，可以按照规定享受 CEPA 零关税优惠。

(2)一般贸易和加工贸易货物出区　以一般贸易方式经珠海园区进入境内区外或者经园区企业加工进入境内区外的货物按出区的实际流向办理进口报关手续：

①用于加工贸易的，由加工贸易企业或其代理人按加工贸易货物的报关程序办理进口报关手续；

②用于可以享受特定减免税的特定地区、特定企业和特定用途的，由享受特定减免税的企业或其代理人按特定减免税货物的报关程序办理进口报关手续；

③进入国内市场或使用于境内其他方面，由收货人或其代理人按一般进口货物的报关程序办理进口报关手续。

(3)免税货物出区　从境外免税进入珠海园区的货物出区进入境内区外的，海关按照货物进口的有关规定办理手续；需要征税的，按照货物出区时的实际状态征税；属于进口配额、许可证件管理商品的，区内企业或者区外收货人还应当向海关出具进口配额、许可证件。

(4)残次品、边角料出区　区内企业在加工生产过程中产生的残次品内销出区的，海关按内销时的实际状态征税。属于进口配额、许可证件管理的，企业应当向海关出具进口配额、许可证件。

区内企业在加工生产过程中产生的边角料、废品，以及加工生产、储存、运输等过程中产生的包装物料，区内企业提出书面申请并且经海关批准的，可以运往区外，海关按出区时的实际状态征税。属于进口配额、许可证件管理商品的，免领进口配额、许可证件；属于列入《禁止进口废物目录》的废物及其他危险废物需出区进行处置的，有关企业凭珠海园区行政管理机构及所在地的市级环保部门批件等材料，向海关办理出区手续。

(5)出区外发加工　区内企业需要将模具、原材料、半成品等运往区外进行加工的，应当在开展外发加工前，凭承揽加工合同或者协议、承揽企业营业执照复印件和区内企业签章确认的承揽企业生产能力状况等材料，向珠海园区主管海关办理外发加工手续。

委托区外企业加工的期限不得超过 6 个月，加工完的货物应当按期运回珠海园区。在区外开展外发加工产生的边角料、废品、残次品、副产品不运回珠海园区的，海关将按照实际状态征税。

货物运回园区后，区内企业凭出区时的委托区外加工申请书及有关单证，向海关办理验放核销手续。

(6)出区展示　经珠海园区主管海关批准，区内企业可以在区外进行商品展示，并且比照海关对暂准进境货物的有关规定办理进出区手续。

(7)出区检测、维修　在珠海园区内使用的机器、设备、模具和办公用品等海关监管货物，区内企业或者珠海园区行政管理机构向珠海园区主管海关提出书面申请，并且经珠海园区主管海关核准、登记后，可以运往区外进行检测、维修。区内企业将模具运往区外进行检测、维修的，应当留存模具所生产产品的样品或者图片资料。

运往区外进行检测、维修的机器、设备、模具和办公用品等，不得在区外用于加工生产和使用，并且应当自运出之日起 60 天内运回珠海园区。因特殊情况不能如期运回的，区内企业或者珠海园区行政管理机构应当在期限届满前 7 天内，以书面形式向海关申请延期，延长期限不得超过 30 天。

检测、维修完毕运回珠海园区的机器、设备、模具和办公用品等应当为原物。有更换新零件、配件或者附件的，原零件、配件或者附件应当一并运回区内。

对在区外更换的国产零件、配件或者附件，需要退税的，由区内企业或者区外企业提出申请，园区主管海关按照出口货物的有关规定办理手续，签发出口货物报关单证明联。

(8)退运出区　需要退运到区外的货物，区内企业向珠海园区主管海关提出退运申请，提供注册地税务部门证明其货物未办理出口退税或者所退税款已退还税务部门的证明材料和出口单证. 并且经珠海园区主管海关批准的，可以办理退运手续；属于已经办理出口退税手续并且所退税款未退还税务部门的，应当按照进口货物办理进口手续，需要征税的，按照货物出区时的实际状态征税；属于进口配额、许可证件管理商品的，区内企业或者区外收货人还应当向海关出具进口配额、许可证件。

(9)出区深加工结转　园区企业将加工贸易成品发往境内区外其他特殊监管区域外加工贸易企业开展深加工结转业务，按照出口加工区出区深加工结转的程序办理有关手续。

2. 进区

货物从境内区外进入珠海园区视同出口。

(1)一般贸易和加工贸易货物进区　海关按照货物出口的有关规定办理手续。属于出口应税商品的，按照有关规定进行征税；属于许可证件管理商品的，区内企业或者区外发货人还应当向海关出具出口许可证件。

从区外进入珠海园区供区内企业使用的国产机器、设备、原材料、零部件、元器件、包装物料及建造基础设施，企业和行政管理部门生产、办公用房所需合理数量的国产基建物资等，除属于取消出口退税的基建物资外，海关按照出口货物的有关规定办理手续，签发出口货物报关单退税证明联。

从区外进入珠海园区供区内企业和行政管理机构使用的生活消费用品、交通运输工具等，海关不予签发出口货物报关单退税证明联。

(2)原进口货物进区　从区外进入珠海园区的进口机器、设备、原材料、零部件、元器件、包装物料、基建物资等，有关企业应当向海关提供上述货物或者物品的清单，并且办理出口报关手续；上述货物或者物品已经缴纳的进口环节税，不予退还。

(3)出区外发加工运回　区内企业运往境内区外进行外发加工的货物，加工生产过程中使用国内料件并且属于出口应税商品的，加工产品运回区内时，所使用的国内料件应当按规定缴纳出口关税。

(4)进区商品展示　经珠海园区主管海关批准，区内企业可以承接区外商品的展示，并且比照海关对暂准出境货物的有关规定办理进出区手续。

Ⅵ　保税加工货物报关单填制

一、保税加工货物进出口报关单的填制

1. 操作流程

申报→配合查验→保税→提取或装运货物。

2. 操作要点

保税加工货物报关单与一般进出口货物报关单填法大致相同，区别在于以下几个栏目的填写。

中华人民共和国海关进口货物报关单

(1)备案号：保税加工货物除少量低值辅料按规定不使用加工贸易手册的货物，本栏应填写加工贸易手册编号，不得为空。手册位数为12位，首位为“B”，表示来料加工；首位为“C”，表示进料加工；首位为“E”，表示加工贸易电子账册。例如，C57205711700，B57707170022，E09088322223。

(2)贸易方式：保税加工货物进出境主要填报两种贸易方式：①来料加工装配贸易(简称“来料加工”，贸易方式代码为0214)。②进料加工贸易，进料加工贸易方式为进料对口(贸易方式代码为0615)。

(3)征免性质：保税加工货物进出境主要填报两种征免性质：①来料加工(代码为502)；适用于来料加工装配下进口所需的料件，以及经加工后出口的成品、半成品。②进料加工(代码为503)：适用于为生产外销产品用外汇购买进口的料件，以及经加工后出口的成品、半成品。

(4)用途：保税加工货物用途为加工返销(代码为04)。

(5)项号：保税加工货物的项号栏分两行填报：①第一行填报货物在报关单中的商品排列序号。②第二行填报该项货物在加工贸易手册中的项号。

(6)征免:保税加工货物的征免栏填全免(代码为3)。

二、其他保税加工货物的报关单的填制

(一)操作流程

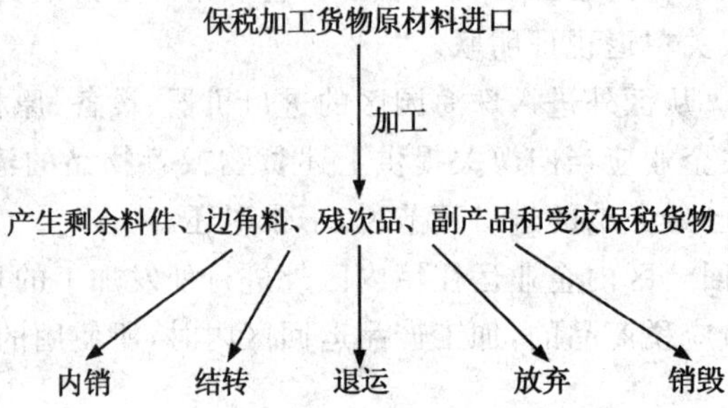

(二)操作要点

上述5种处理方式,除销毁处理外,其他处理方式都必须填制报关单报关。有关报关单证是企业报核的必要单证,这里重点介绍内销和结转两种处理方式报关单的填制。

1.内销报关单证填制

中华人民共和国海关进口货物报关单

(1)进口口岸:接受货物申报的海关名称及代码。

(2)备案号:原登记手册编号。

(3)进口日期:向海关办理申报手续的日期。

(4)运输方式:其他运输(代码为9)。

(5)运输工具名称:本栏为空。

(6)提运单号:本栏为空。

(7)贸易方式:根据实际情况填写来料料件内销/进料料件内销或者来料边角料内销/进料边角料内销。

(8)征免性质:一般征税(代码为101)。

(9)起运国(地区):中国。

(10)装货港:中国境内。

(11)成交方式:CIF。

(12)运费:本栏为空。

(13)保费:本栏为空。

(14)随附单据:内销征税联系单号。

(15)用途:其他内销。

(16)标记唛码及备注:加工贸易转内销货物,经营企业凭加工贸易货物内销征税联系单电子或纸质数据办理通关手续,在填制内销报关单时,企业需在"标记唛码及备注"栏注明"活期"字样。

(17)项号:第一行填报货物在报关单中的商品排列序号,第二行填报加工贸易手册进口料件的项号。

(18)原产国(地区):剩余料件内销,填报原实际生产国,加工贸易成品内销,填报中国。

(19)征免:照章征税。

2.结转报关单证填制

其他保税货物的结转应该填写两张报关单,转入企业先填写一张进口报关单,转出企业填写一张出口报关单。

中华人民共和国海关进口货物报关单

(1)进口口岸:接受货物申报的海关名称及代码。

(2)备案号:原登记手册编号。

(3)进口日期:向海关办理申报手续的日期。

(4)运输方式:其他运输(代码为9)。

(5)运输工具名称:本栏为空。

(6)提运单号:本栏为空。

(7)贸易方式:根据实际情况填写来料深加工/进料深加工或者来料余料结转/进料余料结转。

(8)征免性质:本栏为空。

(9)起运国(地区):中国。

(10)装货港:中国境内。

(11)成交方式:填CIF。

(12)运费:本栏为空。

(13)保费:本栏为空。

(14)用途:加工返销。

(15)标记唛码及备注:关联报关单号/关联备案号。

(16)项号:第一行填报货物在报关单中的商品排列序号,第二行填报加工贸易手册料件的项号。

(17)原产国(地区):余料结转填报原实际生产国;深加工结转填报中国。

(18)征免:全免。

中华人民共和国海关出口货物报关单

(1)出口口岸:接受货物申报的海关名称及代码。

(2)备案号:原登记手册编号。

(3)出口日期:向海关办理申报手续的日期。

(4)运输方式:其他运输(代码为9)。

(5)运输工具名称:本栏为空。

(6)提运单号:本栏为空。

(7)贸易方式:根据实际情况填写来料深加工/进料深加工或者来料余料结转/进料余料结转。

(8)征免性质:本栏为空。

(9)运抵国(地区):中国。

(10)指运港:中国境内。

(11)成交方式:填FOB。

(12)运费:本栏为空。

(13)保费:本栏为空。

(14)标记唛码及备注:关联报关单号/关联备案号。

(15)项号:第一行填报货物在报关单中的商品排列序号,第二行填报加工贸易手册料件的项号。

(16)最终目的国(地区):中国。

(17)征免:全免。

◈ 能力训练

一、基本知识练习

1.(多)下列贸易形式中,属于加工贸易的是( )。

A 来料加工　　B 来料养殖　　C 进料加工　　D 出料加工

2.(单)保税加工货物内销,海关按规定免征缓税利息的是( )。

A 副产品　　B 残次品　　C 边角料　　D 不可抗力受灾保税货物

3.(判)加工贸易银行保证金台账制度的核心是对不同地区的加工贸易企业和加工贸易涉及的进出口商品实行分类管理,对部分企业进口的部分料件和出口的部分成品征收保证金。( )

4.(多)下列关于加工贸易保证金台账制度的表述错误的是( )。

A 海南省、广西壮族自治区、河北省属于西部地区

B 加工贸易企业为 AA 类、A 类、B 类、C 类、D 类 5 个管理类别

C 商品分为禁止类、限制类、允许类、鼓励类 4 类

D 中西两部地区 C 类企业进口允许类商品,按应该税款的 50%征收保证金

5.(单)浙江富达桅灯邮箱公司(加工贸易 A 类管理企业)2008 年从境外购进一批价值 30 万美元的不锈钢材料(加工贸易限制类商品),用于加工出口桅灯。该企业为此向海关申领了加工贸易手册。富达公司在办理登记备案手续时,银行保证金台账应按下列哪个规定办理?( )

A 无需设立银行保证金台账

B 设立银行保证金台账,无需缴付保证金

C 设立银行保证金台账,按不锈钢原料应征税款的 50%缴付保证金

D 设立银行保证金台账,按不锈钢原料应征税款的 100%缴付保证金

6.(单)江苏新创轮胎有限公司(加工贸易 B 类管理企业),使用现汇从境外购进天然橡胶和炭黑一批(价值 100 000 美元),用于生产挖掘机轮胎出口。合同执行过程中,由于市场原因,申请将手册延期 3 个月。在合同执行过程中,企业办理变更手续的必要程序为( )。

A 商务部门审批—海关受理变更—银行变更台账—海关变更手册

B 海关受理变更—银行变更台账—海关变更手册

C 商务部门审批—银行变更台账—海关变更手册

D 商务部门审批—银行变更台账—海关受理变更—海关变更手册

7.(单)上海申华进出口公司(加工贸易 A 类管理企业)从境外购进价值 100 000 美元的涤纶长丝(加工贸易限制类商品)一批,委托浙江嘉兴嘉顺针织制品公司(加工贸易 B 类管理企业)加工生产出口袜子。该加工贸易合同备案时,其银行保证金台账应按下列哪个规定办理?( )

A 不设台账

B 设台账,但无需缴付保证金

C 设台账,并按进口料件应征税款的 50%缴付保证金

D 设台账,并按进口料件应征税款缴付保证金

8. 上海申华进出口公司(加工贸易 A 类管理企业)从境外购进价值 100 000 美元的涤纶长丝一批,委托浙江嘉兴嘉顺针织制品公司(加工贸易 B 类管理企业)加工生产出口袜子。该加工合同履行期间,因境外发货有误,部分原料未能及时到货。为确保履行成品出口合同,申华公司报经主管海关核准,使用本企业其他进口非保税料件进行内部串换。合同执行完毕,尚有剩余料件,拟结转加工。

根据上述案例,解答下列问题:

(1)(单)本案例涉及的委托加工在海关管理中称为( )。

A 跨关区外发加工　　B 跨关区异地加工

C 跨关区深加工结转　　D 跨关区联合加工

(2)(单)本案例涉及的加工贸易合同备案手续应由( )。

A 申华公司到嘉顺公司所在地主管海关申请办理

B 申华公司在所在地主管海关申请办理

C 嘉顺公司在所在地主管海关申请办理

D 嘉顺公司到申华公司所在地主管海关申请办理

9.(单)某加工贸易企业从事 A 商品的加工生产,净耗为 2,单耗为 2.5,则 A 商品的工艺损耗率为( )。

A 10%　　B 20%　　C 25%　　D 40%

10.(判)加工贸易工艺损耗是指因加工工艺原因,料件在正常加工过程中除净耗外所必需耗用,但不能存在或者转化到成品中的无形损耗的量。( )

11.(单)某公司从某保税仓库提取前期购买的 ABS 塑料粒子和色母料一批,用于生产显示器外壳返销境外。每个显示器外壳中所含的 ABS 塑料粒子的重量为 1 kg,在生产过程中的工艺损耗率为 20%。该公司据此向海关进行单耗申报。该公司向海关申报 A 型号显示器的 ABS 塑料粒子单耗时,其单耗值应报为( )

A 0.80 kg/个　　B 1.00 kg/个　　C 1.20 kg/个　　D 1.25 kg/个

12.(判)加工贸易外发加工,是指经营企业因受自身生产特点和条件限制,经海关批准并办理有关手续,委托承揽企业对加工贸易货物进行加工,在规定期限内将加工后的产品运回本企业并最终复出口的行为。( )

13.(单)经海关批准的保税进口料件和国产料件之间发生串换,串换下来的保税进口料

件(　)

A 海关照章征税　　　　　　　B 必须加工出口

C 应当继续保税　　　　　　　D 企业自行处置

14.(多)上海申华进出口公司(加工贸易A类管理企业)从境外购进价值100 000美元的涤纶长丝一批,委托浙江嘉兴嘉顺针织制品公司(加工贸易B类管理企业)加工生产出口袜子。该加工合同履行期间,因境外发货有误,部分原料未能及时到货。为确保履行成品出口合同,申华公司报经主管海关核准,使用本企业其他进口非保税料件进行内部串换。合同执行完毕,尚有剩余料件,拟结转加工。该加工贸易合同执行期间所发生的料件串换及处置,应符合下列规定(　)。

A 串换的料件必须是同品种、同规格、同数量

B 串换的料件关税税率为零

C 串换的料件不涉及进出口许可证件管理

D 串换下来的同等数量料件,由企业自行处置

15.(单)江苏新创轮胎有限公司,使用现汇从境外购进天然橡胶和炭黑一批(价值100 000美元),用于生产挖掘机轮胎出口。加工生产完毕后,尚剩余炭黑若干(价值1 000美元)。新创公司办理了相关海关手续后,将轮胎销至山东卡特机械有限公司,用做卡特公司进料加工手册项下料件,装配挖掘机后出口。问:新创公司将轮胎售予卡特公司的经营行为属(　)。

A 进料成品内销　　　B 外发加工　　　C 异地加工　　　D 深加工结转

16.(单)无锡长弓电子科技有限公司办理加工贸易纸质手册,进口集成电路芯片,加工生产存储集成电路,加工生产完毕后,成品深加工结转至纪元电子(苏州)有限公司。长弓公司和纪元公司办理深加工结转手续的正确程序是(　)。

A 计划备案——结转报关——收发货登记

B 计划备案——收发货登记——结转报关

C 结转报关——计划备案——收发货登记

D 收发货登记——计划备案——结转报关

17.(多)加工贸易剩余料件如作(　)处理,必须填制报关单报关。

A 内销　　　　　B 结转　　　　　C 退运　　　　　D 放弃

18.(多)下列关于海关特殊监管区域外加工贸易货物后续征税数量的表述,正确的是(　)。

A 剩余料件和边角料内销直接按申报数量计征进口税

B 制成品内销根据单耗关系折算耗用掉的保税进口料件数量计征进口税

C 残次品内销根据单耗关系折算耗用掉的保税进口料件数量计征进口税

D 副产品内销按申报时实际状态的数量计征进口税

19.(判)加工贸易边角料,是指加工贸易企业从事加工复出口业务,在海关核定的单耗标准内,加工过程中产生的,无法再用于加工该合同项下出口制成品的数量合理的废、碎料及下脚料。(　)

20.(多)采用纸质手册管理的加工贸易企业向海关申请将剩余料件结转至另一个加工贸

易合同生产出口时，如不收取保证金、银行保函或采取其他相应的税收保全措施，应符合下列条件（　）。

A 同一经营单位　　B 同一加工厂

C 同样进口料件　　D 同一加工贸易方式

21.（判）加工贸易经营企业申请内销的剩余料件，如果金额占该加工贸易合同项下实际进口料件总额5%以内（含5%）且总值在人民币1万元以下（含1万元），商务主管部门免予审批，属于进口许可证件管理范围的，企业免交许可证件。（　）

22.（多）无锡长弓电子科技有限公司办理加工贸易纸质手册，进口集成电路芯片，加工生产存储集成电路，加工生产完毕后，成品深加工结转至纪元电子（苏州）有限公司。生产过程中产生的存储集成电路残次品经海关批准后作销毁处理。关于长弓公司销毁处理存储集成电路残次品，以下表述正确的是（　）。

A 销毁的存储集成电路残次品需办理纳税手续

B 销毁的存储集成电路残次品应填制报关单报关

C 由长弓公司按规定销毁，海关可派员监督

D 长弓公司应当收取有关部门出具的销毁证明材料，以备报核

23.（单）某显示系统公司是一家经海关批准，采用电子账册模式管理的加工贸易联网企业。该公司从某保税仓库提取前期购买的ABS塑料粒子和色母料一批，用于生产显示器外壳返销境外。下列有关显示器外壳内销时完税价格确定的表述，正确的是（　）。

A 以内销显示器外壳所耗用ABS塑料粒子等原料的原进口成交价格为基础审查确定完税价格

B 以接受内销申报的同时或者大约同时进口的与ABS塑料粒子等原料相同或者类似货物的进口成交价格为基础审查确定完税价格

C 以接受内销申报的同时或者大约同时进口的与显示器外壳相同或者类似货物的进口成交价格为基础审查确定完税价格

D 以显示器外壳内销价格审查确定完税价格

24.（单）加工贸易企业从事加工出口业务中，因不可抗力原因造成损毁导致无法复出口的保税进口料件和加工制成品内销，应当（　）。

A 按受灾货物免税，免纳缓税利息，免予交许可证件

B 按原进口货物纳税，缴纳缓税利息，交验相应的许可证件

C 按受灾货物纳税，缴纳缓税利息，免予交验许可证件

D 按原进口货物纳税，免纳缓税利息，交验相应的许可证件

25.（多）广州大洋塑料制品有限公司与中国香港纬元贸易有限公司签订印花塑料餐具加工合同，由纬元公司向大洋公司免费提供ABS树脂一批，并支付加工费，成品由纬元公司在境外销售。大洋公司为此向海关申领了加工贸易手册。大洋公司应在下列哪个规定期限内向海关报核（　）。

A 加工贸易手册到期之日起15日内

B 加工贸易手册到期之日起30日内

C 加工贸易手册项下最后一批成品出口之日起 15 日内

D 加工贸易手册项下最后一批成品出口之日起 30 日内

26.(多)对于遗失加工贸易登记手册的合同，加工贸易企业应持下列哪些单证向海关报核( )。

A 经营企业关于加工贸易手册遗失的书面报告

B 经营企业申请核销的书面材料

C 加工贸易进出口报关单

D 海关缉私部门出具的“行政处罚决定书”

27.(多)下列关于加工贸易企业联网监管的表述，正确的是( )。

A 联网监管目前采用电子账册和电子手册两种方式进行管理

B 电子账册分为经营范围电子账册和便捷通关电子账册

C 电子手册管理以企业整体加工贸易业务为单元实施监管

D 联网企业的加工贸易业务无须由商务主管部门审批

28.(多)某显示系统公司是一家经海关批准，采用电子账册模式管理的加工贸易联网企业。该公司应当向海关申请建立( )。

A E 账册　　B H 账册　　C IT 账册　　D K 账册

29.(多)某显示系统公司是一家经海关批准，采用电子账册模式管理的加工贸易联网企业。该公司从某保税仓库提取前期购买的 ABS 塑料粒子和色母料一批，用于生产显示器外壳返销境外。其中，色母料规格型号繁多，在企业内部采用“料号级”方式管理，而在电子账册备案时，则进行了“项号级”的归并。问：该公司将“料号级”的色母料作“项号级”归并，必须满足一定的条件，若属于( )情形的，则一定不能归并为同一个商品项号。

A 10 位 HS 编码不同　　B 商品名称不相同

C 申报计量单位不相同　　D 规格型号不相同

30.(单)纪元电子苏州有限公司是一家经海关批准，采用电子账册模式管理的加工贸易联网企业，该企业为承揽某笔加工贸易业务，对“便捷通关电子账册”的最大周转金额以及成品品种进行了变更，但未超过经营范围和加工能力。问：下列关于纪元公司变更“便捷通关电子账册”的表述，正确的是( )。

A 变更最大周转金额以及成品品种都需经商务主管部门审批

B 变更最大周转金额以及成品品种不需经商务主管部门审批

C 变更最大周转金额不需经商务主管部门审批，变更成品品种需经商务主管部门审批

D 变更最大周转金额需经商务主管部门审批，变更成品品种不需经商务主管部门审批

31.(单)海关对加工贸易联网企业(电子账册模式)进行盘库核对后，发现企业实际库存量少于电子底账核算结果，但企业提供了短缺的正当理由，对短缺部分，海关应( )。

A 通过正式报核审核

B 按照实际库存量调整电子底账的当期结余数量

C 按照内销处理

D 移交缉私部门处理

32.(单)纪元电子苏州有限公司是一家经海关批准,采用电子账册模式管理的加工贸易联网企业,纪元公司共进口存储集成电路 10 000 个,出口激光视盘机 5 000 台,每台激光视盘机用 1 个存储集成电路。但其中的 1 000 台由于质量问题退运。经海关批准内销存储集成电路 1 000 个,激光视盘机 1 000 台。尚剩余部分存储集成电路(生产过程中无损耗)。问:纪元公司向海关报核时,账册上的料件量为(　)。

A 4 000 个　　B 6 000 个　　C 3 000 个　　D 5 000 个

33.(判)电子化手册管理是海关以企业为单元,对加工贸易进行联网监管的一种方式。(　)

34.(单)保税区和出口加工区共有的主要功能是(　)。

A 仓储运输　　B 商品展示　　C 加工贸易　　D 转口贸易

35.(多)江苏某机械设备进出口公司与中国香港某贸易商分签购货合同,为苏州某服饰有限公司(位于某出口加工区)进口工业缝纫机 20 台,为苏州某金属制品有限公司(非鼓励类外商投资企业)进口数控镗床 2 台。货物同批从 B 国某港起运,由上海进境。全程运输的目的地为苏州。工业缝纫机和数控镗床均为法检商品。问:同批进口的工业缝纫机和数控镗床应按下列哪个规定向海关办理进口手续?(　)

A 两种货物虽同批进口,但须分单申报

B 两种货物均以"一般贸易"填制报关单向主管海关申报

C 工业缝纫机可免缴进口税,数控镗床应缴进口税

D 工业缝纫机可免予提交入境货物通关单;数控镗床应提交入境货物通关单

36.(多)申海工业有限公司(上海松江出口加工区内 A 类独资企业)于 2004 年 7 月至 2005 年 3 月期间先后从新加坡、马来西亚、日本等国购进橡胶磨床、粉末集尘器、制胶机、自动送料机等多批用于生产的设备及模具。问:2006、2007 年申海公司将设备运往区外维修,应(　)。

A 先报经主管海关批准

B 按照修理货物的管理规定办理出区手续

C 自运往区外维修出运之日起 60 天内运回区内

D 在运回区内时,将更换的零部件等一并运回区内

37.(单)自境内区外运入出口加工区的货物,正确的报关程序应当是(　)。

A 区外企业填制出口报关单—区内企业填制进境备案清单—海关向区外企业签发报关单退税,收汇证明联,向区内企业签发进境备案清单付汇证明联

B 区外企业填制进口报关单—区内企业填制进境备案清单—海关向区外企业签发报关单付汇证明联,向区内企业签发出境备案清单收汇证明联

C 区外企业填制出口报关单—区内企业填制进境备案清单—海关向区外企业签发报关单退税,收汇证明联,向区内企业签发出境备案清单收汇证明联

D 区外企业填制出境备案清单—区内企业填制进境备案清单—海关向区外企业签发出境备案清单退税,收汇证明联,向区内企业签发报关单付汇证明联

38.(多)下列关于出口加工区企业的货物深加工结转至海关特殊监管区域外加工贸易企

业的报关程序，表述正确的是（ ）。

A 转出企业先申请备案，转入企业自转出企业备案之日起 30 天内申请备案

B 转入企业先申请备案，转出企业自转入企业备案之日起 30 天内申请备案

C 转出企业每批发货后，在发货之日起 30 天内办结该批货物的出口报关手续

D 转入企业每批收货后，在收货之日起 30 天内办结该批货物的进口报关手续

39. 申海工业有限公司（上海松江出口加工区内 A 类独资企业）于 2004 年 7 月至 2005 年 3 月期间先后从新加坡、马来西亚、日本等国购进橡胶磨床、粉末集尘器、制胶机、自动送料机等多批用于生产的设备及模具。2010 年 6 月该公司因对生产线进行调整，决定将原进口的橡胶磨床、粉末集尘器等 5 台设备（原值 USD63453.00，属于自动进口许可证管理）转售给深圳鹏海科技有限公司，并按规定向海关办理出区报关手续。

(1)（多）2004—2005 年间，设备进口时（ ）。

A 适用海关保税制度管理

B 应在出口加工区海关办理进口报关手续

C 应交验自动进口许可证

D 应填写出口加工区进境货物备案清单向海关申报

(2)（多）2010 年 6 月设备转售鹏海公司，出区报关手续应按下列哪项规定办理？（ ）

A 应由鹏海公司按进口货物的有关规定办理报关手续

B 鹏海公司办理报关手续时，免予交验自动进口许可证

C 进口报关结束后，由申海公司填写“出口加工区出境货物备案清单”办理出区手续

D 设备转售区外，免予缴纳进口税

40.（单）江苏某机械设备进出口公司与中国香港某贸易商分签购货合同，为苏州某服饰有限公司（位于某出口加工区）进口工业缝纫机 20 台，为苏州某金属制品有限公司（非鼓励类外商投资企业）进口数控镗床 2 台。货物同批从 B 国某港起运，由上海进境。全程运输的目的地为苏州。问：同批进口的工业缝纫机和数控镗床在海关放行后，（ ）。

A 工业缝纫机和数控镗床均已结关

B 工业缝纫机和数控镗床均未结关

C 工业缝纫机尚未结关，数控镗床已结关

D 工业缝纫机已结关，数控镗床尚未结关

二、报关单填制训练

资料 1

上海土产进出口公司（3122215031）接受南京木材加工厂（320191××××）的委托，在 98TSP－5402SP 号合同下进口一批木材，属法检商品，自动进口许可证编号为：2100-2007-00718，委托上海万松报关有限公司全权代理报关事宜。装载货物轮船于 2006 年 9 月 4 日申报进口。9 月 16 日，由上海万松报关有限公司向上海海关电子申报，两天后持 B23186200101 手册向上海吴淞海关（2202）纸质报关，该货列手册第三项。该货物海关计量单位为立方米。

资料 2

YANGMING Marine Transport Corporation BILL OF LADING

Shipper; GLORYVIEW CORPORATION PTELTE NO. 8, KAKI BUKIT ROAD 2 NO. 0436 RUBY WAREHOUSE COMPLEX SINGAPORE 417841	Booking No. 10177	B/L No. YMLU140306033
	EXport References	
Consignee TO ORDER	Forwarding agent references	
	Point and Country of Origin of Goods SYDNEY, AUSTRALTA	
Notify party SHANGHAI N/P I/E CORP. NO. ××, ×××, PUDONG ×INQU SHANGHAI, CHINA Tel: FaX:	ALSO NOTIFY	
VESSEL Voy No. DA HE V. 048 Port of Loading SYDNEY, AUSFRALIA	3rd ORIGINAL	
Place of Delivery SHANGHAI, CHINA		

PARTICULARS FURNISHED BY MERCHANT

MKS & NOS/ CONTAINER NOS	NO. OF PKGs	DESCRIPTION OF PACKAGES AND GOODS	NET/GROSS(KGS)

SHIPPER'S LOAD STOW AND COUNT
SHIPPER'S DECLARED SEAL NUMBER
2× 40' CONTAINERS SAID TO CONTAIN:

G. W. 42 222. 77
N. W. 41 583

28 BUNDLES=6. 956 PCS=63. 9739 M^3
AUSTRALIA SAWN TIMBER

CONTAINER NO.
YMLU4434462 FCL/FCL ×40
YMLU4297272 FCL/FCL ×40

ON: 08/16/2006

ITEM	NO.	CHG	RATED AS	PER	RATE	PREPAID	COLLECT	
FREIGHT AS ARRANGED								By ______

资料 3

INVOICE

Messrs: SHANGHAI N/P I/E CORP.　　Invoice No. G×M0011A-98
Shipped Per m. v.　　Date. AUG. 12, 2006
DA HE/048　　Order No. 06J0032

DESCRIPTION OF GOODS	QUANTITY	UNIT PRICE	AMOUNT
AUSTRALIA SAW TIMBER	28BUNDLES 6956PIECES 63.9739M^3	USD270.00/ M^3	CIF SHANGHAI, CHINA USD17 272.95
SHIPMENT FROM: SYDNEY AUSTRALIA PORT TO: SHANGHAI, CHINA Kind Packages & Nos: 28 Bundles In Container Origin :Australia HS Code :44079990 GELORYVIEW CORPORATION PTELTE Director E & O. E.			PAYMENT: FREE OF CHARGE

请根据以上资料 1～3，以报关员的名义填制进口货物报关单。

资料 4

上海申华服装有限公司（3102911526）委托上海圣通贸易有限公司（3102212265）于 2011 年 6 月 7 日从境外采购进口原产自俄罗斯服装材料一批，申领电子账册 E53044278292，委托上海万松报关有限公司全权代理报关事宜。使用料件加工完毕后，尚剩余部分料件。上海申华服装有限公司于 2011 年 7 月 15 日向浦江海关（2201）申请将该批剩余料件内销给上海鑫鑫服装有限公司（3102312456），该批料件列电子账册第一项，内销征税联系单号为 01343378。

请根据资料 4，准确填写报关单。

三、实训练习

一飞科技（大连）有限公司是一家大连经济技术开发区港资企业，海关注册代码：2102148026，主要生产计算机用产品，产品 100%外销，外商公司为一飞科技（香港）有限公司。

2008 年 8 月 2 日，一飞科技（香港）有限公司接到美国客户 LAKKE 公司的一批订单，订单内容为：LAKKE 公司向一飞科技（香港）有限公司订购数码相机镜头（计算机用）2000PCS，单价为 USD 4 PER PC FOB DALIAN，交货日期最晚不得超过 2008 年 12 月 31 日。一飞科技（香港）有限公司将该订单安排给一飞科技（大连）有限公司负责生产及出口事宜。

2008 年 9 月 7 日，一飞科技（大连）有限公司开始着手该订单的生产，因生产需要，有一部分料件由我国香港公司进行采购。我国香港公司提供的装箱明细见下表。

装箱单

合同号:2008-1 日期:2008/9/6

品名规格	数量	总净重	总毛重	件数
单片数字集成电路/线宽 0.35 μm	8000PCS			
单片数字集成电路/线宽 0.18 μm	2000PCS			
单层双面空白的印刷电路板	2000PCS			
镜头	2000PCS			
		21.2KGS	22.2KGS	1 件

公司备好其他的国内采购的料件开始生产。生产完成后,2008 年 11 月 3 日,一飞科技(大连)有限公司请大连中远船务运输公司负责将货物运到我国香港。

一飞科技(大连)有限公司委托东盈报关行来代理报关业务。王清作为报关员,应如何完成报关业务?请设计报关流程。

情境三　减免税货物的报关程序

◆ 学习目标

通过学习本项目，掌握享受特定减免税的特定地区、特定企业和特定用途的货物进出口通关程序，可以进行规范操作，能进行进出口报关流程的设计；理解我国各项优惠措施对国家经济发展的意义。

◆ 项目引入

大连大洋制衣有限公司（以下简称大洋公司，公司代码为 210243××××）是 1994 年成立的一家外商合资经营企业，也是东盈报关行的老客户。一天，王清在整理当月为大洋公司所申报的单证时，发现这样一票业务：

2009 年 4 月 5 日，大洋公司进口两台生产设备。货物在进境时并未缴纳进口关税及进口环节海关代征税，王清就向公司的经理请教，经理告诉王清，这票货物属于特定减免税货物。特定减免税货物在报关时应该注意哪些问题？具体的报关程序如何？什么货物享受减免税的优惠待遇呢？

◆ 知识准备

Ⅰ　关税减免概述

一、关税减免简介

关税减免又称为关税优惠，是减征关税和免征关税的合称。根据我国《海关法》第五十六条、第五十七条和第五十八条的规定，关税减免分为三大类，即法定减免税、特定减免税和临时减免税。实际上，特定减免税和临时减免税都属于政策性减免税范围，两者并无明显的区别。

法定减免税，一般是指《海关法》、《进出口关税条例》，以及其他法律、法规所实施的减免税，大多与国际通行规则相一致，除外国政府、国际组织无偿赠送的物资外，其他法定减免税货物一般无须办理减免税审批手续。

政策性减免税，是指根据国家政治、经济政策的需要，经国务院批准，对特定地区、特定企业或者有特定用途的进出口货物，给予减免进出口税收的优惠政策，包括基于特定目的实行的临时减免税政策。

特定减免税货物：
- 特定企业
- 特定用途
- 特定地区

特定减免税货物是指海关根据国家政策规定准予减免税进境，并使用于特定地区、特定企业、特定用途的货物。

特定地区是指出口加工区、珠海园区、保税区、保税物流园区、保税港区。

特定企业是指鼓励类外商投资企业，具体包括中外合资企业、中外合作企业、外商独资企业。

具有特定用途的货物详见模块 6 进出口税费缴纳之六"进出口税费减免"。

一般来说，政策性减免税进口货物有以下几个特点：纳税义务人必须在货物进出口前办理减免税审批手续；政策性减免税货物放行后，在其监管年限内应当接受海关监管，未经海关核准并交纳关税，不得移作他用；可以在两个享受同等税收优惠待遇的单位之间转让并无须补税。自 2009 年 1 月 1 日起，国家实施增值税转型改革后，大部分进口减免税货物恢复征收进口增值税，只免征进口关税。

二、减免税货物的管理

(1)除海关总署另有规定外，在海关监管年限内，减免税申请人应当按照海关规定保管、使用进口减免税货物，并依法接受海关监管。

进口减免税货物的监管年限为：

①船舶、飞机：8 年；

②机动车辆：6 年；

③其他货物：5 年。

监管年限自货物进口放行之日起计算。

(2)减免税申请人可以自行向海关申请办理减免税备案、审批、税款担保和后续管理业务等相关手续，也可以委托他人办理前述手续。

进口货物减免税申请人，是指根据有关进口税收优惠政策和有关法律法规的规定，可以享受进口税收优惠，并依法向海关申请办理减免税相关手续的具有独立法人资格的企事业单位、社会团体、国家机关；符合规定的非法人分支机构；经海关总署审查确认的其他组织。

已经在海关办理注册登记并取得报关注册登记证书的报关企业或者进出口货物收发货人可以接受减免税申请人委托，代为办理减免税相关事宜。

(3)有下列情形之一的，减免税申请人可以向海关申请凭税款担保先予办理货物放行手续：

①主管海关按照规定已经受理减免税备案或者审批申请，尚未办理完毕的；

②有关进口税收优惠政策已经国务院批准，具体实施措施尚未明确，海关总署已确认减免税申请人属于享受该政策范围的；

③其他经海关总署核准的情况。

国家对进出口货物有限制性规定，应当提供许可证件而不能提供的，以及法律、行政法规规定不得担保的其他情形，不得办理减免税货物凭税款担保放行手续。

减免税申请人需要办理税款担保手续的，应当在货物申报进口前向主管海关提出申请，主管海关准予担保的，出具"中华人民共和国海关准予办理减免税货物税款担保证明"，进口地海关凭主管海关出具的准予担保证明，办理货物的税款担保和验放手续。税款担保期限不超过6个月，经直属海关关长或其授权人批准可以予以延期，延期时间自税款担保期限届满之日起算，延长期限不超过6个月。特殊情况仍需要延期的，应当经海关总署批准。海关按规定延长减免税备案、审批手续办理时限的，减免税货物税款担保时限可以相应延长，主管海关应当及时通知减免税申请人向海关申请办理减免税货物税款担保延期的手续。

(4)在海关监管年限内，减免税申请人应当自进口减免税货物放行之日起，在每年的第1季度向主管海关递交减免税货物使用状况报告书，报告减免税货物使用状况。在海关监管年限及其后3年内，海关依照《海关法》和《稽查条例》有关规定对减免税申请人进口和使用减免税货物情况实施稽查。

(5)在海关监管年限内，减免税申请人将进口减免税货物转让给进口同一货物享受同等减免税优惠待遇的其他单位的，不予恢复减免税货物转出申请人的减免税额度，减免税货物转入申请人的减免税额度按照海关审定的货物结转时的价格、数量或者应缴税款予以扣减。减免税货物因品质或者规格原因原状退运出境，减免税申请人以无代价抵偿方式进口同一类型货物的，不予恢复其减免税额度；未以无代价抵偿方式进口同一类型货物的，减免税申请人在原减免税货物退运出境之日起3个月内向海关提出申请，经海关批准，可以恢复其减免税额度。对于其他提前解除监管的情形，不予恢复减免税额度。

知识点讲解：

特定减免税有别于法定减免税，法定减免税是《海关法》等法律明确规定要减免的，如"关税税额在50元以下的一票货物免征"就是法定减免。而特定减免是由国家的政策决定的，是根据特定地区、特定企业、特定用途来确定的，可以随时调整。

特定减免税货物是实际进口货物，要办理正规的进口报关手续，该交验许可证的必须提交许可证，其特殊之处只是进口时可以享受关税优待，可以减税或者免税。但是享受减税或免税所付出的代价是该货物在境内的支配权受限，在规定的监管年限内必须在特定的地区，或者特定的企业使用，或者其使用符合特定的用途。

Ⅱ 减免税货物的报关程序

操作流程：

减免税备案和审批(前期阶段)→进口报关→后续处置和解除监管(后续阶段)。

一、减免税备案和审批

减免税申请人应当向其所在地海关申请办理减免税备案、审批手续，特殊情况除外。

投资项目所在地海关与减免税申请人所在地海关不是同一海关的，减免税申请人应当向投资项目所在地海关申请办理减免税备案、审批手续。

投资项目所在地涉及多个海关的，减免税申请人可以向其所在地海关或者有关海关的共同上级海关申请办理减免税备案、审批手续。有关海关的共同上级海关可以指定相关海关办理减免税备案、审批手续。

投资项目由投资项目单位所属非法人分支机构具体实施的，在获得投资项目单位的授权并经投资项目所在地海关审核同意后，该非法人分支机构可以向投资项目所在地海关申请办理减免税备案、审批手续。

1.减免税备案

减免税申请人按照有关进出口税收优惠政策的规定申请减免税进出口相关货物，海关需要事先对减免税申请人的资格或者投资项目等情况进行确认的，减免税申请人应当在申请办理减免税审批手续前，向主管海关申请办理减免税备案手续。

2.减免税审批

减免税备案后，减免税申请人应当在货物申报进口前，向主管海关申请办理进口货物减免税审批手续，并同时提交下列材料：

(1)进出口货物征免税申请表；

(2)企业营业执照或者事业单位法人证书、国家机关设立文件、社团登记证书、民办非企业单位登记证书、基金会登记证书等证明材料；

(3)进出口合同、发票及相关货物的产品情况资料；

(4)相关政策规定的享受进出口税收优惠政策资格的证明材料；

(5)海关认为需要提供的其他材料。

减免税申请人按照本条规定提交证明材料的，应当交验原件，同时提交加盖减免税申请人有效印章的复印件。

海关收到减免税申请人的减免税审批申请后，经审核符合相关规定的，确定其所申请货物征税、减税或者免税的决定，并签发“进出口货物征免税证明”。

“进出口货物征免税证明”的有效期按照具体政策规定签发，但最长不得超过半年，持证人应当在征免税证明的有效期内办理有关进口货物通关手续。如情况特殊，可以向海关申请延期一次，延期时间自有效期届满之日起算，延长期限不得超过 6 个月。海关总署批准的特殊情况除外。

“进出口货物征免税证明”使用一次有效，即一份征免税证明上的货物只能在一个进口口岸一次性进口。如果同一合同项下货物分口岸进口或分批到货的，应向审批海关申明，并按到货口岸、到货日期分别申请征免税证明。

二、进口报关

政策性减免税货物进口报关程序，可参见“一般进出口货物的报关程序”中的有关内容。但是政策性减免税货物进口报关的有些具体手续与一般进出口货物的报关有所不同：

(1)减免税货物进口报关时，进口货物收货人或其代理人除了向海关提交报关单及随附单证以外，还应当向海关提交“进出口货物征免税证明”。海关在审单时从计算机查阅征免税证明的电子数据，核对纸质的“进出口货物征免税证明”。

(2)减免税货物进口填制报关单时，报关员应当特别注意报关单上“备案号”栏目的填写。“备案号”栏内填写“进出口货物征免税证明”上的 12 位编号，12 位编号写错将不能通过海关计算机逻辑审核，或者在提交纸质报关单证时无法顺利通过海关审单。

三、减免税货物的处置

1.变更使用地点

在海关监管年限内，减免税货物应当在主管海关核准的地点使用。需要变更使用地点的，减免税申请人应当向主管海关提出申请，说明理由，经海关批准后方可变更使用地点。减免税货物需要移出主管海关管辖地使用的，减免税申请人应当事先持有关单证及需要异地使用的说明材料向主管海关申请办理异地监管手续，经主管海关审核同意并通知转入地海关后，减免税申请人可以将减免税货物运至转入地海关管辖地，转入地海关确认减免税货物情况后进行异地监管。

减免税货物在异地使用结束后，减免税申请人应当及时向转入地海关申请办结异地监管手续，经转入地海关审核同意并通知主管海关后，减免税申请人应当将减免税货物运回主管海关管辖地。

2.结转

在海关监管年限内，减免税申请人将进口减免税货物转让给进口同一货物享受同等减免税优惠待遇的其他单位的，应当按照下列规定办理减免税货物结转手续：

(1)减免税货物的转出申请人持有关单证向转出地主管海关提出申请，转出地主管海关审核同意后，通知转入地主管海关。

(2)减免税货物的转入申请人向转入地主管海关申请办理减免税审批手续。转入地主管海关审核无误后签发征免税证明。

(3)转出、转入减免税货物的申请人应当分别向各自的主管海关申请办理减免税货物的出口、进口报关手续。

(4)转出地主管海关办理转出减免税货物的解除监管手续。结转减免税货物的监管年限应当连续计算，转入地主管海关在剩余监管年限内对结转减免税货物继续实施后续监管。

(5)转入地海关和转出地海关为同一海关的，按照本条第一款规定办理。

3.转让

在海关监管年限内，减免税申请人将进口减免税货物转让给不享受进口税收优惠政策或者进口同一货物不享受同等减免税优惠待遇的其他单位的，应当事先向减免税申请人主管海关申请办理减免税货物补缴税款和解除监管手续。

4.移作他用

在海关监管年限内，减免税申请人需要将减免税货物移作他用的，应当事先向主管海关提出申请。经海关批准，减免税申请人可以按照海关批准的使用地区、用途、企业将减免税货物移作他用。主要包括以下情形：

(1)将减免税货物交给减免税申请人以外的其他单位使用；

(2)未按照原定用途、地区使用减免税货物；

(3)未按照特定地区、特定企业或者特定用途使用减免税货物的其他情形。

按照以上规定将减免税货物移作他用的，减免税申请人应当按照移作他用的时间补缴相应税款；移作他用时间不能确定的，应当提交相应的税款担保，税款担保不得低于剩余监管年限应补缴税款总额。

5. 变更、终止

(1)变更　在海关监管年限内，减免税申请人发生分立、合并、股东变更、改制等变更情形的，权利义务承受人应当自营业执照颁发之日起30日内，向原减免税申请人的主管海关报告主体变更情况及原减免税申请人进口减免税货物的情况。

经海关审核，需要补征税款的，承受人应当向原减免税申请人主管海关办理补税手续；可以继续享受减免税待遇的，承受人应当按照规定申请办理减免税备案变更或者减免税货物结转手续。

(2)终止　在海关监管年限内，因破产、改制或者其他情形导致减免税申请人终止，没有承受人的，原减免税申请人或者其他依法应当承担关税及进口环节海关代征税缴纳义务的主体应当自资产清算之日起30日内向主管海关申请办理减免税货物的补缴税款和解除监管手续。

6. 退运、出口

在海关监管年限内，减免税申请人要求将进口减免税货物退运出境或者出口的，应当报主管海关核准。

减免税货物退运出境或者出口后，减免税申请人应当持出口货物报关单向主管海关办理原进口减免税货物的解除监管手续。

减免税货物退运出境或者出口的，海关不再对退运出境或者出口的减免税货物补征相关税款。

7. 贷款抵押

在海关监管年限内，减免税申请人要求以减免税货物向金融机构办理贷款抵押的，应当向主管海关提出书面申请。经审核符合有关规定的，主管海关可以批准其办理贷款抵押手续。

减免税申请人不得以减免税货物向金融机构以外的公民、法人或者其他组织办理贷款抵押。

减免税申请人以减免税货物向境内金融机构办理贷款抵押的，应当向海关提供下列形式的担保：

(1)与货物应缴税款等值的保证金；

(2)境内金融机构提供的相当于货物应缴税款的保函；

(3)减免税申请人、境内金融机构共同向海关提交“进口减免税货物贷款抵押承诺保证书”，书面承诺当减免税申请人抵押贷款无法清偿需要以抵押物抵偿时，抵押人或者抵押权人先补缴海关税款，或者从抵押物的折(变)价款中优先偿付海关税款。

减免税申请人以减免税货物向境外金融机构办理贷款抵押的，应当向海关提交与货物应缴税款等值的保证金或者境内金融机构提供的相当于货物应缴税款的保函。

8. 解除监管

减免税货物海关监管年限届满的，自动解除监管，减免税申请人可以不用向海关申请领取“中华人民共和国海关进口减免税货物解除监管证明”。减免税申请人需要海关出具解除监管证明的，可以自办结补缴税款和解除监管等相关手续之日或者自海关监管年限届满之日起1年内，向主管海关申请领取解除监管证明。海关审核同意后出具“中华人民共和国海关进口减免税货物解除监管证明”。

在海关监管年限内的进口减免税货物，减免税申请人书面申请提前解除监管的，应当向主管海关申请办理补缴税款和解除监管手续。按照国家有关规定在进口时免予提交许可证件的进口减免税货物，减免税申请人还应当补交有关许可证件。

知识点讲解：

特定减免税货物的报关程序分为3个阶段：减免税申请阶段、进口报关阶段和申请解除监管阶段。申请阶段一般是先向主管海关备案（特定地区、特定企业主管地海关），取得“进出口货物征免税证明”。

“进出口货物征免税证明”的使用是个重点，其有效期是6个月，最长延长期是6个月；其使用次数方面，是“一批一证”和“一证一关”。

因为特定减免税货物与一般进出口货物在报关方面的区别就是关税获得了减免，因此报关时其手续跟一般进出口货物类似，只是需要提交特殊的单证，即“进出口货物征免税证明”。

特定减免税货物实际上是特定监管货物，所以它有一个监管解除的问题，其解除有两种情况：一是到期自动解除；二是因使用方向转变而中途解除监管。中途解除监管时相关利益人必须补交税款，海关按照使用时间审查确定完税价格征税，货物补交税款后才能彻底获得自由。

Ⅲ　减免税货物报关单填制

一、操作流程

特定减免税货物进口 {
- 外商投资企业投资总额内进口
- 国内投资项目进口
- 外商投资企业投资总额外自有资金进口
- 科教用品/科技开发用品进口

} 实际进口报关单

特定减免税货物结转→结转进口报关单/结转出口报关单。

二、操作要点

1.外商投资企业投资总额内进口特定减免税货物

中华人民共和国海关进口货物报关单

(1)备案号：征免税证明编号（首位为Z）。

(2)经营单位：外商投资企业的中文名称及编码。

(3)贸易方式：合资合作设备（代码为2025）或外资设备物品（代码为2225）。

(4)征免性质：鼓励项目（代码为789）。

(5)用途：企业自用（代码为04）。

(6)标记唛码及备注：委托××公司进口。

(7)项号：第一项填报货物在报关单中商品排列序号，第二项填报货物在征免税证明中对应的商品序号。

(8)征免：全免。

2. 国内投资项目进口自用设备

中华人民共和国海关进口货物报关单

(1)备案号:征免税证明编号(首位为 Z)。

(2)经营单位:代理企业的中文名称及编码。

(3)贸易方式:一般贸易(代码为 0110)。

(4)征免性质:鼓励项目(代码为 789)。

(5)用途:企业自用(代码为 04)。

(6)项号:第一项填报货物在报关单中商品排列序号,第二项填报货物在征免税证明中对应的商品序号。

(7)征免:全免。

3. 外商投资企业投资总额外自有资金进口(有征免税证明)

中华人民共和国海关进口货物报关单

(1)备案号:征免税证明编号(首位为 Z)。

(2)经营单位:代理企业的中文名称及编码。

(3)贸易方式:一般贸易(代码为 0110)。

(4)征免性质:自有资金(代码为 789)。

(5)用途:企业自用(代码为 04)。

(6)项号:第一项填报货物在报关单中商品排列序号,第二项填报货物在征免税证明中对应的商品序号。

(7)征免:全免。

4. 外商投资企业投资总额外自有资金进口(无征免税证明)

中华人民共和国海关进口货物报关单

(1)备案号:本栏为空。

(2)经营单位:代理企业的中文名称及编码。

(3)贸易方式:一般贸易(代码为 0110)。

(4)征免性质:一般征税(代码为 101)。

(5)用途:外贸自营内销(代码为 01)。

(6)项号:第一项填报货物在报关单中商品排列序号,第二项为空。

(7)征免:照章征税。

5. 科教用品/科技开发用品进口

中华人民共和国海关进口货物报关单

(1)备案号:征免税证明编号(首位为 Z)。

(2)经营单位:代理企业的中文名称及编码。

(3)贸易方式:一般贸易(代码为 0110)。

(4)征免性质:科教用品(代码为 401)。

(5)项号:第一项填报货物在报关单中商品排列序号,第二项填报货物在征免税证明中对应的商品序号。

(6)征免:全免。

6.特定减免税货物结转

特定减免税结转应该填制两份报关单，转入企业填制进口报关单，转出企业填制出口报关单。

中华人民共和国海关进口货物报关单(形式进口)

(1)备案号:征免税证明编号(首位为 Z)。

(2)经营单位:转入企业名称及代码。

(3)运输方式:其他运输(代码为 9)。

(4)运输工具名称:本栏为空。

(5)提运单号:本栏为空。

(6)收货单位:转入企业名称及代码。

(7)贸易方式:减免设备结转。

(8)征免性质:鼓励项目(代码为 789)。

(9)起运国(地区):中国。

(10)装货港:中国境内。

(11)成交方式:CIF。

(12)运费:本栏为空。

(13)保费:本栏为空。

(14)用途:企业自用(代码为 04)。

(15)标记唛码及备注:结转联系函编号。

(16)项号:第一项填报货物在报关单中商品排列序号,第二项填报货物在征免税证明中对应的商品序号。

(17)原产国(地区):设备原生产国。

(18)征免:全免。

中华人民共和国海关出口货物报关单(结转出口)

(1)备案号:结转联系函编号。

(2)经营单位:转出企业名称及代码。

(3)运输方式:其他运输(代码为 9)。

(4)运输工具名称:本栏为空。

(5)提运单号:本栏为空。

(6)发货单位:转出企业名称及代码。

(7)贸易方式:减免设备结转。

(8)征免性质:鼓励项目(代码为 789)。

(9)运抵国(地区):中国。

(10)指运港:中国境内。

(11)成交方式:FOB。

(12)运费:本栏为空。

(13)保费:本栏为空。

(14)标记唛码及备注:转入企业征免税证明编号,转入进口报关单号作为关联报关单号填入。

(15)项号:第一项填报货物在报关单中商品排列序号,第二项填报货物在征免税证明中对应的商品序号。

(16)最终目的国(地区):中国。

(17)征免:全免。

◈ 能力训练

一、基本知识练习

1.(单)特定减免税进口货物的海关监管期限按照货物的种类各有不同,以下特定减免税货物的正确海关监管期限是(　)。

A 船舶、飞机、建材、8 年;机动车辆、6 年;其他货物、5 年

B 船舶、飞机、8 年;机动车辆、6 年;其他货物、5 年

C 船舶、飞机、建材、8 年;机动车辆、家用电器、6 年;其他货物、5 年

D 船舶、飞机、8 年;机动车辆、6 年;其他货物、3 年

2.(判)如果一批特定减免税货物从不同口岸进口,可以只办理一份"进出口货物征免税证明"。(　)

3.(单)北京某外资企业从美国购进大型机器成套设备,分三批运输进口,其中两批从天津进口,另一批从青岛进口。该企业在向海关申请办理该套设备的减免税手续时,下列做法正确的是(　)。

A 向北京海关分别申领两份征免税证明

B 向北京海关分别申领三份征免税证明

C 向天津海关申领一份征免税证明,向青岛海关申领一份征免税证明

D 向天津海关申领两份征免税证明,向青岛海关申领一份征免税证明

4.(单)某公司免税进口造船设备一套,进口 1 年后开始使用,使用 2 年后转让给享有同等免税优惠待遇的另一公司,办理结转手续后,海关继续对该设备进行管理的期限为(　)。

A 8 年　　　B 5 年　　　C 3 年　　　D 2 年

5.(多)在海关监管期限内(　),不能按照"结转"办理海关手续。

A 将减免税货物转让给不享受进口税收优惠政策的其他单位的

B 将减免税货物转让给进口同一货物不享受同等减免税优惠待遇的其他单位的

C 将减免税货物转让给进口同一货物享受同等减免税优惠待遇的其他单位的

D 减免税申请人未按照原定用途、地区使用减免税货物的

二、报关单填制训练

资料 1

辽宁海韵工程有限公司(2101243×××)在投资总额内进口工程用设备(法定计量单位:

台)。在设备进口前,向主管海关办理了进出口货物征免税证明(海关签注的征免性质为“鼓励项目”)。货物委托大连机械设备进出口公司(210291××××)与外商签约并代理进口,货物到港后由大连海通货运有限公司(2102980111)代理进口报关。全程运保费为港币 20 000 元。入境货物通关单号为 44210010303330。

资料 2

BILL OF LADING

Shipper TONG WOO SHIPPING CO., LTD. O&B, JULIO CO., LTD ×××ROAD, HONG KONG	B/L No. HK0605200008
Consignee DALIAN MECHINERY AND EQUIPMENT I/E CORP. TEL:×××××××× FAX:××××××××	Honour Lane Shipping Ltd Bill of Lading
Notify party SAME AS CONSIGNEE	

Pre-Carriage by		Place of receipt	
Vessel HUA XIN	Voy No. V. 0605	Port of loading HONG KONG	
Port of discharge Dalian		Place of delivery Dalian CY	

Container No. /Seal No. Marks and Numbers	No. of containers or pkgs.	Kind of Packages; description of goods	Gross weight	Measurement (CBM)
	AUTO PACKER	2 SETS	2 590 KGS	

P/O No:2006-LGGZ-040

PACKAGE NO:

NET WEIGHT:KGS

GROSS WEIGHT:KGS

SIZE:L(CM) ×W(CM) ×H(CM)

ITEM:

MADE IN GERMANY　　　　STC:TKL-CY

CA×U 9400342/04979/HQ

资料 3

COMMERCIAL INVOICE

Shipper/EXporter
TIAN HONG, LTD.
KAI CHEUNG ROAD
KOWLOON BAY, HONG KONG

No. & date of invoice
INV-SW-001 DATED JUL. 24, 2006

Consignee
DALIAN MECHINERY AND EQUIPMENT I/E CORP.
××ROAD
DALIAN, P. R. CHINA

No. & date of L/C
L/C issuing bank
NIL

Notify Party
ACCOUNTEE

Port of loading
HAMBURG PORT
GEMANY

Port of discharge
DALIAN PORT
CHINA

Vessel
STEVEN SEA v. 062S

Sailing on or about
JUL. 25, 2006

Remarks:
COUNTRY OF ORIGIN:
THE FEDERAL REPUBLIC OF
GERMANY TERMS:
FOB HAMBURG PORT AT SIGHT

Marks & numbers of PKGS	Description of Goods	Quantity	Unit-Price(HKD)	Amount(HKD)
	AUTO PACKER	2 SET	200 000.00	40 000.00
	TOTAL:		40 000.00	

P/O No: 2006-LGGZ-040
PACKAGE NO:
NET WEIGHT: KGS
GROSS WEIGHT: KGS
SIZE: L(CM) ×W(CM) ×H(CM)
ITEM:
MADE IN GERMANY

TIAN HONG, LTD.

资料 4

PACKING LIST

Shipper/EXporter TIAN HONG, LTD. KAI CHEUNG ROAD KOWLOON BAY, HONG KONG	No. & date of invoice INV-SW-001 DATED JUL. 24, 2006
Consignee DALIAN MECHINERY AND EQUIPMENT I/E CORP. ××ROAD DALIAN, P. R. CHINA	No. & date of L/C L/C issuing bank NIL
Notify Party ACCOUNTEE	Remarks: COUNTRY OF ORIGIN: THE FEDERAL REPUBLIC OF GERMANY TERMS: FOB HAMBURG PORT AT SIGHT

Port of loading HAMBURG PORT GEMANY	Port of discharge DALIAN PORT CHINA
Vessel STEVEN SEA v. 062S	Sailing on or about JUL. 25, 2006

Marks & numbers of PKGS	Description of Goods	Quantity	Net-Weight	Gross-Weight	Measurement
	AUTO PACKER	2 SET	1680KGS	2590KGS	
TOTAL 17 W/CASES			1680KGS	2590KGS	

P/O No: 2006-LGGZ-040

PACKAGE NO:

NET WEIGHT: KGS

GROSS WEIGHT: KGS

SIZE: L(CM) ×W(CM) ×H(CM)

ITEM:

MADE IN GERMANY

TIAN HONG, LTD.

请根据以上资料 1～4，以报关员名义填写报关单。

三、实训练习

大连三开电器有限公司为2005年10月成立的外商独资企业，海关注册代码为210224××××，投资总额为1 000万美元，其中办公用品、厂房等实物投资为USD2 856 753；截止到2008年10月15日，已申请进口设备总额为USD5 864 381，均为免税进口。2008年8月16日，因生产需要，该公司要进口两台日本原产注塑机，每台注塑机净重8 500 kg，毛重10 000 kg，单价USD34 647，于2008年9月26日从日本海运运至大连，集装箱号为TCKU9194822×40'，当天即向大连开发区海关申报。

大连三开电器有限公司委托东盈报关行代为办理。王清接受任务后，作为该公司的报关员，应如何完成报关业务？

情境四　暂准进出境货物的报关程序

◆ 学习目标

了解暂准进出境货物的范围，掌握暂准进出境货物的报关程序，可以进行规范操作，能进行进出口报关流程的设计。

◆ 项目引入

2010 年 5 月 1 日到 10 月 31 日，举世瞩目的上海世博会，吸引了 200 多个国家和国际组织参展。在世博会期间，各国大量的展览品在我国展出，其中包括塞舌尔国宝亚达伯拉象龟、新西兰银厥、日本新概念车、俄罗斯月球车等特殊展品，丹麦小美人鱼铜像、西班牙仿古船、墨西哥玛雅柱等国宝级展品，在展会结束后还要复运出境。王清想了解对这些货物海关在管理上有哪些规定，它们可以在我国境内停留多长时间，海关在通关上给予什么便利。

◆ 知识准备

Ⅰ　暂准进出境货物概述

- 暂准进出境货物
  - 展览品
    - 使用 ATA 单证册报关的展览品
    - 不使用 ATA 单证册报关的展览品
  - 其他暂准进出境货物

一、含义

暂准进出境货物是暂准进境货物和暂准出境货物的合称。

暂准进境货物是指为了特定的目的，经海关批准暂时进境，按规定的期限原状复运出境的货物。

暂准出境货物是指为了特定的目的，经海关批准暂时出境，按规定的期限原状复运进境的货物。

二、范围

暂准进出境货物分为两大类。

第一类暂准进出境货物，包括：

(1)在展览会、交易会、会议及类似活动中展示或者使用的货物；

(2)文化、体育交流活动中使用的表演、比赛用品;

(3)进行新闻报道或者摄制电影、电视节目使用的仪器、设备及用品;

(4)开展科研、教学、医疗活动使用的仪器、设备及用品;

(5)上述4项活动中使用的交通工具及特种车辆;

(6)货样;

(7)供安装、调试、检测设备时使用的仪器、工具;

(8)盛装货物的容器;

(9)其他用于非商业目的的货物。

第二类是指第一类以外的暂准进出境货物,如工程施工中使用的设备、仪器及用品。

三、特征

1. 暂时免予缴纳税费

第一类暂准进出境货物,在进境或者出境时向海关缴纳相当于应纳税款的保证金或者提供其他担保的,暂时免予缴纳全部税费;第二类暂准进出境货物,应当按照该货物的完税价格和其在境内滞留时间与折旧时间的比例计算征收进口关税。

2. 免予提交进出口许可证件

暂准进出境货物不是实际进出口货物,只要按照暂准进出境货物的有关法律、行政法规办理进出境手续,可免予交验进出口许可证件。但是,涉及公共道德、公共安全、公共卫生所实施的进出境管制制度的暂准进出境货物应当凭许可证件进出境。

3. 规定期限内按原状复运进出境

暂准进出境货物应当自进境或者出境之日起6个月内复运出境或者复运进境;经收发货人申请,海关可以根据规定延长复运出境或者复运进境的期限。

4. 按货物实际流向办结海关手续

暂准进出境货物都必须在规定期限内,由货物的收发货人根据货物的不同流向向海关办理核销结关手续。

知识点讲解:

暂准进出境货物是指为了特定的目的,如为了使用、展览等目的,而非为了出售,将特定物品暂时进境或者暂时出境,等到使用或者展览结束后原状复运出境或者复运进境。

暂准进出境货物不是实际进出口货物,这类货物跨越国境的目的不是为了向进口国销售,而是为了在进口国完成某种特定的使命,等完成特定的使命后就要原状复运进出境。因此,它和一般进出口货物有本质的区别,进境时免纳关税,免交许可证,未办结海关手续,是海关特殊监管货物。这类货物将来必须复运出境,否则就要按实际使用情况办结正式的海关手续。

一般而言,我们所说的暂准进出境货物在进出境时都要向海关提交相当于应纳税款的保证金或者保函。

Ⅱ　暂准进出境货物的报关程序

操作流程：

暂准进出境货物报关流程：
- 前期阶段：备案
- 进出境阶段：进出口报关
- 后续阶段：核销

一、使用ATA单证册的暂准进出境货物

（一）ATA单证册概述

1.含义

ATA单证册是“暂准进口单证册”的简称，是指世界海关组织通过的《货物暂准进口公约》及其附约A和《关于货物暂准进口的ATA单证册海关公约》（以下简称《ATA公约》）中规定使用的，用于替代各缔约方海关暂准进出口货物报关单和税费担保的国际性通关文件。

2.格式

一份ATA单证册一般由8页ATA单证组成：一页绿色封面单证、一页黄色出口单证、一页白色进口单证、一页白色复出口单证、两页蓝色过境单证、一页黄色复进口单证、一页绿色封底。

我国海关只接受用中文或者英文填写的ATA单证册。

3.适用

在我国，使用ATA单证册的范围仅限于展览会、交易会、会议及类似活动项下的货物。除此以外的货物，我国海关不接受持ATA单证册办理进出口申报手续。

4.管理

（1）出证担保机构　中国国际商会是我国ATA单证册的出证和担保机构，负责签发出境ATA单证册，向海关报送所签发单证册的中文电子文本，协助海关确认ATA单证册的真伪，并且向海关承担ATA单证册持证人因违反暂准进出境规定而产生的相关税费、罚款。

（2）管理机构　海关总署在北京海关设立ATA核销中心。ATA核销中心对ATA单证册的进出境凭证进行核销、统计及追索，应成员方担保人的要求，依据有关原始凭证，提供ATA单证册项下暂准进出境货物已经进境或者从我国复运出境的证明，并且对全国海关ATA单证册的有关核销业务进行协调和管理。

（3）延期审批　使用ATA单证册报关的货物暂准进出境期限为自货物进出境之日起6个月。超过6个月的，ATA单证册持证人可以向海关申请延期。延期最多不超过3次，每次延长期限不超过6个月。延长期届满应当复运出境、进境或者办理进出口手续。

ATA单证册项下货物延长复运出境、进境期限的，ATA单证册持证人应当在规定期限届满30个工作日前向货物暂准进出境申请核准地海关提出延期申请，并提交“货物暂时进/出境延期申请书”及相关申请材料。

直属海关受理延期申请的，应当于受理申请之日起20个工作日内制发“中华人民共和国

海关货物暂时进/出境延期申请批准决定书”或者“中华人民共和国海关货物暂时进/出境延期申请不予批准决定书”。

参加展期在 24 个月以上展览会的展览品，在 18 个月延长期届满后仍需要延期的，由主管地直属海关报海关总署审批。

ATA 单证册项下暂时进境货物申请延长期限超过 ATA 单证册有效期的，ATA 单证册持证人应当向原出证机构申请续签 ATA 单证册。续签的 ATA 单证册经主管地直属海关确认后可替代原 ATA 单证册。

续签的 ATA 单证册只能变更单证册有效期限，其他项目均应当与原单证册一致。续签的 ATA 单证册启用时，原 ATA 单证册失效。

(4)追索　ATA 单证册项下暂时进境货物未能按照规定复运出境或者过境的，ATA 核销中心向中国国际商会提出追索。自提出追索之日起 9 个月内，中国国际商会向海关提供货物已经在规定期限内复运出境或者已经办理进口手续证明的，ATA 核销中心可以撤销追索；9 个月期满后未能提供上述证明的，中国国际商会应当向海关支付税款和罚款。

(二)报关程序

1.进出口申报

持 ATA 单证册向海关申报进出境货物，不需向海关提交进出口许可证件，也不需另外再提供担保。但如果进出境货物受公共道德、公共安全、公共卫生、动植物检疫、濒危野生动植物保护、知识产权保护等限制的，展览品收发货人或其代理人应当向海关提交相关的进出口许可证件。

(1)进境申报　进境货物收货人或其代理人持 ATA 单证册向海关申报进境展览品时，先在海关核准的出证协会中国国际商会及其他商会，将 ATA 单证册上的内容预录进海关与商会联网的 ATA 单证册电子核销系统，然后向展览会主管海关提交纸质 ATA 单证册、提货单等单证。

海关在白色进口单证上签注，并留存白色进口单证(正联)，将存根联和 ATA 单证册其他各联退还给货物收货人或其代理人。

(2)出境申报　出境货物发货人或其代理人持 ATA 单证册向海关申报出境展览品时，向出境地海关提交国家主管部门的批准文件、纸质 ATA 单证册、装货单等单证。

海关 ATA 色封面单证和黄色出口单证上签注，并留存黄色出口单证(正联)，将存根联和 ATA 单证册其他各联退还给出境货物发货人或其代理人。

(3)异地复运出境、进境申报　使用 ATA 单证册进出境的货物异地复运出境、进境申报，ATA 单证册持证人应当持主管地海关签章的海关单证向复运出境、进境地海关办理手续。货物复运出境、进境后，主管地海关凭复运出境、进境地海关签章的海关单证办理核销结案手续。

(4)过境申报　过境货物承运人或其代理人持 ATA 单证册向海关申报将货物通过我国转运至第三国参加展览会的，不必填制过境货物报关单。海关在两份蓝色过境单证上分别签注后，留存蓝色过境单证(正联)，将存根联和 ATA 单证册其他各联退还给运输工具承运人或其代理人。

2.结关

(1)正常结关　持证人在规定期限内将进境展览品和出境展览品复运进出境，海关在白色复出口单证和黄色复进口单证上分别签注，留存单证(正联)，将存根联和ATA单证册其他各联退还给持证人，正式核销结关。

(2)非正常结关　ATA单证册项下暂时进境货物复运出境时，因故未经我国海关核销、签注的，ATA核销中心凭由另一缔约国海关在ATA单证上签注的该批货物从该国进境或者复运进境的证明，或者我国海关认可的能够证明该批货物已经实际离开我国境内的其他文件，作为已经从我国复运出境的证明，对ATA单证册予以核销。

发生上述情形的，ATA单证册持证人应当按照规定向海关交纳调整费。在我国海关尚未发出“ATA单证册追索通知书”前，如果持证人凭其他国海关出具的货物已经运离我国关境的证明要求予以核销单证册的，免予收取调整费。

使用ATA单证册暂准进出境货物因不可抗力的原因受损，无法原状复运出境、进境的，ATA单证册持证人应当及时向主管地海关报告，可以凭有关部门出具的证明材料办理复运出境、进境手续；因不可抗力的原因灭失或者失去使用价值的，经海关核实后可以视为该货物已经复运出境、进境。

使用ATA单证册暂准进出境货物因不可抗力以外的原因灭失或者受损的，ATA单证册持证人应当按照货物进出口的有关规定办理海关手续。

知识点讲解：

ATA单证册是暂准进出境货物报关的核心内容，一般考题如果考核到暂准进出境货物报关，大多情况下会考核ATA单证册。

ATA单证册实际上就是跨境商品的国际通行证，它集进出口货物报关单和税费担保的功能于一身，实际上就是一张可以在各缔约国通用的具有税费担保功能的变形的报关单。各个国家都有特定的ATA单证册出证机构，这些机构同时负有担保义务，也就是对自己签发的ATA单证册下的商品的进出口税费作出了担保，将来该商品出入有关国家关境时，货主无需办理正规的报关手续，也无须缴纳关税或者提供保证金，只要在进出境的海关做好记录即可，万一货物在他国被违规销售了，他国的海关通过自己国家的ATA单证册出证和担保机构向进口货物的ATA单证册的原始出证和担保机构追索。

ATA单证册的使用范围比较局限，只适用于第一类暂准进出境货物下的第一项商品，也就是仅限于展览会、交易会、会议及类似活动项下的货物，对于其他货物，我国海关不接受持ATA单证册办理进出口申报手续。

持ATA单证册进境的货物，其基本去向是完成相关使命后原状复运出境，复运出境时要向海关办理正式的核销结关手续；若未办理正式核销手续，要分清原因，进行相关处理。

二、不使用ATA单证册报关的进出境展览品

进出境展览品的海关监管有使用ATA单证册的，也有不使用ATA单证册直接按展览品填制进出口货物报关单报关的。以下介绍不使用ATA单证册报关的展览品。

(一)进出境展览品的范围

1.进境展览品

进境展览品包含在展览会中展示或示范用的货物、物品，为示范展出的机器或器具所需用的物品，展览者设置临时展台的建筑材料及装饰材料，供展览品作示范宣传用的电影片、幻灯

片、录像带、录音带、说明书、广告、光盘、显示器材等。

下列在境内展览会期间供消耗、散发的用品(以下简称展览用品),由海关根据展览会性质、参展商规模、观众人数等情况,对其数量和总值进行核定,在合理范围内的,按照有关规定免征进口关税和进口环节税:

(1)在展览活动中的小件样品,包括原装进口的或者在展览期间用进口的散装原料制成的食品或者饮料的样品;

(2)为展出的机器或者器件进行操作示范被消耗或者损坏的物料;

(3)布置、装饰临时展台消耗的低值货物;

(4)展览期间免费向观众散发的有关宣传品;

(5)供展览会使用的档案、表格及其他文件。

上述货物、物品应当符合下列条件:

(1)由参展人免费提供并在展览期间专供免费分送给观众使用或者消费的;

(2)单价较低,作广告样品用的;

(3)不适用于商业用途,并且单位容量明显小于最小零售包装容量的;

(4)食品及饮料的样品虽未包装分发,但确实在活动中消耗掉的。

展览用品中的酒精饮料、烟草制品及燃料不适用有关免税的规定。

展览会期间出售的小卖品,属于一般进口货物范围,进口时应当缴纳进口关税和进口环节海关代征税,属于许可证件管理的商品,应当交验许可证件。

2.出境展览品

出境展览品包含国内单位赴国外举办展览会或参加外国博览会、展览会而运出的展览品,以及与展览活动有关的宣传品、布置品、招待品、其他公用物品。

与展览活动有关的小卖品、展卖品,可以按展览品报关出境;不按规定期限复运进境的办理一般出口手续,交验出口许可证件,缴纳出口关税。

(二)展览品的暂准进出境期限

进境展览品的暂准进境期限是6个月,即自展览品进境之日起6个月内复运出境。出境展览品的暂准出境期限为自展览品出境之日起6个月内复运进境。超过6个月的,进出境展览品的收发货人可以向海关申请延期。延期最多不超过3次,每次延长期限不超过6个月。延长期届满应当复运出境、进境或者办理进出口手续。

展览品申请延长复运出境、进境期限的,展览品收发货人应当在规定期限届满30个工作日前向货物暂准进出境申请核准地海关提出延期申请,并提交“货物暂时进/出境延期申请书”及相关申请材料。

直属海关受理延期申请的,应当于受理申请之日起20个工作日内制发“中华人民共和国海关货物暂时进/出境延期申请批准决定书”或者“中华人民共和国海关货物暂时进/出境延期申请不予批准决定书”。

参加展期在24个月以上展览会的展览品,在18个月延长期届满后仍需要延期的,由主管地直属海关报海关总署审批。

(三)展览品的进出境申报

1.进境申报

(1)境内展览会的办展人或者参加展览会的办展人、参展人(以下简称办展人、参展人)应当在展览品进境 20 个工作日前，向主管地海关提交有关部门备案证明或者批准文件及展览品清单等相关单证办理备案手续。

展览会不属于有关部门行政许可项目的，办展人、参展人应当向主管地海关提交展览会邀请函、展位确认书等其他证明文件及展览品清单办理备案手续。

展览品进境申报手续可以在展出地海关办理。从非展出地海关进境的，可以申请在进境地海关办理转关运输手续，将展览品在海关监管下从进境口岸转运至展览会举办地主管海关办理申报手续。

(2)展览会主办单位或其代理人应当向海关提交报关单、展览品清单、提货单、发票、装箱单等。展览品中涉及检验检疫等管制的，还应当向海关提交有关许可证件。

(3)展览会主办单位或其代理人应当向海关提供担保。在海关指定场所或者海关派专人监管的场所举办展览会的，经主管地直属海关批准，参展的展览品可免予向海关提供担保。

(4)海关一般在展览会举办地对展览品进行开箱查验。展览品开箱前，展览会主办单位或其代理人应当通知海关。海关查验时，展览品所有人或其代理人应当到场，并负责搬移、开拆、封装货物。

(5)展览会展出或使用的印刷品、音像制品及其他需要审查的物品，还要经过海关的审查，才能展出或使用。对我国政治、经济、文化、道德有害的，以及侵犯知识产权的印刷品、音像制品，不得展出，由海关没收、退运出境或责令更改后使用。

2. 出境申报

(1)境内出境举办或者参加展览会的办展人、参展人应当在展览品出境 20 个工作日前，向主管地海关提交有关部门备案证明或者批准文件及展览品清单等相关单证办理备案手续。

(2)展览会不属于有关部门行政许可项目的，办展人、参展人应当向主管地海关提交展览会邀请函、展位确认书等其他证明文件及展览品清单办理备案手续。

(3)展览品出境申报手续应当在出境地海关办理。在境外举办展览会或参加国外展览会的企业应当向海关提交国家主管部门的批准文件、报关单、展览品清单(一式两份)等单证。

(4)展览品属于应当缴纳出口关税的，向海关缴纳相当于税款的保证金；属于核用品、核两用品及相关技术的出口管制商品的，应当提交出口许可证。

(5)海关对展览品进行开箱查验，核对展览品清单。查验完毕，海关留存一份清单，另一份封入“关封”交还给发货人或其代理人，凭以办理展览品复运进境申报手续。

(四)进出境展览品的核销结关

1. 复运进出境

进境展览品按规定期限复运出境，出境展览品按规定期限复运进境后，海关分别签发报关单证明联，展览品所有人或其代理人凭以向主管海关办理核销结关手续。

异地复运出境、进境的展览品，进出境展览品的收发货人应当持主管地海关签章的海关单证向复运出境、进境地海关办理手续。货物复运出境、进境后，主管地海关复运出境、进境地海关签章的海关单证办理核销结案手续。

展览品未能按规定期限复运进出境的，展览会主办单位或出国举办展览会的单位应当向主管海关申请延期，在延长期内办理复运进出境手续。

2. 转为正式进出口

进境展览品在展览期间被人购买的，由展览会主办单位或其代理人向海关办理进口申报、纳税手续，其中属于许可证件管理的，还应当提交进口许可证件。

出口展览品在境外参加展览会后被销售的，由海关核对展览品清单后要求企业补办有关正式出口手续。

3.展览品放弃或赠送

展览会结束后，进口展览品的所有人决定将展览品放弃交由海关处理的，由海关依法变卖后将款项上缴国库。

展览品的所有人决定将展览品赠送的，受赠人应当向海关办理进口手续，海关根据进口礼品或经贸往来赠送品的规定办理。

4.展览品毁坏、丢失、被窃

进境展览品因毁坏、丢失、被窃等原因不能复运出境的，展览会主办单位或其代理人应当向海关报告。对于毁坏的展览品，海关根据毁坏程度估价征税；对于丢失或被窃的展览品，海关按照进口同类货物征收进口税。

进出境展览品因不可抗力的原因受损，无法原状复运出境、进境的，进出境展览品的收发货人应当及时向主管地海关报告，可以凭有关部门出具的证明材料办理复运出境、进境手续；因不可抗力的原因灭失或者失去使用价值的，经海关核实后可以视为该货物已经复运出境、进境。

进出境展览品因不可抗力以外其他原因灭失或者受损的，进出境展览品的收发货人应当按照货物进出口的有关规定办理海关手续。

三、其他暂准进出境货物

（一）概述

1.范围

可以暂不缴纳税款的 9 项暂准进出境货物，除使用 ATA 单证册报关的货物、不使用 ATA 单证册报关的展览品、集装箱箱体按各自的监管要求由海关进行监管外，其余的均按其他暂准进出境货物进行监管，均属于其他暂准进出境货物的范围。

2.期限

其他暂准进出境货物应当自进出境之日起 6 个月内复运出境或复运进境。超过 6 个月的，收发货人可以向海关申请延期。延期最多不超过 3 次，每次延长期限不超过 6 个月。延长期届满应当复运出境、进境或者办理进出口手续。

国家重点工程、国家科研项目使用的暂准进出境货物，在 18 个月延长期届满后仍需要延期的，由主管地直属海关报海关总署审批。

3.管理

其他暂准进出境货物进出境核准属于海关行政许可事项，应当按照海关行政许可的程序办理。

（1）暂准进出境申请和审批　暂准进出境货物收发货人向海关提出货物暂准进出境申请时，应当按照海关要求提交“货物暂时进/出境申请书”、暂准进出境货物清单、发票、合同或者协议、其他相关单据。

海关就暂准进出境货物的暂准进出境申请作出是否批准的决定后，应当制发“中华人民共和国海关货物暂时进/出境申请批准决定书”或者“中华人民共和国海关货物暂时进/出境申请不予批准决定书”。

(2)延期申请和审批　暂准进出境货物申请延长复运出境、进境期限的，收发货人应当在规定期限届满30个工作日前向货物暂准进出境申请核准地海关提出延期申请，并提交“货物暂时进/出境延期申请书”及相关申请材料。直属海关作出决定并制发相应的决定书。申请延长超过18个月的由海关总署作出决定。

(二)报关程序

1.进出境申报

(1)进境申报　其他暂准进境货物进境时，收货人或其代理人应当向海关提交主管部门允许货物为特定目的而暂时进境的批准文件、进口货物报关单、商业及货运单据等，向海关办理暂时进境申报手续。

其他暂准进境货物不必提交进口货物许可证件，但对国家规定需要实施检验检疫的，或者为公共安全、公共卫生等实施管制措施的，仍应当提交有关的许可证件。

其他暂准进境货物在进境时，收货人或其代理人免予缴纳进口税，但必须向海关提供担保。

(2)出境申报　其他暂准出境货物出境，发货人或其代理人应当向海关提交主管部门允许货物为特定目的而暂时出境的批准文件、出口货物报关单、货运和商业单据等，向海关办理暂时出境申报手续。

其他暂准出境货物，除易制毒化学品、监控化学品、消耗臭氧层物质、有关核出口、核两用品及相关技术的出口管制条例管制的商品及其他国际公约管制的商品外，不需交验许可证件。

(3)异地复运出境、进境申报　异地复运出境、进境的其他暂准进出境货物，收发货人应当持主管地海关签章的海关单证向复运出境、进境地海关办理手续。货物复运出境、进境后，主管地海关凭复运出境、进境地海关签章的海关单证办理核销结案手续。

2.结关

(1)复运进出境　其他暂准进境货物复运出境，暂准出境货物复运进境，进出口货物收发货人或其代理人必须留存由海关签章的复运进出境的报关单，准备报核。

(2)转为正式进出口　其他暂准进出境货物因特殊情况，改变特定的暂准进出境目的转为正式进出口，收发货人应当在货物复运出境、进境期限届满30个工作日前向主管地海关申请，经主管地直属海关批准后，按照规定提交有关许可证件，办理货物正式进口或者出口的报关纳税手续。

(3)放弃　其他暂准进境货物在境内完成暂时进境的特定目的后，如货物所有人不准备将货物复运出境的，可以向海关声明将货物放弃，海关按放弃货物的有关规定处理。

(4)不可抗力　因不可抗力的原因受损，无法原状复运出境、进境的，收发货人应当及时向主管地海关报告，可以凭有关部门出具的证明材料办理复运出境、进境手续；因不可抗力的原因灭失或者失去使用价值的，经海关核实后可以视为该货物已经复运出境、进境。因不可抗力以外其他原因灭失或者受损的，收发货人应当按照货物进出口的有关规定办理海关手续。

其他暂准进出境货物复运出境或进境，或者转为正式进口或出口，或者放弃后，收发货人向海关提交经海关签注的进出口货物报关单，或者处理放弃货物的有关单据，以及其他有关单证，申请报核。海关经审核，情况正常的，退还保证金或办理其他担保销案手续，予以结关。

Ⅲ　暂准进出境货物报关单填制

一、操作流程

暂准进出境货物报关单{展览品暂准进出境报关单；其他暂准进出境货物暂准进出境报关}

二、操作要点

中华人民共和国海关进口货物报关单(暂准进境)

(1)贸易方式:展览品(代码为2700)。

(2)征免性质:其他法定(代码为299)。

(3)用途:收保证金/其他。

(4)征免:保证金/保函。

中华人民共和国海关出口货物报关单(复运出境)

(1)贸易方式:展览品(代码为2700)。

(2)征免性质:其他法定(代码为299)。

(3)标记唛码及备注:原进口报关单号作为关联报关单号。

(4)征免:全免。

中华人民共和国海关进口货物报关单(暂准进境)

(1)贸易方式:其他进出货物(代码为2600)。

(2)征免性质:其他法定(代码为299)。

(3)用途:收保证金/其他。

(4)标记唛码及备注:暂时进境申请批准决定书。

(5)征免:保证金/保函。

中华人民共和国海关出口货物报关单(复运出境)

(1)贸易方式:暂时进出货物(代码为2600)。

(2)征免性质:其他法定(代码为299)。

(3)标记唛码及备注:原进口报关单号作为关联报关单号。

(4)征免:全免。

◈ 能力训练

一、基本知识练习

1.(单)使用ATA单证册报关的展览品,暂准进出境期限为自进出境之日起(　)。超过期限的,ATA单证册持证人可以向海关申请延期。参加展期在24个月以上展览会的展览品,在18个月延长期届满后仍需要延期的，由(　)审批。

A 6个月；主管地直属海关　　B 6个月；海关总署

C 12个月；主管地直属海关　　D 12个月；海关总署

2.(多)已进境的展览品在某些情形下不需要缴纳进口税，这些情形包括(　)。

A 展览品复运出境的　　B 展览品放弃交由海关处理的

C 展览品被窃的　　D 展览品因不可抗力原因灭失的

3.(判)对于因毁坏而不能复运出境的进境展览品，海关根据毁坏程度估价征税；对于丢失或被窃的进境展览品，海关按照进口同类货物征收进口税。(　)

二、报关单填制训练

资料1

上海HD股份有限公司与德国MEV公司签订了技术转让协议。根据协议，德国MEV公司将对上海HD股份有限公司生产的相关产品进行测试，以保证其性能合格。2010年10月，上海HD股份有限公司出口了一批测试产品。现将测试完毕德国MEV公司其中一部分产品原样返还。保险费率为3‰。

资料2

中华人民共和国海关出口货物报关单

预录人编号：　　　　海关编号：010120100179514552

出口口岸 浦东机场××××	备案号	出口日期		申报日期 20101028
经营单位 上海HD股份有限公司 3113362315	运输方式 5	运输工具名称 CA937		提运单号 99957432189
发货单位 上海HD股份有限公司 3113362315	贸易方式 2600	征免性质 299		结汇方式 9
许可证号	运抵国(地区) 304	指运港 纽伦堡		境内货源地 上海高新科技园区
批准文号	成交方式 1	运费 502/400/3	保费 502/5/3	杂费
合同协议号	件数 3	包装种类 木箱	毛重(千克) 314	净重(千克) 230
集装箱号	随附单据			用途
标记唛码及备注 暂准出口决定书编号：5326178				

项号	商品编号	商品名称、规格型号	数量及单位	最终目的国(地区)	单价	总价	币制	征免
1	85030090.90	滑环	230 千克	304	500.00	1000.00	502	保函
		发电机零件	2 个					

税费征收情况

录入员　　录入单位	兹声明以上申报无讹并承担法律责任	海关审单批注放行日期(签章) 审单　　审价
报关员 单位地址　　申报单位(签章) 邮编：　　电话：　　填制日期		征税　　统计 查验　　放行

资料 3

Shanghai HD CO. ,Ltd　　TEl. :86-021××××××××
To: Mrs. Tom Zhang　　DATE:Jan 17, 2011
Address: ××××××××
Pro forma-Invoice K2367098

Country of origin: P. R China
Terms of delivery: FCA MEV

License agreement: wind power generator production-NTC-MEV

Item	Cargo name and Description	Quantity	Unit Price (USD)	Amount (USD)	N. W. (kgs)	G. W. (kgs)	Measurement (CMS)
1	Slip Rings	2 pcs	500	1 000.00	230.00	265.00	48×46×47
	Total:	2 pcs		1 000.00	230.00	265.00	

Without any costs and payment

资料 4

GAF	FRA	41092575	MAWB:057-3976 7612	GAF-4109

Shipper Insert Name, Address and Phone MEV Co., Ltd Address: ×××××××× FAX: ×××××××× TEL: ××××××××	Not negotiable Air Waybill Issued by GROSSMANN SEA & AIR LOGISTICS GMBH BROICHHOFSTR5 D40882 RATINGEN Cope: 1, 2 and 3 of this Air Waybill are originates and have the same validity.
Consignee Insert Name, Address and Phone Shanghai HD Address: ×××××××× FAX: ×××××××× TEL: ×××××××	
Issuing Carrier's Agent Name and City Agent's IATA Code Account No.	Accounting Information Reference

Airport of Departure (Address of first arriver) and requested Routing	Reference Number	Optional Shipping Inform
FRANKFURT	94103707	

to	By first Carrier	to	by	to	by	Currency	CHG Code	WT/VAL PP CC		Other PP CC		Decl Val of Carr	Decl Val of Cust
PVG	GAF					EUR	C		C			NVD	NCV

Airport of Destination PVG	Requested Flight/Date		Amount of Insurance	INSURANCE OF Carrier
	AF 118/28		NIL	

!!! DE. RAC. 0094 GROSSMANN SEA& AIR GMBH-SP× !!!
ATT: TO AWB: PROFORMA INVOICE
MRN: 09D800655661912E4 EC-STATUS: ×

Nature and Quantity of Goods	No. of pieces	GROSS Weight	Total Charge
SLIP RINGD BODAY (SAMPLES OF NTC BACK RETOUR) 1×80×80×65	1CTN	265.0KGS	924.85

TOTAL CBM: 0.416

请根据以上资料 1～4，以报关员的名义填制进口货物报关单。

三、实训练习

日本迪森公司因要参加由大连市对外经济贸易委员会在大连、上海展览会举办的电子产品展览，展览的日期为2007年9月1～4日(大连)、2007年9月20～23日(上海)。需货运进境供展览使用的产品见下表。

品名规格	数量	单价	总价	币制
整流器/KH-6116	120台	3	360	USD
变压器/6～30V	150台	5	750	USD
开关/用于电压<1 000 V线路	10 000个	0.1	1 000	USD

日本迪森公司委托大连东盈报关行办理有关展览事宜的一切手续。大连展出后，这批货物应邀还要到上海展览，在上海展览期间，整流器及变压器将无偿赠送给上海伍德电器公司，其余货品在展览会结束后运回大连并退运到日本。

请设计该批货物的报关流程。

参 考 答 案

基础知识一　报关与海关管理

一、基本知识练习

1. D	2. 错误	3. ABC	4. 对	5. 错	6. ABC	7. 对	8. 对
9. AD	10. C	11. 对	12. A	13. D	14. 对	15. C	16. D
17. 错	18. C	19. ACD	20. D	21. 错	22. 错	23. 错	24. BD
25. A	26. BCD	27. D	28. 错	29. C	30. D	31. 对	32. ABC
33. 对	34. 错	35. 对	36. ABCD	37. C	38. B	39. ABC	40. ABD
41. 对	42. 错	43. D	44. A	45. 错	46. D	47. 错	48. ACD
49. ABCD	50. D	51. BC	52. C				

二、实训练习

经理和王清指导大地公司完成以下任务：

任务一：取得对外贸易经营权——进行对外贸易经营者的备案登记。

任务二：变更企业的工商营业执照经营范围。

任务三：取得报关权——进行海关注册登记。

任务四：进行电子口岸执法系统登记。

任务五：进行出口企业退(免)税登记。

任务六：进行进口购汇和出口核销登记。

任务七：进行商检登记。

任务八：准备报关单据。

操作分析如下：

第一步，根据工作任务一，取得对外贸易经营权——进行对外贸易经营者备案登记。

大地公司到所在地大连市外经贸局的对外贸易综合处办理企业的进出口经营权的备案登记手续，需要提交的备案材料包括：按要求填写的“对外贸易经营者备案登记表”；营业执照复印件；组织机构代码证书复印件等。

大连市外经贸局自收到大地公司提交的上述材料之日起 5 日内办理了备案登记手续，在“登记表”上加盖登记备案印章。

王清交代大地公司应凭加盖备案登记印章的“登记表”在 30 日内到当地海关、检验检疫、外汇、税务等部门办理开展对外贸易业务所需的所有手续，到当地工商部门办理经营范围的变更。逾期未办理的，“登记表”自动失效。

第二步，根据工作任务二，变更企业的工商营业执照经营范围。

大地公司凭核发的“登记表”等资料，到当地的工商部门办理变更营业执照经营范围的相关手续，在营业执照经营范围中加入“货物和技术进出口”字样，这样大地公司才具备了可以从事进出口相关业务的资格。

第三步，根据工作任务三，取得报关权——进行海关注册登记。

大地公司到大连海关办理注册登记，需要提交的材料包括：企业法人营业执照副本复印件；对外贸易经营者登记备案表复印件；企业章程复印件；税务登记证书副本复印件；银行开户证明复印件；组织机构代码证书副本复印件；报关单位情况登记表、报关单位管理人员情况登记表；其他与注册登记有关的文件材料。大连海关依法对申请注册登记材料进行核对，看是否齐全、是否符合法定形式。大地公司材料齐全且符合法定形式，对大连海关核发“中华人民共和国海关进出口货物收发货人报关注册登记证书”，并获得企业的10位海关编码。这样，大地公司就取得了进出口报关权。

第四步，根据工作任务四，访问“中国电子口岸”网站(http://www.chinaport.gov.cn/)，进行电子口岸执法系统登记。

中国电子口岸运用了现代信息技术，借助国家电信公司资源，将国家各行政管理机关分别管理的进出口信息流、资金流、货物流的电子底账数据集中存放到公共数据部门、跨行业的联网数据核查，企业可以在网上办理各种进出口业务，这是从事进出口通关的基础准备工作。

第五步，根据工作任务五，进行出口企业退(免)税登记，并开通网上出口退税远程申报系统。

大地公司在办理一般纳税人认定后，凭“对外贸易经营者备案登记表”、“报关注册登记证明书”等到大连市国税局进出口退税分局办理登记手续，然后在中国出口退税咨询网(http://www.taxrefund.com.cn)下载最新版本的出口退税申报系统，并开通出口退税远程申报系统。

第六步，根据工作任务六，进行进口购汇和出口核销登记，并开通网上核销功能。大地公司到大连外汇管理局办理进口购汇和出口核销登记备案手续，可以在中国电子口岸进行核销单申领、备案、交单、核销和报关单相关信息的报送等事务的操作。

第七步，根据工作任务七，准备材料，进行商检登记。

大地公司携带营业执照副本、“对外贸易经营者备案登记表”、“报关注册登记证明书”等到出入境检验检疫局办理进出口商检的有关手续，为报关之前必须做检验检疫的相关商品做好准备。

第八步，根据工作任务八，准备报关单据，以便出口报关。

当大地公司完成以上8项工作任务后，可以开展正常的进出口业务以及与之相关的报关业务，但需要有自己的报关员，如果没有自己的报关员，也可以委托大连东盈报关行来办理报关业务。

大地公司在完成上述手续后，根据缝纫线这一商品，查《中国海关报关手册》准备相应的出口批件，并根据进出口合同准备报关所需要的相关单据。由于是初次出口，大地公司没有选择自理报关，因为要有自己的报关员，公司还没有招聘到，所以公司委托大连东盈报关行来进行报关,委托报关行报关就需要提供报关授权委托书和所需要的单据。

基础知识二 报关与对外贸易管制

一、基本知识练习

1.对	2.对	3.ABD	4.AD	5.D	6.ABCD	7.ABCD	8.错
9.错	10.ABCD	11.对	12.错	13.D	14.C	15.D	16.ABCD
17.错	18.BC	19.ABD	20.D	21.A	22.错	23.D	24.ABCD
25.ABD	26.A	27.B	28.ABCD	29.C	30.AD	31.错	32.ABCD
33.对	34.A	35.CD	36.BCD	37.ABCD	38.BC		

二、实训练习

操作分析如下:

第一步,对成任务一,根据经理的要求,进出口货物的监管条件、税率都是随时变化的。企业要随时掌握监管条件的变化,有两个网站须经常浏览,一是中国海关网(http://www.customs.gov.cn),二是商务部网(http://www.mofcom.gov.cn)的政策发布栏。

经过搜索,商务部网的政策发布:商务部公告2009年第132号发布《2010年出口许可证管理货物分级发证目录》,发布日期:2009-12-10,实施日期:2010-01-01,玉米是属于出口许可证管理的货物,要求辽宁省粮食进出口公司提交出口许可证。

第二步,对应任务二,辽宁省粮食进出口公司在申领出口许可证时,应先到所在地省级(直辖市、计划单列市)发证机构申领出口许可证。出口许可证实行"一批证"管理,出口许可证的有效期为许可证签发之日起6个月。

第三步,对应任务三,辽宁省粮食进出口公司在向商务部主管部门申领出口许可证时,要提供的材料包括以下几种:

(1)出口许可证申请表(正本,一式两份)。申请表需申领单位填写的必须逐项填写清楚,不得涂改,并加盖申领单位(申请表第1项出口商)公章。

(2)有效的出口合同(正本复印件)。

(3)有关部门下达出口配额的批准文件,主要包括以下几种。

①出口配额文件:外经贸部下达出口配额的文件或各地外经贸主管部门批准的配额二次分配文件。

②配额招标商品文件(正本):招标办公室签发的申领配额招标商品出口许可证证明书、申领配额有偿使用商品出口许可证证明书、招标商品配额转受让证明书和无偿招标商品中标证明书。

③按照《出口许可证管理规定》需提交的其他文件。

(4)加工贸易批准文件:各级外经贸主管部门签发的"加工贸易业务批准证"和外经贸部下达的出口配额文件(其中,对外商投资企业无须审核"加工贸易业务批准证")。

(5)其他情况应提交的文件:

①第一次办理出口许可证的申领单位应提供“中华人民共和国进出口企业资格审定证书”(正本复印件)。

②外商投资企业第一次申领出口许可证,应提供政府主管部门批准该企业成立的文件、批准证书及营业执照(均为复印件),由发证机构存档备案。

③国家规定统一联合经营的出口商品,应提供主营公司签订的出口合同及配额单位与主营公司签订的代理出口协议。

④配额批准文件规定配额承受单位需由指定的外贸企业代理出口的,企业持两企业签署的代理协议办理申领手续,并应提供配额承受单位与代理企业签订的代理出口协议。申请表备注栏应注明由××公司代理出口。

⑤配额单位无外贸经营权,必须委托外贸企业代理出口并申领许可证的,代理企业应提供与配额承受单位签订的代理出口协议。

情境一　一般进出口货物的报关程序

一、基本知识练习

1.错	2.BCD	3.ABCD	4.D	5.B	6.B	7.CD	8.对
9.A	10.D	11.D	12.ABC	13.对	14.C	15.ABCD	16.ABCD
17.错	18.ACD	19.BD	20.ABC	21.错			

二、商品编码归类练习

1.6212.3090	2.6213.9090	3.8712.0030	8714.9500	4.6116.9200
5.4420.1090	6.5703.1000	7.1806.9000	8.1602.5090	9.1004.0090
10.9202.1000	11.7110.2990	12.8423.8290	13.0105.9993	14.0207.1200
15.0203.1110	16.0210.2000	17.0307.9990	18.0306.1311	19.0302.1220
20.0306.2491	21.1001.1000	22.1007.0090	23.1211.2010	24.1302.1910
25.1301.9020	26.1404.9090	27.0713.3190	28.1517.9090	29.1507.9000
30.1515.1100	31.1515.2900	32.1605.2000	33.1602.5090	34.1602.4910
35.1602.3299	36.1902.3020	37.1902.3020	38.1904.1000	39.1904.9000
40.2207.1000	41.2202.9000	42.2206.0090	43.2309.1090	44.1604.1190
45.1902.3030	46.2106.9090	47.2501.0020	48.2519.9091	49.2611.0000
50.2705.0000	51.2601.1190	52.2843.9000	53.2815.3000	54.2905.4500
55.2915.3100	56.2912.1100	57.2941.9054	58.2937.2100	59.3003.2015
60.3004.2090	61.3105.1000	62.3102.5000	63.3102.1000	64.3105.4000
65.3102.1000	66.3208.2010	67.3204.1200	68.3208.9090	69.3402.1300
70.3402.9000	71.3401.3000	72.3405.2000	73.3501.1000	74.3004.2013
75.3824.9099	76.3304.9900	77.3901.2000	78.3919.1099	79.3901.9020

80.3902.1000	81.3922.1000	82.3901.9020	83.4011.1000	84.3924.1000
85.4202.1900	86.4202.1190	87.4412.3100	88.4409.2910	89.4704.1100
90.4701.0000	91.4705.0000	92.4810.1900	93.4823.9090	94.4811.9000
95.4901.9900	96.5007.2011	97.5002.0011	98.5102.1920	99.5209.4200
100.5208.2100	101.5205.2700	102.5209.2100	103.5402.3310	104.5516.4100
105.5516.9300	106.5701.9010	107.5801.3500	108.5801.2200	109.5801.3200
110.6111.2000	111.6116.9200	112.6110.1100	113.6117.1011	114.6212.3090
115.6210.3000	116.6204.6200	117.6210.1030	118.6302.6010	119.6105.1000
120.6307.9000	121.6504.0000	122.6802.2110	123.6807.1000	124.6815.1000
125.6812.9100	126.6912.0010	127.7108.1200	128.7114.1100	129.7114.1100
130.7117.1900	131.7209.1790	132.7201.5000	133.7222.2000	134.7311.0010
135.8113.0000	136.8113.0000	137.8206.0000	138.8414.2000	139.8407.3410
140.8422.1100	141.8483.1090	142.8420.1000	143.8420.1000	144.8479.8910
145.8414.6010	146.8422.3010	147.8507.3000	148.8540.1100	149.8541.4010
150.8506.5000	151.8501.3300	152.8516.3200	153.8519.8131	154.8517.7070
155.8471.3000	156.8523.5110	157.8487.9000	158.8517.6236	159.8509.8090
160.8527.9200	161.8543.7099	162.8508.1900	163.8528.7232	164.8415.9090
165.8609.0021	166.8703.3212	167.8704.2100	168.8702.9020	169.8705.3010
170.8708.2941	171.8708.3029	172.9030.2090	173.9018.1210	174.9001.3000
175.9022.1400	176.9003.1900	177.9018.1210	178.9102.2100	179.9615.1900
180.9616.2000	181.9506.9900	182.9701.1010	183.9702.0000	

三、进出口税费缴纳练习

1.ABD	2.ABC	3.对	4.ABCD	5.错	6.AB	7.错	8.对
9.D	10.B	11.C	12.D	13.C	14.ABCD	15.C	16.C
17.错	18.D	19.B	20.ABCD	21.错	22.ABC	23.CD	24.错
25.D	26.ABCD	27.D	28.B	29.C	30.ACD	31.C	32.ACD
33.对	34.A	35.D	36.BCD	37.错	38.错	39.C	40.B
41.AB	42.BCD	43.ABCD	44.ABCD	45.AC	46.ABCD	47.D	48.C
49.错	50.D	51.D	52.A	53.错	54.B	55.D	56.ABC
57.对	58.ACD	59.对	60.错	61.对	62.BC	63.对	64.BC

四、报关单填制练习

1.B	2.C	3.B	4.C	5.D	6.C	7.C	8.B	9.B	10.B
11.B	12.C	13.D	14.B	15.B	16.A	17.A	18.A	19.A	20.B

1.C	2.A	3.A	4.C	5.D	6.C	7.C	8.C	9.C	10.C
11.B	12.B	13.A	14.B	15.D	16.A	17.D	18.A	19.D	20.B

五、实训练习

第一步，王清需要得到合格的代理报关资格。大连东盈报关行须与钢铁厂签订委托报关协议，取得代理报关委托书。大连星河无线电厂进口自用冷轧不锈钢带，属于一般进口货物，按照海关对一般进口货物监管的要求，需要确认这批货物是否属于许可证件管理的货物，如果属于，要求星河无线电厂提供相关的许可证件。

可以通过两种方法查询：第一，可以查阅企业报关使用手册或编码工具书，监管条件为7A；第二，可以通过网上查询。商务部网（htp://www.mofcom.gov.cn）的政策发布栏。经过搜索，商务部、海关总署公告2009年第109号2010年《自动进口许可管理货物目录》公告，经查冷轧不锈钢带属于自动进口许可证管理商品，商品编码为7220900000，需要办理自动进口许可证，代码为7，同时还需要入境货物通关单，代码为A。要求企业提供监管证件。同时提供提单、商业发票、装箱单等基本单证，根据基本单证缮制进口货物报关单。在缮制报关单时注意：贸易方式为“一般贸易”，其对应的征免性质为“一般征税”；运输方式为“水路运输”，运输工具名称在提单上查找；件数、包装种类、毛重、净重等包装资料在装箱单上查找：经营单位填写有进出口经营权的公司，收货单位为大连星河无线电厂。

第二步，进口报关单填好以后，先将报关单的内容录入计算机，传送到海关报关自动化系统，进行电子申报。

电子申报通过后，进行纸质申报。在得到海关“现场交单”的电子反馈后，10日内，向大连海关通关大厅现场窗口提交纸质报关单据，进行申报。

提交纸质报关单据包括代理报关委托书、进口报关单、提单正本、发票、装箱单和自动进口许可证。

如果收到海关检验通知单，王清需要陪同海关官员查货；如果没有查验通知的，可以不予查验。

计算税费，取得税款缴款书并在规定期限内缴纳进口税费。

在按照规定向海关缴纳税费后，王清凭完税凭证向现场海关申请放行，海关放行货物，进口货物收货人大连星河无线电厂可以派车提货。

海关在进口报关单上盖验讫章，并退单，大连星河无线电厂可以凭此单到外汇管理局指定银行办理付汇核销。

情境二　保税加工货物的报关程序

一、基本知识练习

1. AC	2. C	3. 错	4. ACD	5. B	6. B	7. C	8.（1）B （2）A
9. B	10. 错	11. D	12. 对	13. D	14. AD	15. D	16. B
17. ABCD	18. ABCD	19. 对	20. ABCD	21. 错	22. CD	23. A	24. C
25. BD	26. ABCD	27. AB	28. AC	29. ABC	30. B	31. C	32. A
33. 错	34. C	35. AC	36. ABCD	37. A	38. BCD	39.（1）BD （2）ACD	
40. C							

二、报关单填制训练

1. 中华人民共和国海关进口货物报关单

预录入编号：　　　　　　　　　　　　　　　　　　　　　　　　　　海关编号：

进口口岸 吴淞海关 2202	备案号 B23186200101		进口日期 20060904	申报日期
经营单位 上海土产进出口公司 3122215031	运输方式 2		运输工具名称 DA HE/048	提运单号 YMLU140306033
收货单位 南京木材加工厂 320191××××	贸易方式 来料加工		征免性质 来料加工	征税比例
许可证号	起运国(地区) 新加坡		装货港 新加坡	境内目的地 32019
批准文号	成交方式 CIF	运费	保费	杂费
合同协议号 98TSP-5402SP	件数 28	包装种类 捆	毛重(千克) 42 222.77	净重(千克) 41 583
集装箱号 YMLU4434462/40/×××	随附单据 A：××××××××××××××			用途 加工返销

标记唛码及备注

YMLU4297272/40/×××

7：2100-2007-00718

项号	商品编号	商品名称、规格型号	数量及单位	原产国(地区)	单价	总价	币制	征免
1	44079990	木材	63.973 9 立方米	澳大利亚	270	17 272.95	502	全免
3								

税费征收情况

录入员　　　录入单位	兹声明以上申报无讹并承担法律责任	海关审单批注放行日期(签章) 审单　　　审价

报关员 单位地址　　　申报单位(签章) 邮编：　　　电话：　　　填制日期	征税　　　统计 查验　　　放行

2. 中华人民共和国海关进口货物报关单(料件内销)

预录入编号：　　　　　　　　　　　　　　　　　　　　海关编号：

进口口岸 浦江海关 2201	备案号 E53044278292	进口日期 20110715	申报日期
经营单位 上海申华服装有限公司 3102911526	运输方式 9	运输工具名称 本栏为空	提运单号 本栏为空
收货单位 上海鑫鑫服装有限公 3102312456	贸易方式 进料料件内销	征免性质 一般征税	征税比例
许可证号	起运国(地区) 中国	装货港 中国境内	境内目的地 31023

批准文号	成交方式 CIF	运费 本栏为空	保费 本栏为空	杂费
合同协议号	件数	包装种类	毛重(千克)	净重(千克)
集装箱号	随附单据 01343378			用途 其他内销

标记唛码及备注

活期

项号	商品编号	商品名称、规格型号	数量及单位	原产国(地区)	单价	总价	币制	征免
01				俄罗斯联邦				照章征税
01								

税费征收情况

录入员　　录入单位	兹声明以上申报无讹并承担法律责任	海关审单批注放行日期(签章) 审单　　审价

报关员 单位地址　　申报单位(签章) 邮编：　　电话：　　填制日期	征税　　统计 查验　　放行

三、实训练习

王清的工作任务如下：

任务一：取得数码相机镜头(计算机用)的BOM表。

任务二：正确查找商品编码，填写进口料件申请备案清单和出口成品申请备案清单。

任务三：办理合同备案，取得加工贸易登记手册。

任务四：办理料件进口手续。

任务五：办理成品出口手续。

任务六：办理合同核销手续。

操作分析如下：

第一步，对应任务一，王清从一飞公司工程部取得数码相机镜头的零件表(BOM表)及产地、单价等资料见下表。

数码相机镜头的零件及产地、单价

序号	商品编号	品名规格	单价	产地	单耗	耗损	单位
1	14588	单片数字集成电路/线宽＞0.35 μm	0.36	美国	4	0	个
2	10304	单片数字集成电路/0.18 μm＜线宽≤0.35 μm	0.17	印尼	1	0	个
3	P1214	单层双面空白的印刷电路板	0.22	中国台湾	1	0	块
4	J5011	镜头	0.45	美国	1	0	个
5	I2082	单片数字集成电路/线宽＞0.35 μm	0.13		2	0	个
6	D1344	插座/国内购买	0.05		1	0	个
7	D3863	晶振/国内购买	0.01		1	0	个
8	D2576	片式电容/国内购买	0.01		2	0	个
9	D5366	片式电阻/国内购买	0.01		4	0	个
10	Z1047	塑胶外壳/国内购买	5		0.018	0	千克
11	Z3218	铁螺丝/国内购买	4		0.000 5	0	千克
12	D4369	二极管/国内购买	0.01		1	0	个
13	D6639	电子线/国内购买	3		0.081	0	千克

第二步，对应任务二，正确查找商品编码，计算并填写进口料件申请备案清单和出口成品申请备案清单。

计算公式为：

$$进口料件数量＝拟出口的成品数量×单耗÷(1－损耗)$$

具体计算结果如下：

如果有一种以上，进口料件数量要按成品分别计算，然后按同一料件名分别汇总。

进口料件申请备案清单

序号	商品编号	商品名称	规格型号	数量	单位	单价	总价	产地
1	85422199	单片数字集成电路	线宽 ＞0.35 μm	8 000	个	0.36	2 880	美国
2	85422129	单片数字集成电路	0.18 μm ＜线宽≤0.35 μm	2 000	个	0.17	340	印尼
3	85340090	单层双面空白的印刷电路板		2 000	块	0.22	440	中国台湾
4	9002119090	镜头		2 000	个	0.45	900	美国
5	85422199	单片数字集成电路/国内购买	线宽 ＞0.35 μm	4 000	个	0	0	中国
6	85366900	插座/国内购买		2 000	个	0	0	中国
7	85416000	晶振/国内购买		2 000	个	0	0	中国
8	85322410	片式电容/国内购买		4 000	个	0	0	中国
9	85332100	片式电阻/国内购买		8 000	个	0	0	中国
10	39269090	塑胶外壳/国内购买		36	千克	0	0	中国
11	73181500	铁螺丝/国内购买		1	千克	0	0	中国
12	85411000	二极管/国内购买		2 000	个	0	0	中国
13	85444990	电子线/国内购买		162	千克	0	0	中国

出口成品申请备案清单

序号	商品编码	商品名称	规格型号	数量	单位	单价	总价	消费国	征免
1	9002119090	数码相机镜头	计算机用	2 000	台	4.00	8 000	美国	全免
		以下空白							

第三步，对应任务三，办理合同备案手续。

(1)应取得商务审批。王清持加工贸易合同和上述资料向商务主管部门报批，经商务主管部门审批，取得“加工贸易业务批准证书”和“加工贸易企业经营状况和生产能力证明”。

(2)向大连海关申报审核，将合同相关内容预录入与主管海关联网的计算机，由海关审核决定是否准予备案，准予备案的，由海关确定是否需要开设加工贸易银行保证金台账。

王清办理台账后，海关审核批准后，核发了手册编号为 C53054300215，合同号为 2004-01 的加工贸易登记手册。公司取得海关签发的加工贸易手册后，可以开始进出货。

第四步，对应任务四，办理料件进口手续。

2008 年 9 月 7 日公司从大连海关进料，王清持加工贸易登记手册、装箱单、发票到大连海关预录入进口料件并向海关申报。海关经查验后(可以不查验)放行，货物运至工厂。

第五步，对应任务五，进口料件结合从国内采购的其他料件后，开始生产，生产出成品“数码相机镜头(计算机用)”,办理成品出口手续。

出口流程:备好货物,到外汇管理局领取出口收汇核销单,填制并打印出口货物报关单,备好其他单证资料,到口岸海关申报、查验放行。

第六步,对应任务六,办理合同核销手续。

合同到期后1个月内,将加工贸易登记手册及该合同所有进出口单据整理并计算核销表,向大连海关核销(有国内购料的,需提供购料发票;有余料的,余料转至下一个合同或退运出境或补证补税;有废料的,按海关批准的处理方式处理,无回收利用价值的,可予以免税,有回收利用价值的,应按规定照章征税)。经海关批准予以核销,凭海关签发的“台账核销联系单”到中国银行办理台账核销手续。

情境三 减免税货物的报关程序

一、基本知识练习

1. B　2. 错　3. B　4. D　5. ABD

二、报关单填制训练

中华人民共和国海关进口货物报关单

预录入编号:　　　　海关编号:

<table>
<tr><td>进口口岸</td><td colspan="2">备案号
Z××××××××××××</td><td>进口日期</td><td>申报日期</td></tr>
<tr><td>经营单位
辽宁海韵工程有限公司 2101243×××</td><td colspan="2">运输方式
2</td><td>运输工具名称
HUA×IN/0605</td><td>提运单号
HK0605200008</td></tr>
<tr><td>收货单位</td><td colspan="2">贸易方式
外资设备物品</td><td>征免性质
鼓励项目</td><td>征税比例</td></tr>
<tr><td>许可证号</td><td colspan="2">起运国(地区)
中国香港</td><td>装货港
香港</td><td>境内目的地
21012</td></tr>
<tr><td>批准文号</td><td>成交方式
FOB</td><td>运费
110/20000/3</td><td>保费</td><td>杂费</td></tr>
<tr><td>合同协议号
2006-LGGZ-040</td><td>件数
17</td><td>包装种类
木箱</td><td>毛重(千克)
2 590</td><td>净重(千克)
1 680</td></tr>
<tr><td>集装箱号
CA×U9400342/40/××××</td><td colspan="3">随附单据
A:44210010303330</td><td>用途
企业自用</td></tr>
<tr><td colspan="5">标记唛码及备注
委托大连机械设备进出口公司进口</td></tr>
</table>

项号	商品编号	商品名称、规格型号	数量及单位	原产国(地区)	单价	总价	币制	征免
01			2台	德国	200 000	400 0000	502	全免
01								

税费征收情况		
录入员　　　录入单位	兹声明以上申报无讹并承担法律责任	海关审单批注放行日期(签章) 审单　　　　审价
报关员 单位地址　　　申报单位(签章) 邮编：　　　电话：　　　填制日期		征税　　　　统计 查验　　　　放行

三、实训练习

王清的工作任务包括以下几个：

任务一：申请减免税。

任务二：申领入境货物通关单。

任务三：填制报关单进行进口报关。

任务四：后续处置。

操作分析如下：

第一步，对应任务一，申请减免税，申领进出口货物征免税证明。

按照海关现行的规定，外商投资企业在减免税额度内进口自用机器设备可以免税。减免税额度计算为：

投资总额－实物投资额－已免税进口设备额

＝10 000 000－2 856 753－5 864 381

＝1 278 866(美元)

注意：免税额度除了应扣除已免税进口的设备额，还应扣减实物投资额。

本次申请进口两台注塑机总价为 USD69 294，未超出减免税额度，可以享受海关减免税优惠。

凭进出口货物征免税申请表、进出口合同、发票、产品图片及说明书、公司营业执照、批准证书、享受进出口税收优惠政策资格的证明材料及其他海关规定的资料向主管海关办理"进出口货物征免税证明"。

"进出口货物征免税证明"通常是一票一证,一证一次使用,不能重复使用。

获批,得到进出口货物征免税证明。

第二步,对应任务二,申领入境货物通关单。

查《中国海关报关实用手册》,税号8477101099对应的监管条件需要领取入境货物货物通关单。王清需凭进出口货物征免税证明、装箱单、发票、提单到大连检验检疫局办理入境货物通关单。入境货物通关单号为450700101021735。

第三步,对应任务三,办理进口转关手续。

运输工具(船舶)运抵大连之后,向大连海关申请转关,然后转关运输到大连开发区,向大连开发区海关作申报、查验、放行。

申报前应填制好进口货物报关单,进口报关单填好后,连同其他的报关资料,如征免税证明、入境货物通关单、装箱单、发票、提单等,向大连开发区海关申报。

第四步,对应任务四,后续设备管理。

由于该批货物是特定减免税货物,因而公司必须遵守海关监管规定,不可移作他用。如果未办理有关手续就转给其他公司使用,或未经海关许可,私自买卖未解除海关监管的设备等要承担相应的法律责任。

按海关有关规定,一般机器设备的监管年限为5年。如果设备已达监管年限,海关自动解除监管,企业可以自行处置。

情境四　暂准进出境货物的报关程序

一、基本知识练习

1. B　　2. ABD　　3. 对

二、报关单填制训练

中华人民共和国海关进口货物报关单

预录入编号:　　　　海关编号:

进口口岸 浦东机场××××	备案号	进口日期	申报日期
经营单位 上海HD股份有限公司 3113362315	运输方式 5	运输工具名称 AF118	提运单号 057-39767612
收货单位 上海HD股份有限公司 3113362315	贸易方式 2600	征免性质 299	征税比例

许可证号	起运国(地区) 304	装货港 法兰克福	境内目的地 上海高新科技园区 (或 31133)

批准文号	成交方式 FOB	运费 300/924.85/3	保费 0.3/1	杂费
合同协议号	件数 1	包装种类 纸箱	毛重(千克) 265	净重(千克) 230
集装箱号	随附单据			用途 其他

标记唛码及备注

010120100179514552

项号	商品编号	商品名称、规格型号	数量及单位	原产国(地区)	单价	总价	币制	征免
1	185030090.90	滑环	230 千克	304	500.00	1000.00	502	全免
		发电机零件	2 个					

税费征收情况

录入员　　录入单位	兹声明以上申报无讹并承担法律责任	海关审单批注放行日期(签章) 审单　　审价

报关员 单位地址　　申报单位(签章) 邮编:　　电话:　　填制日期	征税　　统计 查验　　放行

三、实训练习

王清的工作任务如下:

任务一:办理大连展出手续。

任务二:办理上海展出手续。

任务三:办理赠送手续。

任务四:办理展览品复运出境手续。

操作分析如下:

第一步,对应任务一,办理大连展出手续。

(1)进境展览由境内展出单位的上级主管部门审批,因此,大连市对外经济贸易委员会举办展览,由商务部或大连市人民政府审批。所有参展的展品,均属于暂准进境货物。

(2)在展览品进境20日前,凭货物暂时进境申请书(可以在海关下载中心下载)、商务部或大连市人民政府的有关批件、展品清单及展出资料(合同或协议、发票及相关的单据)到大连海关监管通关处物流监控科办理备案。审批同意,核发《中华人民共和国海关进境申请批准决定书》。

(3)物品到港后,填写进口货物报关单并录入计算机,申报电子通关。

(4)向大连海关现场申报。

(5)提供担保,缴纳与该批货物应纳税款等额的保证金或提供保函。

(6)取得海关签章的提货单并凭以提货。

(7)在布置展出时,陪同海关查验,负责搬移货物、开拆包装或重封包装。

第二步,对应任务二,办理上海展出手续。

(1)凭上海展出单位上级主管部门的批件、展出清单及其他资料到上海虹桥办事处备案。

(2)向上海海关提前报关转关或向大连海关申请办理直接转关的转关运输手续。

(3)在上海海关办理展出手续,展会结束后再以转关运输方式转运到大连海关办理有关手续。

第三步,对应任务三,办理赠送手续。

(1)属于经贸往来的无偿赠送的物品,要由大连市对外经济贸易委员会上级主管部门批准,要办理有关机电产品进口批件,并应照章纳税。

(2)凭上述批件办理报关手续,填写进口货物报关单并预录入,按一般贸易方式以进口CIF价格为完税价格缴纳进口关税及增值税。

第四步,对应任务四,办理展览品复运出境手续。

(1)凭原进口货物报关单向大连海关办理展览品的离境出口手续,最晚应于该批货物进境之日起6个月复运出境。

(2)凭已办结海关手续的有关单证及担保收据向大连海关办理撤销担保手续,已缴纳的保证金如数退还。

参考文献

[1] 海关总署报关员资格考试教材编写委员会. 报关员资格考试全国统一考试教材. 北京:中国海关出版社,2012

[2] 杨昇. 报关员资格全国统一考试考点精讲. 北京:机械工业出版社,2012

[3] 姚雷. 报关实务. 青岛:中国海洋大学出版社,2011

[4] 邢娟,陈鼎. 进出口报关综合实训. 上海:立信会计出版社,2012

[5] 张援越,张颖,张淑欣. 报关操作实务. 北京:中国海关出版社,2011

[6] 张援越,张鸿坤,栗华卿. 报关与国际货运综合实训. 北京:中国海关出版社,2011

[7] 谷儒堂,刘庆珠. 进出口税费核算操作实务. 北京:中国海关出版社,2011

[8] 张援越,荣瑾. 进出口商品归类操作实务. 北京:中国海关出版社,2011

[9] 郑俊田,徐晨,刘文丽. 报关单填制与商品归类技巧专项训练. 北京:对外经济贸易大学出版社,2012

[10] 郑俊田,徐晨,刘文丽. 报关员考试分章练习与模拟试题. 北京:对外经济贸易大学出版社,2012

[11] 海关总署报关员资格考试教材编写委员会. 2012 年版历年试题标准答案及详解. 北京:中国海关出版社,2012

[12] 海关总署报关员资格考试教材编写委员会. 2012 年版考前冲刺模拟试卷及答案. 北京:中国海关出版社,2012